Sylt

Im Spiegel der Geschichte

Rolf Maletzke

Sylt
Im Spiegel der Geschichte

Eine deutsch-dänische Zeitreise

Sylter Kliff Verlag
Westerland, Sylt

Sylter Kliff Verlag, Westerland/Sylt
Druck: Grenz-Echo Printing – B · Eupen
ISBN 3-00-015646-1

Nordfriesland vor der Sturmflut von 1362 (mit freundlicher Genehmigung des Verlags Hansen & Hansen, Münsterdorf)

Inhaltsverzeichnis

Über den Inhalt

Kennen und Verstehen der Vergangenheit ist der Wegweiser für die Zukunft. Die Geschichte zeigt uns, woher wir kommen, wer wir waren und wer wir sein möchten.
Aber Geschichte will nicht nur belehren, sie will und sie soll unterhalten. Das versucht dieses Buch. Es trägt vor allem der Erkenntnis Rechnung, dass die erzählte Historie in deutschen Geschichtsbüchern in aller Regel von weiter südlich gelegenen Regionen handelt, selten – fast nie – von den Ereignissen im Norden unserer Republik. Das historische Verhältnis Deutschlands zu Dänemark ist nahezu unbekannt. Dabei hatte es welthistorische Bedeutung. Wer kennt die Gottorfer aus Schleswig, die große Geschichte machten?
Wir kennen bereits aus den Schulbüchern die Staufer, die Hohenzollern, die Hohenloher, natürlich die Habsburger und Götz von Berlichingen. Wer kennt aber die Reventlovs, die Ahlefelds, die Schauenburger, die Oldenburger auf dem dänischen Thron oder die von Schwerins?
Wer weiß, dass die Dithmarschener Bauern den ersten Bauernkrieg führten, 40 Jahre vor den Bauernaufständen im deutschen Südwesten? Wer kennt die Geschichte der Kimbern und Teutonen und wer hat sich schon einmal gefragt, ob Robin Hood, der Held von Sherwood, Schleswig-Holsteinischer Abstammung sein könnte?
Wer weiß, dass der strahlende Held der deutschen Rittersagen, Siegfried, eine Figur aus dem Volk der Wikinger ist? Wer weiß, dass Kaiser Heinrich I. ohne die Friesen nie die Hunnen hätte besiegen und vertreiben können? Und wer weiß eigentlich, dass offiziell am ersten Kreuzzug keine deutschen Ritter teilnahmen, er aber ohne die Friesen nur schwerlich hätte durchgeführt werden können?
Und wer weiß, dass nicht nur die Wikinger um 800 n. Chr. begnadete Seefahrer waren, sondern ebenso die Sylter Friesen? Wer weiß, dass die Sylter über Jahrhunderte zu den Menschen zählten, die „am meisten in der Welt rumkamen“? Sie kannten nicht nur das Gold der Inkas, sondern auch die Sklavenmärkte in Algerien. Sie gehörten zu den ersten, die mit Messer und Gabeln aßen, verstanden es meisterhaft, sich gegen zu hohe Steuerlasten zur Wehr zu setzen und dem dänischen Militärdienst zu entkommen.
Das vorliegende Buch zeigt eine deutsch-dänische Geschichte, dazwischen liegt die Insel Sylt im Herzogtum Schleswig, deutsches Kaiserlehen und dänische Königskrone. Eigentlich haben die Sylter im Laufe der Jahrhunderte nie recht gewusst, ob sie Deutsche oder Dänen waren. Bis sie sich eines Tages endgültig entscheiden durften: Sie wurden deutsch, um dann das zu werden, was sie bei den Dänen nie sein wollten: Soldaten.
Die Geschichte lebt und das Leben ist spannender als jeder Film. Das versucht dieses Buch aufzuzeigen. Es ist der Versuch journalistisch aufzuzeigen, welche große Geschichte im äußersten Norden Deutschlands über Jahrtausende geschrieben wurde.

1. Am Anfang war der Tod

Die Prozession bewegte sich auf ein Megalithgrab zu. Es trug den Namen Denghoog und lag am Rande einer kleinen Ansiedlung, die später einmal Wenningstedt heißen sollte.
Früher einmal, etwa von 3000 bis 2300 v. Chr. ließen sich die Menschen im Norden am Rande der Austernbänke nieder und führten ein sesshaftes Leben. Ihre Hauptnahrung bestand aus Meerestieren. In den Schalenablagerungen ihrer Nahrungsreste begruben sie ihre Toten in ausgestreckter Lage und umgaben sie gelegentlich mit ein paar großen Steinen.
Da in dieser Zeit bereits Menschen auf Sylt lebten, dürften sie den gleichen Bestattungskult ausgeübt haben. Jungsteinzeitliche Siedler, die möglicherweise an der Donau entlang und weiter zwischen Oder und Weichsel nach Norden gezogen waren, erreichten etwa 2300 v. Chr. das heutige Jütland. Sie brachten eine neue Bestattungsform mit, indem sie ihre Toten in ausgestreckter Haltung in Erdgräbern beisetzten, die mit einem Kranz kleiner Steine um den Körper herum abgesteckt und von einem großen Erdhügel bedeckt wurden. Diese kleinen rechteckigen Grabkammern mit einzelnen Decksteinen nennt man „Dysser“.
Die Grabhügelform der Dysser war das erste Kennzeichen einer neuen Epoche. Im Gegensatz zur späteren Völkerwanderung, die in nord-südliche Richtung verlief, wanderten die Völker im dritten Jahrtausend von Süden nach Norden. So brachten Sippen aus dem Mittelmeerraum und vom Atlantik ab 2200 v. Chr. eine Bestattungsform mit, die als Megalithkult in die Geschichte eingegangen ist. In ihren Ursprungsländern kannte man Felsengräber oder aus Felsgestein tempelartig aufgebaute Grabstätten. Im Norden, wie auch auf Sylt fand man keine Felsen, dafür aber Findlinge. Steine von einer Härte, die sich nicht in kleinere Scheiben zerlegen ließen.
Unsere Vorfahren brachten vor 4000 Jahren ihren Verstorbenen große Achtung entgegen. Ihr Leben auf Erden war hart und entbehrungsreich und sie erwarteten von ihren Toten, dass sie als Fürsprecher bei den Göttern für sie auftraten. Daher war ihnen das Andenken an ihre Angehörigen jede Mühe wert. Mit größter Kraftanstrengung und dem Einsatz aller dafür verfügbaren Technik baute man Grabmähler wie den Denghoog. Die Lebenden verzichteten ihrerseits auf eigenen Komfort und hausten bescheiden in zugigen Weidenhütten, die mit Ziegen-, Schafs- und Rinderfellen notdürftig abgedichtet waren. Holz gab es nur wenig auf der heutigen Insel und konnte für den Hausbau kaum eingesetzt werden. Findlinge, die die Eismassen angetrieben hatten, waren auch nicht unbegrenzt vorhanden. Sie wurden vor allem für die Toten reserviert. Daher waren die Grabstätten in aller Regel keine Einzelgräber, sondern kollektive Ruhestätten. Man konnte teilweise bis zu hundert Skelette in diesen Grabmählern finden.
Die Prozession, die sich hinter dem Verstorbenen eingefunden hatte und in Richtung Denghoog bewegte, dürfte keine große Trauer empfunden haben. Schließlich hatte der Verstorbene das irdische Jammertal verlassen und war nun auf dem Weg zu den Göttern. Für die weite Wanderung fügten unsere Urahnen der Grablegung wertvolle Beigaben zu. Während die Toten in südlicheren Landstrichen mit Kupferdolchen,

Steinperlen oder Nadeln mit hammerförmigen Köpfen auf ihre ewige Reise geschickt wurden, legte man in nördlicher Region, wie auch auf der heutigen Insel Sylt, goldfarbene weiche Steine in das Grab. Dieser glänzende Schmuck, später Bernstein genannt, sollte wahrscheinlich nicht nur dem Verstorbenen zu Ehre und Ansehen verhelfen, sondern außerdem die Götter schmücken und sie dem Verstorbenen und seinen lebenden Angehörigen gegenüber milde stimmen.
Das Leben vor 4000 Jahren war „furchterregend" auf Sylt. Der Sommer war gut zu ertragen, wenn nur nicht diese schreckliche feuerrote Scheibe gewesen wäre, die häufig gegen Abend im Meer versank. Was war das? Was bedeutete das? Was wollten die Götter den Menschen damit sagen? Was würde wohl passieren, wenn diese feurige Scheibe herunterfiel? Würde sie noch den Rand der Erdscheibe berühren?
Aber noch schlimmer waren der Herbst und der Winter. Nicht nur, dass auch in diesen kalten Jahreszeiten allzu oft die feuerrote Scheibe am Himmel erschien, es kamen auch noch zerstörerische, Überschwemmungen bringende Stürme hinzu, die wenig später durch eisige Kälte abgelöst wurden. Und immer wieder die sorgenvolle Frage, wohin fließt das Wasser bei Ebbe. Der Rücklauf des Wassers konnte nur möglich sein, weil die Erdscheibe sich bewegte. Lief das Wasser über den Rand hinweg in die Götterwelt? Und konnte der Druck des ablaufenden Wassers plötzlich so stark werden, dass die Erdscheibe umkippte? Damit kämen Wasser und Landmasse ins Rutschen und mit ihnen die Menschen. Sie würden alle in der Unendlichkeit verschwinden. Sah so Ragnarök - die Götterdämmerung aus, das Ende der Welt?
Die Priester, die gleichzeitig Seher waren, hatten viele Fragen zu beantworten. Keine leichte Aufgabe vor 2 bis 3000 Jahren.
Gegen 1750 v. Chr. erreichten urwüchsige Krieger mit ihren Streitäxten die heutige Insel. Sie hatten sich bereits um 2300 v. Chr. ihren Weg vom Schwarzen Meer und dem Ural durch Mitteleuropa in den Ostseeraum gebahnt und gelangten die Elbe entlang bis nach Holstein und Jütland. Anders als das Megalithvolk begruben diese Krieger ihre Toten in Hockstellung mit stark angewinkelten Beinen – nicht mehr in Ganggräbern, sondern in Einzelgräbern, die in die Erde eingelassen und mit einem runden Erdhügel bedeckt wurden. Neben Bechern mit Fischgrätenmustern wurden Streitäxte, Keulen und Bernsteinstücke den männlichen Toten beigegeben, während bei den Frauen Bernsteinketten gefunden wurden.
Diese Streitaxt-Krieger waren Eroberer. Sie wollten nicht nur herrenloses Land in Besitz nehmen, sofern es überhaupt noch solches gab, sie unterwarfen das eingesessene Volk und konnten sich nicht nur auf Sylt, in Jütland und auf den dänische Inseln etablieren, sondern wurden in Schweden und Finnland die herrschende Macht. Außerdem wandten sie sich wieder in Richtung Süden. Sie schwärmten über die Ebenen von Schleswig-Holstein, breiteten sich in Nordwestdeutschland aus und veranlassten die Ackerbauern des Elbe-Weser-Gebiets, in Mecklenburg und Holland Zuflucht zu suchen.
Das war zu der Zeit, als auf Kreta die minoische Kultur erblühte und auf dem griechischen Festland Mykene die ersten bedeutenden Kulturbeweise erbrachte. Rom brauchte noch 700 Jahre, um gegründet zu werden. Kultur im antiken Sinne entstand zu dieser Zeit in unseren nördlichen Breitengraden keine, aber die Streitaxt-Krieger schufen bereits ein für die damalige Zeit beeindruckendes „Weltreich". Es trat nie als solches

in Erscheinung. Da die Krieger noch kein hochentwickeltes Organisationstalent besaßen, liefen sie sich auf ihrem weiten Weg über Mähren, Sachsen, Thüringen, Niedersachsen, Schleswig-Holstein und wieder zurück über das Elbe-Weser-Gebiet bis in das Rheinland irgendwann müde und heirateten. Aber nicht nur Frauen ihrer Sippen, sondern sie vermischten sich mit den ansässigen Völkern und wurden friedlich. Und was machen friedliche Männer? Sie machen Politik. Und das Ergebnis war die Schaffung vieler Stämme, die bis zum heutigen Tag das politische Leben in Deutschland bestimmen.
Im Laufe der Bronzezeit, die bis etwa 600 v. Chr. reichte und in der die Besiedlung auf den Geestinseln besonders dicht war, entwickelte sich eine neue Bestattungsart. Die Feuerbestattung kam auf. Diese Form des Begräbnisses hatte den Vorteil, dass mehr Verstorbene auf engstem Raum beigesetzt werden konnten. Immerhin dürften auf Sylt etliche Hügelgräber vorhanden gewesen sein, die aus Platzgründen dicht am Meer angelegt und in den nächsten Jahrhunderten mit den sterblichen Überresten von den Überschwemmungen fortgerissen wurden. Daher bot sich das neue, ebenfalls aus südlichen Ländern wie Syrien oder Palästina kommende Bestattungsritual geradezu an. In dieser Zeit zogen bereits Kaufleute und Händler umher und trugen entscheidend zur Vereinheitlichung der kulturellen und zivilisatorischen Entwicklungen bei.
So wurden im Hilligenört, einem Hügel bei Archsum, neben einer Herdstelle mehrere Gefäßscherben gefunden. Der Überlieferung nach soll hier ein heidnisches Heiligtum mit einem Friedhof gewesen sein. Die Urnen hatten die Form eines Glockenbechers und die Hinterbliebenen deponierten sie häufig in den bereits vorhandenen Hügel- oder Ganggräbern. Als Grabbeigaben habe er, berichtet M.R. Flor 1762, „oben auf der Asche allerley von vermischtem schlechten Metalle und Ertzsorten, item (ferner) von Messing oder Kupfer verfertigte Spangen, Schnallen, Haarnadeln, als ein Zänglein formierte Instrumente, kleine Incisionsmesser, Spornen, Dolche und dergleichen, ja einen bernsteinernen Ring in Größe eines Reichsthalers sauber gegossen gefunden".
Die Hügelgräber wurden meist auf der Geest angelegt. Das sind die sich an die Marsch anschließenden, höher gelegenen, trockneren und unfruchtbareren sandigen Altmoränengebiete. Altmoränen sind in der Eiszeit von Gletschern mitgeführter und abgelagerter Gesteinsschutt. Die höhere Lage sollte verhindern, dass die Urnen „durch Ergießung von der See nicht dereinst ganz weggespühlet werden sollten" (M.R. Flohr 1762).
Benannt wurden die Einzelhügel nach den Namen der „Urheber". „Also nennet man im Kirchspiele Morsum diesen und jenen Hügel Urdigs, Kiabings, Torshog oder Hügel" (M.R. Flohr).
Wahrscheinlich versuchte man ursprünglich, die Verstorbenen durch Austrocknung zu mumifizieren. Da das Verfahren jedoch nicht funktionierte, entwickelte sich daraus die Feuerbestattung.
Die nächsten Jahrhunderte verliefen im Norden sehr ruhig, sieht man einmal ab von den Klimaverschlechterungen und den regelmäßig auftretenden Flutkatastrophen. Sie führten bereits in der damaligen Zeit zu erheblichen Landverlusten und vor allem zu einer immer schlechter werdenden Landverbindung. Es darf angenommen werden, dass die Menschen dieser Zeit noch von Sylt aus trockenen Fußes das Festland erreichen konnten.

Aber noch etwas ereignete sich. Die menschlichen Gemeinschaften im Norden bekamen Namen. So wissen wir, dass die Insel Sylt seit dem vierten Jahrhundert vor Christus von Kimbern und Teutonen bewohnt wurde. Die Grenzen zwischen beiden sind nicht genau bekannt. Allgemein weiss man, dass die Kimbern im heutigen Holstein und östlichen Jütland lebten, die Teutonen im westlichen Jütland. Durch Sturmfluten und Landverluste geschädigt zogen sie gemeinsam nach Süden, der ewigen Sonne entgegen.

2. Das Land, in dem Milch und Honig fließen

Die Kimbern und Teutonen zählten neben den Goten, den Cheruskern und den Wandalen zu den bekanntesten und berühmtesten Germanenstämmen. Da sie bis zum heutigen Tage im Bewusstsein der Menschen in vielen Ländern das Bild vom Nordgermanen prägen, lohnt es sich, die beeindruckende Geschichte der Vorfahren von der Insel Sylt näher zu betrachten.

Es wäre falsch anzunehmen, dass die Kimbern und Teutonen tumbe Nordgermanen waren. Ganz im Gegenteil. Seitdem die Archäologie nicht mehr fast ausschließlich in den Fundstätten des antiken Südens gräbt, sondern seit einiger Zeit den Norden entdekkt hat, treten erstaunliche Dinge zu Tage. Die vor allem im Herbst, Winter und Frühjahr rauhe und kalte Natur machte andere Überlebensstrategien notwendig. Während die Menschen im warmen Süden das ganze Jahr über angenehm leben konnten und mehrere Ernten kannten, mussten unsere Vorfahren im Norden wesentlich kompliziertere Überlebensformen und Techniken entwickeln. Sie waren nicht nur die mutigeren und besseren Jäger, sie entwickelten als erste Feuerzeuge, Zelte, warme Wäsche, Decken, Taschen, Futterale und Gefäße aus Baumrinde.

Was trieb die Menschen in der Vorzeit überhaupt in den kalten Norden? Warum holten sie sich Rheuma und kalte Füße? An pflanzlicher Kost bot das Gelände zunächst Engelwurz und Schlangenkröterich, dazu Nüsse und Brennnesseltee.

Aber das Land war fruchtbar. Die Fluren waren reich gedeckt mit Gras und Grünzeug. Büffeltiere, Rentiere und Riesenhirsche ästen hier. Sie waren es, die die Menschen aus den wärmeren Regionen anzogen.

Die Fähigkeit der Nordländer dürfte aber am ehesten daran deutlich werden, dass sie vor 400.000 Jahren bereits in der Lage waren, Steppenelefanten mit einer Schulterhöhe von vier Meter fünfzig und einer Haut von zwei Zentimeter Dicke niederzuringen. Dagegen war die Jagd auf Bären, deren Felle gegen die winterliche Kälte zwingend notwendig waren, fast schon ein Kinderspiel.

Bereits zu dieser Zeit waren die Menschen im Norden in der Lage, Leder zu gerben. Wahrscheinlich war der erste Gerbstoff Urin. Sie stellten Dolche und Hacken aus Hirschgeweih her und spalteten Elefantenrippen der Länge nach auf, die hernach wie Krummsäbel aussahen.

Vor 200.000 Jahren verwendeten unsere Vorfahren bereits eine Chemikalie zum

Gerben von Leder, die sogenannte Eichenlohe und vor etwa 80.000 Jahren verwendeten sie mit Birkenpech bereits einen Kitt, um eine Steinklinge in einem Holzgriff zu befestigen. Birkenpech kann nur durch trockene Destillation gewonnen werden. Dabei muss zerstampfte Baumrinde unter Luftabschluss zwischen exakt 340 bis 400 Grad verschwelen.

Es wäre also völlig falsch, sich den Nordmenschen als stotternden, ungewaschenen, verblödeten, halbnackt herumlaufenden Rüpel vorzustellen. Dazu war er viel zu klug. Die Natur zwang ihn dazu, eine zum Überleben notwendige ausgefeilte Technik weiterzuentwickeln. Die nordischen Völker mussten in den wenigen Sommermonaten soviel an Vorrat heranschaffen, dass sie den Winter überstehen konnten. In Griechenland und später in Rom leisteten bei meist schönstem blauen Himmel Sklaven die Arbeit, eine Form von Arbeitnehmer, die in nördlichen Breitengraden zu dieser Zeit völlig unbekannt war. Sie war bei uns nicht bekannt, da im Norden weit weniger Kriege geführt wurden, als die meisten annehmen. Kriege, die Sklaven herbeischafften, wurden gezeugt durch Müßiggang, und dazu hatte man im Norden keine Zeit.

Aus dieser historischen Tradition erwuchsen die Kimbern und Teutonen. Sie litten von etwa 400 bis 120 v. Chr. immer häufiger unter den Unbilden der Natur. Und als um 120 v. Chr. herum gewaltige Sturmfluten große Teile ihres Landes verwüsteten und Landmassen wegschwemmten, erinnerte sich jemand daran, dass er großartige Berichte über ein Land im Süden gehört hatte. Es hieß, dort schiene immer die Sonne, keine vergleichbaren Stürme und Sturmfluten wie hier im Norden würden den Menschen zusetzen. Bunte Märkte, mit allem, was das Herz begehrt finde man an allen Ecken. Und arbeiten müsse man nicht annähernd so viel wie hier am stürmischen Meer. Also beschlossen die Ratsversammlungen in ihrer Not, ihr Glück zu versuchen und nach Süden zu ziehen. Einige, meistens die Älteren wollten nicht mit. Die anderen packten Mann und Maus, Kind und Kegel und zogen los.

Sylt war durch Abriss von Landmasse bereits eine Insel geworden Die Insulaner dürften sicherlich zu den treibenden Kräften für die Wanderschaft gezählt werden, denn sie gehörten zweifelsohne zu den Hauptbetroffenen der klimatischen Verwüstungen. Damit beschworen sie eine Entwicklung herauf, deren Bedeutung damals natürlich nicht erkennbar war, aber charakteristische Folgen bis in unsere Tage hat.

Zunächst muss betont werden, dass der Norden in der damaligen Zeit – der Name Germanien war noch unbekannt – nicht dünn besiedelt war, sondern sehr dicht. Die Marschkolonne der Kimbern und Teutonen hat nach heutigen Erkenntnissen mit Frauen und Kindern, aber ohne mitgeführte Rinder, Schafe, Ziegen, Schweine und Hunde aus mehr als 100.000 Seelen bestanden. Man kann sich ohne Schwierigkeiten ausmalen, dass es nicht leicht war, solche Massen zu verpflegen. Würde man den Heldensagen, den ersten Abenteuerromanen der Literaturgeschichte, Glauben schenken, so müssten unsere Vorgänger mordend und plündernd durch die Lande gezogen sein. Davon ist aber nichts bekannt. Im Gegenteil, auf ihrem Weg in Richtung Süden schlossen sich ihnen weitere Völker oder zumindestens Teile davon an, die sich später den Namen Ambronen gaben. Es ist also nicht anzunehmen, dass die Kimbern und Teutonen mit dem Schwert die angetroffenen Völker ausplünderten, ihnen die Schädel einschlugen und sie dann baten, mit ihnen zu ziehen.

Man hat unterwegs Tauschhandel betrieben und lebte von den Gütern, die man mitge-

nommen hatte. Bereits nach sieben Jahren hatten sie die erste Berührung mit römischen Legionären, nachdem eine längere Ansiedlung der Nordvölker im slowenischen Drau-Donau-Dreieck vorausgegangen war. Zuvor hatten sie die damals bereits bedeutende keltische Ansiedlung Wien passiert, ohne dass uns irgendwelche Kämpfe oder Plünderungen bekannt geworden sind.
Einige der Kimbern und Teutonen blieben in Slowenien, die Hauptmasse jedoch wanderte weiter. Das Land reichte nicht für alle. Sie wanderten durch Kärnten. Dort gab es Eisengruben. Und damit berührten sie ein fundamentales Interesse der Römer, der ersten arroganten Großmacht der Geschichte. Kärnten war zwar noch kein Bestandteil des römischen Reichs, aber „Interessengebiet". Deshalb musste nach Ansicht der damaligen Weltmacht dringend etwas geschehen.
Unsere Vorfahren hatten nicht das geringste Interesse an diesen Eisengruben. Sie suchten freies Land, auf dem sie siedeln konnten. Aber wie sollte man diese Absicht den Römern klarmachen? Leider kannten die Kimbern und Teutonen die Geschichte Roms nicht, sonst hätte ihnen sicherlich einiges geschwant.
Sie wussten nicht, dass die Gründer der Stadt etwa sechshundert Jahre zuvor ein verkommenes Zwillingspaar waren. Romulus und Remus hießen die beiden. Ihre Mutter stammte ab von Aeneas jun., einem Flüchtling aus Troja und einem Ziegenhirten, der sich König von Latium nannte. Das Unglück wollte es, dass diese Königstochter mit dem falschen Mann ins Bett ging und schwanger wurde. Was tut man in solchen Fällen, man erfindet eine Legende.
Die Römer erzählten, dass die Tochter des Ziegenkönigs bei einer Wanderung durch Wald und Flur von Gott Mars verführt und geschwängert wurde. Und dann kehrte er den südländischen Macho hervor, auf den die nordischen Frauen angeblich so abfahren, er verließ sie, ohne sich noch einmal umzudrehen oder sich bei ihr zu melden.
Der römische Gott ließ es geschehen, dass Romulus und Remus von einem machtbesessenen Onkel in einer Kiste in den Tiber geworfen wurden. Nachdem das Schicksal die beiden ans Ufer spülte, fand sie eine Wölfin, die sie an Kindes statt aufzog, wie Wölfe das ja bekanntlich ständig tun.
Außerdem ließ der Vater der Zwillinge es ungestraft geschehen, dass die Gründung Roms mit einem Mord begann. Romulus besann sich wahrscheinlich auf das Erstgeburtsrecht und erschlug seinen Bruder Remus, der zuerst das Licht der Welt erblickt hatte, hinterrücks. Anschließend begann er zu buddeln und gründete die Stadt. Aber wo buddelte er? Rom ist auf sieben Hügeln erbaut. Aber diese Hügel waren bereits alle besetzt. Ihm blieb nur noch ein Uferstück, dass als Malariabrutstätte übelster Güte bekannt war. Der Tiber trat häufiger über die Ufer und machte aus dem Flusstal eine übelriechende, schmeißfliegenverseuchte Kloake. Genießbares Trinkwasser war knapp und im näheren Umkreis um die werdende Stadt war kein Übergang über den Tiber möglich. Eine Stadtgründung also, wie sie idiotischer nicht sein konnte.
Wie verbittert muss er gewesen sein, als er feststellte, dass außer ihm kein weiterer Mensch in dieses Ratten- und Fieberloch wollte. Da hatte er eine Idee. Er rief alles lichtscheue Gesindel zu sich, versprach ihnen Kronzeugenregelung und Straffreiheit und siedelte sie an.
Ahnen Sie schon, warum das wichtig zu wissen ist? Warum unsere Vorgänger auf Sylt

unwissentlich in ihr Verderben rannten? Haben Sie schon einmal einen Menschen mit zweifelhafter oder fragwürdiger Vergangenheit kennengelernt, der anderen glaubt oder vertraut? Vor allem, wenn er zu einem gewissen Wohlstand gekommen ist, wird er notorisch misstrauisch sein.
Das mussten auch unsere Vorgänger auf ihrer Wanderung nach Süden erleben. Sie waren arm, aber strebsam und ehrlich. Sie verehrten ihre Götter und hatten ein ausgeprägtes Gerechtigkeitsempfinden. Forseti, einer ihrer Gottheiten sprach nicht nur den Menschen, sondern auch den Göttern Recht. Unsere Vorfahren hatten als hervorstechende Eigenschaften das Gefühl der Verbundenheit mit der Sippe und der Familie, die Mannentreue gegenüber dem anerkannten Führer sowie das Verantwortungsbewusstsein für das eigene Tun.
Bemerkenswert war der hohe Stand der sexuellen Moral, wie auch von christlichen Schriftstellern (Salvian) bestätigt wird. Hervorzuheben ist, dass an die Frauen dieselben ethischen Forderungen gestellt wurden wie an die Männer, allerdings mit einem Unterschied: Trunkenheit wurde dem Mann verziehen, nicht aber dem Weibe.
Bei Todschlag spielte die Blutrache eine große Rolle, doch konnte sie („Kann-Regel") von dem Totschläger durch ein Wergeld an die Verwandten des Ermordeten abgelöst werden.

Aber die Römer trauten unseren Vorgängern nicht. Sie konnten nicht glauben, dass die Kimbern und Teutonen an ihrem „eisernen Gold" kein Interesse hatten, sondern nur Landsuchende waren. Die Römer wollten nicht glauben, dass unsere Vorgänger im Norden anständige Charaktere waren. Sie griffen also an.
Im Jahr 113 v. Chr. stellte Konsul Papirius Carbo die Wandernden bei Noreia, südlich von Klagenfurt. Unsere Vorgänger wussten eigentlich gar nicht so recht, was diese mit eisernem Harnisch verkleideten Gestalten von ihnen wollten. Warum versperrten sie ihnen den Weg? Das berührte nicht nur das Ehrgefühl unserer Vorgänger, sondern auch ihr Gerechtigkeitsempfinden. Sie waren zwar nicht die ständig raubmordenden Horden, als die sie uns heute häufig vorgestellt werden, aber wenn es um die Ehre ging, konnten sie kämpfen. Und außerdem verteidigten die Kimbern und Teutonen ihre Familien, ihr höchstes Gut, im Gegensatz zu dem römischen Söldnerheer, das aus verschiedenen Nationalitäten zusammengewürfelt war. Der Kampf war unter der Wucht der Wut der Nordmänner schnell entschieden, die Römer wurden vernichtend geschlagen.
Die Nachricht verbreitete sich in Windeseile durch alle Länder. In Gallien entbrannten an mehren Stellen Aufständen, bei Tolosa (Toulouse) wurden die römischen Besatzungstruppen von den Kelten regelrecht verprügelt.
Unsere Vorgänger aus dem Norden zogen weiter, immer noch auf der Suche nach freiem Land. Sie wollten niemanden verdrängen, obwohl sie schon sehr viel Land gefunden hatten, in dem „Milch und Honig floss". Aber es war weitestgehend besetzt. Die Römer jedoch zweifelten nicht daran, dass das Ziel der Kimbern und Teutonen nur Rom heißen konnte, der „herrlichsten, honorigsten, vorbildlichsten, demokratischsten und gebildetsten" Stadt der Welt. Aber die Wandernden marschierten wieder in Richtung Norden. Sie überquerten die Alpen, durchzogen Schwaben, wo sich wieder ein Teil von ihnen niederließ, vielleicht auch einige unserer Sylter Vorgänger, und überquerten den Rhein in Richtung Rhone. Damit war der Moment gekommen, der den

Großalarm vom „furor teutonicus“ auslöste.
„Die Teutonen kommen“, erschallte es angsterfüllt in römischen Landen. Schreckliche Geschichten hatten die Überlebenden der Schlacht mitgebracht. Riesige, blutrünstige Gestalten mit übernatürlichen Kräften waren es, die die römischen Legionen bei Klagenfurt besiegt hatten. Schreckliche Walhall-Riesen mit Weibern, die mit ihren Kindern auf den Schultern und nackten Brüsten ihre Männer mit lauten Schreien zum Kampf antrieben. Büffelhörner oder halbe Auerochsenschädel über den Kopf gestülpt, urzeitliche Keulen schwingend und Speere mit den Ausmaßen von Bäumen in den wuchtigen Händen. So jedenfalls entschuldigten sich die Verlierer. Und nun kamen diese fürchterlichen Wesen wieder in den römischen Einflussbereich. Sie zogen zwar nach wie vor friedfertig, geradezu harmlos, aber Menschen mit der Vergangenheit der Römer wollen nicht wahrhaben, dass andere Völker ohne Arglist sind. Unsere Vorgänger hinterließen nach wie vor keine Schneisen von Ruinen, keine Leichen pflasterten ihren Weg. Sie zogen zwar ruhelos und hinterließen „kahlgefressene“ Landschaften, aber ihnen zu begegnen war gefahrloser, als heute mit dem Auto von Sylt nach Hamburg zu fahren.
Trotzdem jagte der angsterfüllte Ruf durch Rom: „Die Teutonen kommen“. Daraus ist heute der Ruf „Die Deutschen kommen“ geworden, im italienischen klingt das „tedeschi“ oder sehr gerne „teutonici“. Und sobald eine deutsche Fussballmannschaft nach „Bella Italia“ kommt, und sei es nur Hannover 96, so schreiben die Zeitungen „Vengono i teutonici“ und „i Panzer in arrivo“ – „die Panzer im Anmarsch“.
An diesem Ruf haben auch ehemalige Sylter Bewohner mitgewirkt. So machten sie Geschichte, unsere Vorgänger, die bis in die heutige Zeit hineinwirkt.
Dabei waren die Teutonen Dänen. Aber noch nie hat in Italien jemand von den „Panzern im Anmarsch“ geschrieben, wenn die Fussballer von Bröndby Kopenhagen in ihr Land kamen. So ungerecht kann die Welt sein. So haben nun die Schleswig-Holsteiner als die Kimbern, die mit den Teutonen zusammenlebten, den schwarzen Peter, bis zum heutigen Tage bei den Italienern in jedem Jahr bei dem Ruf „Die Deutschen kommen“ ein Trauma auszulösen.
Und nicht zu vergessen: der Teutonengrill. Auch eine rein deutsche Spezies. Da die Geschichte jedoch gerecht ist, ist Sylt heute selbst ein „Teutonengrill“, verdient viel Geld damit und obwohl das Ausland die Insel bisher noch kaum entdeckt hat, kommen wenigstens schon verschiedentlich Dänen nach Sylt, um die alte Kimbern- und Teutonen-Freundschaft wiederzubeleben.
109 v. Chr. meinte der zweite römische Konsul mit Namen Servilius Caepio, er sei Mann genug, um die Sache mit den Nordmenschen ein für allemal zu erledigen. In der Nähe von Lyon, weit weg von Rom, verprügelten die Kimbern und Teutonen, die immer noch nicht Germanen hießen, die Römer zum zweiten Mal. Und immer noch hatten sie keine Gelüste, nach Rom zu ziehen. Im Gegenteil, sie wanderten durch Südfrankreich in Richtung Pyrenäen. Und die Römer konnten noch immer nicht begreifen, dass es Menschen gab, die nicht vom „Roman way of life“ beglückt werden wollten. Vier Jahre nach Lyon griffen sie die Kimbern und Teutonen erneut zwischen Avignon und Nîmes an.
Unsere Vorgänger waren erstaunt, die Römer erneut anzutreffen. Schließlich hatten die in dieser Gegend genauso wenig zu suchen, wie sie selbst. Sie wurden also fuchsteu-

felswild und vernichteten die römischen Legionen bis auf den letzten Mann. Und dieser letzte Mann war der den Nordmenschen bereits bekannte Konsul Servilius Caepio, der voller Schrecken die Flucht ergriff und vom Senat seiner Heimatstadt in die Verbannung geschickt wurde. Das war ihm nur recht, schließlich war er vom Untergang Roms überzeugt.
Über fünfzigtausend Tote hatten die Schlachten auf beiden Seiten gefordert. Sinnlose Tote. Hätten die ehemaligen Schleswig-Holsteiner und Dänen die Absicht gehabt, Rom zu zerstören, wäre die Gelegenheit günstig gewesen. Die römischen Legionen waren vernichtet. Aber die Nordmenschen hatten andere Pläne oder Wünsche. Sie stellten fest, dass der riesige Haufen kein freies Land fand, in dem alle unterkommen konnten. Man trennte sich also, um in kleineren Stammeseinheiten sein Glück zu versuchen. Die Kimbern wollten sich die Pyrenäen ansehen, und die Teutonen wanderten in Richtung Loire. Aber wieder war ihnen kein Glück beschert. Sie trafen sich nach einer Weile im heutigen Belgien, um zunächst erneut gemeinsam zu marschieren. In Burgund beschlossen die Teutonen, es noch einmal in der Gegend von Avignon und Nîmes zu versuchen, während die Kimbern den Helvetiern begegneten und mit ihnen gemeinsam in die Berge einstiegen.
Hier trafen sie wieder auf mitttägliche Hitze, auf nächtliche Kälte, auf winterliche Eiszeit, auf einen feuerroten Sonnenball und auf Stürme, die die alten Ängste vor Naturkatastrophen erneut hochkommen ließen. Sie verstanden jetzt in der Höhe der Alpen, warum die Gallier Angst hatten, „der Himmel könne ihnen auf den Kopf fallen“. Sie beeilten sich also, wieder in das Flachland zu kommen und landeten in der Po-Ebene. Dort erfuhren sie von den Bewohnern, das dieses Land den Römern gehöre.
Drei Jahre waren seit der letzten Schlacht vergangen. Nichts wünschten sich unsere Vorgänger aus dem Norden mehr, als endlich wieder sesshaft zu werden, endlich in Ruhe und Frieden die Felder bestellen und Vieh züchten zu können. Aber in Rom hatte ein Emporkömmling, ein robuster, eigenbrötlerischer und querköpfiger Mann aus dem einfachen Volk mit schlichter Erziehung, aber soldatischen Erfolgen, die Konsulwürde erlangt. Ihn gelüstete nach Macht und Ansehen.
Die Kimbern wurden in Rom vorstellig und teilten mit, sie wollten keinen Krieg. Sie bäten darum, in der Po-Ebene bleiben und siedeln zu dürfen. Marius, der römische Emporkömmling erkannte aber seine Chance. Endlich hatten sich die Eindringlinge getrennt. Sie waren jetzt schwächer und leichter zu besiegen. Außerdem hatte er eine grandiose Idee. Er änderte die Armeestruktur der Weltmacht Rom und führte das Berufsheer ein. Die verpflegte und bezahlte er gut und konnte jetzt Profis gegen Amateure in die Schlacht führen.
Im Jahr 102 v. Chr. marschierte er zuerst gegen die Teutonen und stellte sie in Aquae Sextiae (Aix en Provence) zur Schlacht. Die antiken Dänen staunten nicht schlecht, dass die Römer wie lästige Schmeissfliegen wieder erschienen. Sie nahmen zähneknirschend ihren Schild und ihr Schwert von der Wand und stellten sich dieses Mal einer zahlenmäßig überlegenen Armee zum Kampf.
Für die Römer war es ein Schlachtfest. Als sie bis zu den Wagenburgen vorgedrungen waren, warfen sich ihnen auch die Teutonen-Frauen entgegen. Als diese sahen, dass die letzten Männer niedergemetzelt waren, gaben sie sich und ihren Kindern selbst den Tod.

Warum wählten die Frauen für sich und ihre Kinder den Freitod? Sie hatten gegen ein Kulturvolk verloren, immerhin hatten die Römer bereits die Unterbodenheizung und das Wasserklosett erfunden. Also konnte man doch damit rechnen, dass auch Gefangene entsprechend respektvoll behandelt wurden, wenn auch als Sklaven. Es zeigte sich aber bereits bei den Teutonen das hohe Maß an Ehrgefühl, dass später vor allem die germanischen und französischen Ritter auszeichnete. Sklaverei war unzumutbar. Lieber tot als Sklave.
Jetzt waren die Kimbern an der Reihe. Die hatten es schließlich gewagt, in römisches Territorium einzudringen. Die antiken Schleswig-Holsteiner teilten Marius noch einmal mit, dass sie in friedlicher Absicht gekommen seien, dass die Po-Ebene genug Platz für alle böte und das sie hier als römische Untertanen siedeln wollten. Aber es nutzte nichts. Im Jahr 101 v. Chr. marschierten die römischen Berufssoldaten los, um dieses Mal dem „Furor Schleswig-Holsteinicus“ den Garaus zu machen. Die Kimbern waren in den vergangenen Jahren so kampfunerfahren geworden, dass sie keine Chance mehr hatten. Sie rechneten fest mit dem Edelmut der Großmacht. Aber welche Enttäuschung. Niemand wurde verschont, es gab keine Überlebenden aus dem Norden. So endete das erste große Abenteuer der Weltgeschichte von Bewohnern Jütlands, Schleswig-Holsteins und der Insel Sylt. Sie waren nicht eigentlich die Vorfahren der heutigen Insulaner, da die Sylter ihre Herkunft von den Friesen ableiten, die damals noch ruhig in Holland saßen und noch keine Anstalten machten, neue Länder zu besiedeln. Aber wenn man davon ausgeht, dass Landschaft und Natur den Menschen und seinen Charakter prägen, dann dürften die Dänen, Schleswig-Holsteiner und entsprechend die Sylter Gemeinsamkeiten mit den Kimbern und Teutonen haben.

3. Die Friesen erscheinen in der Geschichte

Sylt war Agrarland. Sylt bestand nur aus einzelnen Höfen oder Katen. Es gab keine größeren Dörfer, keine Stadt und keine kunstfördernde Herrscherschicht. Daher existieren außer Gräbern in den nächsten Jahrhunderten keine kunsthandwerklichen oder schriftlichen Überlieferungen. Es soll aber in diesem Buch versucht werden, für die Zeit bis zu den belegbaren Nachweisen der historischen Ereignisse einen grundsätzlichen geschichtlichen Ablauf aufzuzeigen, um die Entwicklung der Menschen im Norden und ihre Charaktereigenschaften zu verdeutlichen.
Einundzwanzig Jahre nach dem Ende der Kimbern und Teutonen können wir von den „Germanen“ sprechen, da dieser Name 80 v. Chr. von Poseidonios erfunden wurde. Heute würde man so etwas mit Feuerwerk, Musik und Champagner feiern. Aber unsere Vorfahren ließ das völlig kalt. Was sollte dieser Unsinn mit den Germanen. Da waren die Chauken, die Cherusker, die Chatten und die Sugambrer, die Ubier, die Gentes, die Vindelicorums, die Licates, die Rucinates und die Friesen, um nur einige zu nennen. Und das wollte man auch bleiben, aber keine Germanen werden - „die spinnen doch, die Römer“. Und zugegeben, eigentlich fühlen wir uns heute doch auch noch wohl als

Hamburger, Münsterländer, Rheinländer, Hessen, Schwaben, Thüringer, Sachsen, Bayern oder Sylter. Auch heute noch fließt mehr Sekt und Champagner, wenn wir unsere Stammesfreuden feiern, als die Feste unseres „Germaniens“.
Der römische Feldherr Drusus, ein Stiefsohn von Kaiser Augustus, war der erste, der die Friesen in die Geschichte einführte.
Es war 12 v. Ch., zweiunddreißig Jahre nach der Ermordung Caesars. Octavian regierte seit fünfzehn Jahren unter dem Namen „Augustus“ (der Erhabene) das Weltreich als Kaiser. Sein Feldherr Nero Claudius Drusus Germanicus, der ganze Stolz seines Kaisers und dessen möglicher Nachfolger, hatte vor einem Jahr das Oberkommando über die römischen Legionen in Germanien übernommen.
Etwa ab Wesel bis zur Rheinmündung lebte das Volk der Bataver. Sie waren bereits seit längerem mit den Römern verbündet und stellten ihnen starke Reitertruppen zur Verfügung. Dies nutzte die Großmacht, um zwischen dem Rhein und der Ijsselsee, den alten Lateinern besser bekannt als Flevosee, einen Kanal zu bauen, der den Namen Drususkanal erhielt. Dieser Schiffsweg und ein dazugehöriger Damm, der Schutz bieten sollte vor Naturgewalten und Feinden, war die Voraussetzung für anschließende kombinierte Land- und Seeoperationen. Kanal und Damm schufen eine gesicherte Operationsbasis und gaben dem Heer, das die unübersichtlichen, gefahrvollen Wälder und vor allem Moore scheute, Sicherheit und damit Beweglichkeit. Den Römern war klar geworden, dass die Stämme im Norden nicht leicht zu unterwerfen waren und das nur überraschende starke Vorstöße in die nördlichen Landschaften zum Erfolg führen konnten. Und nur über die See war jederzeit der Rückweg offen.
Die Römer hatten 12 v. Chr. am Drususkanal ihre Transportflotte versammelt und ausgerüstet. Die Legionen wurden auf die Schiffe verladen und die Anker gelichtet. Sie erreichten den Flevosee und drangen damit in das Reich der Friesen ein.
Diesem nordgermanischen Volk, das zwischen dem Flevosee und der Ems lebte, näherte sich Drusus bewusst zurückhaltend und freundlich. Einerseits wollte er einem Kampf aus dem Weg gehen, andererseits brauchte er für die Weiterfahrt nicht nur kundige Lotsen und erfahrene Seeleute, sondern auch Wasser und Verpflegung.
Das römische Reich verlangte von allen unterworfenen Stämmen und von jenen, die von ihm in Ruhe gelassen werden wollten, Tribut. Während die Bataver Reitertruppen und damit viel Blutzoll stellten, lieferten die Friesen den Römern als Friedensgabe Ochsenhautbündel. Das war weniger ein Tribut, als mehr eine „milde Gabe“. Dem Stolz der Friesen und ihrem Freiheitsbewusstsein hat diese Abgabe so wenig geschadet wie ihrem wohlversehenen Besitz. Fürs erste war es den Vorfahren der Nordfriesen gleichgültig, was die Römer trieben. Die Hauptsache, sie zahlten gut für geleistete Hilfsdienste. Sie stellten Lotsen zur Verfügung und formierten eine Heeresabteilung, die die Küste entlang als wandernde Landdeckung der Flotte vorrückte. Besonders an der mit tiefen alten Eichenwäldern bedeckten chaukischen Küste im Mündungsgebiet der Weser war ein solcher Flankenschutz unentbehrlich.
Bei ihrem Vormarsch gerieten die Römer in der Wesermündung tatsächlich in Gefahr. In einer Bucht liefen die Schiffe beim Eintritt der Ebbe auf verborgene Untiefen. Manövrierunfähig staken die Boote im Schlick. Doch die erfahrenen Friesen waren zur Stelle und machten die Schiffe wieder flott.
Großer Erfolg war den Römern nicht beschieden. Aber Drusus reiste nach Lugdunum

(das heutige Lyon) und brachte der „alten Welt“ Kunde von der Welt am nördlichen Meer, ihren Inseln, Flüssen und Bewohnern und damit neues Wissen und eine bleibende Erweiterung ihres Erdbildes.
Das Dasein der direkten Vorfahren der Sylter an der Küste war hart, aber nicht von pausenlosen Kämpfen bestimmt. Die Technik war mittlerweile so weit fortgeschritten, dass das Leben auch Freude bereitete. Es war nicht mehr nur der tägliche Kampf ums nackte Überleben, auch wenn in jedem Herbst und Frühjahr die großen Stürme einsetzten und in manchen Jahren die Fluten furchtbare Schäden anrichteten. Man beschäftigte sich bereits mit den ersten Maßnahmen zur Bezwingung der Urgewalten. Die Erfolge waren zwar noch bescheiden, aber die Friesen standen vor einer Aufgabe, die ihnen als Damm-und Deichbauer einen bedeutenden Platz in der Geschichte zuweisen sollte.
In diesem antiken Augenblick beschäftigten sie sich in ihrer Freizeit noch sehr intensiv mit den Göttern. Sie hatten zwar keine Angst mehr vor dem feuerroten Sonnenball, aber bei den sonstigen Naturerscheinungen war es doch besser, die Götter besänftigt zu wissen.
Der Kriegsgott Tyr, der vor langer Zeit einmal der Hauptgott gewesen war, hatte seine Stellung schon lange an Odin oder Wodan, wie er auch genannt wurde verloren. Die nordischen Germanen, die im Verlauf der weiteren Geschichte als tumbe, grölende und keulenschwingende Zeitgenossen dargestellt wurden und häufig noch werden, konnten freundlich sein, wenn man ihnen entsprechend begegnete und sie waren intelligent. Und dieselben Eigenschaften hatten auch ihre Götter.
Die „Überirdischen“ der nordischen Germanen, die in Asgard in ihren Burgen wohnten und nicht allmächtig, sondern erhöhte Menschenwesen waren, brauchten keinen Kriegsgott als obersten Herrn. Odin oder Wodan war der Gott der vornehmen Krieger, der weit in der Welt herumkam. Er war dauernd unterwegs auf seinem achtfüßigen Ross Sleipnir oder auch zu Fuß. Er trug seinen Speer in der Rechten, auf seinen Schultern saßen die Raben Hugin (Gedanke) und Munin (Gedächtnis), die seine Kundschafter waren. Als Gott der Schlachten, als der Walvater, ließ er die gefallenen Helden durch die Walküren zu sich nach Walhall bringen.
Odin war auch ein weiser Gott. Als er den Riesen Mimir, der am Weisheitsquell unter der Esche Yggdrasil wohnte, um einen Trank bat, verlangte Mimir dafür ein Auge von ihm. Odin ging darauf ein und war seitdem einäugig. War das erstrebenswert? Für Odin ja. Durch sein Opfer raubte er dem Riesen den zur Dichtung erforderlichen Trank und wurde selbst ein großer Dichter. Die Kunst war ihm wichtiger als eines seiner Augen. Außerdem hing er neun Tage und neun Nächte von Speeren verwundet am „windigen Baum“ und weihte sich selbst sich selber zum Opfer. So fand er die Runen. Danach wurde er „klug, und ein Wort nach dem anderen suchte das folgende Wort, ein Werk nach dem anderen suchte das folgende Werk“.
Odin als „erhöhter Mensch“ war bereit, Schmerzen um des Wissens willen zu ertragen. Kein römischer Gott wäre bereit gewesen, sich um des Wissens willen einem solchen Martyrium auszusetzen.
Odins Gattin Frigg oder Freya war die Göttin der Ehe, die man um Kindersegen anging und die das Spinnen und die häusliche Arbeit beschützte.
Thor, auch Donar genannt, war der Gott des Gewitters, der mit seiner Waffe, dem wie

ein Bumerang immer wieder nach dem Werfen in seine Hand zurückkehrenden Hammer Mjöllnir, die Riesen bekämpfte. Wenn er auf seinem mit Böcken bespannten Wagen umherfuhr, sandte er den Regen herab und spendete dem Acker Fruchtbarkeit. So war er der Lieblingsgott der Bauern und wurde wie ein solcher geschildert: mit rotem Haar und Bart, plump und treuherzig, gutmütig und doch von einer gewissen Bauernschläue.

Da das Schicksal der Nordgermanen eng mit dem Wasser verbunden war, lag ihr Schicksal in den Händen des Wasserdämons Ägir. Er ließ die Meereswogen sich türmen. Aber ein Gott reichte nicht für dieses bedeutende Element. Da war noch Njörd, der freundliche Patron der Fischer, der die sturmgepeitschten Wellen wieder glättete.

Auch gab es eine göttliche Wohltäterin mit Namen Holda, die wir heute noch als „Frau Holle" kennen.

Tacitus, der bekannteste Korrespondent des antiken Roms schrieb über die Germanen seiner Zeit: „Sie glauben, dass es nicht der Größe der Himmlischen entspreche, sie nach menschlichem Bilde zu gestalten oder sie hinter Mauern (Tempel) einzuschließen. Sie weihten ihnen vielmehr Haine und Wälder und riefen mit den Namen der Götter jene geheime Macht an, die sie nur in anbetender Ehrfurcht schauten." Als göttliche Symbole wurden Bäume verehrt, wie die von Bonifatius gefällte Donareiche, oder Baumstämme wie die Irminsul, die als eine „Säule gleichsam alles trägt".

Angeblich sollen die Germanen nicht nur Tierfleisch und Bier, sondern auch Menschen geopfert haben. So erzählt Strabo (Geographica VII), dass bei den Kimbern, weißgekleidete grauhaarige Priesterinnen die Kriegsgefangenen bekränzten, zu einem großen Kupferkessel führten und über dessen Rand hielten. Dann schnitten sie ihnen die Kehle durch und weissagten aus dem im Kessel zusammenströmenden Blut. Auch Tacitus berichtet über öffentliche Menschenopfer der Germanen.

Auszuschließen ist nichts. Gerade der religiöse Wahn treibt grausame Blüten, bis hin zu Selbstmordopfern in unserer heutigen, aufgeklärten Welt. Aber die Römer durften sich nicht wundern, wenn sie auf Brutalität stießen. Sie kreuzigten Gefangene, für alle Welt sichtbar, rechts und links am Straßenrand.

Andererseits aber erfanden die Römer häufiger Greuelmärchen, um ihre Feinde, oder die, die sie dafür hielten oder halten wollten, zu dämonisieren. Vor allem waren solche Geschichten notwendig, um den Senat zu bewegen, Geld zu bewilligen, wenn ein aufgehender Stern am Feldherrnhimmel Lorbeeren ernten wollte. Man muss solche Darstellungen daher mit größter Vorsicht genießen. Es gab auch in der Antike bereits „Blöd-Zeitungen".

Ähnlich könnte es sich mit einem Bericht aus dem Jahre 1075 verhalten, der vom Bischof Adam von Bremen verfasst wurde. Hierin heißt es: „Es pflegt alle neun Jahre ein gemeinsames Fest aller schwedischen Lande in Upsala gefeiert zu werden. Von diesem Fest darf sich niemand ausschließen. Könige und Völker, alle und jeder schicken ihre Gaben nach Upsala, und, was die grausamste Pein bereitet, die man sich denken kann, diejenigen, die bereits das Christentum angenommen haben, kaufen sich von jenen Feierlichkeiten los.

Das Opfer nun ist der Art: von jedem Lebewesen männlichen Geschlechts (sei es Hund, Pferd oder Mensch) werden neun Stück dargebracht, durch deren Blut jene Götter versöhnt zu werden pflegen. Die Körper aber werden in einem Hain aufgehängt, der nahe dem Tempel liegt. Denn dieser Hain ist den Heiden so heilig, dass sie glauben, jeder einzelne Baum darin werde durch den Tod oder die Verwesung der Geopferten geweiht. Dort hängen auch Hunde und Pferde neben Menschen, und solche Körper, erzählte mir ein Christ, habe er 72 durcheinander aufgehängt gesehen. Übrigens sind die Zauberlieder, die bei der heiligen Handlung gesungen zu werden pflegen, vielfältig und unanständig und werden daher besser verschwiegen."

Dieser Bericht entstand in einer Zeit, in der sich der Hexenglauben bereits in Hexenwahn steigerte. Schweden entwickelte sich bereits seit dem Jahre 1008 unter König Olaf III. zu einem fortschrittlichen, christlichen Staatsverband. Außerdem berichtet Adam von Bremen, dass ihm das Geschehen von einem Christ erzählt worden sei. Wir wissen aber, was dabei herauskommt, wenn der Freund eines Freundes einen Bekannten hat, dessen Freundin der Oma seines Freundes im Auftrag des Vaters des Freundes seiner Tante etwas erzählt. Darüber hinaus wissen wir nicht, aus welchem willfährigen Grund dieser Christ dem Bischof das überhaupt erzählt hat. Die Überbringer schlechter Nachrichten wurden früher häufig bestraft, die Überbringer „guter", systemfreundlicher Meldungen dagegen fürstlich belohnt. Erhebliche Zweifel an der Wahrhaftigkeit dieser Schilderung sind angebracht.

Noch mehrmals berührten sich die Friesen und die Römer. Und wieder war es 16. n. Chr. ein Flottenkontingent, dass die Weltmacht durch den Drususkanal in das Ijsselmeer schickte. Sieben Jahre nach der Schlacht am Teutoburger Wald in Kalkriese wollte Gajus Julius Cäsar Germanicus, Sohn des Drusus, Adoptivsohn von Kaiser Tiberius, diese Niederlage rächen und Arminius, der als Anführer der Cherusker immer noch für Unruhe sorgte, in seine Schranken verweisen. 1000 Kriegsschiffe mit acht Legionen, zwei Gardekohorten, Hilfstruppenteilen der Raeter, Vindeliker, Kelten, germanischen Abteilungen und batavischen Reiterkontingenten erreichten unter seinem Oberkommando die offene See. Die römische Streitmacht war so zahlreich und so schlagkräftig wie noch niemals zuvor.

Dieses Mal benötigten die römischen Legionen keine Landsicherung. Sie fuhren mit ihren Schiffen weiter auf das Meer hinaus. Demzufolge wurden die Hilfsdienste der Friesen dieses Mal nicht benötigt. Durch einen Freundschaftsvertrag hatten die Römer es erreicht, dass ihre Reiterei unter dem Befehl von Oberst Pedro unbehelligt durch das Gebiet eines Teils der Friesen im heutigen Holland vorstoßen konnte. Diese Friesen konnten sich Ruhe gönnen. Und sollte jemand Zahnschmerzen bekommen, das war auch nicht mehr so schlimm. Einer aus der Sippe hatte neulich eine Zange mitgebracht, wie sie die Römer zum Ausreißen kranker Zähne benutzten. Der Fortschritt war bei den Germanen nicht aufzuhalten, auch wenn man kein römischer Untertan werden, sondern weiterhin ein freier Germane bleiben wollte. Nicht so, wie diese Bayern, die sich den Römern mit der Einführung des Wasserklosetts völlig unterworfen hatten.

Germanicus war unerbittlich. Die Niederlage am Teutoburger Wald müsse endlich gerächt werden. Bei Landfeldzügen waren die Römer immer wieder gescheitert. Deshalb versuchte er es jetzt mit der Flotte. Und dabei ereignete sich etwas, dass möglicherweise Bedeutung für Sylt hatte.

Die Schiffe steuerten emsaufwärts, nicht weseraufwärts. Das verwunderte, da der Feind, die Cherusker an der Weser saßen. Die Truppen wurden, sobald die Ems nicht mehr schiffbar war, entladen und marschierten ungehindert zur mittleren Weser. Dort

standen ihnen auf der anderen Seite des Flusses die germanischen Abteilungen der Cherusker und der verbündeten Angrivarier gegenüber. Letztere waren ein Friesenstamm, mit dem die Römer keinen Freundschaftsvertrag abgeschlossen hatten. Das sollte ihnen einige Schwierigkeiten bereiten.
Germanicus erzwang nördlich der Porta Westfalica den Übergang über die Weser. An getrennten Stellen setzte zunächst die Reiterei in zwei Kolonnen durch Furten ans andere Ufer. Dabei wurde das batavische Reitercorps aus der Gegend des heutigen Rotterdam unter Chariovalda von den Cheruskern in einen Hinterhalt gelockt, umzingelt und nahezu völlig aufgerieben. Dennoch war es den römischen Legionen in der Zwischenzeit gelungen, auf einer Brücke den Fluss zu überschreiten und ein sicheres Lager zu beziehen.
Auf dem Idistavisofeld, heute um Lerbeck und Nammen, fand die Entscheidungsschlacht statt. „Ein Teil der Nachhut, die sich auf der Brücke befand, als die Friesen den Kampf eröffneten“, schrieb Tacitus, „sprang ins Wasser und ertrank.“
Dennoch siegten die Römer, „zehntausend Schritt hin bedeckten die Feinde mit Leichen und Waffen“. Verwundet konnten sich Arminius, der Held vom Teutoburger Wald und sein Onkel Inguiomer retten.
Aber bereits kurze Zeit später wurden die Römer auf ihrem Marsch in Richtung Norden - zurück zu ihren Schiffen - erneut angegriffen. Am Angrivarierwall, dem stark befestigten Grenzdamm dieses Friesenstammes, in einer durch Moore und Wälder besonders begünstigten Verteidigungsposition, stellten sich die Germanen noch einmal zu erbitterter Abwehr. Der Grenzwall wurde jedoch durch Schleudergruppen, leichte Katapulte und den Lanzenhagel der Wurfmaschinen regelrecht sturmreif geschossen und durch die römischen Gardetruppen letztendlich genommen. Ein erbitterter und verlustreicher Nahkampf ohne Pardon wogte durch den anschließenden Wald. Erst die Nacht machte dem Treffen nach großen Verlusten auf beiden Seiten ein Ende.
Nach Verhandlungen waren die Angrivarier bereit, sich den Römern zu unterwerfen. Germanicus führte daraufhin seine Legionen an die Ems zurück, von wo aus ein Teil durch das Land der Friesen nach Westen weiterzog, während das Gros unter Germanicus eigenem Kommando auf die Flotte verladen wurde.
Und nun trat das Ereignis ein, dem Sylt möglicherweise einen sehr persönlichen Kontakt zum römischen Reich zu verdanken hat. Das Geschwader der 1000 Boote erreichte zwar noch in guter Ordnung die offene See, dort aber geriet es in einen der heftigen Herbststürme. Die Flotte wurde in alle Winde zersprengt, Pferde und Vieh, Gepäck und Waffen in der Verzweiflung über Bord geworfen, um den Ballast zu verringern. Viele der kleinen Boote sanken oder strandeten.
Einige der Legionäre sollen auf der britannischen Insel angeschwemmt worden sein. Da die Stürme in unserer Region in der Regel aber aus westlicher Richtung kommen, klingt das sehr unwahrscheinlich. Es dürfte dagegen viel wahrscheinlicher sein, dass gestrandete römische Schiffe an der nordfriesischen Küste und auf Sylt angeschwemmt wurden. Das Römer auf der Insel waren, wissen wir aus dem Fund eines Grabes aus dieser Epoche. Damit nun keine Verwirrung eintritt, muss betont werden, dass es um 16 n. Chr. noch keine Nordfriesen in unserer Region gab und somit auch noch keine „nordfriesische“ Küste. Zu der Zeit lebten in dem ehemaligen Land der Kimbern und Teutonen die Jüten und die Angeln. Später kamen Sachsen dazu.

4. König Artus Tafelrunde und die Sylter

Nach dem Abzug der Kimbern und Teutonen war es im Land um Sylt recht still geworden. Dass es im Norden viel freies Land gab, muss sich durch reisende Kaufleute schnell herumgesprochen haben. Obwohl die Völkerwanderung noch nicht begonnen hatte, bewegte sich im Norden einiges. Die Menschen führten wenig Kriege und es herrschte ständige Überbevölkerung. Darum war die Suche nach neuem Land eine Dauerbetätigung.

Wir wissen, dass die Germanen kriegerische Tugenden schätzten. Das ist aber nichts besonderes, diese Tugenden schätzten wir Deutschen vor siebzig Jahren auch noch mit Begeisterung und die US-Marines sind heute noch – zumindest in den Hollywood-Filmen – ganz verrückt danach.

Tacitus erzählt, dass ein Germane, der im Kampf seinen Schild verlor, von allen heiligen Riten ausgeschlossen wurde, und in einem Epos heißt es: „Tod ist besser für jeden Edlen als ein Leben voll Schande."

Nach dem Glauben vor allem der Nordgermanen finden sich alle nicht im Kampf Gefallenen im unterirdischen Totenreich wieder. Dort herrscht die finstere Göttin Hel. Alle, die sich im Verlauf ihres Lebens nichts haben zuschulden kommen lassen, führen in der Unterwelt zwar ein trauriges, aber dafür straffreies Leben. Verbrecher dagegen werden am Strand der Toten von dem Höllenhund Garm gepeinigt und durch im Wasser schwimmende Schwerter verletzt, wenn sie im Schlamm waten.

Ein ganz anderes Los steht denen bevor, die im Kampf fielen. Die Walküren bringen sie nach Walhall, wo sie sich täglich an Kämpfen erfreuen und auch nach tödlicher Verwundung immer wieder frisch und gesund werden.

Nun wissen wir endlich, warum unsere Vorfahren so begeistert und laut schreiend in den Tod liefen. Aber meine Vorfahren gehörten nicht dazu, sonst lebte ich ja nicht. Meine Vorfahren waren die Feiglinge, die lieber zur Göttin Hel einzogen.

Tatsache dürfte sein, dass allen mittelalterlichen Abenteuergeschichten zum Trotz die Menschen der damaligen Zeit genauso am Leben hingen wie wir heute, von wenigen Ausnahmen abgesehen. Und wenn ein ritterlicher Held lieber in Walhall einzog, als sich bei der Göttin Hel als Untermieter anzumelden, so war er bemüht, dass dieses Schicksal ihn tunlichst erst im fortgeschrittenen Alter ereilte. Sein junges Leben wollte er erst einmal genießen.

Irgendwann erfuhren die Angeln und die Jüten von dem fruchtbaren, weitgehend verlassenen Land. Sie siedelten sich dort an und etwas später kamen auch noch Sachsen dazu.

Sylt war zwar nicht leicht zu erreichen, aber die Zuwanderer haben es trotzdem geschafft. Menschlichem Pioniergeist sind eben keine Grenzen gesetzt.

Aber was war das für ein Land, auf dem die neuen Herren sich niedergelassen hatten und etwa vierhundert Jahre blieben. Adam von Bremen beschrieb es um 1075 folgendermaßen:

„Wenn man den geraden Weg von Schleswig nach Aalborg misst, hat man einen Weg von fünf bis sieben Tagen. Die Breite Jütlands ist bei der Eider ausgedehnter, zieht sich von da jedoch allmählich in Zungenform zusammen bis zu der Spitze, die Vendsyssel heißt, wo Jütland ein Ende hat. Von dort ist die kürzeste Überfahrt nach Norwegen. Der Acker dort ist unfruchtbar; außer den Gegenden nahe dem Fluss scheint fast alles wie eine Wüste; ein Land der Salzwüste und Einöde. Während ferner das ganze Gebiet Germaniens von tiefen Wäldern starrt, ist Jütland allein schrecklicher als das übrige, denn zu Lande flieht man es wegen des Mangels an Feldfrüchten, zur See aber wegen der Unsicherheit durch die Seeräuber. Kaum an einigen Orten findet man es bebaut, kaum für menschliche Behausungen geeignet. Wo aber Meeresarme sich finden, da hat es sehr große Städte."

Etwa tausend Jahre zuvor beschrieb der römische Schriftsteller und Geograph Plinius der Ältere die Nordseeküste und ihre Bewohner. „In großartiger Bewegung ergießt sich dort zweimal im Zeitraum eines jeden Tages und einer Nacht das Meer über eine unendliche Fläche und offenbart einen ewigen Streit der Natur in einer Gegend, von der es zweifelhaft ist, ob sie zum Lande oder zum Meer gehört.

Dort bewohnt ein beklagenswertes Volk hohe Erdhügel, die mit den Händen nach dem Maß der höchsten Flut errichtet sind. In ihren erbauten Hütten gleichen sie Seefahrern, wenn das Wasser das sie umgebende Land bedeckt, und Schiffbrüchigen, wenn es zurückgewichen ist und ihre Hütten gleich gestrandeten Schiffen allein dort liegen. Von ihren Hütten aus machen sie nach dem Zurückweichen des Meeres Jagd auf die zurückgebliebenen Fische.

Ihnen ist es nicht vergönnt, Vieh zu halten, sich von Milch zu ernähren, ja nicht einmal mit wilden Tieren zu kämpfen, da jedes Buschwerk fehlt. Aus Schilfgras und Binsen flechten sie Stricke, um Netze für die Fischerei daraus zu machen. Und indem sie den mit den Händen ergriffenen Schlamm mehr im Wind als in der Sonne trocknen, erwärmen sie ihre Speise und die vom Nordwind erstarrten Glieder durch Erde."

Er beschreibt damit den Einsatz von Torf, der den Menschen an der Nordsee bereits zu damaliger Zeit als Brennmaterial und als Grundstoff für die Salzgewinnung diente.

Plinius fährt dann weiter fort: „Zum Trinken dient ihnen nur Regenwasser, das im Vorhof des Hauses in Gruben gesammelt wird. Und diese Völker sagen, wenn sie heute vom römischen Volk besiegt werden sollten, seien sie dann Knechte. In Wirklichkeit ist es aber bei ihnen so: Das Schicksal schont viele, um sie zu bestrafen."

Ein wahrlich tristes Bild. Aber Plinius weiß noch mehr zu berichten: „Die Fischer fingen mit der Hand oder mit Netzen und Reusen Fische, die sie an die im Hinterland wohnenden Bauern verkauften oder tauschten. Sie stellten dem Butt nach, indem sie keilförmig gegeneinander gestellte senkrecht stehende Schilf- und Rohrwände errichteten, über welche der Fisch bei Flut mühelos hinüberschwimmen konnte. Wenn dann bei Ebbe das Wasser ablief, ragten diese Wände aus dem Wasser heraus, und der Fisch war dahinter gefangen. Er schwamm zu den schmalen Durchlässen und in die dort stehenden, aus Weidenzweigen geflochtenen Reusen hinein."

Plinius beschreibt allerdings nicht alles. Er berichtet nichts über die Menschen, die im Hinterland dieser Wattbewohner lebten. Es waren Bauern und Viehzüchter, die in der küstennahen Marsch bereits Gerste und Hafer, Raps und Bohnen anpflanzten und Pferde, Rinder, Ziegen und Schafe züchteten. Außerdem wurden Reste von Geräten zum Spinnen und Weben der Wolle gefunden.

Wenn aber fruchtbares Land in unmittelbarer Entfernung zum tidenabhängigen Meeressaum vorhanden war, was hielt die Menschen dann im Watt, das ständig dem

Gezeitenwechsel unterworfen war? Die Sippen, die dort lebten und von Plinius beschrieben wurden, hatten eine besondere Art der Salzgewinnung entwickelt. Zunächst wurde salzhaltiger Seetorf aus dem Watt ausgegraben. Er wurde auf eine erhöhte Fläche getragen, die bereits durch einen kleinen Deich geschützt war. Hier wurde der Torf mit den Füßen zerstampft, zum Trocknen liegengelassen, anschließend aufgeschichtet und verbrannt.
Die verbliebene Asche wurde in Seewasser aufgelöst und filtriert. In den wollenen Filtern blieben die Aschenreste zurück. Die so gewonnene Salzsole wurde ausgekocht und das Wasser damit abgeschieden. Als Endprodukt blieb ein reines, scharfes Salz, das als wichtiges und teures Gewürz zur Haltbarmachung von Fleisch und anderen Lebensmitteln in alle Himmelsrichtungen verkauft wurde.
Aber durch ständig wiederkehrende Flutkatastrophen wurde das Land immer wieder verlassen, aber auch immer wieder besiedelt. So kam es im 5. Jahrhundert erneut zu Auswanderungswellen. Die Bewohner des Landes versuchten zwar, sich durch künstlich erhöhte Erdhügel, sogenannte Warftanlagen besser gegen die Wasserfluten zu schützen. Aber die Kraft des Menschen reichte noch nicht aus, um die Macht des Meeres endgültig zu bezwingen.
In dieser Zeit müssen auch die Burgen auf Sylt entstanden sein, die erhöht lagen und Schutz vor den Wassermassen boten. Aber diese Sicherung reichte zu diesem Zeitpunkt noch nicht aus. Später wurden die Burgen stärker ausgebaut.
Heute werden sie als Opferstätten der alten Germanen bezeichnet. Das geschieht immer dann, wenn die eigentliche Bedeutung von Bauwerken nicht exakt geklärt werden kann. Zwar hatten die Menschen der damaligen Zeit erheblich weniger Zerstreuung als wir heute im Fernsehzeitalter und beschäftigten sich daher häufiger mit ihren Überirdischen, aber die Götterdienste der Germanen fanden in aller Regel in Hainen statt, nicht in Burgen oder burgähnlichen Anlagen.
Um 375 n. Chr. begann nach dem Einfall der Hunnen die Völkerwanderung. Die Wanderströme zielten vor allem von Nordosten nach Süden. Der Norden blieb ruhig. Erstaunlicherweise hatte in unserer Region scheinbar niemand das Bedürfnis, den Kimbern und Teutonen nachzueifern und ebenfalls nach Süden zu ziehen. Die Gründe kennen wir nicht. Die Germanen der damaligen Epoche hatten zwar schon die Runen und somit Schreibkundige, haben uns allerdings kaum etwas Schriftliches hinterlassen. Sie hatten indessen hervorragende Gedächtnisse. Auch ohne schriftliche Unterlagen dürften sie gewusst haben, dass im Süden das Land liegt, in dem Milch und Honig fließen. Und die Römer, auch darüber dürften die Jüten, Angeln und Sachsen informiert gewesen sein, waren nur noch „Hampelmänner" und „Weicheier". Das römische Reich ging seinem Ende entgegen. Von einem Volk, von dessen vierzig Kaisern nur vierzehn eines natürlichen Todes starben, während die übrigen von den eigenen Leuten ermordet wurden – in den letzten Jahrzehnten so gut wie alle – war nichts mehr zu befürchten. Aber warum blieben sie noch etwa hundert Jahre zu Hause und wanderten nicht auch in Richtung Süden aus, in die immerwährende Sonne, zu den Orangenhainen, zu Getreidefeldern mit Getreidearten, die im Norden völlig unbekannt waren? Hier im Norden Germaniens, gab es nicht nur die Moore, in die man zum Tode Verurteilte hineinschickte, wenn sie arm waren und sich nicht durch ein „Wergeld" freikaufen konnten. Es gab auch noch diese fürchterlich breiten Sandstrände am Meer, dieses unfrucht-

bare, nutzlose Stück Erde. Gerade mal dazu geeignet, es den Töchtern zu vererben. Die Söhne bekamen das schöne, grüne, saftige Land, auf dem Vieh gezüchtet werden konnte, aber das reichte auch schon nicht mehr für alle männlichen Nachkommen. Warum also nicht ab nach Süden? Das Schicksal der Kimbern und Teutonen konnte sie nicht mehr ereilen, bei diesen schlappen Römern. Odinsakkra.
Die Westgoten hatten 410 n. Chr. Rom bereits erobert und machten die ehemalige Weltstadt zur Provinz. Sie verlegten ihre Hauptstadt nach Toulouse in Südfrankreich. Die Wandalen tobten bereits unter ihrem König Geiserich in Nordafrika herum, beherrschten mit ihrer Flotte das Mittelmeer und eroberten 455 n. Chr. Rom erneut. Die Römer konnten nur noch Schlachten gewinnen, wie zum Beispiel 451 n. Chr. gegen den Hunnenkönig Attila, wenn Germanenstämme ihnen beistanden. Aber unsere Vorgänger in Holstein, Jütland und auf Sylt ließen sich nicht so leicht überreden, ihr Land zu verlassen, wenngleich es auch menschenunfreundlich gewesen sein soll.
Aber irgendwann und irgendwie nach reißenden Sturmfluten wuchs doch die Lust. Während die Jüten nicht so sehr begeistert waren, ihre Heimat verlassen zu sollen, dachten die Angeln und die Sachsen darüber nach. Da traf die Nachricht ein, dass im Westen, mitten im Meer eine riesige Insel liege mit grünen, saftigen Weiden und fruchtbar, mit viel weniger unfruchtbarem Sandstrand, als etwa Sylt und auch ohne sandige Wanderdünen. Aber dafür mit Felsküste, die weitaus mehr Sicherheit vor dem Wüten der Natur biete. Das ist von den Göttern gesegnetes Land und ist fast menschenleer, nachdem die Römer dieses riesengroße Eiland verlassen haben.
Das klang nicht nach Ackerbau, wie sie es etwa in der Po-Ebene angetroffen hätten, in der sich mittlerweile ohnehin zu viele drängten, das klang mehr nach Viehzucht, und von Vieh- und Pferdezucht verstanden unsere Vorgänger schon einiges. Also war die Richtung klar. Es wurden Schiffe gebaut, die günstigste, sturmfreie Zeit abgewartet und die Angeln und Sachsen, begleitet schließlich auch von Jüten ruderten los.
Es war sehr Grün auf der Insel, sehr fruchtbar und im Winter sehr mild. Aber es gab häufig Nebel und regnete zum Steinerweichen. In solcher Gegend wurde man entweder trübsinnig, oder man erfand Mythen und Gruselgeschichten.
So dauerte es nicht lange, und in den Nebeln von Camelot saß König Artus mit seiner Tafelrunde. Vielleicht war sogar ein ehemaliger Sylter dabei.

5. Die Wikinger waren da, aber sie hinterließen keine Spuren

So richtig beginnen kann die Geschichte der Sylter noch immer nicht. Wieder hatten die Menschen zum größten Teil die Insel verlassen und machten sich auf, erneut Weltpolitik und große Historie mitzubestimmen.
Wieder war das Land zwischen Nord- und Ostsee frei. Die Angeln und Sachsen, der Name Angelsachsen war noch nicht geboren, saßen auf ihrer neuen Insel im Regen und haderten mit ihren Göttern. Es wäre vielleicht doch besser gewesen, nach Süden zu ziehen, in die ewige Sonne, aber hier, dieser häufige Regen.
Er gab in feuchtschillerndem Sonnenschein der Landschaft etwas irreales, mystisches. Das satte Grün irrlichterte glänzend. Lange Schatten legten sich wie ein Tuch über die Natur. Es wirkte gespenstisch. Was konnte man tun?
Man konnte zum Beispiel Schifffahrt betreiben und damit Handel und Wandel mit anderen Ländern. Man ruderte immer in Küstennähe, damit man sich bei Aufkommen eines Sturms schnell in Sicherheit bringen konnte. Man gelangte in südlicher Richtung bald in warme, trockene Zonen und fühlte sich pudelwohl. Allerdings gab es ein Problem, die Seeräuberei.
So geschah es, dass ein christlicher Mönch namens Gregor um das Jahr 580 n. Chr. in Rom auf dem Sklavenmarkt Jünglinge von solch herrlicher, erhabener Gestalt und edlem Antlitz sah, dass sein Herz bis ins Tiefste bewegt war. Er hätte sie gerne ausgelöst, aber sein Geldbeutel war leer. Er fragte den Händler, ob diese edlen Männer Christen seien und aus welcher fernen Gegend sie wohl kämen. Der Kaufmann entgegnete, sie kämen aus Britannien, wo alle Menschen so schön und blond seien, aber sie lebten dort noch im Irrwahn des Heidentums und hingen allesamt noch ihren alten Göttern an.
Da seufzte der Mönch tief auf. Wie schmerzte es ihn, Menschen mit solch hellem Blick in der Gewalt des Fürsten der Finsternis zu wissen. Er fragte daher, welchem Volk sie angehörten.
„Sunt angli – sie sind Angeln", sagte der Händler. Gregor war sofort entschlossen, dafür zu sorgen, dass Missionare in diesen traurigen, gottlosen Teil der Welt geschickt würden. Er ging zu Papst Pelagius II. (damals konnte man das noch, denn der Papst kannte seine Schäfchen noch alle) und bat um die Entsendung als Missionar nach Britannien.
Der Papst willigte ein, die Römer ließen ihn aber nicht ziehen. Mit Gewalt hielten sie ihn zurück. So wurde Gregor Kardinal und als die Pest wenige Jahre später viele Römer hinwegraffte und auch den Papst, gab es keinen würdigeren Nachfolger als Gregor, der als Gregor I. in die Kirchengeschichte einging und heiliggesprochen wurde.

Begehbares Ganggrab „Denghoog“ (Sylt Archiv)

Das „Thing“, auf dem alle Rechtsangelegenheiten des Stammes öffentlich verhandelt wurden (nachgestellt 1927) (Sylt Archiv)

Wodanspriester (nachgestellt 1927) (Sylt Archiv)

Tinnum Burg (Verfasser)

Das war aber zur damaligen Zeit nichts besonderes. Gregor war zwar der 71. Papst, aber 57 davon waren bereits heiliggesprochen.
Das Volk der Angeln hatte er nicht vergessen. Unter der Leitung des Abtes Augustin schickte er römische Benediktinermönche als Missionare über die Alpen und den Kanal in das kleine britannische Königreich Kent. Von dort aus breitete sich in Windeseile der Glaube über die ganze Insel aus.
Was geschah aber in der alten Heimat. Das Land war wieder freigeworden und harrte neuer Besitzer. Und sie kamen. Aus dem Norden kamen sie, an ein hartes, entbehrungsreiches Leben gewöhnt. Die Wikinger.
Zunächst, seit dem 6. Jahrhundert vollzog sich die Landnahme ganz still. Aus dem Jahr 516 n. Chr. ist uns eine von vielen Sturmfluten bekannt, die von Erdbeben, Erdsenkungen und Umwälzungen ganzer Landflächen begleitet wurde. Sie muss so fürchterlich gewesen sein, dass wir bis heute von ihr wissen und so nachhaltig, dass Menschen sich nur ganz allmählich neu ansiedelten.
Etwa dreihundert Jahre nach der Auswanderung der Angeln, der Sachsen und der Jüten wurde Haithabu um 800 n. Chr. an der Schlei als der größte Handelsplatz der Wikinger gegründet. Es war die Zeit, in der Karl der Große aus dem Hause der fränkischen Karolinger vom Papst zum Kaiser gekrönt wurde. Im selben Jahr erblickte im Jemen auf der arabischen Halbinsel in der Nähe von Taiz die erste Universität das Licht der wissensdurstigen Welt.
Die Araber, die ihre neue Religion mit Feuer und Schwert über Spanien kommend verbreiten wollten, waren bereits siebzig Jahren zuvor aus Frankreich, dem Reich der Franken vertrieben worden. Somit konnte sich Karl der Große auf die Germanenreiche konzentrieren. Er unterwarf vor allem die mit den Friesen verbündeten Sachsen unter ihrem westfälischen Herzog Widukind und die Bayern unter ihrem Herzog Tassilo. Er hatte zwar in Aachen seinen Hauptsitz, aber dort hielt er sich nur selten auf. Leider fehlte ihm, wie in den nächsten vierhundert Jahren allen Kaisern, die Zeit, in Muße zu regieren. Er hatte - neben kleineren - außer in Aachen noch weitere hauptstädtisch anmutende Kaiserpfalzen in Ingelheim (bei Bingen) und in Nymwegen, im ehemaligen Land der Bataver, in der Nähe des Ijsselmeers und damit im angestammten Lebensraum unserer Vorfahren, der Friesen.
Das Land der Bataver war im 5. Jahrhundert, etwa 400 Jahre vor Karl d. Großen von den Friesen besetzt worden. Auch die Friesen im heutigen Holland wanderten nicht nach Süden. Sie waren stolz auf ihr germanisches Erbe und ihr Freiheitsempfinden. Nur die Franken machten sich unangenehm bemerkbar und dehnten bereits lange vor Karl dem Großen ihr Reich immer weiter aus. Bald drangen sie zur Nordsee vor. Damit waren Kämpfe mit den Friesen unausweichlich. Vor 680 n. Chr. zum Beispiel fand der Friesenherzog Ritzard II. im Kampf gegen den Franken Lothar II. mit vielen seiner Kämpfer den Tod. Batavien wurde den Friesen entrissen und damit fränkisch.
Zwei Jahre zuvor, um 678 n. Chr. verschlug ein Sturm den Bischof von York, Wilfried (ein angelsächsischer Name) nach Friesland. Er konnte erste Missionserfolge erzielen. Nach dem Tod von Herzog Aldegill machte dessen Nachfolger Radbod diese missionarischen Bemühungen wieder rückgängig und vereinigte die Friesen im alten Glauben. Das beunruhigte die Franken im benachbarten Batavien, da Radbod zudem fränkische Truppen aus seinem Herrschaftsbereich vertrieb und jeden mit der blanken

Waffe bekämpfte, der nicht freiwillig den friesischen Herrschaftsbereich verließ.
Nunmehr hatten die Franken einen Vorwand, Friesland zu unterwerfen und die Missionierung der Bevölkerung mit dem Schwert in der Hand zu unterstützen. Unter Herzog Radbod, der erster König der Friesen wurde, erstreckte sich das Reich nach ersten Erfolgen über die fränkischen Invasoren über einen breiten Küstenstreifen entlang der Nordsee vom Fluss Sinkfal bei Brügge (Belgien) bis zur Weser. Dieses Land war für die Franken höchst interessant, da die Friesen bereits rege Handelsbeziehungen zum Norden ausgebaut hatten und das Frankenreich in Friesland gegen Angriffe aus dem Norden abgesichert werden konnte.
Der Frankenherrscher Pippin II. erreichte Friesland mit einem nach römischer Kriegskunst ausgebildeten großen Heer und siegte in einer für die Friesen verlustreichen Schlacht. Außerdem gingen riesige Landteile verloren, u. a. das Handelszentrum Dorestad und der Königssitz Utrecht. In Utrecht entstand der Pontifikalsitz von Bischof Willibrord, der vom Frankenherrscher, nicht vom Papst, zum Erzbischof der Friesen ernannt wurde.
Nach dem Tod von Pippin II. griff Radbod mit einem starken friesischen Heer wieder an. Radbods Truppen drangen mit solchem Ungestüm vor, dass sie nicht nur weite Teile ihres alten Reichs zurückeroberten, sondern ihr Vorstoß kam erst kurz vor Köln zum Stehen.
Hier stellten sich die Franken 714 n. Chr. unter ihrem neuen König Karl Martell mit einer aus aller Herren Länder zusammengewürfelten Truppe den Friesen entgegen. Und wie immer in solchen Fällen, Söldner ohne unmittelbare Bindung an ein „Mutterland“ kämpfen schlecht. Karl Martell erlitt in dieser Schlacht eine empfindliche Niederlage. Aber, was die Friesen noch nicht wissen konnten, es blieb seine einzige. Radbod, der Sieger, ließ in seinen neu hinzugekommenen Gebieten die in diesem Raum errichteten Kirchen wieder abreißen oder niederbrennen. Die Priester, Mönche und Missionare wurden vertrieben oder getötet. Die alten Götterhaine kamen wieder zu Ehren. Friesland erhielt seinen alten Glanz zurück.
Die Niederlage ließ jedoch die Franken nicht ruhen. Zwanzig Jahre später kam Karl Martell mit einem großen Heer zurück, das durch das gesamte Westfriesland eilte. Erst weit hinter dem Ijsselmeer, in der Nähe des heutigen Leeuwarden, konnten die Friesen sich endlich zur Abwehrschlacht formieren. Ihr Heer wurde zum großen Teil aufgerieben und ihr Herzog Poppo im Zweikampf von einem fränkischen Adligen erschlagen. Damit war das gesamte Westfriesland fränkisch. Die Reste des Volkes mussten ihren Lebensraum ab dem heutigen Groningen auf Ostfriesland begrenzen.
Aber auch nach dem Regierungsantritt Karls des Großen wollten die Friesen die Herrschaft der Franken nicht anerkennen. Von einem Reichsgedanken wussten sie nichts, er wäre ihnen auch „Wurscht“ gewesen. Sie verbündeten sich mit dem Sachsenherzog Widukind und hatten zunächst auch Erfolg. Nicht nur, dass sie ihre alten angestammten Gebiete im heutigen Holland wieder zurückeroberten, sie standen 774 n. Chr. sogar mit den Sachsen zusammen in Fritzlar im heutigen Hessen und besiegten auch dort die Franken.
Als Karl der Große im Oktober 782 mit einem starken Heer nach Sachsen zog, fiel der sächsische Adel seinem Anführer Widukind in den Rücken und verriet alle Parteigänger des Sachsenherzogs an den Frankenkönig Karl. Er ließ daraufhin 4.500

von ihnen bei Verden an der Aller ermorden. Widukind und seine engsten Gefolgsleute waren nicht unter den Toten. Sie hatten sich nach Dänemark, wozu Sylt geographisch gehörte, in Sicherheit gebracht.
Aber der Meuchelmord des christlichen Königs schrie förmlich nach Vergeltung. Sachsen und Friesen eilten Widukind zu Hilfe, um die Toten zu rächen. Es gelang jedoch Karl dem Großen im Mai 793, die drei Heerhaufen der Sachsen – auch hier klappte der Nachrichtendienst der untreuen sächsischen Adligen wieder – vor ihrer Vereinigung einzeln zu stellen und zu vernichten. Dabei fiel der friesische Herzog Surbold im Kampf gegen die fränkische Übermacht. Die Zeit der friesischen Herzöge war damit zu Ende. Sie waren ein Opfer ihrer Bündnistreue geworden, eine seltene Gabe in jener Zeit. Für die Friesen blieb nun endgültig nur noch das Gebiet „Ostfriesland" übrig, das immer wieder um seine Selbständigkeit kämpfen musste.
Schlimm wirkte die Christianisierungswut der Franken bei dem Volk im Norden. Die alten Götter waren immer noch mächtig. Als aber auf Wunsch des Kaisers erstmals ein Friese namens Liudger zum Erzbischof von Utrecht geweiht wurde und dieser auf Helgoland (Heiligenland) das Heiligtum des Gottes Forsete niederreißen ließ, um eine christliche Kirche zu erbauen, kam es 792 n. Chr. zu einem Aufstand der Friesen unter ihren Führern Unno und Eilrat. Liudger musste fliehen. Er floh bis zu den Westsachsen und wurde 805 n. Chr. Bischof im neugegründeten Bistum Münster. Unter seiner Leitung entstand auch das Kloster Verden. Damit wurde diese frühe Reichsabtei von einem Friesen geleitet.
Die Sachsen und die Friesen waren die letzten nichtfränkischen germanischen Stämme, die Karl der Große unterwerfen und seiner Regierung unterstellen musste. Aber er hatte es eilig. Er war gezwungen weiterzureiten, ständig Abgaben einzukassieren, Abteien und Klöster zu gründen, Gerichtstage und Konferenzen abzuhalten, Klosterschulen zu besichtigen, Grundsteine für Kirchen zu legen und den Papst zu besuchen, einen sehr klugen und gelehrten Mann. Ihm gegenüber hatte er Minderwertigkeitskomplexe. Deswegen begann Karl der Große noch als alter Mann, das Lesen und Schreiben zu erlernen. Der Papst sollte nicht soviel klüger sein als er. Unsere friesischen Vorfahren machten sich daraufhin über ihn lustig. Wie konnte sich ein Mann nur mit solchen Kinkerlitzchen abgeben. Das machten doch nur Waschweiber.
Als der Kaiser 814 n. Chr. starb, reichte sein Reich vom Ebro in Nordost-Spanien, über Frankreich bis zur Saale und von der Donau bis zur Eider. Die Eider fließt bei Tönning in die Nordsee und diese Grenze zeigte, dass sich die Franken für das Land nördlich des Flusses, zu dem Sylt zählte, nicht interessierten. Dort sollten die dänischen Könige ruhig regieren. Diese Breitengrade waren weder für Karl den Großen, noch für seine Nachfolger von besonderer Bedeutung. Die Natur des Südens war weniger wild und angenehmer.
An der Westküste Holsteins und Jütlands und auf der Insel Sylt dürfte die Besiedlung in dieser Zeit nicht sehr dicht gewesen sein, da die Sturmfluten der vergangenen Jahrzehnte viel fruchtbares Land weggerissen hatten und erst neue Sedimentschichten aufgebaut werden mussten. Die Wikinger verschafften sich jedoch Einfluss auf den weiteren Gang der Entwicklung, da sie früh die Segeltechnik erlernten und nicht abhängig waren vom Ackerbau. Sie lösten sich vom reinem Dasein eines Agrarvolks und beherrschten bald die europäischen Handelswege.

Ein Handelsplatz der Wikinger wurde die Insel Sylt nicht. Sie kann günstigstenfalls ein Anlegeplatz für Wikingerschiffe oder wahrscheinlicher ein Unterschlupf für Raubwikinger gewesen sein. Aber auch, wenn dieses nordgermanische Volk keine Spuren auf der Insel hinterlassen hat – wahrscheinlich wurden die drei Burgen in Tinnum, Archsum und Rantum von ihnen als Unterschlupf ausgebaut -, ist die Geschichte der Wikinger und ihr Einfluss auf die europäische Entwicklung so wichtig und interessant, dass wir sie nicht völlig unter den Tisch fallen lassen wollen.
Diese Nordgermanen unterschieden sich nach drei Stämmen, die Norweger, die Schweden und die Dänen. Die Norweger, die im Gegensatz zu den Dänen und Schweden nicht am flachen Binnenmeer Ostsee, sondern an dem tiefen, rauen „Weltmeer" Nordsee mit Ebbe und Flut und seinen gefährlichen Strömungen lebten, waren die ersten, die die Welt aufhorchen ließen. Es packte sie der nackte Zorn, als sie erfuhren, dass die ehemaligen Bewohner dänischer Gebiete, die Angeln, Sachsen und Jüten als Bewohner der britannischen Inseln - zu Christen geworden - in Klöstern und Kirchen riesige Schätze angehäuft hatten. War das etwa gerecht? Sie, als Verteidiger des rechten Glaubens, mussten Tag für Tag schuften, um das tägliche Leben bestreiten zu können, und die ehemaligen Bewohner ihrer nordischen Heimat brauchten nur ihren Glauben zu wechseln, und schon horteten sie Reichtümer. Wodansakkra.
Also nutzten die norwegischen Wikinger ihre erworbenen Fähigkeiten als Segler und schipperten mit einigen mutigen Kriegern im Jahr 793 n. Chr. nach Lindisfarne, einer einsamen, abgelegenen Insel an der Ostküste Britanniens. Auf Lindisfarne war eins der berühmtesten christlichen Klöster der damaligen Welt. Sie stürmten am 8. Juni zum Kloster, töteten jeden dieser „Ungläubigen", rafften so viele Reichtümer wie möglich zusammen und segelten davon, bevor sie von Kämpfern entdeckt und gefangen genommen werden konnten. Das war sieben Jahre vor der Kaiserkrönung Karls des Großen.
Die norwegischen Wikinger erkannten, wie leicht es war, mit schnellen und plötzlichen Überfällen Reichtum zu erwerben. Warum noch länger mühselig als Bauer und Fischer arbeiten? Die Überfälle setzten sie fort, besiedelten im Jahr 870 n. Chr. die trostlose Einöde Islands und um 982 n. Chr. entdeckte Erik der Rote Grönland. Im Jahr 1000 n. Chr. erreichte Leif Eriksson das Vinland in Nordamerika. Die Isländer entschieden sich zur gleichen Zeit beim „Althing" für das Christentum.
Die Schweden wollten nicht nachstehen. Da ihnen aber die Nordsee nicht ganz geheuer war, zogen sie über die Flüsse Russlands und erreichten über die Wolga das Kaspische Meer und 860 n. Chr. Konstantinopel über den Dnjepr. Sie hätten die Stadt gerne erobert, aber gerade, als sie ihre Schiffe zum Angriff formierten, kam ein Sturm auf und trieb die Flotte auseinander. Sie wollten wiederkommen, aber die Byzantiner erreichten, dass die schwedischen Wikinger mit ihnen ein friedliches Handelsabkommen abschlossen. So wurden die Griechen und die Wikinger zu beiderseitigem Vorteil Geschäftspartner.
Die dänischen Wikinger, und damit sind wir wieder in der syltnahen Region, waren schockiert, als sich ihr König Harald sich 826 n. Chr. in Ingelheim in Anwesenheit des Kaisers christlich taufen ließ. Er verriet seine Götter, da seine weltlichen Ansprüche durch Thronstreitigkeiten gefährdet waren und er sich vom Kaiser Hilfe erhoffte. Aber Ludwig der Fromme, wie der Kaiser genannt wurde, interessierte sich mehr für kirch-

liche als für weltliche Fragen. Er schickte dem Dänenkönig einen Benediktinermönch aus dem Kloster Corvey in Höxter an der Weser namens Ansgar mit auf den Heimweg, damit dieser mit der Missionierung des Nordens beginne.
Wie nicht anders zu erwarten, kostete diese Taufe König Godfreds Sohn Harald das Königreich und die Franken verloren einen Freund. Die Dänen wollten keinen durch den Gott der Feinde Auserwählten über sich dulden. Auch die „Mächtigen der dänischen Hofverbände“ wünschten keine guten Beziehungen zu den Franken. Wie gut passte Sylt zu diesen Querköpfen.
Die dänischen Wikinger hatten 799 n. Chr. damit begonnen, die französischen Küsten als Seeräuber zu überfallen. Nach dem Tod Karls des Großen wurde es ihnen leicht gemacht, da die Nachfolger des Kaisers, hauptsächlich mit religiösen Problemen beschäftigt, das Reich ständig verteilten und damit schwächten. 845 n. Chr. erscheint eine Flotte dänischer Wikinger mit 600 Schiffen vor der fränkischen Burganlage Hammaburg (Hamburg). Es kann vermutet werden, da die vom Meer umschlungene Insel Sylt die Bewohner dazu zwang, fundierte seemännische Kenntnisse und Erfahrungen zu erwerben und anzuwenden, auch Sylter Seeleute zu den Wikingern gehörten. Schließlich lebte der größte Teil der dänischen Nordmänner an der Ostsee, die von anderen seemännischen Regeln beherrscht war als die Nordsee.
Der Befehlshaber Hammaburgs, Graf Bernharius war beim Angriff der Wikinger nicht anwesend. Der Erzbischof Ansgar, der bereits in Haithabu bemüht war, die Nordmänner und ihre Angehörigen zu christianisieren, wollte mit den Einwohnern die Stadt Hammaburg verteidigen. Als aber die Übermacht der Wikinger erkannt wurde, floh er und nahm die heiligen Reliquien mit.
Die Einwohner flüchteten ebenfalls. Die Stadt wurde von den Angreifern eingenommen und geplündert. Die Wikinger blieben zwei Tage in Hammaburg und zündeten es an. Diesem Feuer fielen die „Claustra Monasterii“, eine großartige, auf das feinste geschriebene Bibel und weitere wertvolle Bücher zum Opfer.
Im gleichen Jahr stehen vermutlich dieselben dänischen Seeräuber vor Paris und können von König „Karl der Kahle“ mit viel Silber veranlasst werden, Paris friedlich zu verlassen.
Von 850 – 862 n. Chr. erobern die dänischen Wikinger Nordfrankreich, die heutige Normandie. 865 n. Chr. fällt das „große Heer“ in England ein. Der Schreckensruf der Angelsachsen „Die Nordmannen kommen“ war zum ersten Mal zu hören.
Das „große Heer“ beruhigte sich aber bald und siedelte sich im Osten Englands an. Im Jahr 886 n. Chr. kam es sogar zu einem förmlichen Friedensschluss zwischen König Alfred von England und dänischen Siedlern in ihrem Gebiet Danelagu (Dänenrecht).
911 n. Chr. siedeln noch mehr Wikinger in Nordfrankreich. Angenehmes Klima und fruchtbares Land. Warum sollten sie sich in der Region Jütland mit Sylt und Holstein aufhalten?
In ihrer bedeutendsten Siedlung Haithabu an der Schlei durfte im Jahr 926 n. Chr. der Mönch Ansgar als Apostel des Nordens mit seiner Missionierung beginnen und eine Kirche bauen. Allerdings musste er 931 n. Chr. seine Arbeit an der Schlei beenden. Der alte Hass gegen das Christentum schlug wieder durch und der Mönch übernahm auf Ernennung durch den Kaiser das neu errichtete Erzbistum Hamburg.
Im Jahr 948 n. Chr. engagierte sich ein deutscher König stärker für den Norden. Otto

der Große, noch nicht zum Kaiser gekrönt, verfügte, dass gegenüber von Haithabu neben den Städten Ribe und Aarhus in Schleswig ein weiteres Bistum entstehen solle. Zu diesem Bistum gehörte Sylt. Es unterstand dem Erzbischof von Hamburg-Bremen. Ein arabischer Kaufmann erzählte von seinem Besuch in Haithabu um 950 n. Chr., dass sowohl Anhänger von „Sirius“ in dieser Stadt lebten, „als auch Christen, die dort eine Kirche haben“. Es war somit folgerichtig, dass König Harald Blâtand (Blauzahn), König von Dänemark, im Jahr 960 n. Chr. mit seinem Volk zum Christentum übertrat. Damit wurde auch die Insel Sylt – zumindest formell – christlich.
In dieser Zeit erreichten die ersten Friesen die Insel. Sollten sie doch. Die Wikinger suchten und fanden ihrer Meinung nach besseres.
Im Jahr 1013 n. Chr., Haithabu hatte an Bedeutung verloren und damit die Wikinger in der Nordregion, erobert Sven Gabelbart, König der dänischen Wikinger von der Normandie aus England. Die Normannen (Nordmänner) sind da. Und endlich bekommt England seinen großen Volkshelden. Robin Hood, Abkömmling der angelsächsischen Holsteiner und der normannische Sheriff von Nottingham, Abkömmling der jütisch-dänischen Wikinger, stehen sich gegenüber. Und wer war der Gute? Natürlich der „Furor tedeschi“, „il Panzer“, der angelsächsische Robin Hood, schleswig-holsteinischer Abstammung.
Jetzt beginnt auf der britannischen Insel, wie jeder weiß, ein weltpolitisches Chaos ungeahnten Ausmaßes: Abfall vom Papsttum, lange vor Luther, pausenlose Schlachten (ein Wunder, dass überhaupt jemand überlebte), ständiges Köpfen - Männer wie Frauen, hundert Jahre Krieg gegen die Franzosen, der „Tower of London“ wurde fast der zweite Thronsaal, Intrigen Shakespeareschen Ausmaßes. Und 1714 n. Chr. war das Chaos, das die „Guten“, die schleswig-holsteinischen Angelsachsen und die „Bösen“, die jütischen Wikinger unter dem Pseudonym „Normannen“ angerichtet hatten, beendet, die Hannoveraner waren da und sorgten endlich für die notwendige Ordnung.

6. Die Friesen gehen nach Norden-
Die Ritter werden erfunden

Die Nachfahren Karls des Großen waren in den nächsten fast hundert Jahren damit beschäftigt, ihr Reich aufzuteilen und das Erbe des ersten nachrömischen Kaisers in Germanien zu verplempern. Die Ostfriesen hatten die Schnauze erneut voll und zahlten den Franken heim, dass sie in der Vergangenheit gegen ihren Willen unter einen „falschen" Glauben gezwungen wurden. Sie hatten ohnehin noch eine weitere offene Wunde zu beklagen. Schließlich war die Gattin des großen Sachsenherzogs Widukind, der von Karl dem Großen besiegt und 785 n. Chr. gezwungen wurde, sich taufen zu lassen, die Friesin Reinhildis. Jetzt wollten sie es den schwächer werdenden Franken vergelten.

Die gewaltsam bekehrten Friesen holten ihre alten Götter Hammon, Suentebueck, Vitelubbe, Radegast und andere, angeführt von Odin und Thor wieder aus den „Hainen" und stellten sie auf. Man hatte nie vergessen, dass der Mönch und Missionar Willibrord vor etwa hundert Jahren auf Forsetesland in der heiligen Quelle drei sogenannte Heiden taufte und das dort weidende Heilige Vieh schlachtete. Er entging dem Tod damals nur, weil König Radbod befahl, das Los über sein Schicksal entscheiden zu lassen. Das Los entschied dreimal zugunsten von Willibrord. Die Entscheidung war für die Friesen heilig und der Missionar konnte seines Weges gehen. Er führte ihn ins heutige Luxemburg, wo er in Echternach alljährlich mit der berühmten Springprozession geehrt wird.

Nicht ganz so friedfertig gingen die Friesen mit dem „Apostel der Deutschen", Bonifatius um. Aus Mainz kommend wurde er bei Dokkum von „friesischen Heiden" erschlagen, die man heute Freiheitskämpfer nennen würde.

Um das freie Volk der Friesen für sein Frankenreich als Untertanen zu gewinnen, ließ Karl der Große seine Juristen die „Lex Frisionium", das Recht der Friesen ausarbeiten. Es war für ein Volk, das an keinen anderen Herrscher gebunden war als an den Kaiser und König. Nur diesem Herrn zahlten sie ihren Zins, leisteten sie ihre Heerfolge, niemand anderem.

Friesen, das waren nach wie vor freie Bauern, die sich nur dem König verpflichtet fühlten. Sie hatten zwar noch Edle in ihrem Volk, aber leider keine Führer mehr. Deshalb waren die Vertreter der Königsherrschaft die vom karolingischen Herrschaftshaus eingesetzten Grafen.

So herrschten in der Folgezeit zum Beispiel der Däne Harald im heutigen Ostfriesland, die sächsischen Billunger oder die Grafen von Stade. Später erschienen die Grafen von Oldenburg, die Grafen von Werl, der Erzbischof Adalbert von Bremen und die Grafen von Calvelage-Ravensberg.

934 besserte sich das Verhältnis zwischen den Friesen und dem, was sich allmählich als „Reich" ins Bewusstsein der Menschen drängte, als der Sachsenherzog Heinrich, verheiratet mit der Urenkelin der Friesin Reinhildis, König Heinrich I. wurde. Er wollte wieder Ordnung schaffen im Reich und niemanden auslassen, auch nicht seine angeheirateten Verwandten, die Friesen.

Das Wort „deutsch" gab es noch nicht, somit auch noch kein „Deutsches Reich". Das Wort „deutsch" war noch völlig unbekannt, „diutisk" bedeutete volkstümlich. Man

drückte sich in allen Schriftstücken um einen Namen, um niemandem auf die Füße zu treten. Die gelehrten Mönche, die in der Regel einzig Schreibkundigen, schrieben der Einfachheit halber „Regnum Francorum".
Aber der Name war für Heinrich I. kein Problem. Die Frage war, wie sollte er das Reich einen? Er nahm wieder die Reisetätigkeit seines großen Vorbilds Karl des Großen auf. Zwei Jahre ritt er umher. Zum Schluss hatte er erreicht, dass man ihn zwar als König anerkannte, aber die eigentlichen Herren blieben die Herzöge. Zu sagen hatte er also nichts.
Auch die Friesen erkannten ihn als König an und versprachen ihm Treue. Mit einem Lächeln verabschiedeten sie ihn. Er hatte es eilig, in Thüringen waren die Ungarn wieder einmal plündernd eingefallen. Sie hatten immer noch Attilas Traum im Kopf.
Die Friesen lächelten ihr schönstes Schadenfrohlächeln. Sollte er sich ruhig den Kopf einrennen. Ein König war nicht zwingend erforderlich. Hatten nicht auch die Cherusker ihren militärischen Führer und Helden Arminius, den Bezwinger der Römer in der Schlacht am Teutoburger Wald, umgebracht, weil er sich zum König aufschwingen wollte? So waren die Germanen eben und die Friesen im Besonderen.
Heinrich hatte nur einen kleinen Heerhaufen. Mehr war aus den Herzögen der einzelnen Stämme nicht herauszuholen. Wie wollte er diesen Kampf gewinnen? Aber Gott stand ihm bei und er hatte Glück. Er stieß im Jahr 923 v. Chr. in die Nachhut der abziehenden Hunnen und fing einen ihrer höchsten Führer.
Die Hunnen waren so geschockt, dass sie bereitwillig ein hohes Lösegeld anboten. Aber Heinrich winkte ab. Er machte einen Gegenvorschlag, der alle germanischen Führer an seinem Verstand zweifeln ließ. Gegen einen Waffenstillstand von neun Jahren ließ er den Gefangenen frei und verpflichtete sich, selbst noch jährlich einen Tribut an die Ungarn zu zahlen. Die Welt schüttelte den Kopf. Aber nicht mehr lange.
Wer jetzt glaubte, Heinrich sammele ein Heer, um seinerseits angreifen zu können, der irrte. Es gab noch keine „Ritter", es gab auch noch kein stehendes Heer. Es gab nicht einmal die Möglichkeit für den belächelten König, mit einer Strafexpedition nach Ungarn zu ziehen.
Aber nach einem Jahr begriffen einige, außer den Begriffsstutzigen natürlich. Heinrich hatte nämlich das Glanzstück deutscher Geschichte erfunden: die Burgen.
Sie entstanden zunächst im Grenzgebiet und verteilten sich anschließend im ganzen Land. Abgesehen von alten Städten aus der Römerzeit, die ebenfalls ummauert waren, gestalteten sich die wehrhaften Burgen der Anfangszeit klein, eng und düster. Er befahl, dass jeder neunte Mann seiner eigenen Dienstleute und Pächter mit Sack und Pack hinter die Mauern ziehen sollte. In Gefahrenzeiten hatten sich Frauen und Kinder da zu „bergen". Damit wurde es notwendig, dass große Lebensmittelvorräte bereitgestellt werden mussten. Die Bauern hatten ein Drittel ihrer Ernte zur Lagerung an die „Bürger" der Burgen abzuliefern. Dann befahl er, die männliche Jugend als schwerbewaffnete Reiter auszubilden. Er ließ Brust und Beine der jungen Bauern mit Eisenblech umkleiden, sagte ihnen, sie hätten nun eine Rüstung und seien „Ritter" und wären jetzt ebenso unverwundbar wie Siegfried, dessen Sage soeben als Propagandadichtung Göbbelscher Dimension erfunden wurde. Die Ritter waren geboren und damit begann der Adel. Aber das Volk war entsetzt und stinksauer. Waffendienst für ein Reich, nicht für den Stamm. Dieser König war wirklich verrückt.

928 kam die Generalprobe. Heinrich I. besiegte mit seinen eisenblechverkleideten Scharen bei Brandenburg die Slawen. 933 erschienen dann die ungarischen Boten, um sich ihren Tribut abzuholen. Dieses Mal aber schmiss er den Ungarn einen toten Hund vor die Füße und forderte sie auf, ihrem Herrn mitzuteilen, er könne ihn am .... (Götz von Berlichingen). Die Ungarn antworteten, indem sie mit einem gewaltigen Heer über Böhmen einfielen. Scheinbar war ihnen die Veränderung im fränkischen Reich entgangen. Heinrich I. schlug die Hunnen an der Unstrut in Thüringen vernichtend.
Und dann fielen im folgenden Jahr die Dänen nach Seeräuberart über die Friesen her. Das konnte König Heinrich nicht dulden und antwortete prompt. Nicht nur die Wikinger waren in der Lage, ihre Überfälle schnell und beweglich durchzuführen, was ihre Erfolge garantierte, auch der sächsische König war durch seine militärische Taktik dazu in der Lage. Er überschritt erstmalig die Grenze an der Eider und besiegte die Dänen. Ihr König Knuba musste sich taufen lassen und das Gebiet zwischen Eider und Schlei wurde Reichsgebiet. Auch Sylt gehörte dazu.
Den Friesen in Ostfriesland gefiel das. Die jüngeren erinnerten sich, dass sie von einem Land im Norden gehört hatten, das sehr fruchtbar sein sollte und wenig besiedelt. Umtost von den Gestaden des Nordmeers sollte es verblüffende Ähnlichkeit mit ihrer Heimat haben. Also nicht lange fackeln. Sie hatten diesen sächsischen König zwar lange für verrückt gehalten, aber jetzt hatte er sich überraschend als tüchtiger und zuverlässiger Herrscher erwiesen. Die friesische Herzogstochter Reinhildis hatte doch einen Schwiegerenkel, auf den sie stolz gewesen wäre. Somit liebten ihn jetzt auch die Friesen.
Also packten junge Bauern ihr Hab und Gut und ihre Familie und zogen los. Neues Land war dringend notwendig, nachdem die Friesen in der Vergangenheit so viel verloren hatten und das verbliebene Land zu eng geworden war.
In Dänemark regierte Gorm der Alte. Der hatte alle Hände voll damit zu tun, seine Wikinger, vor allem die, die nicht gerade die Normandie oder England überfielen, zu einigen und einen Staatsverband zu gründen. Das war die Zeit, als die Vorfahren der Sylter aus Ostfriesland auf der Insel und im späteren Nordfriesland erschienen.
Nach neuesten Forschungen darf angenommen werden, dass die Friesen in ihre Urheimat zurückkehrten. Anscheinend stammten sie in ihrer Vorzeit aus Jütland.

7. Die Sylter und das Zölibat

Die Friesen wanderten in ein unruhiges Land. Ob sie über Land kamen oder per Schiff ist nicht bekannt. Sie siedelten sich jedenfalls nicht in Dithmarschen an, sondern zogen über die Eider und ließen sich auf den nordfriesischen Inseln und im westlichen Küstenbereich nieder. Dieses Land war oft überschwemmt und häufig unpassierbar. Aus diesem Grund führten keine Handelsstraßen durch den westlichen Teil des Festlands. Die Friesen lebten für lange Zeit in einer sehr ruhigen Region. Die Handelsstraße, gleichzeitig Heerstraße führte von der Stör, kurz vor ihrer Einmündung in die Elbe, über die Eider in der Nähe des heutigen Rendsburg nach Haithabu, dem größten Handelszentrum im Norden. Von da aus führte der Weg weiter nach Jütland hinein.

Daher siedelten in der Anfangszeit die Friesen nicht nur auf den Inseln sehr ruhig und ungestört, sondern auch auf dem Festland. Die sich häufenden Heerzüge mit Ziel Haithabu passierten das Land weiter im Osten und berührten die Westküste nicht.

Die Schriftkundigen der damaligen Zeit waren Priester und Mönche. Daher beginnt unsere Geschichte vor allem mit Informationen über die Kirche. Wir erfahren, wie schwer die Christianisierung des Nordens war. Wie widerspenstig vor allem die Friesen gewesen sind. Aber über die Lebensweise der Menschen erfährt man so gut wie nichts. Auch nichts darüber, warum sie widerspenstig waren.

Über die früheste Missionierung des heutigen Nordfriesland und der Insel Sylt sind wir nicht unterrichtet. Wir wissen nur, dass bereits Mitte des 12. Jahrhunderts vier große, steinerne Kirchen auf der Insel existierten. Sie dürften bereits zweihundert bis zweihundertfünfzig Jahre zuvor als Holzkirchen erbaut worden sein, um später durch Steinbauten ersetzt zu werden.

Aber ob das alles aus reiner Frömmigkeit geschah ist fraglich. Während die Könige Dänemarks, deren Untertanen die Nordfriesen waren, sich mit der Frage auseinandersetzten, ob der Übertritt zum Christentum ihnen politische Vorteile brächte, fragten sich die einfachen Menschen, ob der Christengott ihnen Vorschläge zur Lösung ihrer täglichen Probleme lieferte. Die alten Götter waren erhobene „menschliche Wesen", die die gleichen Probleme hatten, wie die Sterblichen. Mit ihnen konnte man sprechen, sie verstanden einen und konnten helfen. Der Christengott aber sprach eine Sprache, die die Priester „Latein" nannten und die kein „normaler" Mensch verstand. Unsere Vorfahren begriffen nur, dass der neue Gott Anspruch erhob, der einzige Gott zu sein und dass er kein Kämpfer war, wie die alten Götter, sondern ein sanftmütiger Dulder, der sogar die rechte Wange hinhielt, wenn ihm jemand auf die linke schlug. Was sollte man in diesem harten Leben nur mit solch einem „schlappen" Gott anfangen. Der konnte doch wirklich nicht helfen.

Die Friesen kannten im Verlauf eines Jahreszyklus zweiunddreißig Feiertage. An diesen Tagen wurden Tiere geopfert, die anschließend von den Menschen zubereitet und verzehrt wurden. Ansonsten schlachtete man nicht gerne seine Tiere, denn sie waren Wohlstand und Vermögen. Je mehr Rinder, Ziegen oder Schafe jemand hatte, umso reicher war er.

Da die Menschen aber Fleisch benötigten, um dem Körper entsprechende Nährstoffe

zuzuführen, achteten die heidnischen Priester auf ausreichende Ernährung, indem sie Feiertage schufen und genau vorschrieben, was und wie viel an Tieren „geopfert“ werden musste. Um den eigenen Viehbestand zu schonen, gingen die Männer vorher zur Jagd, um Wild spenden zu können. Von diesem „geopferten“ Fleisch wurden alle ernährt, auch die, die krank oder arm waren.
In einem mittelalterlichen Bericht von Adam von Bremen hieß es, die Tiere seien an den Bäumen aufgehängt worden. Heute werden sie vor der Weiterverwertung ebenfalls an Haken aufgehängt. Nicht anders war es in heidnischer Zeit, das Fleisch verweste nicht, es wurde gegessen.
Was machten die christlichen Priester: sie führten die Sechs-Tage-Woche ein – am siebten Tage sollst du ruhen -, als wenn die Natur darauf Rücksicht nehmen würde und erzählten ständig etwas von fleischlosen Tagen und Fastenzeit. Für solchen Unsinn hatte man einfach keine Zeit.
Die Menschen waren sicher nicht intolerant, aber wenn Katastrophen einsetzten, mussten die dafür büßen, die ihnen ständig „auf die Nerven gingen“. Und das waren die christlichen Priester. Da die Friesen nicht viel Zeit hatten, „intellektuelle“ Diskussionen über einen Gott zu führen, der aus dem fruchtbaren Flusstal eines Wüstenlands stammte und nie etwas anderes kennengelernt hatte, als eine ganzjährige, sonnenverwöhnte Natur, geschah es immer wieder, dass die Menschen die christlichen Priester verjagten.
Um sich das Missionsleben zu erleichtern, erzählten die Sendboten Gottes gerne Geschichten. So auch diese: „Die Dänen waren von alters her Christen, dienten aber gleichwohl ihren alten Götzen nach heidnischer Weise. Nun geschah es einmal während eines Festgelages, dass man in Gegenwart des dänischen Königs Harald über die Anbetung der Götter in Streit geriet. Die Dänen behaupteten, Christus sei zwar ein Gott, doch gebe es auch noch andere Götter neben ihm, deren Macht größer sei als die seine, da sie sich den Menschen durch größere Zeichen und Wunder offenbarten. Dagegen erklärte ein Diener der Kirche Christi, der jetzt als Bischof ein gottgefälliges Leben führt (sein Name ist Poppa): Es gebe nur einen einzigen wahren Gott, den Vater und seinen eingeborenen Sohn Jesum Christum, unseren Herrn, und den Heiligen Geist; alle Götzen aber seien Blendwerk des Teufels. König Harald fragte ihn, ob er bereit sei, für diesen Glauben mit seiner Person einzustehen. Ohne zu zögern erklärte sich Poppa dazu bereit. Darauf ließ der König ein mächtiges Eisen im Feuer glühend machen; dieses, befahl er dem Priester, solle er als Zeuge für den katholischen Glauben tragen.
Der Bekenner Christi ergriff das Eisen ohne Besinnen und trug es so lange, wie es der König befahl; darauf zeigte er allen seine unverletzten Hände und bewies so vor der Versammlung die Wahrheit des katholischen Glaubens. Nach dieser Probe bekehrte sich König Harald, beschloss Christum allein als Gott zu verehren, befahl seinen heidnischen Untertanen, die Götzen zu verwerfen, und erzeigte fortan den Priestern und den Dienern der Kirche Christi die gebührende Ehre. Wir wissen heute, dass indische Fakire es vermögen, glühende Kohle oder Eisen anzufassen, ohne Narben davonzutragen. Diese indischen Fakire geben ihr Wissen jedoch weiter, sogar an Europäer.
Falls nun Bischof Poppa in der Gnade des Wissenden gelebt hatte, warum mussten wir erst auf indische Fakire warten, um dieses Geheimnis zu erfahren? Warum hat er sein

Wissen und Können nicht an andere katholische Missionare vererbt? Also können wir diese Legende getrost unter christlich mönchische „Marketingkampagne“ des Mittelalters ablegen. Ebenso wie das Nibelungenlied, in dem ein blonder dänischer Wikingerheld mit Namen „Siegfried“ aus dem 9. Jhd. als strahlender germanischer Prototyp des 5. Jhd. erscheint.
Der dänische König Harald Blauzahn lebte zur Zeit von Kaiser Otto I., der einer der „Großen“ war. Harald Blauzahn benutzte die Christianisierung, um des Kaisers Unterstützung zu erlangen. Er erkannte, dass kampferprobte Panzerreiter des Reichs im Norden mehr Schaden anrichten konnten als christliche Missionare. Und er tat gut daran, den Kaiser zum Verbündeten zu haben, denn Otto I. war einer der wenigen, wenn nicht der einzige, der etwas von der Welt der harten Wirklichkeit, von Völkerschicksalen und Politik verstand. Er war einer der wenigen seiner Zeit, die über ihren engen Tellerrand hinausblicken konnten.
Zunächst musste er das tun, was die Kaiser der Frühzeit ebenfalls meist taten, er räumte in seinem Reich auf. Harald Blauzahn hatte sich der Freundschaft des Kaisers versichert, und während Otto damit beschäftigt war, seinen Bruder Heinrich sowie die Herzöge aus Bayern, Franken und Lothringen in ihre Schranken zu weisen, eroberte der Däne Norwegen. Die Friesen waren jedoch zusammen mit den Sachsen und Thüringern bei den Reiterscharen des Kaisers.
Das Reich wurde 954 n. Chr. erneut von den Ungarn bedroht. Sie kamen in riesigen Scharen die Donau entlang, rasten Tod, Asche und Schutt verbreitend durch Bayern, Franken und Lothringen und kehrten den Weg über Italien nehmend in ihre Heimat zurück. In Worms wurden die Horden vom Sohn des Kaisers, Ludolf, Herzog von Lothringen als „Befreier“ begrüßt. Von germanischer Ehre keine Spur mehr, es zählte nur noch der persönliche Vorteil.
Die Friesen standen zusammen mit den Sachsen und Thüringern fest hinter ihrem Kaiser und staunten.
Otto I. hatte die Nase voll. Er schaffte alle Stammesherzogtümer ab und machte die bisher erblichen Herzöge zu reinen „Amtsherzögen“. Von jetzt ab konnte der Kaiser sie einsetzen und entlassen. Den „Amtsherzögen“ zur Seite stellte er die „Pfalzgrafen“, die seine „Beobachter“ waren.
Ohne seine Friesen hätte er diese revolutionären Umwälzungen nicht schaffen können. Sie hatten zum Glück für ihn schon längst keine Herzöge mehr.
Wenn wir von den ständigen Heerzügen und Schlachten hören, so dürfen wir uns keine riesigen Armeen vorstellen. Der Kaiser war auf die Lehnspflichten seiner Herzöge angewiesen. In Kriegsfällen mussten sie ihm Kämpfer zur Verfügung stellen. Hatte er lange genug gebettelt, so kamen letztendlich einige Hundert zusammen, von denen in der Regel die meisten aus seinem eigenen Herzogtum stammten. Wie hätte er aber der ungarischen Gefahr begegnen sollen, wenn die Zahl der Ritter nicht erheblich anstieg?
Die ungarischen Horden kehrten bald zurück. Die Herzöge des Reichs hatten den Schock der Entmachtung noch nicht verdaut, erfasste sie der nächste. Sie verschafften dem Kaiser ein Heer, wie es angesichts der Gefahr notwendig war und Otto I., der Große, vernichtete die Ungarn auf dem Lechfeld bei Augsburg so gründlich, dass sie nie mehr wiederkamen. Vor Schreck räumten sie auch noch das Land an der mittleren Donau, bayerische Siedler strömten hinein und gründeten die Ostmark, das spätere

Österreich. Die Herzöge fluchten wie Kesselflicker. Dieser Kaiser war wirklich groß und seine Macht nicht mehr zu erschüttern.
Die gepanzerten Friesen mussten sich jetzt sputen, wieder in Richtung Heimat zu kommen. Es wartete Arbeit auf sie. Die Slawen muckten auf.
Slawen waren seit dem sechsten und siebten Jhd. über Mecklenburg in das schwach besiedelte Land Holstein vorgedrungen. Die Abodriten saßen in Mecklenburg, die Polaben an der Elbe bei Ratzeburg und die Wagrier bei Starigard (dem heutigen Oldenburg in Holstein).
Es kam häufig zu Schwierigkeiten mit den Slawen. Sie drangen zu Raubzügen immer wieder über den „Limes Saxoniae", eine Verteidigungslinie, die sich etwa vom heutigen Lauenburg an der Elbe bis zur Kieler Förde durch das Land zog. Sie sollte die Sachsen von den Slawen trennen. Aber Hamburg wurde immer wieder bedroht und manche Angriffe gingen bis in die Westküstenregion.
Otto I. erschien mit seinen friesischen, sächsischen und thüringischen Reiterscharen und unterwarf die Slawen. Er nutzte die Gelegenheit, um nach den nordischen Bistümern Schleswig, Ripen und Aarhus aus den Jahren 947/48 auch noch Oldenburg/Hol. um 955 unter der Leitung von Erzbischof Adaldag in den Stand eines Erzbistums zu versetzen. Damit gerieten die Slawen unter die Kontrolle der Kirche.
Otto I. nutzte die Gelegenheit und wandte sich mit seinen gepanzerten Reitern nach Osten. Er drängte auch dort die Slawen zurück und gründete das Erzbistum Magdeburg. Von Magdeburg aus wurde Polen kontrolliert, das den christlichen Glauben annahm.
Der Vollständigkeit halber sei noch angemerkt, dass Otto I., der Große, die Bezeichnung „Heiliges Römisches Reich deutscher Nation" erfand, dass er 962 in Rom zum Kaiser gekrönt wurde, dass 963 der Papst diesen Schritt bereute und dass Otto I. ihn daraufhin einfach gefangen nahm und absetzte. Alle glaubten, jetzt würde der Blitz einschlagen. Aber Gott schwieg. Daher setzte der Kaiser einen neuen Papst auf den Thron: Leo VIII.
Es war schon eine aufregende Zeit. Auf der Insel Sylt saßen die Menschen in ihren zugigen Hütten und diskutierten die Frage, ob die männlichen Mitglieder der Familie am nächsten Tag bei der Instandsetzung der Fylkeskirche mithelfen sollten. Die Kuh bekam ein Kalb, die Schafe mussten geschoren und das gute Wetter ausgenutzt und die Ernte ausgebracht werden. Ausgerechnet jetzt sollten sie an der Reparatur der Kirche mitwirken.
Es ist nicht genau bekannt, wann die Nordfriesen „vom Heydenthum ab und zur Erkenntniß des wahren Gottes durch der Papisten Bemühungen gebracht worden" (Pastor Martin Flor aus Morsum). Es wird aber allgemein angenommen, dass auf Sylt beim Bau der steinernen Kirchen die Pfarrorganisation bereits abgeschlossen war. Es ist auffallend, wie viele Kirchen zur gleichen Zeit auf so engem Raum entstanden.
Während der Missionszeit hat es vermutlich bei den Nordfriesen, ebenso wie in den sächsischen Gebieten Dithmarschen, Holstein und Stormarn nur wenige „Taufkirchen" gegeben. Dafür kamen später die „Hardeskirchen".
Im Bereich der Bistümer Schleswig und Hamburg wurden die Gebiete in Harden aufgeteilt. Alleine für Schleswig waren es 22 Rechts- und Verwaltungsbezirke mit je einem „Hardesthing", auf dem alle Freien vertreten waren. Auf dem Thing fanden alle

Volks-, Gerichts- und Heeresversammlungen statt und es wurden alle Rechtsangelegenheiten öffentlich behandelt.
Harden können mit heutigen Kreisen verglichen werden. Man nimmt an, dass sie als Verwaltungsorganisation entstanden sind, als die dänischen Herrscher von jeder Harde ein festes Aufgebot von Kriegern verlangten. Als die Kämpfe sich mehr auf die See verlagerten, wurden die Harden ledingspflichtig, d.h. jede Harde musste ein Schiff bauen und bemannen.
Von Sylt ist nicht bekannt, wie viele Mannen die „Harde" stellen musste. Wir wissen aus dieser Zeit nur über kirchliche Angelegenheiten Bescheid.
A.L.J. Michelsen hat unter Zuhilfenahme norwegischer Kirchenordnungen ermittelt, dass der Pfarrer Hardespriester hieß. „Um jede eigentliche Kirche musste ein Kirchhof sein; die Einhegung zerfiel nach den Vierteln der Harde in vier Teile (Fylkes). Alle Fylkesmänner waren zur Instandsetzung der Fylkeskirche, wie die Hardesmänner zum Bau der Hardeskirche verpflichtet; jedes Viertel hatte den Kirchhofswall zu erhalten."
Er berichtete weiter, dass die Bonden (freien Bauern) „zu dieser Arbeit sehr wenig bereitwillig waren". Strenge Bußen waren deshalb auf jedes Versäumnis gelegt, die sich nach einer weiteren Fristversäumnis sogar verdoppeln konnten. Wenn auch das nicht genügte und es wurde eine letzte Frist versäumt, so hatte der König das „Heeren" (= verheeren) gestattet, „d.h. unmittelbare Gewalt und direkten Zwang erlaubt .... , weil es zum Besten des Christentums geschehe."
A.L.J. Michelsen fuhr fort: "Die Kapellen, welche die Bonden nach belieben für sich stiften konnten, werden ‚Kirchen der Bequemlichkeit' genannt. Hatte jemand sich einmal solche erbaut, so wurde er auf ähnliche Weise wie bei der Hardeskirche zu ihrer Unterhaltung gemahnt und durch Bußen gezwungen; ließ er dessen ungeachtet die letzte Frist ablaufen, so verfiel das Grundstück, worauf die Kapelle stand, dem Könige, der sie nun wieder aufzubauen hatte, wofern nicht etwa der Grundeigentümer auf dem Volksdinge (Volksthing) zur Instandsetzung sich bereit erklärte, womit er sein Grundstück wieder einlösen konnte."
Pastor Martin Richard Flor betont die Häufung von Kirchen auf engem Raum. Die ersten dürften aus Holz erbaut worden sein, später entstanden sie aus Steinen. Holz war auf der Insel knapp, man musste sparsam damit umgehen. Aber auch Steine waren nur begrenzt vorhanden. Die Gletscher der Eiszeit hatten sie angetrieben und als „Findlinge" zurückgelassen. Für den „privaten Wohnungsbau" reichten beide Materialien nicht aus. Die Menschen verkrochen sich im Winter unter Lederhäuten, die zwischen Holzplanken gespannt waren, Sodenwänden und Schilfdächern. Im Inneren war es kalt und zugig, deshalb trieb man das Vieh in die Hütte, damit es die Menschen wärmte. Es stank bestialisch, war aber überlebensnotwendig.
Wenn es zu kalt wurde, wich man in die Kirchen aus. Spätestens nach dem Erbauen aus Stein konnte man in der Mitte des großen Raums ein großes, wärmendes Feuer anzünden. Außerdem boten die Kirchen Schutz, wenn die Wasserfluten das Land umher verwüsteten. Daher dürfte die Entscheidung der Insulaner, ihre Kirchen instand zu setzen, nicht schwer gewesen sein. Auf Sylt hatten die Gotteshäuser eine große Bedeutung und ab dem Jahr 1017 galten die Kosten als gerechtfertigt, Tuffstein und Blei über See heranzubringen, um die Kirchen noch fester und sicherer zu machen.
Der Pfarrer stand sehr stark unter der Kontrolle seiner Gemeinde. Er durfte sich ohne

seine Geräte nicht weiter von seiner Kirche entfernen, „als wo die Glocken derselben gehört werden konnten". Hatte er hiergegen gefehlt, so musste er den Erben desjenigen, der seines Dienstes bedurft hätte, drei Mark Buße zahlen. Er durfte die Harde nicht ohne die Erlaubnis der Hardesmänner verlassen, ausgenommen zur Priesterversammlung. Bei Zuwiderhandlung musste er drei Mark Strafe zahlen. „Die Erlaubnis musste er an dem letzten Sonntage vor seiner Abreise an der Kirche erbitten, wo sie ihm von den daselbst versammelten Hardesmännern in ihrem und der zuhause gebliebenen Namen erteilt wurde."
Die Gemeinden hatten das Recht, ihre Priester, die sie zu Pfarrern machen wollten, selbst zu wählen. Der Bischof konnte den Priester nur ablehnen, wenn die beiden Pfarrer der nächstgelegenen Pfarreien im Süden und Norden das förmliche Zeugnis ablegten, dass der gewählte Priester zu unwissend sei, um der Kirche vorstehen zu können. Heute undenkbar, da die Ausbildungskriterien gleich sind. Früher war das keineswegs der Fall. Es gab noch keine Hochschulen in Europa und auch die Priester waren noch nicht unbegrenzt schriftkundig.
Die Friesen waren immer sehr besorgt um ihr Recht auf Freiheit der Priesterwahl, um die Freiheit von der Abgabe eines festen Zehnten und um die Freiheit ihrer Priester vom Zölibat. Die Kirchen waren oft Eigentum der Bauernschaften oder Dörfer. Daher wollten die „Eigentümer" auch bestimmen, wer darin den Gottesdienst versah. Die Kirchen, die vor den Naturgewalten schützen sollten, waren schließlich teuer.
Wie die Abführung des Zehnten auf Sylt ausgesehen haben mag, ist nicht bekannt. Vermutlich haben die Sylter ihn abgelehnt, da sie ihre Kirchen ohnehin selbst finanzieren und unterhalten mussten. Die Nordfriesen waren auf jeden Fall bereit, freiwillige Leistungen zu erbringen, aber ein festgelegter pflichtmäßiger Zins war eine Einschränkung ihrer Unabhängigkeit und wurde nicht geleistet.
Als aber im Bistum Domschulen eingerichtet wurden, Armenhäuser und Hospitäler entstanden und ein Bedarf an ständig neuen und größeren Kirchen wuchs, hatte sich die Einstellung der Friesen offensichtlich geändert. Nachdem nämlich Bischof Waldemar von Schleswig im Jahr 1188 den Zehnten endlich zur Pflicht machte, entwickelte sich eine großartige Bautätigkeit in Nordfriesland und Dänemark.
Besondere Probleme bereitete die Einführung des Peterspfennigs für den Unterhalt des Papstes und der Kurie, vor allem betrieben vom dänischen König Knut II., der Heilige. Die Abgabe sollte allem Anschein nach für die Kosten der friesischen Kolonie in Rom dienen und den zahlreichen friesischen Pilgern zugute kommen. Die Friesen besaßen bereits seit dem 9. Jahrhundert in Rom nur wenige Schritte von St. Peter entfernt mit der kleinen Kirche „San Michele in Sassia" eine eigene Nationalkirche und ein Pilgerhospiz. In einer Region, in der das Heidentum noch nicht ganz ausgerottet war, müssen die Christen wahrlich eifrige Verfechter ihrer Religion oder kluge Politiker gewesen sein. Sonst hätte sich eine eigene friesische Kolonie mit Kirche in Rom nicht tragen können.
Knut II. war, als Anführer eines Wikingerheeres, in West-Europa besonders aufgefallen, dass andere Herrscher durch Einziehung von Steuern unabhängiger waren als die dänischen Könige. Mit dem sogenannten „Nasengeld" und dem Peterspfennig zwang er nun auch die Dänen zu zahlen. Dabei stützte er sich besonders auf die Hilfe der Kirche.

Der Klerus betrachtete ihn von Stund an als besonders frommen Monarchen. Und auch die Beutegierigen rieben sich die Hände. Knut hatte zum „Kreuzzug" gegen England aufgerufen. Es wusste zwar niemand, was es dort zu missionieren gab, aber es winkte große Beute. Mehr als 1.800 Schiffe lagen bei Aggersborg bereit. Gestellt wurden sie mitsamt der Mannschaft von den einzelnen Harden. Aber Knud II. musste erst an die Südgrenze, die slawischen Wenden befrieden.
In der Zwischenzeit bestach der englische König Wilhelm der Eroberer die dänischen Seekönige mit viel Geld. Sie verhielten sich daraufhin sehr „friedlich". Auch die Bauern, die das Fußvolk stellen sollten, hatten keine Lust mehr, über die Ernte hinaus in Aggersborg auszuharren, bis Knut aus Schleswig zurückkehrte. Woraufhin der höchst verärgerte König die Ungehorsamen mit hohen Geldstrafen belegte.
Das war mehr, als die jütländischen Bauern ertragen wollten. Eine bäuerliche Rebellion beendete Knuds königliche Laufbahn. Sie töteten ihren Herrscher in der Kirche St. Alban in Odense, wobei sie sich weder um das Kirchenasyl kümmerten, noch um jene Heiligenglorie, die einige Geistliche schon zu Lebzeiten des Herrschers zu propagieren begannen.
Schwere Missernten in folgenden Jahren führten dazu, dass Priester eiferten, Gott strafe die Kirchenschänder mit Hungernot. Und natürlich berichteten bald Kleriker von Wunderheilungen am Grab Knuds in Odense. Mancher Todkranke und Blinde wurde gesehen, der anschließend gesund und sehend geworden sein sollte. 1101 sprach Papst Paschalis II. den „Märtyrer" heilig.
An Bemühungen zur Einführung des Zölibats hat es im Norden wahrhaftig nicht gefehlt. So riet z. B. Gregor VII. dem Volk, verheiratete Priester zu boykottieren und forderte die Herrscher auf, Simonie und Konkubinat der Kleriker zu unterdrücken. Enea Silvio Piccolomini, der spätere Papst Pius II. schrieb dazu im 15. Jahrhundert: "Die Unzucht der Weiber strafen sie (die Friesen) hart. Einen Priester ohne Ehefrau dulden sie nicht, da er fremde Ehebetten beschmutzen könnte. Sie glauben nämlich, es sei wider die Natur, dass sich der Mensch enthielte."
Dabei befanden sich die Friesen in guter Gesellschaft. Ein Bischof im 10. und 11. Jhd. war in aller Regel kein „Weichei". Stellen Sie sich ruhig einen Haudegen vor, gräflichen Geblüts, Kommandeur einer Truppe Gepanzerter, ein Trink- und Fressausbund gigantischen Ausmaßes, Vater einer fröhlichen Kinderschar, aber kein beschränkter Typ, sondern klug, gebildet, männlich, vor Annahme des Bischofsamtes Heerführer im Krieg und eben ein weltlicher Reichsfürst. Und dieser Mann wurde jetzt vom Abt des Klosters Cluny in Burgund mit Unterstützung eines verträumten Kaisers namens Otto III. aufgefordert, Keuschheit zu üben. Zunächst konnte man das noch als Missverständnis abtun, als dann aber Papst Gregor VII. den Papstthron bestieg, Kaiser Heinrich IV. absetzte und vom gesamten Klerus die gleiche Forderung erhob, wurden die Bischöfe und Priester käsebleich. Der Papst fand nämlich viele weltliche Anhänger, die ihm zustimmten. So waren plötzlich alle Priesterkinder auch in Friesland nach dem kanonischen Recht illegitim und irregulär.
Aber die Friesen gaben nicht nach. Die Gemeinden, auch die Sylter, wählten immer wieder Priestersöhne zu ihren Seelsorgern und sie erhielten immer wieder die bischöfliche Bestätigung und die Priesterweihe. Zwar lebten die verheirateten friesischen Priester alle in ungültiger Ehe, sie wurden auch mit dem Bann belegt, aber den

Gläubigen erwuchs deshalb hinsichtlich der Gnadenmittel kein Nachteil. Papst Alexander III. gestattete noch im Jahr 1275 seinen nach Dänemark ausgesandten Franziskanern, auch bei solchen Geistlichen einzukehren, die einer unerlaubten Ehe halber mit dem Banne belegt sind.

8. Der weite Weg der Steine - Die Seefahrt bleibt

Für die Insel Sylt spielten die Kirchen seit jeher eine besondere Rolle. Die Kirchen, wie wir sie kennen, datieren aus dem 12. Jahrhundert. Die erste Information über Tuffsteine datiert aus dem Jahr 1017 und zuvor dürften bereits Holzkirchen existiert haben.
Mit dem Christentum kam auch die Zeitrechnung, die die Heiden noch nicht kannten. Die Jahrtausendwende war etwas besonderes. Der Kaiser hieß Otto III. und verlegte seinen Regierungssitz nach Rom. Im Jahr 1000 stattete er seinem Geburtsland einen kurzen Besuch ab. Und dieses Jahr hatte es in sich.
Das Abendland war vom Wahn befallen. Der Klerus, der in der Übergangszeit vom Heidentum zur Christenheit immer nach Möglichkeiten suchte, die Menschen mit Furcht und Strafandrohung zu disziplinieren, schürte die Weltuntergangsangst. Das Abendland war demzufolge davon überzeugt, die Welt würde bei dieser runden Jahreszahl untergehen und das Jüngste Gericht käme. Aber wie entsetzt war die Kirche, als sie die Geister, die sie rief, nicht mehr loswurde. Wie entsetzt war sie über den Hexensabbat, der in den letzten Tagen des Jahres 999 ausbrach. Die Menschen gebärdeten sich wie irre und verfielen in wahnwitzige Exesse. Man schleuderte sein bewegliches Hab und Gut aus dem Fenster, man verschenkte oder verbrannte Haus und Hof, man geißelte sich und wälzte sich im Dreck, während über einem betrunkene Bacchanten (fahrende Schüler) oder Flagellanten (zur Buße Geißelnde) hinwegzogen. Die Welt war völlig durchgedreht.
Da immer noch die Chroniken der damaligen Zeit von Kirchenmännern geschrieben wurden, gibt es nur wenige Informationen über diese Geschehnisse. Für die Kirche waren die Vorgänge nicht angenehm. Wir wissen daher auch nicht, was auf Sylt während dieser Tage geschah. Aber warum sollen die Menschen sich hier anders verhalten haben? Wir wissen nur, dass die Welt nicht unterging, sondern stillschweigend weiter ihre Bahnen durchs Weltall drehte.
Wir wissen, was Otto III. tat. Er fuhr Anfang 1001 nach Gnesen in Polen, wo die Gebeine eines von den Preußen (Pruzzen) erschlagenen Missionars lagen und erhob den kleinen Kirchort zum Erzbistum. Damit waren die Polen nicht mehr abhängig vom Erzbistum Magdeburg und fühlten das letzte einigende Band zum deutschen Reich zerschnitten. Es war ihre innere Befreiung und Unabhängigkeit. Seitdem sind Ströme deutschen und polnischen Bluts geflossen. Der Fehler konnte nie mehr gutgemacht werden.
Auf Sylt waren die Menschen bemüht, sich gegen die Naturgewalten zu stemmen. Sie hatten bei ihrer Einwanderung eine durch Schlickablagerungen neue, fruchtbare

Marsch angetroffen. Die Friesen begannen, das flutgefährdete Land durch Deiche zu schützen. Kenntnisse hatten sie bereits aus ihrer alten Heimat mitgebracht, allerdings war die waldreich, die neue waldarm. Sie begannen bei der Urbarmachung ihre neue Heimat zu entwässern, zu kultivieren und Landwirtschaft mit Viehzucht und Ackerbau zu betreiben. Ihre Siedlungen legten sie auf erhöhtem Gelände an, sogenannten Warften. Damit waren aber nur die Wohnsiedlungen geschützt, nicht die Weiden. Die Weiden jedoch waren die Basis für den Wohlstand der Region und der Inseln. Das Vermögen der Menschen bestand aus Salz und aus Vieh.
Geld gab es zwar bereits, da die Römer es nach Germanien mitgebracht hatten. Aber es kursierte nur in ganz geringen Mengen in Form von Gold in den Kreisen der Könige, Herzöge und Bischöfe. Der einfache Mann bekam sein Leben lang keine Münze zu sehen. Er betrieb Tauschwirtschaft. Und die Grundlage für diese „Tauschobjekte" musste geschützt werden.
Die Friesen begannen also bereits im 9./10. Jhd. mit dem Bau von Deichen. Saxo Grammaticus schrieb dazu um 1180: „Damit die Fluten nicht in das niedrige Land einbrechen, ist das ganze Ufer mit einem Wall umgeben... ." Sylt hatte den Vorteil, dass die Westseite des Eilands durch die Insel Nordstrand und teilweise durch Kliffwände geschützt war. Bei Südwest-Winden, die Voraussetzung für Springfluten sind, wurde die Strömung durch das damals noch im Gegensatz zu heute dreimal so große Nordstrand nördlich um die Insel Sylt herumgeleitet. Die neuralgischen Stellen für Überflutungen lagen auf der Ostseite. Besonders bedroht waren die tiefer liegenden Orte Tinnum, Keitum, Archsum und Morsum. Sie mussten durch Deiche geschützt werden.
Die ersten Deiche waren hinsichtlich ihrer Höhe, Breite und Konstruktion unzureichende Bauwerke. Noch bis zum 16. Jhd., der Zeit der Reformation, waren sie nur etwa 3 Meter hoch. Die seewärts gerichtete Seite war eine Steilwand, die durch Balken und Bretter gefestigt war. Man nannte sie „Stackdeiche". Sie waren unelastisch und wurden immer wieder von der Gewalt der Fluten zerstört. Aber die Menschen gaben nicht auf. Sie schufen in den folgenden Jahr eines der beeindruckensten technischen Meisterwerke der Menschheit.
Die Bedeichung war ursprünglich eine Gemeinschaftsaufgabe. Alle Nutznießer und Anlieger der Deiche waren verpflichtet, beim Bau mitzuwirken. Auch Kirche und Adel, letzterer in Nordfriesland kaum vorhanden, auf Sylt gar nicht, waren diesem Gesetz unterworfen. Es gab beim Deichbau keine Standesunterschiede.
Die Kirchen auf Sylt, als letzte Zufluchtsstätten bei Überflutungen, waren auf Warften erbaut. Im Jahr 1017 hatte man „viel Bley und Dufstein hieher bringen lassen, um Kirchen davon zu erbauen und dieselben mit Bley zu bedecken."
Die ältesten Kirchen Sylts stehen in Morsum und Keitum. Die genaue Gründungszeit liegt im Dunkel, da keine Dokumente vorliegen. Aber die bekannten Chronisten Flor und Heimreich berichten, dass der dänische König Knut der Große zwischen 1018 und 1035 für den Kirchenbau Blei und Tuffstein aus England habe kommen lassen. Gleichzeitig holte er englische Bischöfe und Priester in sein Gebiet. Im Jahr 1100 wurde das Kloster Odense von englischen Benediktinermönchen gegründet. „Erich III., König der Dänen, gewährt den im Kloster zu Odense Gott dienenden Mönchen alljährlich 30 Mark von der Insel Sild."

Am 6. Februar 1180 wird das Privileg von Waldemar II. bestätigt: „dass die alljährlich von der Insel ‚Sild' abzuliefernden zehn Mark Silber, so wie der Sommerzins von Odense, welche beide (dem Kloster) als Kleidungsbeihilfe von unseren Vorgängern zugestanden sind, nicht durch unseren Hebungsbeamten, sondern durch deren eigenen Beauftragten eingezogen werden mögen."
Dreiundzwanzig Jahre später heißt der gleiche Erlass: „Zehn Mark Silber jährlich von der Insel ‚Siland' zu geben zur Einkleidung der Brüder."
Der Tuffstein der Kirchen in Morsum und Keitum dürfte nicht aus England stammen, sondern aus der Eifel bei Andernach. Die Konsistenz des Gesteins stimmt mit den dortigen Vorkommnissen überein. In Morsum sind die Apsis und die Wände des Chores vorwiegend aus diesem Material erbaut. Die Mauern des Kirchenschiffes bestehen außen aus Backstein und innen aus einem Gemisch von Feldsteinen, Backsteinen und Tuff.
Bei der Keitumer Kirche ist die Apsiswandung vollständig aus Tuff. Das Mauerwerk des Kirchenschiffs besteht aus Feldsteinen und ist nach außen mit Tuffstein und Backstein verblendet.
Es deutet einiges darauf hin, dass ein englischer Baumeister die beiden Kirchen gebaut hat. Nicht nur, dass Tuffstein schon lange vorher auf der britannischen Insel in Gebrauch war, auch „Bley" war dort bereits üblich. So wird berichtet, dass auf der Insel Lindisfarne im 7. Jhd. eine Bischofskirche aus eichenen Bohlen erbaut und mit Reet gedeckt wurde. Später ließ Bischof Eadbert das Reet abnehmen und sie vollständig mit Bleiplatten decken.
Da die hauptsächlich im romanischen Stil erbauten Kirchen in Morsum und Keitum mit Backsteinen und damit mit heimischem Baumaterial fertiggestellt wurden, kann ihre letztendliche Entstehungszeit in das zweite Drittel des zwölften Jahrhunderts datiert werden. Die Backsteinzeit begann 1170 n. Chr.
Die Morsumer Kirche sollte ursprünglich an einer anderen Stelle stehen. Es war bereits alles vorbereitet und das Material zusammengetragen, da wurden über Nacht die Steine auf „wundersame Weise von unsichtbarer Hand" an einen anderen Ort gebracht. Für die Morsumer war das ein Fingerzeig Gottes und sie errichteten die Kirche an dieser Stelle. Die Kirche steht heute immer noch, der alte, vorgesehene Platz ist aber längst in den Fluten verschwunden. So, wie die Kirche in Rantum oder in Eydum, einem Ort, der als Vorgänger von Westerland gilt und ebenfalls unterging.
Besonders wurde von einem der Chronisten mit Namen Kielholt der Keitumer Kirchturm gerühmt, „welcher von denen über die Nordsee Schiffenden zur Erkenntnis, wo sie sich befinden, sehr vorteilhaft observiret wird, dass sie sich vor die vielen Untiefen die an denen Inseln und in die See hinein sich verstrecken, hüten können".
Die Schifffahrt hatte naturgegeben für die Insel immer eine große Bedeutung. Rheinischer Tuff aus der Nähe von Andernach musste eine weite Reise über das Wasser zurücklegen. Gleichzeitig musste Holz als weiteres Baumaterial eingeführt werden. Als Bezahlung wurden Gegenwerte „exportiert". Die Insel war bereits zur damaligen Zeit durch eine beachtliche Seefahrt geprägt.
Einen wesentlichen Anteil an den „Exporten" hatte der Salzhandel. Die Friesen entwässerten in ihren Festlandgebieten und auf den Inseln, wie auch auf Sylt, die Moore. Die Moorschichten trockneten aus. Die trockenen Oberflächenmoore wurden abgetra-

gen, um den darunter liegenden fruchtbaren Marschboden nutzbar zu machen. Der Torfabbau kam allerdings nicht wie heute für den privaten Hausgarten zum Einsatz, sondern er wurde für die Salzgewinnung verwertet. Der höchste Salzgehalt fand sich in Torfschichten aus früheren Überflutungen. Sie wurden abgebaut, zu den „Salzbuden“ transportiert und dort verbrannt. Aus der Asche wurde eine Sole bereitet, aus der das Salz herausgesiedet wurde. Diese Form der Salzgewinnung wurde bis in das 18. Jhd. betrieben und hatte für Nordfriesland eine hohe wirtschaftliche Bedeutung. In Nordfriesland und auf Sylt stieg der wirtschaftliche Nutzen. Damit waren die Nordfriesen zu einem wichtigen politischen Faktor geworden und die Handelsstraßen näherten sich.

Wir modernen aufgeklärten Menschen sollten nicht davon ausgehen, dass wir unseren Vorfahren in allem überlegen waren. Die Naturwissenschaften waren noch nicht weit entwickelt, aber in den führenden Schichten der Völker gab es grandiose Philosophen und Rhetoriker. Sie hatten noch nicht die Bibliotheken, wie wir sie heute kennen, aber dafür einen phantastischen Verstand. Wir nennen so etwas heute „Computerhirn“. Viele von uns würden sich schwer tun, wenn sie trotz ihrer modernen Aufklärung mit den klugen Köpfen der damaligen Zeit „disputieren“ müssten.

Es gab durchaus beeindruckende politische Ränkespiele und Maßnahmen. So gehörte Sylt zum Bistum Schleswig. Aber auf Beschluss des dänischen Königs musste Sylt dreißig Mark und später zehn Silbermark an das Kloster Odense abführen, nicht an das Bistum Schleswig. Schleswig, bis zur Zerstörung Haithabus im Jahr 1066 neben der bedeutendsten Handelsstadt Europas gelegen und nun selbst Handelszentrum und ein geistlicher Mittelpunkt im Norden, stand für die Dänen zu sehr unter dem Einfluss des Kaiserreichs. Die Nordfriesen und die Schleswiger sprachen schließlich eine niederdeutsche Sprache, die Dänen aber dänisch. Es lag daher im Interesse des dänischen Königshauses, die wirtschaftlich stärker gewordenen Nordfriesen zu kontrollieren. Das geschah durch das Kloster Odense, das zum dänischen Bistum Ribe zählte und ab 1104 zum Erzbistum Lund. Das dänische Kloster hatte also Sylt zu kontrollieren, damit „Reichsbestrebungen“ frühzeitig erkannt werden konnten. So etwas nennt man heute „Aufsichtsrat“.

9. Die Friesen und die Kreuzritter

Im Jahr 1056 starb Kaiser Heinrich III. Er hinterließ einen sechsjährigen Sohn als seinen Nachfolger. Dieser wurde von den Kirchenfürsten Adalbert von Bremen, der geistliches Oberhaupt von Schleswig war, und von Anno von Köln erzogen. Die beiden waren sehr bemüht, den beherrschenden Einfluss auf den sechsjährigen Thronfolger zu gewinnen. Da seine Mutter Agnes, die während seiner Minderjährigkeit die Regierungsgeschäfte wahrnahm, den Einfluss auf ihren Sohn ebenfalls nicht verlieren wollte, entwickelte sich Heinrich IV. zu einem rüpelhaften „Lotterburschen".
Adalbert von Bremen baute zielstrebig und machtbewusst sein norddeutsches Erzbistum aus, natürlich auch oder vor allem als weltliches Territorium. Er erwarb Grafschafts- und Vogteirechte im Nordwesten Deutschlands und verfeindete sich dadurch mit dem sächsischen Herzogshaus der Billunger. Sein Anspruch auf das Bistum Verden verärgerte den über 400 km entfernt residierenden Erzbischof von Mainz und mit Anno von Köln lag er im Streit, weil das wohlhabende Bistum Bremen aus dessen Diözese ausgegliedert worden war. So gab es Ärger unter den Bischöfen und es grummelte und grollte.
1066 n. Chr., Heinrich IV. war mit sechszehn Jahren mündig geworden und regierte jetzt selbst, führte eine von Anno angeführte Opposition auf dem Reichstag von Trebur dazu, dass Adalbert von Hamburg-Bremen stürzte und seinen Einfluss auf den Kaiser verlor.
Das hatte im Norden entscheidende Konsequenzen. Bereits 23 Jahre zuvor waren elbslawische Völker aus dem Abodritenland in West-Mecklenburg auf der Suche nach neuem Land unter der Führung von Ratibor – wahrscheinlich der Namensgeber von Ratzeburg – in einem Kriegszug gegen die Sachsen und Dänen bis nach Ripen eingefallen und hatten das Land verwüstet. Sie wurden aber von den vereinten Kräften der Sachsen und der Dänen, die aus jeder Harde, so auch von Sylt, Kämpfer angefordert hatten, in einer blutigen Schlacht unter Führung des späteren dänischen Königs Magnus auf der Lürschauer Heide nördlich des Danewerks vernichtend geschlagen. Ratibor fiel, mit ihm seine acht Söhne.
Nun übernahm der Slawenherzog Gottschalk, der eine dänische Königstochter heiratete die Macht. Im Bunde mit Adalbert von Hamburg-Bremen erfolgten der Wiederaufbau des Bistums Oldenburg in Holstein und zwei Bistumsneugründungen in Ratzeburg und Mecklenburg, der Urheimat der Abodriten. Herzog Gottschalk, der sich von seinem Bündnis mit dem christlichen Erzbischof viel versprach, wollte seinem heidnischen Glauben abschwören und ein christliches Abodritenreich gründen, wahrscheinlich mit dem Herrschersitz in Liubice (Alt-Lübeck). Als aber Gottschalks politischer Rückhalt, der Erzbischof Adalbert im besagten Jahr 1066 auf dem Reichstag in Trebur entmachtet wurde, kam es zu einem gewaltsamen Ausbruch der slawischen Heiden.
Gottschalk wurde zu einer Zeit, als die Friesen bereits mit dem Christentum weitgehend ihren Frieden geschlossen hatten, bei Lenzen an der Elbe, in der Nähe des heutigen Gorleben, zusammen mit vielen Priestern und christlichen Laien erschlagen. Seine Witwe, die dänische Königstochter, wurde bei der Mecklenburg aufgespürt und „nackt

mit ihren Frauen in ihre Heimat entlassen." (Adam von Bremen, Mönch und Chronist) Bei Ratzeburg fand damals auch der aus Schleswig stammende Abt des St. Georg-Klosters Answer mit 18 Brüdern durch die slawischen Heiden den grausamen Martertod durch Steinigen. Anschließend wurden Hamburg und Oldenburg durch die rasenden Abodriten zerstört und Haithabu so völlig vernichtet, dass es förmlich vom Erdboden verschwand und nie wieder aufgebaut wurde. Die ehemals bedeutendste Handelsstadt Europas war damit förmlich von einem Augenblick zum anderen für immer verschwunden.

Nordfriesland mit Sylt und Dithmarschen blieben von diesen Auseinandersetzungen verschont. Die Heerstraße lag immer noch im Osten des heutigen Schleswig-Holstein. Die geschilderten Ereignisse waren nicht die einzigen Konsequenzen aus dieser Affäre. Unruhe unter den Bischöfen und das Lotterleben des Kaisers hatte unter den Frommen und den Zölibatsanhängern die Frage verstärkt aufkommen lassen, ob es gut sei, dass der Kaiser die Kirchenfürsten ernannte. Für Gregor VII., der bald darauf den Papstthron bestieg, und den ein Zeitgenosse den „heiligen Satan" nannte, war die Antwort klar. Er beanspruchte das Recht für sich auf alleinige Ernennung der Bischöfe und auf die Berufung der Priester ausschließlich durch seine bischöflichen Kirchenfürsten. Der Papst solle allein durch die Kardinäle gewählt werden und er verlangte sogar, dass der Papst den Kaiser absetzen kann. Er war entschlossen, die Päpste zu Kaisern der ganzen Erde zu machen. Aus einer Aufzeichnung von ihm geht hervor: „Er allein kann Bischöfe absetzen und wieder einsetzen. Wen er ausschließt, mit dem darf man nicht in einem Hause weilen. Er allein darf die kaiserlichen Abzeichen führen, seine Füße sollen alle Fürsten küssen. Die römische Kirche hat nie geirrt und wird in Ewigkeit nicht irren."

Heinrich IV. staunte, nahm die Sache nicht recht ernst und setzte den Papst ab. Und was machte der? Der dachte gar nicht daran zu gehen. Im Gegenteil. Er wusste über die Verhältnisse in Deutschland gut Bescheid, ihm war bekannt, dass der junge „Lotterkönig" bei den Herzögen sehr unbeliebt war. Sie hätten ihn gerne abgesetzt. Daher bannte der Papst den jungen König und setzte ihn nun seinerseits ab, setzte sich in seinen pompösen Wagen und fuhr nach Norden, um in Deutschland einen neuen König seiner Wahl einzusetzen.

Heinrich IV. blieb nichts anderes übrig, als den „Gang nach Canossa" anzutreten, um den Papst um Rücknahme des Bannstrahls zu bitten. Das musste heimlich erfolgen, da die Herzöge es zu verhindern versuchten. Heinrich IV. verweilte einige Tage und Nächte in Sack und Asche vor der Burg. Obwohl der Papst ihn liebend gerne ausgeschaltet hätte, um endgültig die volle Macht über das Kaisertum zu erlangen, blieb ihm nach den Gesetzen des kanonischen Rechts nichts anderes übrig, als den Bittsteller zu erhören. Mit der Faust in der Tasche löste er den Bann.

Gleichzeitig unterlag Harald Sigurdsson bei seinem Versuch, die dänisch-norwegische Macht in England wieder herzustellen, bei Stamford Bridge dem englischen König Harald Godwinsson. Wenige Tage später verlor er sein Leben im Kampf gegen die Normannen unter der Führung von „Wilhelm dem Eroberer" – Wilhelm Bastard, wie ihn seine Gegner nannten. Damit endete das Zeitalter der Wikinger. Sie verschwanden, ebenso wie ihre bedeutendste Handelsmetropole Haithabu, so plötzlich, wie sie erschienen waren. Nur auf Sylt spielten Reste von ihnen noch eine unrühmliche Rolle,

über die wir im nächsten Kapitel berichten. Der Rest der Welt hatte andere Probleme. „Und täusche ich mich nicht, so hat all dies Unheil uns jener schreckliche Komet angekündigt, der in eben diesem Jahre um die Ostertage erschien", schrieb Adam von Bremen. Der „Unglücksbote" war der Halleysche Komet, der im Jahr 1986 zum zweiten Mal zurückkehrte.
Die Welt hatte sich verändert. Die Ohrenbeichte wurde eingeführt und die in Erregung geratenen Menschenmassen brachen zum ersten Kreuzzug auf.
Ehegatten, Haushaltsvorstände und Söhne verließen den heimischen Herd, um in christlicher Pflichtaufwallung hinter Königen und Kaisern in einen heiligen Krieg nach Palästina zu ziehen. Sie mussten das heilige Land von den „grausamen" Türken befreien, um nach ihrer Rückkehr 47 Grabtücher Christi, 482 Kreuzigungsnägel und 119 Schädel von Johannes dem Täufer mitzubringen. Bei ihrer Rückkehr erwarteten sie Ruhm, Ehre und neue Kinder, denn nach Jahren der Abwesenheit war die Gattin auch nicht untätig gewesen.
Der Norden hatte in der Zeit der Kreuzritteraktivitäten zunächst andere Probleme. Nördlich der Eider bahnte sich im dänischen Reich eine Entwicklung an, aus der das künftige Herzogtum Schleswig hervorgehen sollte, zu dem Sylt gehörte. Die ständige Bedrohung durch die Slawen war der Grund dafür, dass 1115 der Dänenkönig Niels seinen Neffen Knud Laward als Statthalter in Schleswig einsetzte. Der residierte auch in Schleswig, nicht am dänischen Hof, und erbaute auf der Möweninsel in der Schlei seine Jürgensburg.
Der Slawenherrscher Kruto hatte sich zwischen den Flüssen Wakenitz und Trave die Burg Buku erbaut. Fanatisch hatte er alle Gegner verfolgt, vor allem die christlichen. Es gelang aber einem der Söhne Gottschalks, Heinrich, mit Hilfe der Dänen in der Schlacht auf der Schmilauer Heide bei Ratzeburg Kruto zu besiegen und selbst die Herrschaft zu übernehmen. Als Herrschersitz wählte er jene Burg, die sein Vater bereits ausersehen hatte – Vetus Lubica – Alt Lübeck.
1127 starb Heinrich. Da seine beiden Söhne umgebracht wurden, griff der König des Reichs Lothar, Herzog von Sachsen ein und sorgte dafür, dass die slawischen Abodriten Knud Laward, den dänischen Statthalter von Schleswig zu ihrem Knes (König) wählten. König Lothar, späterer Kaiser, setzte ihm selbst die Krone auf und nahm ihm den Lehnseid ab.
Knut Laward war damit als Neffe des Königs Niels favourisierter Anwärter auf den dänischen Königsthron. Das reizte den leiblichen Königssohn Magnus. Im Jahr 1131 erschlug er heimtückisch seinen Vetter auf einer Jagd in Ringsted auf Seeland.
König Lothar rückte zur Vergeltung des Mordes an seinem Lehnsmann mit einem sächsischen Heer gegen das Danewerk vor, einer Befestigungsanlage von Schleswig bis zum Fluss Treene, die ungefähr den militärischen Wert des Westwalls im zweiten Weltkrieg hatte. Den Dänenkönig verließ der Mut. Er zahlte eine hohe Geldbuße, erkannte die Lehnshoheit des Deutschen Reiches an und Lothar zog ab.
Die Schleswiger Bürger waren empört, dass ihr geliebter Knud Laward meuchlings umgebracht worden war. Sie nutzten die Gelegenheit, drangen in den Königshof ein und erschlugen den königlichen Mörder Magnus.
Warum ist das alles wichtig? Die Welt um Sylt herum war über Jahrhunderte blutgetränkt, wie kaum eine andere. Die Königsmorde in Dänemark wurden nur übertroffen von den Lynchmorden im alten Rom.

Zwischenzeitlich beschäftigte man sich anderwärts mit einem Riesengeschäft. Das Abendland importierte jährlich für 100.000 Goldgulden aus den kleinasiatischen Alaungruben. Italienische Städte besaßen bereits um 1070 Handelsniederlassungen in den wichtigsten Hafenstädten Kleinasiens. Es ging um viel Geld. Würde es gelingen, die Türken, die die mohammedanischen Araber vertrieben hatten, in einem Kriegszug zu schlagen, könnte man die kostbaren Gruben in eigenen Betrieb nehmen. Natürlich konnte man niemandem sagen, „fahre nach Damaskus und lasse dich für Alaun erschlagen". Besser klang es, wenn Reisende von Morden an Christen und Niederbrennen christlicher Kirchen berichteten.

Wie pikiert blickten die Deutschen, als der 1. Kreuzzug ohne ihre Beteiligung unter der Leitung des Franzosen Gottfried von Bouillon mit Erfolg, der Eroberung von Jerusalem, zu Ende ging. Wo blieben die deutschen Interessen?

Es gab in der Tat einen „germanischen" Stamm, der bereits am ersten Kreuzzug teilnahm: die Friesen. Nun sind die Friesen sehr stolz darauf, dass sie sich der Christianisierung lange widersetzten. Sollten sie plötzlich zu christlich–religiösen Fanatikern (Fundamentalisten) geworden sein, dass sie als einzige Deutsche am ersten, dem französischen Kreuzzug unter Gottfried von Bouillon teilnahmen? Mitnichten. Die Friesen, die in der damaligen Welt einen hervorragenden Ruf als Seeleute hatten, gehörten zu denen, die als erste eine planmäßige Schifffahrtslinie gründeten. Und da der Landweg ins Heilige Land recht strapaziös war, charterten die „gut betuchten" Kreuzritter bei der friesischen Schifffahrtslinie Passagen nach Tarsus, in der Nähe von Mersin in der heutigen Türkei. Ob Sylter Seeleute dabei eine Rolle spielten, ist nicht überliefert. Es ist aber wahrscheinlich. Schließlich hatten die Sylter neben ihren nautischen Kenntnissen vor dem späteren List gelegen einen außergewöhnlichen Naturhafen.

Beim zweiten Kreuzzug wurden friesische Kreuzfahrer offiziell benannt. Im Spätherbst des Jahres 1147 brachen sie zusammen mit Engländern und Flamen auf, um auf dem Seeweg das Heilige Land zu erreichen. Dieser Kreuzzug jedoch, auf dem die hohen Herren von ihren Damen und Minnesängern begleitet wurden, schlug fehl. Nur ein Teil der Truppen, unter ihnen die Friesen, erreichten ihr Ziel. Die französischen Kreuzritter mussten in Attalia zurückbleiben, da die griechischen Schiffer einen zu hohen Passagepreis für die Überfahrt nach Antiochia forderten, den die Franzosen nicht zahlen konnten. Islamische Streitkräfte nutzten die Gelegenheit und brachten die zurückgebliebenen Truppenteile der Christen um.

Die geschwächten christlichen Haufen, die das Heilige Land erreicht hatten, konnten ihr Ziel Damaskus nicht erobern. Im Gegenteil, sie mussten die Flucht ergreifen, als die Emire von Mossul (Irak) und Aleppo (Syrien) nahten. Um nicht ganz erfolglos zurückkehren zu müssen, erschlugen die Kreuzritter unterwegs jeden Zivilisten, der „muselmanische" Kleidung trug. Das Erschlagen eines Muslims sicherte ihnen nach Aussage ihrer „Mullahs" – Verzeihung – ihrer Priester das Himmelreich. Nur handelte es sich in der Mehrzahl um morgenländische Christen, die ihnen freudig entgegenliefen und sie begrüßen wollten.

Im Jahr 1187 nahmen friesische und dänische Kreuzfahrer mit 50 Schiffen am Kreuzzug Kaiser Barbarossas teil. „Sie waren zwar zuchtlose Soldaten, aber ausgezeichnete Seefahrer", wie Steven Runciman in seiner „Geschichte der Kreuzzüge" zu berichten weiß.

Aufgrund dieser Kenntnisse muss man wissen, dass die Nordfriesen der Insel Sylt keine "Hinterwäldler" waren. Die Landwege waren zwar trotz Eindeichungsmaßnahmen immer noch unsicher (in den Jahren 1162, 1164 und 1170 wurden die nordfriesischen Gebiete besonders hart durch Sturmfluten betroffen und die Deiche brachen) und die großen Kriegs- und Handelsströme flossen nach wie vor östlich, aber die Insulaner hatten längst ihre Wege über See gefunden. Sie kamen rum in der Welt. Daher wussten sie, was passierte. Sicherlich hätten sie nichts dagegen gehabt, wenn sich der dänische König an den Kreuzzügen beteiligt hätte. Stattdessen war er ständig mit Unruhen im Norden beschäftigt und die Sylter mussten „Hardendienste" leisten. Da entstand eine neue Stadt, die wesentliche Impulse nach Norden brachte.

Die Slawen, die sich laut Helmold von Bosau „gegen politische Unterdrückung und wirtschaftliche Ausbeutung zur Wehr setzen", erhoben sich 1138 erneut. Die Sachsen brachen in das Slawenland ein und verheerten es; nur die Burgen widerstanden. Im folgenden Sommer eroberten die Holsten die Burg Plön. „Die darin befindlichen Slawen wurden niedergemacht. So führten die Holsten in diesem Jahr erfolgreich Krieg, verheerten auf zahlreichen Zügen das Land der Slawen und fügten ihnen zu, was die den Sachsen hatten zufügen wollen. Das ganze Land wurde wieder zur Einöde."

Graf Adolf von Schauenburg übernahm die Macht in Segeberg und Wagrien (Ostholstein). Da das Gebiet verödet war, „schickte er Boten in alle Lande", nach Flandern, Holland, Utrecht, Westfalen und Friesland, „dass jeder, der zu wenig Land habe, mit seiner Familie kommen solle, um Teil zu haben an dem wunderschönen, geräumigen, fruchtbaren, an Fisch und Fleisch überreichen Land mit günstigen Weidegründen". Und sie kamen, die Holsten zuerst. Sie bekamen das best geschützte Land westlich Segeberg an der Trave bis zum Plöner See. Das Darguner Land besiedelten die Westfalen, die Holländer das Eutiner und die Friesen aus Ostfriesland bekamen Süsel.

Im Jahr 1147 erreichte das Kreuzzugsfieber den gesamten Norden. Aber in diesem Fall wurde nicht gegen die Türken aufgerufen, sondern Bernhard von Clervaux veranlasste mehrere geistliche und weltliche Fürsten zu einem Kreuzzug gegen die slawischen Wenden. Adolf von Schauenburg versuchte ihn vergebens zu verhindern und nahm nicht daran teil. Der Kreuzzug scheiterte, ebenso wie der Kreuzzug unter Leitung von Bernhard von Clervaux ins Heilige Land. Der endete bereits in Kleinasien.

Graf Adolf fand einen Ort namens Buku und dort eine Burg. Auf einer Seite floss die Wakenitz, auf der anderen die Trave. Adolf II. von Schauenburg sah, wie passend die Lage und wie trefflich der Hafen war. Er begann dort eine Stadt zu bauen und nannte sie Lübeck.

Schon nach kurzer Zeit wurde sie Streitobjekt zwischen dem Grafen und seinem Lehnsherrn Heinrich dem Löwen. Der hielt Graf Adolf vor, dass die Stadt Bardowiek durch den Markt Lübeck viele Bürger verliere, weil die Kaufleute alle dorthin übersiedeln. Ebenso klagten die Lüneburger, dass ihre Saline zugrunde gerichtet würde wegen des Salzwerks, dass in Oldesloe angelegt wurde. Deshalb forderte Heinrich der Löwe von Graf Adolf II. die Hälfte der Stadt Lübeck und die Hälfte des Oldesloer Salzwerks, „damit wir die Verödung unserer Stadt leichter ertragen können. Sonst werden wir verbieten, dass weiter zu Lübeck Handel getrieben wird. Denn wir können es nicht hinnehmen, dass um fremden Vorteils willen unser väterliches Erbe Schaden leidet."

Als der Graf ablehnte, verbot Heinrich der Löwe tatsächlich den Markt in Lübeck und ließ die Salzquellen in Oldesloe verstopfen. Die Städte verarmten. Zu allem Überfluss wurde Lübeck 1157 von einer Feuersbrunst verzehrt. Die Einwohner der Stadt schikkten dem Herzog eine Botschaft, in der sie ihn baten, Lübeck die Marktrechte zu erneuern. „Wir sind zwar bisher in der Stadt geblieben, da wir hofften, den Markt durch euer gnädiges Wohlwollen wiederzubekommen, und da wir uns auch nicht entschließen konnten, unsere mit großen Kosten errichteten Gebäude zu verlassen. Nachdem nun aber unsere Gebäude verbrannt sind, erscheint es sinnlos, an einem Ort wieder aufzubauen, wo kein Markt sein darf."

Der Herzog bat den Grafen, ihm den Hafen und die Halbinsel Lübeck abzutreten. Der Graf lehnte erneut ab. Daraufhin erbaute Heinrich der Löwe eine neue Stadt jenseits der Wakenitz, die er Löwenstadt nannte. Da diese neue Lage aber für den Hafen sehr ungünstig war, sprach er erneut den Grafen an und versprach ihm „vielerlei". Endlich gab der Graf nach. Die Kaufleute kehrten freudig zurück, verließen die ungünstige Neugründung, und begannen, Kirchen und Mauern der Stadt wieder aufzubauen.

Im selben Jahr gründete Heinrich der Löwe die Stadt München. Lübeck und München sind „Zwillingskinder" des Welfen.

Kaufleute aus dem Westen, die bisher in Schleswig, im dänischen Einflussbereich bemüht waren, den Ostseehandel für sich auszubauen, nutzten jetzt die neue Situation, die sich ihnen an der Trave bot. Viele aus westdeutschen Städten stammende Kaufmannsfamilien erwarben in Lübeck das Bürgerrecht und strebten von hier aus in die aufstrebenden Ostseestädte. So entstand jene große Interessengemeinschaft deutscher Kaufleute, später deutscher Handelsstädte, die den Namen Hanse trug.

Was trieben die Sylter in dieser Zeit?

10. Das dänische Ostseeimperium von Sylt bis Rügen

Es war die Zeit von Kaiser Friedrich I., vom Volk Barbarossa genannt, besungen als „Kaiser Rotbart lobesam“. Was „lobesam“ bedeutet, weiß bis heute kein Mensch, aber Barbarossa war der Liebling der Massen.
Auch der Norden bis Dänemark liebte ihn, obwohl er ebenso wie seine Vorgänger stärker in Richtung Süden strebte und sich um den Norden kaum scherte. Also blieben Holstein, Schleswig und Sylt weiter unter dänischem Einfluss, obwohl in diesen Landen weiter friesisch und niederdeutsch, aber nicht dänisch gesprochen wurde.
Aus dem Jahr 1141 stammt die erste Urkunde, in der Sylt als Insel bezeichnet wird und wir erfahren „amtlich“, dass der dänische König Einkünfte von den Bewohnern dieser Insel bezog.
Viel wurde von unseren Vorfahren in dieser Zeit über die Unerklärlichkeiten von Naturereignissen diskutiert. Die Angst vor Dämonen und Schattenwelten saß tief. So interessierte die Sylter jener Zeit auch die Frage, wie wir vom dänischen Chronisten jener Zeit, Saxo Grammaticus wissen, wie die riesigen Steine auf den Grabhügeln bewegt worden sind.
„Die riesigen Steine, aus denen die Grabhügel und Höhlenbauten der Alten errichtet, sind Zeugen davon, dass Dänemark einst von Giganten bewohnt wurde. Wenn jemand daran zweifelt, so betrachte er die Höhe mancher Berge und erkläre dann, falls er es vermag, wer denn wohl Felsblöcke von solcher Größe auf ihr höchsten Gipfel hinaufgebracht hat. Jeder unvoreingenommene Betrachter wird leicht einsehen, dass weder menschliche Mühe noch gewöhnliche Menschenkraft eine solche schwere Masse, die sich schon in der Ebene kaum oder nur sehr schwer bewegen lässt, auf die höchsten Bergkuppen hinaufgebracht haben kann.“
So kam es zu der Annahme der Sylter, auf ihrer Insel habe es einmal Riesen gegeben oder zumindest Menschen mit übernatürlichen Kräften.
Im Zusammenhang mit den drei Burgen auf Sylt, von denen heute noch die Reste der Tinnumer Burg existieren, heißt es in der sogenannten „Kielholtschen Chronik“ aus dem 15. Jhd., dass die Riesen zu einer bewaffneten Macht wurden, die das Land vor Feinden schützen sollte. Dafür zahlten die Insulaner ihnen freiwillig Tribut.
Das könnte zu der Zeit gewesen sein, als die Wikinger noch die Meere beherrschten und die Burgen auf Sylt hervorragende Schlupfwinkel für sie darstellten. Als die Wikingerzeit ihr Ende gefunden hatte, könnten sich die ehemaligen Beschützer Sylts, die nichts anderes als kämpfen gelernt hatten, zu einer „Soldateska“ entwickelt haben, die plündernd und auch mordend über die Insel zogen. So wandelten sie sich in der Zeit nach der Wikingerära von Beschützern zu Unterdrückern, und zwar so lange, bis die Büttel des dänischen Königs die „Riesen“ einfingen und „gleich eiligst in der Wacht in dem Thurm zu Heidum offte Keitum eingesetzes und mit 200 von des Konigs besten Kriegs Leuten verwahrt, bis man bei dem Könige gefraget, was man dabey thun solte.“
Der König bestimmte, dass den „Riesen“ mit dem Schwert der Kopf abzuschlagen sei und sie anschließend „im Felde gegen Westen begraben“ werden sollen. Danach musste das „gantze Landt unter des Königs Gewalt“ unter Eides Statt, bei Strafe an Leib und Leben dienen.

Dies wurde etwa dreihundert Jahre später geschrieben, war also der Ausfluss mündlicher Überlieferungen über mehrere Generationen. Er dürfte aber die Stimmung der Zeit treffend wiedergegeben haben.
Da wir heute hauptsächlich über Krieg, Kampf, Not und Elend der damaligen Jahrhunderte Informationen haben, schließlich werden wir heute in unserer modernen Zeit auch meist mit Kriminal-, Kriegs- und Abenteuerfilmen unterhalten, wird das Mittelalter fast immer dunkel dargestellt. Wir vermitteln regelmäßig den Eindruck, als hätten Natur und Leben nur drohende Wildheit und dräuende Dunkelheit geschaffen. Aber wir wissen, dass auf Sylt und auch anderswo das Heidentum nach Jahrhunderten christlicher Missionsarbeit noch immer nicht ausgerottet war. Das zeigt, dass weder die „Heiden", noch die Christen ständig mit Kopfabschneiden der Andersgläubigen beschäftigt waren. Das beweist besonders eine Insel wie Sylt, auf der es schwer war, sich längerfristig versteckt zu halten. Also müssen die Menschen in religiösen Dingen verständnisvoll miteinander umgegangen sein. Und angesichts der dunklen Atmosphäre, die wir gerne im Zusammenhang mit Mittelalter und Heidentum verbreiten, ist zu berücksichtigen, dass zur damaligen Zeit die Sonne schon genauso hell und strahlend schien wie heutzutage und dass die Insel schon genauso bunt mit Blumen bewachsen war wie in unserer Zeit. Die Anzahl der Vögel dürfte sogar erheblich größer gewesen sein als heute.
Man kannte noch keine Kartoffeln, die kamen erst zur Zeit des Alten Fritz aus Amerika, aber man aß Linsen (ein berühmtes „Arme-Leute-Essen"), Erbsen (gut bürgerlich), Bohnen, Mohrrüben, Kohlrabi, Brot, Milch- und Gemüsesuppen und alles, was man aus Getreidemehl herstellen konnte. Gewürze dürften bereits bekannt gewesen sein. Sie kamen über Venedig, Genua, Sevilla, Lissabon oder Porto aus dem Morgenland in den Norden nach Dorestad und Utrecht. Von dort dürften Sylter Seeleute diese edlen Kräuter mitgebracht haben. Allerdings waren sie teuer.
Aber, Sylt hatte auch seinen Schatz. Salz war allgemein knapp und daher wertvoll. Aus jener Zeit stammt das Sprichwort: Salz verschütten bringt Ärger. Da die Sylter Salz herstellten und dadurch ein wertvolles Zahlungsmittel hatten, dürfte manch ein Gewürz den Weg auf die Insel gefunden haben.
Zucker gab es nicht. Er wurde durch Sirup und Honig ersetzt. Zu Essen gab es viel Fisch, Geflügel und Wild. Fleisch von Rindern, Schafen und Ziegen erlaubte man sich in der Regel nur an Feiertagen. Sie waren das bäuerliche Vermögen und demzufolge auch knapp und teuer.
Wenn man ein feiner Mann sein wollte, dann trank man dazu Wein. Ebenfalls aus Dorestad oder Utrecht über See herangebracht. Wer bereits ein besonders gutes Benehmen hatte, der tunkte seine Finger nach dem Essen in eine Schale mit Wasser und trocknete sie an einem Leinentuch ab, der das Zeichen des freien Mannes war. Und frei waren die Nordfriesen.
Saxo Grammaticus schrieb um 1200 über „Klein-Friesland, eine Provinz Dänemarks: „Seine Bewohner sind von Natur aus wild und haben einen geschmeidigen Körperbau. Sie verschmähen drückende und schwere Rüstung, benutzen dagegen Schilde und Wurfspeere im Kampf und gebrauchen Springstöcke. Ihre Häuser setzen sie auf künstliche Erdhügel. Dass sie vom Volk der Friesen abstammen, bezeugt ihr Name und ihre Sprache. Auf der Suche nach neuen Wohnsitzen ist ihnen durch glücklichen Zufall

jener Landstrich zuteil geworden, der anfänglich sumpfig und niedrig war, nun aber, nach langer Kultivierung, trockengelegt ist." In dieser Zeit entstanden demnach die ersten Entwässerungsgräben, die heute noch die Insel durchziehen.
Interessant ist die Feststellung, „Sie verschmähen drückende und schwere Rüstung". Rüstungen kosteten zu jener Zeit ein Vermögen. Es war also für Saxo Grammaticus keine Frage der Kosten, ob die Nordfriesen Rüstungen trugen, sondern eine Frage der Kampftechnik. Setzt man das Vermögen als Maßstab an, scheint es, als hätte der Berichterstatter es den Nordfriesen zugetraut, sich teure Rüstungen zu leisten.
Die friesische Freiheit stellte Bartholomäus Anglicus dar. Er schrieb: „Das Volk ist unabhängig und keinem fremden Herrn unterworfen. Um ihrer Freiheit willen setzen sie sich dem Tode aus und wollen lieber sterben, als das Joch der Knechtschaft erdulden. Deshalb verschmähen sie ritterliche Würden und dulden keine Edelleute an ihrer Spitze.
Fast alle Männer tragen das Haar kranzförmig geschnitten. Sie meinen, je vornehmer einer ist, um so kürzer müsse er geschoren sein. Dieses Volk ist von großer Kraft und starkem Körperbau, es zeichnet sich aus durch großen Ernst und kühne Entschlossenheit, körperlich ist es flink und behände, es benutzt eiserne Wurfspeere anstelle von Pfeilen."
Noch 200 Jahre vorher hatte Adam von Bremen über das Land geschrieben: „Der Acker dort ist unfruchtbar; außer den Gegenden nahe dem Fluss scheint fast alles wie eine Wüste; ein Land der Salzwüste und Einöde. Während ferner das ganze Gebiet Germaniens von tiefen Wäldern starrt, ist Jütland allein schrecklicher als das übrige, denn zu Lande flieht man es wegen des Mangels an Feldfrüchten, zur See aber wegen der Unsicherheit durch die Seeräuber. Kaum an einigen Orten findet man es bebaut, kaum für menschliche Behausungen geeignet."
So hatte sich innerhalb einer vergleichsweise kurzen Zeitspanne so ziemlich alles verändert.
Kaiser „lobesam" Friedrich Barbarossa verbrachte viel Zeit in Italien, um dort für Ordnung zu sorgen, was aber nicht so recht gelang. Die Städte hatten sich lange nach der Römerzeit in einem modrigen Tiefschlaf befunden und waren plötzlich zu ungeahntem Leben erwacht. Durch das Aufblühen des Orients waren sie reich geworden. In den Häfen von Genua und Pisa lagen Flotten von Segelschiffen und die riesigen Lagerhäuser in Mailand und Florenz quollen über von Handelswaren und Kriegsgütern.
Die Städte hatten Befestigungsanlagen gebaut, kleine Heere aufgestellt und innerhalb ihrer Mauern gab es Häuser, die an Pracht und Eleganz die Königspfalzen in den Schatten stellten. Die Ritter, die auf den Höhenzügen vor der Stadt in ihren wenig komfortablen Burgen saßen, blickten mit Wut im Bauch auf dieses Gezücht herab. Wenn sie die Städte betraten, begegneten ihnen die Ratsherren mit Ehrerbietung, aber sie erschienen zu Besprechungen in Biberpelzen und chinesischer Seide, sprachen mehrere Sprachen und kannten den Papst persönlich. Und dann tauchte immer wieder dieses schreckliche Wort „Geld" auf, und alles hatte plötzlich einen bestimmten „Wert". Dann legten sie Gold- und Silbermünzen auf den Tisch, ließen sich für alles und jedes Brief und Siegel geben, alles „Werte", die man weder direkt essen und trinken, noch verschießen konnte, auch nicht verschneidern oder verschustern und trotzdem hatten diese

Stadtmenschen wie von Zauberhand ein Kleid, einen Wams, Schuhe, ein Pferd, ein Schiff und das herrlichste Essen und Trinken. Und alles mit diesem Dreckzeug, mit diesem Geld, vor allem mit diesem päpstlichen, das alle hochhielten, auch wenn die Städte alle untereinander verfeindet waren und sich ständig auf Leben und Tod bekämpften.
Der Papst wusste sich bei diesem weltlichen Getriebe nicht mehr zu helfen und rief. Da kletterten ein paar tausend schwerbewaffnete Ritter mit ihrem König und ihren Gäulen die Brennerpiste hinab. Da musste man doch endlich wieder, nachdem sich zwanzig Jahre lang kein Kaiser mehr in Italien hatte blicken lassen, Ordnung reinbringen. Schließlich hatte der Papst ja einen Kaisertitel zu vergeben.
Am Ende dieser Italienreise kam der Kaisertitel nach Deutschland, aber die Zustände in Italien waren noch unordentlicher als vorher.
Also alles noch einmal von vorn. Im Jahr 1157 wandte sich der Kaiser auf dem Reichstag in Augsburg gegen die Ansprüche der Päpste und betonte seine Machtstellung. Dann zog er wieder los nach Süden. Es sollten 25 Jahre bis zur Rückkehr des Kaisers und seiner Getreuen vergehen.
Einer machte nicht mit, der ihm lehnspflichtig war: der Welfe Heinrich der Löwe aus Norddeutschland. Der hatte keine Zeit, sich mit kaiserlichem Weltmachtstreben zu beschäftigen, er machte das, was später einmal die Habsburger Kaiser in Wien mit Inbrunst und Perfektion betrieben, er war mit der Ausweitung seiner eigenen Hausmacht beschäftigt.
Der Dänenkönig Waldemar I., Herr über Sylt, hatte 1157 auf dem Reichstag noch einmal, wenn auch zähneknirschend, Dänemark als Lehen des deutschen Reichs anerkannt. Aber mitziehen nach Italien wollte er auch nicht, da sich Dänemark einerseits von einem Bürgerkrieg erholen musste, andererseits die slawischen Wenden sich an seinen Küsten bemerkbar machten.
Waldemar I. verbündete sich mit Heinrich dem Löwen. Der Slawenführer Gottschalk versuchte daraufhin, die Dänen davon zu überzeugen, dass die Deutschen für sie die gefährlicheren Feinde seien; denn diese würden nicht nur Abgaben erpressen, sondern als Kolonisatoren die Länder besetzen und unterdrücken. Die Dänen gingen jedoch auf ein wendisches Bündnisangebot nicht ein und blieben bei dem Welfen.
Während Heinrich der Löwe mit seinen Landtruppen erfolgreich in Mecklenburg und Pommern einfiel, sammelte der Dänenkönig in den einzelnen Küstenharden seine Flotte zusammen und griff mit ihr, der Ledingsflotte, die Insel Rügen an und eroberte sie. Die slawischen Götterstatuen wurden gestürzt, christliche Priester eingesetzt und Kirchen gebaut. Aber ein Frieden mit den Wenden kam nicht zustande.
Von da ab verschlechterte sich das Verhältnis zwischen den Dänen und dem Welfen. Er schien die Wenden zum Widerstand gegen die Dänen aufzustacheln, damit sie sich gegenseitig schwächten. Der Dänenkönig sah sich daher gezwungen, mit seiner Flotte Jahr für Jahr zur See gegen die Wenden zu ziehen.
Es schien ihm sogar notwendig, gegen den Sachsenherzog das Danewerk auf einer Strecke von 4 km Länge durch eine mächtige, 6 – 7 m hohe Mauer zu verstärken – diese „Waldemarsmauer“ ist eins der ältesten Backsteinbauwerke im Norden und noch zu sehen.
Der Dänenkönig geriet derartig in die Defensive, dass er auf einer Zusammenkunft mit

dem Sachsenherzog an der Eider die Hälfte seiner Beute und seiner Einkünfte aus dem eroberten Rügen an den Löwen abtreten musste. Die Beute aus seinem Landkrieg hatte der sowieso. Der Welfe versprach dafür, den Wenden nunmehr jegliche Raubzüge gegen die dänischen Küstenorte zu untersagen.
Ob er diesen Vertrag eingehalten hätte, kann man nicht sagen. Seine Verweigerung der Heerfolge nach Italien mit Kaiser Barbarossa führte 1176 zur Niederlage der Deutschen bei Legnano. Daraufhin wurde die Reichsacht über den Welfen verhängt, seine eigenen Lehnsleute wurden von ihrem Eid entbunden. Viele norddeutsche Fürsten ergriffen mit Freuden die Partei des Kaisers. So auch der Schauenburger Graf Adolf III. von Holstein, dessen Vater die Stadt Lübeck an den Welfen verloren hatte. Man trifft sich eben immer zweimal im Leben.
Der Dänenkönig war so begeistert, dass er mit seiner Flotte in die Trave einfuhr und die Stadt Lübeck für den Kaiser einnahm.
Auf Waldemar I. folgte 1187 sein Sohn Knud. Der leistete dem Kaiser keinen Lehnseid, weil der ohnehin keine Zeit hatte. Er musste den dritten Kreuzzug ins Heilige Land vorbereiten.
König Knud setzte den Kampf gegen die Wenden fort und begann mit Vorstößen gegen Finnland und Estland. 1198, als der zweite Stauferkaiser Heinrich VI. nach kurzer Amtszeit gestorben war und einen dreijährigen Thronerben hinterließ, hatten die Dänen endgültig freie Hand. Mit Waffengewalt gingen sie gegen Lübeck und Holstein vor. Anschließen wurden unter dem neuen König Waldemar II. Holstein mit Heiligenstedten, Wagrien mit Oldenburg und Ratzeburg erobert. Dann zogen die Dänen weiter durch Mecklenburg und Pommern bis Danzig. 1210 machte sich der Dänenkönig den Herzog von Pommerellen lehnspflichtig.
Damit war Dänemark zu einer bedeutenden Macht an der Ostsee geworden. Im Jahr 1211 stellte Kaiser Friedrich II., der auf Sizilien residierte, kaum ein Wort der deutschen Sprache beherrschte und dem die Verhältnisse im Reich ohnehin ziemlich „Wurscht" waren, zum Entsetzen der norddeutschen Fürsten im französischen Metz eine Urkunde aus: Aus unverbrüchlicher Freundschaft zu Waldemar überließ er diesem „allerchristlichsten Dänenkönig" alles Land jenseits der Elbe, das zum Römischen Reich deutscher Nation gehörte, und dazu alles Wendenland, das von Waldemars Vorgänger erobert worden war.
So war es nicht verwunderlich, dass auf einem glänzenden Fest in Schleswig der Bischof von Riga erschien und den Dänenkönig um Unterstützung bat. Der sagte natürlich unter der Bedingung zu, dass alles eroberte Land ihm gehöre. Und sie eroberten. Während der entscheidenden Schlacht von Lindanissa fiel der Sage nach die „Danebrog", die spätere dänische Flagge als Siegeszeichen vom Himmel. Sie taucht auch im Wappen von Reval, der ersten dänischen Stadt in Estland auf, die heute noch Tallin, d.h. Dänenburg genannt wird.
Im Jahr 1205 hatte Papst Innozenz III. verkündet, dass die Juden als Strafe für ihren Mord an Jesus Christus auf ewig zur Sklaverei verdammt seien. Die Inquisition hielt Einzug in Europa.

11. Reliquien -
Die kaiserlose, die schreckliche Zeit

Welche Bedeutung Sylt im 13. Jhd. hatte, zeigt die Tatsache, dass sich bis 1809 in der Keitumer Kirche Reliquien befanden. Im Mittelalter diskutierte der „normale“ Mensch nicht über Politik. Diese entzog sich ihm und seinem Einfluss. Aber zur Religion, gleich, ob christlich oder heidnisch hatte er ein sehr intimes und persönliches Verhältnis. Er hielt täglich mehrmals Zwiesprache mit seinem Gott, in der Hoffnung, er könne dadurch Schaden durch Naturkatastrophen und Dämonen abwenden.
Diese Frömmigkeit und der Wille der Christen, das verbliebene Heidentum auszumerzen, gab den Reliquien eine ganz besondere Bedeutung und spirituelle Macht. Jede Kirche und jedes Kloster waren bemüht, Symbole in Form von Reliquien zu erhalten und vorweisen zu können. Auch dürfte die Vergabe von Reliquien nicht ohne materielle Gegenleistung vorgenommen worden sein, was beweist, dass Sylt keine arme „Harde“ gewesen war.
Im Altar waren Reliquien des ehemaligen Königs und heiligen Märtyrers Knut, des heiligen Bekenners Kjeld und des heiligen „Märtyrers“ Mauritius in einem kleinen Bleikästchen mit einem Pergamentzettel verschlossen. Auf dem Pergament war zu lesen: „(Sanctorum) kanuti [Knut] martiris kietilli [Kjeld] cf. et mauritii [Mauritius] martiris“. Das Bleikästchen befindet sich heute im Reichsmuseum in Kopenhagen.
Die Kirche in Morsum nannte keine Reliquien ihr eigen, obwohl Morsum zur damaligen Zeit wohlhabender gewesen sein dürfte als Keitum. Das deutet darauf hin, dass sich in der Nähe der Keitumer Kirche tatsächlich ein Kloster befunden hatte. Es ist anzunehmen, dass die Kirche, die später den Namen „St. Severin erhielt,“ die Reliquien dem Kloster Odense verdankte.
Auf dem Gebiet des damaligen Rantum existierte ein kleines Gotteshaus, das unter dem Namen Westerseekirche bekannt wurde. Sie dürfte 1436 in einer Flut untergegangen sein, so wie ein oder zwei weitere Kirchen nach ihr. Rantum wurde im Verlauf der Zeit von der „Westsee“ auf immer engeren Grund zusammengedrängt und wanderte immer weiter nach Osten. Somit musste auch die Kirche immer wieder erneut weiter im Osten erbaut werden.
„Wie viele Todesschreie hat der Sturm verweht, wie viel wertvolles Gut ist in die Tiefe gesunken?“ Diese Frage bewegte die Menschen auf Sylt über Jahrhunderte.
Stürme verschwemmten Land und waren stets Ursache von Schiffsunfällen. Die alten Segler hielten sich in früherer Zeit auf dem Weg von den Hafenstädten der Nordsee zu den Hafenstädten der Ostsee und in Skandinavien in der Nähe des Festlands auf. Ebenso verhielt es sich mit den Seewegen vom Ärmelkanal in Richtung Nord- und Ostsee. Nicht nur, dass die Orientierung leichter war, auch im Falle von Stürmen waren die rettenden Häfen schnell erreichbar. Trotzdem ereilte allzu häufig die Schiffe ihr Schicksal. Vor allem Schiffe, die von Holland und England kommend für Bremen oder Hamburg bestimmt waren, wurden durch starke Westwinde immer wieder quer über die Nordsee an die nordfriesische Küste und auf die Inseln gespült.
Strandungen waren auf den Inseln ein großes Ereignis. Zum einen war es eine willkommene Abwechslung zum täglichen Allerlei, andererseits bedeuteten die Bergungsprämien einen hohen Gewinn für die Insulaner. Allerdings stand auch die Strandräuberei in hoher Blüte.

Es handelte sich bei diesen Unfällen regelmäßig um hohe Werte. Entsprechend häufig entwickelten sich Streitfälle aus diesen Ereignissen. Es wurde also zwingend notwendig, die Rechts- und Eigentumsverhältnisse zu regeln. Der dänische König Waldemar II. verfügte die Behandlung von Strandungsfällen 1241 im „Jydske Lov", dem Jütischen Gesetz.
Vorausgegangen war der Einsetzung dieses Rechts ein schicksalhafter Streitfall. Graf Heinrich von Schwerin war empört, als er nach der Rückkehr vom Kreuzzug aus dem Heiligen Land erfuhr, dass sein Bruder verstorben war und sein Lehnsherr König Waldemar II. von Dänemark über dessen Herrschaftsanteil frei verfügt hatte. Und dann geschah etwas, das den Charakter einer Posse hatte, wenn man bedenkt, dass Dänemark und damit der König ein Ostseeimperium beherrschten. Graf Heinrich von Schwerin überfiel nach einer feuchtfröhlichen Jagdgesellschaft Waldemar II. und seinen Sohn, nahm sie gefangen und setzte sie auf der Burg Dannenberg an der Elbe hinter Schloss und Riegel.
Von Dänemark aus setzte sich überraschenderweise kein Heer in Bewegung, um den Herrscher zu befreien. Es wurde auch staatlicherseits kein Lösegeld angeboten oder bezahlt. Es schien so, als wolle Dänemark seinen König nicht mehr zurückhaben. König Waldemar musste sich seine Freilassung selbst erkaufen, und zwar zu einem hohen Preis.
Der Kaiser Friedrich II. saß auf Sizilien. Er sprach fließend arabisch, bemühte sich um die damals führenden Wissenschaften aus der arabischen Welt und kümmerte sich einen Kehrricht um die provinziellen Streitereien im deutschen Reich. Also schalteten sich der Erzbischof von Köln, Engelbert und der Hochmeister des Deutschen Ordens, Hermann von Salza ein. Auf dem Reichstag in Frankfurt/M. 1224 wurde beschlossen, Waldemar zahlt 40.000 Mark Silber, erkennt die Lehnshoheit des Deutschen Reiches sowohl für Dänemark als auch für die neueroberten Ostseegebiete an und verpflichtet sich, an dem geplanten kaiserlichen Kreuzzug ins Heilige Land teilzunehmen oder sich alternativ mit 25.000 Mark Silber an der Finanzierung zu beteiligen.
Da das Reich jedoch „ohne unmittelbaren Kopf" war, beschlossen einige norddeutsche Fürsten, das dänische Joch gewaltsam abzustreifen. Der Schauenburger Adolf IV., Heinrich von Schwerin, Heinrich von Werle, der Erzbischof Gerhard II. von Bremen und die führenden Herren von Holstein verbündeten sich. Sie besiegten 1225 Albrecht von Orlamünde und den Welfen Otto von Lüneburg in der Nähe von Mölln, die die Interessen des Dänenkönigs vertraten.
Nun war Waldemar bereit, auf die Forderungen seiner Gegner einzugehen. Er verzichtete auf seine Gebiete südlich der Eider und entlang der slawischen Ostseeküste mit Ausnahme von Rügen. Er zahlte eine hohe Geldentschädigung, stellte seine jüngsten Söhne als Geiseln, verzichtete auf Revanche (Urfehde) und erwirkte so seine und seines ältesten Sohnes Freilassung.
Doch kaum in Freiheit, sammelte er bei seinen Harden ein Heer zusammen und griff an. Der Papst hatte ihn von seinem Unterwerfungseid entbunden, da er erpresst worden sei. Aber die verbündeten norddeutschen Fürsten traten unterstützt noch zusätzlich von der Stadt Lübeck dem Dänenkönig im Jahr 1227 bei Bornhöved (zwischen Segeberg und Plön) entgegen. „Da entstand ein großer Kampf, der König ward sieglos, und es wurde Herzog Otto von Lüneburg gefangen und des Königs Volk mächtig

geschlagen und gefangen.“ (Sächsische Weltchronik)
Die Schlacht bei Bornhöved gehört zu den großen Ereignissen der europäischen Geschichte. Die Zeit der dänischen Ostseeherrschaft wurde damit beendet.
Wie weit Sylter an diesen historischen Ereignissen beteiligt waren, entzieht sich unseren Kenntnissen. Schriftliche Überlieferungen aus der mittelalterlichen Zeit sind dürftig und nach wie vor meist nur auf kirchliche Angelegenheiten beschränkt. Die Lebenszusammenhänge unserer Vorfahren, die dem „normalen“ Bürger- und Bauerntum zuzuordnen sind, kann man meist nur aus den Gesamtzusammenhängen ableiten.
Die Fürsten und Könige des Deutschen Reiches hatten das Leben der „Ritter“ dadurch gesichert, dass sie ihnen aus ihrem eigenen Besitz Güter als Lehen zur Verfügung stellten. Als Gegenleistung waren sie zum Heerbann verpflichtet.
Daher wurden die vielzähligen Schlachten und Kämpfe des Mittelalters, von denen die Geschichte berichtet, bestritten von edlen Kämpfern in stählernen Rüstungen, die nichts anderes taten, als Waffendienst auf Turnieren oder im Kampf zu leisten. So waren die einzelnen Heere entgegen unserer heutigen Vorstellungen nicht besonders imposant. Die bedeutenden Bischöfe etwa wie Mainz, Köln, Trier, Augsburg oder Hamburg/Bremen brachten jeder etwa 100 Mann auf, die Herzöge, Markgrafen oder Klöster, die sich ebenfalls an kriegerischen Auseinandersetzungen beteiligten, schafften zwischen 30 und 70. Unsere Vorfahren waren damals unscheinbare, einfache Männer, die ihre Kappe vom Kopf zogen, wenn die ruhmreichen, klirrenden Helden in ihren blitzenden Rüstungen auf ihren stolzgeschmückten Pferden vorüberritten und ihnen mit Ehrfurcht nachschauten. Manch einer mag den Wunsch verspürt haben, ebenfalls zu diesen Helden gezählt zu werden. Aber hätten sie zu den „eisernen“ Männern gehört, wahrscheinlich lebten wir heute nicht. Da unsere Väter einfache Menschen waren, existieren unsere Familien heute noch, während die glanzvollen Namen fast alle untergegangen sind, es sei denn, sie haben sich in Klöster retten können: Nur die Unauffälligen halten sich und überdauern.
Dänemark war kleiner als das Deutsche Reich, hatte aber im Laufe der Geschichte immer wieder große Ambitionen. Dazu bedurfte es eines großen Heeres. Das „Jütische Recht“, das 1241 schriftlich formuliert und verabschiedet wurde, legte fest, was bereits seit dem 10. Jhd. gebräuchlich war. Es besagte, dass die „Harden“ dem König im Falle kriegerischer Auseinandersetzungen Kämpfer zur Verfügung stellen mussten. Das bedeutete also im Falle Dänemarks, dass nicht nur „Profis“ die Kampftruppen stellten, sondern auch Bauern, Händler und Handwerker.
Die Zahl war jedoch pro Harde begrenzt, da auch der dänische König wusste, dass die Kampfkraft solcher Truppen äußerst fragwürdig war. Aber er wusste auch, dass es überall Abenteurer, Verrückte, steckbrieflich Gesuchte, Strolche, Diebe, Bankrotteure und Glücksritter gab, die sich gerne in einer „Fremdenlegion“ verstecken wollten. Und wenn ihre Kampfkraft auch nicht besonders groß war, als „Kanonenfutter“ waren sie allemal gut genug. Wir können davon ausgehen, dass immer wieder die „Harde“ Sylt dazu aufgefordert war, Männer für den Kriegsdienst abzustellen. Vor allem dürften sich Söhne gemeldet haben, die in der Erbfolge keine Berücksichtigung mehr fanden und eine Existenz benötigten. Wir können also annehmen, dass bei allen bisher geschilderten historischen Ereignissen zumindest auf dänischer Seite Sylter dabei gewesen sind.

Das änderte sich bald, da aufgrund der geringen Kampfkraft der „Hardenkrieger“ die Kriegsdienstpflicht des „Jütischen Gesetzes“ bald durch eine Wehrsteuer abgelöst wurde.
Am 29. Oktober 1268 wurde der junge deutsche König Konradin, der letzte Hohenstaufe, auf dem Marktplatz von Neapel unter dem Henkerbeil enthauptet. Damit endete eine entscheidende Epoche der deutschen Geschichte. Zwanzig Jahre lang wagte niemand mehr, die deutsche Königskrone anzunehmen. Die führenden Häuser des deutschen Adels scheiterten zunächst an den Städten, die sie nicht begriffen und am Geld, das ihnen wie Teufelswerk erschien.
Das brotlose kleine Rittertum begann jetzt – führerlos – mit dem Schwert in der Hand seine Sippenzwistigkeiten auszutragen. Das ganze Land war mit „Fehden“ überzogen. Kein Handelsweg war mehr sicher. Warenzüge und „Pfeffersäcke“ wurden überfallen und ausgeraubt. Wer Widerstand leistete, wurde erschlagen. Man fühlte sich nur noch innerhalb von Stadtmauern sicher. Sie wurden jeden Abend abgeschlossen und während der Nachtstunden ließ man niemanden rein- oder raus.
Auf Sylt spürte man davon nichts. Hier gab es keinen Adel und demzufolge auch kein adliges Raubrittertum, obwohl die Schleswig-Holsteinischen Regionen trotz dänisch-königlicher Ordnung von diesen Entwicklungen betroffen waren. Auf Sylt waren die Verhältnisse aber nicht weniger rücksichtslos. Hier kannte man die Strandräuberei.
In der Rechtsprechung wurde die Folter offiziell eingeführt. Das deutsche Gewohnheitsrecht, durch kaiserliche Entscheidungen festgelegt, wurde außer Kraft gesetzt. Die Bauern wurden wie Sklaven behandelt, auch in Dänemark selbst, wo die Verhältnisse im deutschen Reich nicht ohne Auswirkungen blieben. Erzbischöfe und Fürsten, die das Recht besaßen, Münzen zu prägen, versuchten zu verdienen, indem sie aus „schweren“ Pfennigen „leichte“ machten. Dadurch waren die Münzen einer Stadt in der nächsten bereits nichts mehr wert. „Die kaiserlose, die schreckliche Zeit,“ nannte man es später. Und dann versuchte es 1273 Rudolf von Habsburg. Zwar mit Erfolg, aber die nächsten 150 Jahre waren ein rechtes königlich, kaiserliches „Gemurkse“.

12. De grote dod – De grote flod - Die Pest

Artikel 61 des „Jütischen Gesetzes“ von 1241 durch den dänischen König Waldemar II. bestimmte, dass alle Ufer dem König gehören und Strandgut, „das niemand zugehöret oder dem niemand nachkommt“ (dessen Eigentümer keine Rechte anmeldet), Eigentum des Königs sein.
Artikel 63 gestand jedoch den Schiffbrüchigen und Schiffsleuten, die lebend an Land kamen, das volle Recht auf Schiff und Ladung zu. Niemand, auch nicht der vom König eingesetzte Vogt, durfte sich den Gütern nähern, wenn die Eigentümer (Schiffsbesatzung) diese selbst retten konnten. Zuwiderhandlungen wurden bestraft.
Dieses humane Strandrecht, das die bisherige Willkür und den Strandraub unter Kontrolle bringen sollte, galt jedoch nur an den Küsten Dänemarks, auf Amrum, auf Föhr (Teil Westerland) und auf Sylt ausschließlich für den dänischen Teil List. An den übrigen Küsten von Schleswig und Holstein setzte sich dieses Gesetz nicht durch. Diktiert von den Herzögen von Schleswig, die sich immer wieder gegen den dänischen König auflehnten, galt, auch auf Sylt von Hörnum bis Listland, das alte, von Habgier gekennzeichnete Strandrecht. Zwei Drittel des Wertes des herrenlos angetriebenen Strandguts beanspruchte der Herzog, ein Drittel durfte bei den Bergern verbleiben. Aber auch vom Wert gestrandeter Schiffe, deren Eigentümer feststanden, beanspruchte der Herzog ein Drittel. Auch in diesen Fällen verblieb ein Drittel bei den Bergern, während den Eigentümern von Schiff und Ladung nur das letzte Drittel zustand.
Natürlich hatten die Anwohner der Küstenzonen, allen voran die Insulaner, die selber Seeleute waren oder deren Familienangehörige zur See fuhren, kein Interesse, die Habgier der Herzöge zu befriedigen. Sie nahmen das Gesetz mehr zur Rechtfertigung ihrer eigenen Habsucht in Anspruch. Sie raubten demzufolge nicht nur zu Bruch gegangene Schiffe aus, sondern lockten sie durch falsche Feuersignale auf Untiefen. Versuchten die Besatzungen die Plünderer abzuwehren, wurden sie erschlagen. Die zur See fahrenden Insulaner hatten auf ihren eigenen Schiffsrouten die Unerbittlichkeit des Seeräuberunwesens kennengelernt. Vor allen Dingen kannten sie Berichte von den Sklavenmärkten aus Cordoba, Tanger und Algier, die nur von Glanz, Schönheit und Reichtum sprachen. Warum sollten sie in ihrer eigenen Heimat nicht auch den Wohlstand der damaligen Welt zu spüren bekommen?
Die Herzöge von Schleswig setzten Strandvögte mit Polizeigewalt ein, um ihre vermeintlichen Rechte zu wahren. Es handelte sich bei der Bergung der gestrandeten Schiffe immerhin um ein äußerst lukratives Geschäft. Der Sylter Chronist C.P.Hansen beurteilte die Strandvögte, „die sich der Schiffbrüchigen und Schiffsgüter, aber auch der Interessen des Landesherrn bei Strandungsfällen annehmen und Stranddiebe abwehren sollten... Doch in der Regel nahmen die Stranddiebe, was sie fanden, so dass die Strandvögte nicht selten um ihren Anteil vom Strandgut kämpfen mussten...Das alte Übel des Strandraubes wurde kaum vermindert durch das neue Gesetz und die Vögte. Die Regierung hatte durch ihre eigennützigen Maßregeln das Volk nur zum Widerstand gereizt...“
Aber in einer Zeit, in der das Raubrittertum blühte, jeder Überfallene, der sich zur Wehr setzte erschlagen wurde, die Femegerichte nur noch die Urteile „Freispruch“

oder „Tod“ kannten, war die Strandräuberei eine völlig normale Sache. Sie passte in eine Zeit, in der die deutschen Könige keine Visionen mehr hatten, wenn man davon absieht, dass sie nach dem persönlichen Kaisertum strebten und sich verstärkt darum mühten, reich zu werden. Im 14. Jhd. wurde nicht nur der deutsche Spießbürger erfunden, sondern vor allem die königlich-kaiserliche Hauspolitik. Nicht mehr das Reich hatte Priorität, sondern die Macht der eigenen Familie.
Da fiel es in Deutschland kaum auf, dass am 26. August 1346 bei Crécy in der Normandie das Mittelalter endete. Dort trafen das französische Heer edler Ritter und die englischen „Soldaten“ aufeinander, zwei zu diesem Zeitpunkt völlig verschiedene militärische Welten. Die Franzosen, die edelsten Ritter ihrer Zeit, suchten in dieser Schlacht wie in allen vorherigen den ehrenhaften Kampf Mann gegen Mann, die Engländer jedoch machten ihren Langbogenschützen, einer neuen „Waffengattung“ Platz und ließen von diesen die französischen Ritter aus der Distanz vom Pferd schießen. Damit schufen die Nachfahren der Jütländer und Schleswig-Holsteiner, die „Angelsachsen“ eine für die damalige Zeit revolutionäre Änderung militärischer Taktik und die Voraussetzung für ein Volksheer. Mit dem Beginn des Hundertjährigen Kriegs endete das Zeitalter der „ehrenvollen“ Ritter und es begann das Zeitalter der Söldner. Es begann aber auch das Zeitalter der Seuchen, der Naturkatastrophen und des religiösen Wahnsinns. „Das ist das Ende der Welt“: Der schwarze Tod.
Im Oktober 1347 liefen zwei genuesische Handelsschiffe mit toten und sterbenden Männern in den Hafen des sizilianischen Messina ein. Sie kamen aus Kaffa auf der Krim. Die erkrankten Seeleute hatten fremdartige Schwellungen von der Größe eines Hühnereis in den Achselhöhlen und in den Leisten. Die Schwellungen nässten von Blut und Eiter und wichen Geschwüren und schwarzen Flecken, die sich über die ganze Haut ausbreiteten. Die Kranken erlitten fürchterliche Schmerzen und starben schnell.
Die Krankheit war die Beulenpest. Die eine Form infizierte die Blutbahnen, die andere die Lungen. Die Seuche verbreitete sich in Windeseile. Sie wütete 1348 über Marseille kommend in Frankreich und setzte nach England über, verbreitete sich von Italien über die Alpen bis nach Ungarn, von hier zum Schwarzen Meer und gelangte von dort über den Dnjepr in die Ostsee und erreichte 1350 Hamburg und Lübeck, wenig später ganz Schleswig-Holstein und Dänemark.
Unter dem Eindruck der sich häufenden Todesfälle und der Furcht vor Ansteckung starben die Menschen ohne letzte Ölung und wurden ohne Gebet begraben. Die Priester trauten sich aus Furcht an keinen Pestkranken heran. Papst Klemens VI. sah sich gezwungen, für alle Seuchenopfer eine Generalabsolution zu erteilen. „Und keine Totenglocke ertönte“, so ein Chronist aus Siena, „niemand wurde beweint, weil alle den Tod erwarteten.... Die Menschen sagten und glaubten: Das ist das Ende der Welt“.
In den ländlichen Gebieten sowie auf Sylt fielen Bauern tot auf der Straße um. Die Angehörigen verfielen auf Dauer in Hilflosigkeit und Apathie. Sie ernteten die Feldfrüchte nicht mehr und ließen das Vieh unversorgt in den Ställen oder auf den Weiden. Rinder und Esel, Schafe und Ziegen, Hühner und Schweine liefen frei herum und verfielen nach Berichten aus Dörfern der Pest.
Die Felder wurden nicht mehr bestellt, die Deiche verfielen und Salzwasser säuerte die Weideflächen. Ärzte flohen oder schlossen sich in ihre Häuser ein. Obwohl sich viele Priester der schrecklichen Pflicht, den Sterbenden beizustehen, entzogen, entsprach

ihre Todesrate dem Bevölkerungsdurchschnitt.
Jugendliche waren anfälliger als ältere Menschen und Frauen starben mehr als Männer. Die höhere Anfälligkeit der Frauen könnte darauf zurückzuführen sein, dass sie häuslicher waren und daher mehr unter Flöhen litten.
Auf Sylt wurden die Dörfer durch die Pest fast vollständig entvölkert. Aus einer älteren Aufzeichnung geht hervor, dass Morsum bis auf elf Personen ausgestorben war und in Archsum kein Mensch mehr lebte. "Personen oder Familien, die in Rantum übrig geblieben, zogen nach Archsum und nahmen allda die besten Häuser und Ländereyen als Eigentum in Besitze." In Eidum sollen nach dieser Aufzeichnung nur drei Familien am Leben geblieben sein.
Medizinische Versuche, die Seuche zu bekämpfen, fruchteten wenig. Die operativen Fähigkeiten waren bereits weit fortgeschritten. Die Ärzte des 14. Jhd. konnten bereits Knochen richten, Zähne ziehen, Blasensteine entfernen, mit einer Silbernadel sogar den grauen Star beseitigen und zerstörte Gesichtshaut durch Transplantation vom Arm ersetzen. Epilepsie und Apoplexie hatten sie bereits als Gehirnkrämpfe erkannt. Urinproben und Pulsmessung zählten bereits zu den diagnostischen Verfahren. Die Mediziner verordneten bereits Abführmittel und harntreibende Substanzen, sie banden Bruchbänder, verabreichten eine Mischung aus Öl, Essig und Schwefel gegen Zahnschmerzen und zerstoßene Pfingstrosenwurzeln mit Rosenöl gegen Kopfschmerzen. Gegen die Pest aber fanden sie kein Mittel. In diesem Fall beschworen sie das Übernatürliche oder suchten ekelhafte Mischungen aus alkalischen, pflanzlichen und tierischen Substanzen. Das Widerliche galt ebenso wie das Teure als besonders wirkungsvoll.
In dieser Not tauchten in Deutschland die Flagellanten auf und überschwemmten wie die Pest ganz Europa. Das Flagellantentum sollte Reue ausdrücken und die Sünden aller Menschen sühnen. Sie sahen sich als Erlöser, die durch die Geißelung ihres eigenen Körpers für die Missetaten der Menschen büßten.
Organisierte Gruppen von zweihundert bis tausend Menschen zogen von Stadt zu Stadt. Frauen und Priester durften sich der Bewegung anschließen, aber keine Frau und auch kein Priester durften in den Kreis der Büßer treten, ansonsten war die Buße wertlos und musste wiederholt werden. Die Flagellanten waren antiklerikal und hatten sich selbst zum Mittler zwischen Gott und den Menschen erklärt. Sie beteten Litaneien und sangen Klagelieder, sie verkündeten, dass die ganze Welt „der ewigen Verdammnis“ anheimfalle, wenn sie es nicht verhinderten. Die Menschen grüßten sie mit Ehrfurcht und Kirchengeläut und brachten Kinder zu ihnen, damit sie sie heilten oder sogar vom Toten auferweckten. Viele Menschen schlossen sich der Bewegung an, darunter Ritter, Adelsdamen, Geistliche, Nonnen und Kinder. Bald wanderten die Flagellanten unter prachtvollen Samtbannern in Purpur und Gold durch das Land.
Sie wurden immer überheblicher und bezogen offen gegen die Kirche Stellung. Sie beanspruchten für sich das Recht, die Beichte zu hören, Absolution zu erteilen und Buße aufzuerlegen. Das erschütterte die Kirche in ihren Grundfesten. Priester, die sich der Amtsanmaßung in den Weg stellten, wurden von der Bevölkerung gesteinigt. Die Flagellanten ergriffen unter Führung von abgefallenen Priestern Besitz von Kirchen, plünderten die Altäre und gaben vor, böse Geister zu vertreiben und Tote zum Leben zu erwecken. Die Bewegung der Büßer war vom Machthunger infiziert. In jeder Stadt,

in die sie einzogen, eilten die Flagellanten unverzüglich in die Judenviertel. Sie machte man für die Seuche verantwortlich. Ihnen folgte der Pöbel, der nach Rache an „den Brunnenvergiftern“ schrie. In Freiburg, Augsburg, Nürnberg, München, Königsberg, Regensburg und anderen Städten wurden die Juden nahezu abgeschlachtet. Im März 1349 verbrannten sich in Worms die vierhundert Mitglieder der jüdischen Gemeinde, um nicht dem fanatisierten Pöbel in die Hände zu fallen. In Frankfurt/M. gingen die Juden im Juli des Jahres denselben Weg, wobei ein Teil der Stadt in Flammen aufging. In Köln stellte sich der Rat der Stadt schützend vor die Juden, aber die Flagellanten und der Pöbel fegten alle Einwände vom Tisch. In Mainz, dort lebte die größte jüdische Gemeinde Europas, griffen sie endlich zur Selbstverteidigung. Sie töteten zweihundert des Pöbels. Das löste erst recht die Rache für den Tod von Christen aus. Die Juden kämpften, bis es aussichtslos war, zogen sich in ihre Häuser zurück und setzten sie in Brand. Am 24. August 1349 sollen sechstausend von ihnen umgekommen sein. In Erfurt kamen um die gleiche Zeit alle dreitausend Juden um.
Die Flagellanten erreichten Lübeck. Die Stadtverantwortlichen waren aber dieses Mal gewarnt und verweigerten ihnen den Zutritt zur Stadt. Sie begründeten das damit, dass die Siechenhäuser vor den Toren lägen und retteten damit den Juden das Leben. Die Lübecker waren die ersten, die sich den religiösen Fanatikern - heute Fundamentalisten genannt – widersetzten.
Danach ging die Zeit der Büßer zuende. Papst Klemens VI. rief zur Auflösung und Festnahme der Flagellanten auf, Landesherren verfolgten sie nun ihrerseits als „Meister der Irrlehre“, nahmen sie gefangen, hängten und köpften sie. Die Büßerzüge lösten sich auf und ihre Mitglieder flohen. „Sie verschwanden so plötzlich, wie sie gekommen waren“, schrieb Heinrich von Herford, „wie Nachtgespenster oder dunkle Phantome“.
Kontakte, die die Juden früher als Gelehrte, Ärzte oder Finanziers zu den Christen pflegen konnten, waren von da ab nicht mehr möglich. Die mittelalterliche Blüte des Judentums in Europa war vorüber. Die Mauern des Gettos waren bis in die jüngste Vergangenheit noch nicht real, dafür aber emotional gezogen.
Im Herzogtum Schleswig waren während der Seuche fünfundvierzig Prozent der Bevölkerung gestorben, in Holstein und in Lauenburg fiel die Hälfte der Bevölkerung der Pest zum Opfer.
Der „Große Tod“ war kaum überstanden, ereilte die Westküstenregion ein weiteres Unheil. Es hatte über die Jahrhunderte bereits mehrere schwerwiegende Sturmfluten gegeben. Keine andere jedoch hat sich so unheilvoll ausgewirkt wie die vom 16. Januar 1362, die sogenannte „Marcellusflut“, oder „Groote Manndränke“. An der gesamten deutschen Nordseeküste sollen 200.000 Menschen dabei ums Leben gekommen sein. Der Sturm hatte nach Überlieferungen solche Kraft erreicht, dass er feste Gebäude, Kirchen und Türme einriss und starke Bäume entwurzelte. Dämme brachen, Orte wurden vom Festland gelöst und nach Angaben eines Ablassbriefs mussten fast sechzig Kirchen „ausgedeicht“, somit als verloren aufgegeben werden. Wattenflächen rissen zwischen den Inseln und Halligen auf und breite Ströme bildeten sich. Marschland wurde weggerissen und es bildeten sich „Wattenbuchten“. Nordstrand erhielt eine neue Gestalt und an der Westküste von Sylt ging der alte Friesenhafen Wenningstedt zugrunde, im Norden Alt List.

Die „Chronicon Eiderstadense" berichtete: „Um Mitternacht, da ging die allergrößte Manndränke, da ertrank das meiste Volk aus den Uthlanden...", und der Chronist Heimreich erkannte, dass „der mehrste Teil des Volkes, so von der Pest, die Anno 1351 grassierte, übrigblieb, ertrank".
Das grausigste Ereignis war jedoch der Untergang des Hafenorts Rungholt, ein wichtiger Handelsplatz Nordfrieslands. Seit dem Auftauchen der ersten Spuren des versunkenen Orts im Jahr 1921 konnten in jahrzehntelanger intensiver Forschungsarbeit immer bei Ebbe neun Warften mit der Kirchwarft, mehrere Sodenbrunnen, Pflugfurchen, Entwässerungsgräben, das Siel mit Schleuse und der Hafen entdeckt werden. In der Umgebung von Rungholt, in „Lütke Rungholt" und auf dem Rungholtdeich wurden weitere Warften gefunden. Zusammen mit den gefundenen Gerätschaften ergibt sich das Bild einer wohlhabenden kleinen Hafenansiedlung.
Es wird immer wieder gerätselt, wieviele Menschen zu jenen Zeiten in der Region "Uthlande", wie der Nordfriesische Raum im "Erdbuch" des dänischen Königs Waldemar II. genannt wurde, lebten. Von dünn bis stark besiedelt reichen die Schätzungen. Es gilt aber als sicher, dass die "Groote Manndränke" zum Tod von mindestens 200.000 Menschen führte. Zuzüglich der Pesttoten kann man davon ausgehen, dass es sich damit um ein dichtbesiedeltes Gebiet handelte.
Wie immer bei solchen Naturerscheinungen wähnten die Menschen dieser Zeit Gottes strafende Hand im Spiel. So soll in dem wohlhabenden Hafenort sündiges, gotteslästerliches Volk gelebt haben. Eines Nachts riefen sie den Pfarrer zu einer Sterbenden. Nach Ankunft fand er aber keine sterbende Frau, sondern eine trunken gemachte und verkleidete Sau. Wegen dieser Verhöhnung der heiligen Sakramente rief der Priester Gott um die Bestrafung der Übermütigen an. Nachdem er den Ort mit seiner Magd und einigen Jungfrauen verlassen hatte, erhob sich am nächsten Tag ein wilder, ungestümer Sturm, der die Nordsee über die Deiche trieb. Alle Einwohner ertranken. So bestraft Gott Lästerer und Ketzer.
Neben Rungholt verschwanden noch weitere 33 Ortschaften im Meer, zu denen Alt List zählte. Legt man ein Register zugrunde, dass der Schleswiger Bischof Nicolaus Brun zehn Jahre zuvor aufstellen ließ, so hat das Bistum nicht weniger als 47 Kirchen durch die große Flut von 1362 eingebüßt. Spätere Chronisten bestätigen diese Verluste, die allerdings jeweils auf mündliche Überlieferungen zurückgreifen mussten. Zeitgenössische Schilderungen fehlen.

13. Die Oldenburger werden die Herren über Sylt

Sylt war von der Sturmflut im Frühjahr 1362 stark betroffen. Es war erneut Vorland auf der Westseite der Insel zusammen mit dem alten Friesenhafen in Wenningstedt weggebrochen. Die Trümmer konnten noch dreihundert Jahre später bei Ebbe rund 900 m vor der Küste beobachtet werden. Sylt war wiederum kleiner geworden. Von der Ostseite her hatte das Wasser die tiefer gelegenen Regionen um Morsum, Archsum, Keitum und Tinnum überflutet und die Menschen gezwungen, auf die höher gelegenen Warften zu flüchten. Hier mussten sie unter freiem Himmel abwarten, bis das Wasser wieder abgeflossen war. Auch Rantum und Eidum bekamen die Wut der Gewalten zu spüren.

Die geologische Vorzeit der Erde hatte mindestens vier Haupteiszeiten erlebt. Von Norden her schob sich das Inlandeis bis Norddeutschland vor. Es wirkte dabei akkumulierend, d.h. es häufte Erde an. Durch die mitgeführten Erd- und Gesteinsmassen bildete sich Land.

Da beim Abtauen die Eismassen erodierend wirken, also auswaschend, kann man davon ausgehen, dass das Land bei seiner Entstehung höher war als nach dem Ende der Eiszeit. Das abfließende Schmelzwasser hat die Geestkerne abgetragen und hinterließ vor 10.000 Jahren im Norden teilweise eine von Wasserläufen durchzogene Sanderebene.

Vor knapp 3.000 Jahren drang die Nordsee verstärkt in die Ebene ein und gewann ihr nach und nach immer mehr Material ab. Letztendlich blieben nur die um ihre Geestkerne – unfruchtbares Land – konzentrierten Inseln übrig.

Durch die Sturmfluten wurde zusehends mehr Land weggerissen. Vor allem die hohen Geestkerne, die durch Verlust von sandigem Vorland immer näher an das Meer rückten, spürten die Gewalt der Gezeiten. Meterhohe Wände brachen ab. Es entstanden die Kliffs.

Das bekannteste ist das „Rote Kliff", das mehr als 30 m tief bis zum Klifffuß abfällt. An ihm lassen sich anschaulich die verschiedenen Ablagerungen der einzelnen Eiszeiten, von den Kaolinsandschichten der Elstereiszeit bis zum Geschiebelehm aus der Saaleeiszeit darstellen.

Aber auch an der Wattseite existieren Kliffs, so das Weiße Kliff östlich von Braderup, dessen schneeweißer Kaolinsand weithin leuchtet und das Morsum Kliff. Schichten aus voreiszeitlichem Material wie Glimmerton, Limonitsandstein, Kaolinsand und Tone der Holsteinsee wurden hier durch den Druck des Eises in Schollen zerlegt. Diese Erdböden wurden schräggestellt, ähnlich wie Eisplatten übereinandergeschoben, schräggestellt und ineinander verfaltet. Da das Material des Kliffs weich ist, spürt es ebenfalls die Attacken des Meers, auch wenn das Wattenmeer nicht die gleiche Gewalt hat wie die offene Seite im Westen der Insel.

Unangenehm war 1362 die Kälte, da die Flut ausgerechnet im Januar einsetzte. So ist es verständlich, dass sich unsere Ur- Vorfahren anstrengten, ihre Häuser so schnell wie möglich vom Schlamm zu befreien und morgens wieder unter einer revolutionären technologischen Entwicklung, einem dicken, warmen Federbett aufzuwachen. Im ersten modernen, mit Backstein erbautem Haus auf der Insel schlurrten sie zu ihren

Fenstern, schauten durch die neu errungenen Butzenscheiben auf die nebelig feuchte Schotterstraße und hörten die Hunde jaulend in den Abfallhaufen wühlen. Die Gosse stank bestialisch. Die Magd stand am Herd und mühte sich, das Feuer zu entzünden. Die Fischer waren bereits seit Stunden auf dem Meer. Der Priester oder sein Mesner läuteten die Glocke zur ersten Frühmesse.
Der Papst saß immer noch in der vom französischen König erzwungenen "Babylonischen Gefangenschaft" in Avignon.
Der Kaiser konnte nicht helfen, da sich im "Heiligen Römischen Reich Deutscher Nation" die Tendenz durchsetzte, bei Königswahlen nur schwache Landesfürsten zu wählen. Ein schwacher König wurde demzufolge nur ein schwacher Kaiser, oder anders ausgedrückt, die meisten der deutschen Könige wagten es garnicht mehr, zum Papst zu reisen, um sich die Kaiserwürde abzuholen.
1348 war, fünfhunderachtundvierig Jahre nach der ersten arabischen Hochschulgründung, die erste deutsche Universität eröffnet worden, im böhmischen Prag durch einen König aus dem Hause Luxemburg.
Unsere wohlhabende Ur-Großmutter trug ein Nachtgewand, dass etwa den dreifachen Umfang eines Ballkleids für den Wiener Opernball hatte. Sie stolzierte damit in die Küche und wusch sich über einem Holzbottich Gesicht und Hals. Die Magd flocht ihr anschließend das Haar und setzte ihr eine spitze Haube auf.
Die "Peinliche Inquisition" der Dominikaner war bereits bis Hamburg vorgedrungen, aber noch nicht bis Nordfriesland.
In der weltlichen Rechtsprechung war die Folter offiziell eingeführt worden. Die Ritter, die ohne starken Kaiser und seine Kriegszüge "brotlos" geworden waren, entledigten sich nicht ihrer Rüstungen, sondern trugen ihre privaten Fehden mit dem Schwert aus. Dafür benötigten sie viel Geld, überfielen nach wie vor Warenzüge und "Pfeffersäcke" und raubten sie aus. Wer sich zur Wehr setzte, wurde wie zur „kaiserlosen“ Zeit erschlagen.
Jungen und Mädchen wurden mit fünfzehn Jahren erwachsen. Hochzeiten fanden gewöhnlich im Alter von vierzehn Jahren statt. In die Kirche sollte ein junges Mädchen nur in ihren besten Kleidern gehen. Dabei sollte sie ihr Kleid leicht anheben, um ihre zierlichen Füße zu zeigen. Ihren Mantel sollte sie wie einen Pfauenschwanz öffnen, um die schönen Formen darunter zu enthüllen. Wenn ihr Rücken und ihr Busen ansehnlich waren, sollte sie ein Dekolleté tragen.
Die Frau war die Rivalin der Kirche, die Versucherin, die Ablenkung, das Hindernis auf dem Weg zur Heiligkeit, der Lockvogel des Teufels. Auch weniger fanatische Priester, wie man sie auf Sylt vermuten durfte, sahen das so. Sie klagten die Frauen an, "Sklavinnen der Eitelkeit und der Putzsucht zu sein, Verwirrung des Mannes, unersättliche Biester, die die Männer zur Lüsternheit reizen."
Aus diesem Grund ist es in der katholischen Metropole Köln Tradition, dass in der Zeit des Karnevals die Jungfrau als Mitglied des „Dreigestirns“ immer ein Mann sein muss.

Keitumer Kirche vom Watt aus gesehen (Verfasser)

Walfang vor Spitzbergen (Sylt Archiv)

Schutz gegen Sturmflut

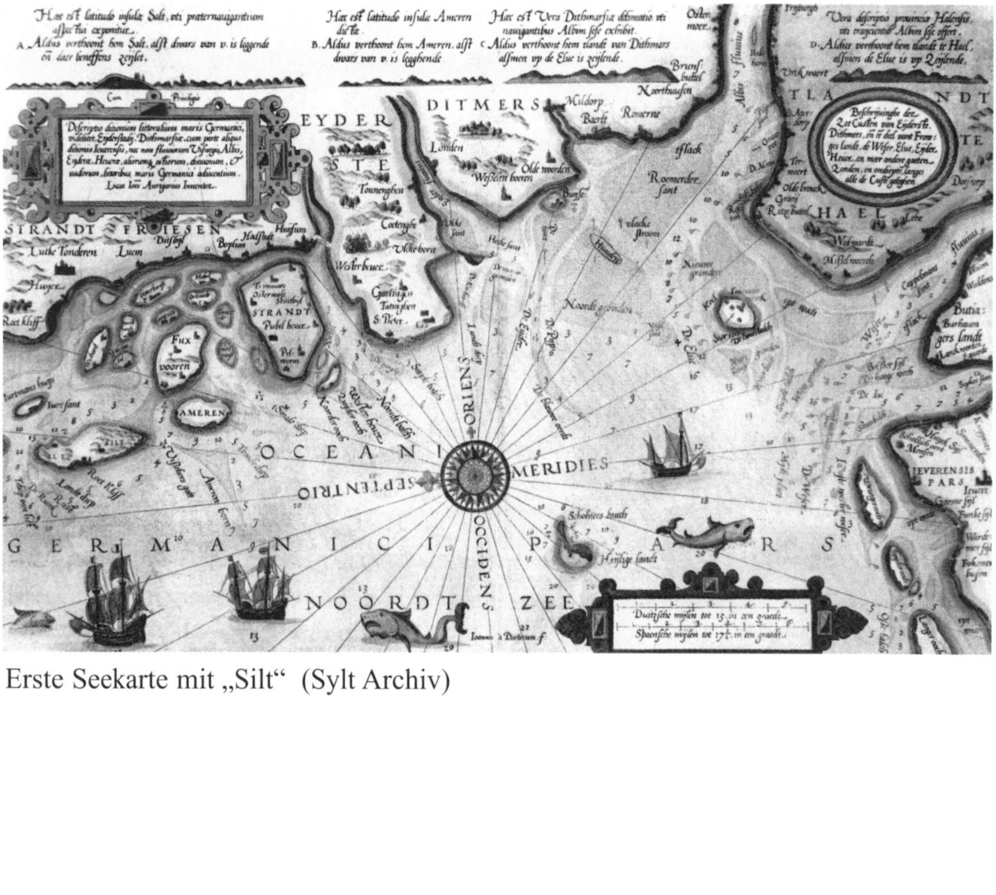

Erste Seekarte mit „Silt“ (Sylt Archiv)

In der Philosophie machten sich in dieser Zeit nur Petrarca und Boccaccio in Italien einen Namen, in der Malerei Giotto (bis 1337). Die Deutschen folgten ein Jahrhundert später.
Die Ideale, Lebensanschauungen und Charakterzüge der altdeutschen Kaiserzeit gingen im 14. Jahrhundert verloren. Es war das Geburtszeitalter des deutschen Kleinlichkeitskrämers.
In Dänemark drohte das Chaos. König Waldemar II. hatte geglaubt, seinem Land durch die Schaffung regionaler Verwaltungszentren eine moderne Struktur verschaffen zu können. Er bestimmte seinen Sohn Erik als seinen königlichen Nachfolger, seinen Sohn Abel machte er zum Herzog von Schleswig. Der war mit der Tochter des Schauenburger Grafen von Holstein-Storman verheiratet.
Waldemar II. hielt es nicht für möglich, dass auch innerhalb seiner eigenen Familie Zwistigkeiten auftreten könnten. Er hielt das für eine typisch deutsche Eigenschaft, nachdem in der Schlacht von Bornhöved die Dithmarscher während des Kampfes die Fronten wechselten und ihm in den Rücken fielen. Das aber seine Söhne sich entzweien würden, wäre ihm nie im Traum eingefallen. Aber so geschah es.
Herzog Abel von Schleswig, zu dessen Untertanen die Sylter zählten, widersetzte sich den Anweisungen seines königlichen Bruders. Dieser wollte sich mit Waffengewalt durchsetzen, erfand zur Finanzierung des Kriegs die "Pflugsteuer", was zu Aufständen der dänischen Bauern führte und den König so arg schwächte, dass sein Bruder Abel ihn in Schleswig 1250 gefangennahm, enthaupten und in der Schlei bei Missunde versenken ließ. Herzog Abel wurde daraufhin dänischer König und die Nordfriesen einschließlich der Sylter wieder direkte Untertanen des Monarchen.
Als König Abel 1252 persönlich versuchte, in den freien "Uthlanden" Steuern einzutreiben, kam es bei den Friesen zu Aufständen und der Herrscher wurde von dem Pellwormer Wessel Hummer erschlagen.
Die dänische Geschichte der nächsten 100 Jahre war ein unablässiger Kampf zwischen dem dänischen Könighaus und dem Herzogtum Schleswig. Letzteres wurde von den Grafen von Holstein-Stormarn unterstützt. Aus diesem Grund wurde ihnen das Land vom Herzog zwischen Eider und Schlei für 8000 Mark Silber als Pfandbesitz übertragen. Holsteinische Ritter und Bauern kolonisierten bald die schleswigsche Region, die Ritter kamen aber nicht nach Sylt.
Als 1325 der Schleswiger Herzog Erich II. starb, schlug die große Stunde der Schauenburger Grafen von Holstein. Erich II. hinterließ einen unmündigen Sohn namens Waldemar. Für diesen seinen Neffen beanspruchte der Holsteiner Graf Gerhard III. die Vormundschaft. Als der dänische König Christoph II. sich diesem Ansinnen widersetzte, kam es wie so oft zum Krieg und der Holsteiner schlug ihn 1326 am Hesterberg bei Schleswig so vernichtend, dass der König außer Landes fliehen musste. Der dänische Reichsrat wählte daraufhin den unmündigen Neffen des Holsteiners zum König. Graf Gerhard III. wurde sein Vormund und damit zum eigentlichen Herrscher Dänemarks. Am 15. August 1326 unterstrich der Kind-König die Sonderstellung des Herzogtums Schleswig, indem in der "Constitutio Waldemariana" festgestellt wird, dass das "Herzogtum Südjütland" niemals dem gleichen Herrn wie das Königreich Dänemark unterstehen solle. Sylt hatte wieder einen neuen Herrn und sollte demnach niemals mehr Teil Dänemarks sein.

Onkel Gerhard III. bekam das Herzogtum Schleswig als erbliches Fahnenlehen übertragen, kurz darauf noch Fünen und Nordjütland (Pfandbesitz). Gegen diesen übermächtigen Fremdherrscher regte sich im Staate Dänemark jedoch Widerstand. Als der Holsteiner Graf ihn im Jahr 1340 mit Waffengewalt brechen wollte, wurde er in seinem Quartier in Randers von dem jütischen Ritter Nils Ebbesen überfallen und erschlagen. Dieser Mord war in den Augen der Dänen eine nationale Befreiungstat. Überall in Jütland kam es zu Erhebungen gegen die verhassten Pfandherren und zwangen die Holsteiner zum Rückzug.

Im November des gleichen Jahres siegte allerdings ein holsteinisches Ritterheer in der Nähe von Skanderborg. Da jedoch Kaiser Ludwig, der Bayer eine Befriedung der Region wünschte und die Lübecker Hanse ihre Handelsverbindungen erheblich gestört sah, war der Schauenburger Graf zu einem Kompromiss bereit. Auf Drängen des Kaisers und der Hansemetropole kam es zur Wahl eines neuen dänischen Königs. Waldemar IV. "Atterdag" war der richtige Mann zur rechten Zeit. So schien es.

Was die Menschen in dieser Zeit auf Sylt trieben, ist recht gut überliefert. Die Schreibkunde war auf der Insel kaum verbreitet, auch nicht bei den Priestern. Aber in Schriftstücken der alten Hanse taucht der Name Sylt häufig auf.

Ganz in ihrer Nähe erblühten die Städte. Aus dem Handel der Kommunen untereinander hatte sich längst ein Welthandel entwickelt, dessen Routen Brügge mit Wien, Nowgorod mit Lübeck oder London mit Hamburg verbanden. Aus Venedig kamen Luxusprodukte mit farbigem Muranoglas, aus Byzanz emaillierte und edelsteingeschmückte Pokale, Rubine und Smaragde aus Südostasien, Felle von grauen Eichhörnchen, Maulwürfen und Mardern aus ganz Europa. Die Sprache der Hamburger und Lübecker wurde die erste deutsche "Weltsprache". Die Hanse ersetzte das schwach gewordene Reich.

Ihre Mitglieder wurden wohlhabend durch Massengüter wie Stockfisch, Getreide, Holz, Salz, Wachs und Harz. Die Norddeutschen wie die Süddeutschen schleusten Produkte wie Baumwollflanell (nach dem Arabischen Barchent genannt), böhmisches Glas, Schwerter aus Solingen oder Rüstungen aus Nürnberg in den Welthandel. Wisby war nach einem Hansespruch ein Pech- und Teerhaus, Reval ein Wachs- und Flachshaus, Riga ein Hanf- und Butterhaus, Krakau ein Kupferhaus, Danzig ein Kornhaus, Rostock ein Malzhaus, Hamburg ein Brauhaus, Lüneburg ein Salzhaus, Köln ein Weinhaus und Lübeck war gleichsam alles, ein Kaufhaus.

Die Bürgermeister oder Ratsherren trafen sich auf "Hansetagen" meistens in Lübeck, mit 22.000 Einwohnern die weitaus größte Stadt im Ostseeraum, um aktuelle Fragen zu besprechen. Allzuoft stand Dänemark auf der Tagesordnung, das die deutschen Kaufleute als lästige Konkurrenz empfand. Als Dänemark nach einer langen Zeit der Ohnmacht unter König Waldemar IV. "Atterdag" wieder zu einer helleren Zukunft gelangen sollte, besetzte der Dänenkönig verhängnisvoller Weise die der Hanse eingeräumten Heringsfangplätze in Schonen. 1361 überfiel und zerstörte er sogar die Urzelle der Hanse, die bedeutende Handelsmetropole Wisby auf Gotland. Im September des Jahres 1361 beschloss man auf dem Hansetag in Greifswald, eigene "Fredeschips" auszurüsten und die Mitglieder der Hanse erklärten Dänemark den Krieg.

Die erste Seeschlacht unter dem Oberbefehl des Lübecker Bürgermeisters Johann Wittenborg wurde verloren, da Schweden und Norwegen die zugesagten Hilfstruppen

nicht schickten. Für den zweiten Krieg schlossen die Hansestädte die "Kölner Konföderation", ein festes Bündnis, das jedes Mitglied verpflichtete, eine feste Zahl von Schiffen, Truppen und Geldzahlungen zu leisten. Zudem wurden Bündnisse mit Holstein und Schleswig, Mecklenburg, dem Deutschen Orden in Preußen und Schweden geschlossen. Letzteren war vor allem daran gelegen, die dänischen Piraten in der Ostsee zu vernichten.
Mit dem Oberbefehl betraute man erneut einen Lübecker, den Bürgermeister Brun Warendorp. Er eroberte Kopenhagen und Helsingborg und zerstörte die Städte weitgehend. Damit hatte Dänemark für viele Jahre seine Welthandelsbedeutung verloren und Lübeck wurde von Kaiser Karl IV. 1375 nebst Rom, Pisa, Florenz und Venedig als die "5 Herrenstädte des Heiligen Römischen Reiches deutscher Nation" bezeichnet. Seit jener Zeit führt Lübeck in seinem Wappen den Doppeladler.
Die Friesen, allen voran die Sylter, waren erfahrene Seeleute. Die Hanse dürfte vielen von ihnen Arbeit und Brot gegeben haben. Deshalb kann als sicher davon ausgegangen werden, dass die Hanse eng mit Sylt verbunden war. Sylter kannten nicht nur die baltischen Häfen und England, sie bereisten als Seeleute den Mittelmeerraum und kannten den Geschmack von Apfelsinen und Zitronen. Sie waren weitgereist und welterfahren. Und wenn wir heute großmütig mitleidig von dem entbehrungsreichen Leben unserer Vorfahren sprechen, so vergessen wir, dass ihr Dasein den allgemeinen Umständen angepasst war und sie selbst ihr Leben garnicht so entbehrungsreich empfanden. In tausend Jahren werden unsere Nachfahren einmal von dem "entbehrungsreichen" Leben berichten, dass wir heute im 21. Jahrhundert führen müssen.
Sylter wussten um die Zustände in der damaligen Welt. Sie hatten nur das Problem, nicht zu wissen, welcher Nation sie eigentlich angehörten. Dänen waren sie nicht, Deutsche aber auch nicht. Also blieb ihnen nichts anderes übrig, als weiter Friesen zu sein. Sie waren dazu gezwungen, an der typischen Entwicklung im 13. und 14. Jahrhundert zur Kleinstaaterei und damit zur Spießigkeit im "Heiligen Römischen Reich deutscher Nation" teilzunehmen. In der Zeit der schwachen Kaiser entwickelte sich die Feindschaft zwischen Bürgertum und Adel. Der Adel war angeblich der "Feind der Freiheit", was man heute auch verschiedentlich demokratischen Politikern nachsagt. Über Jahrhunderte, länger als in jedem anderen Land, dauerte der stille Kampf zwischen Adel und Bürgertum, und damit zwischen Stadt und Land. Man spürt es vor allem an dem Hass, der das Wort "Junker" bis heute begleitet.
Da auf Sylt kein Adel ansässig war und herrschte, zählten sich die Insulaner zum Bürgertum. Der Freiheitsgedanke war demgemäß auf dem Eiland besonders stark ausgeprägt. Man folgte dem Adel nur, wenn es etwas zu verdienen gab, wie im Falle der ersten "Schifffahrtslinie" ins Heilige Land, mit der die deutschen, englischen und dänischen Ritter nach Akkon befördert wurden.
Im 14. Jahrhundert entwickelte sich nicht nur der Vereinsmeier, der nach einer Gruppe suchte, die ihn in diesem Chaos schützte, es entwickelte sich der Titelsüchtige und der "Radfahrer", der nach unten tritt und nach oben buckelt. Vor allem lernte das Land den stillen Hasser kennen, der alles ihm Fremde und andersartig Erscheinende ablehnt, das ihm seine engstirnige Maske vom Gesicht ziehen könnte. Und den "Feigling in der Fremde", der ängstlich und verschüchtert um sich blickt, da er zu dieser Zeit keine Macht eines starken Vaterlandes mehr in seinem Rücken spürte.

Wenn im 14. Jahrhundert ein Engländer sich in Venedig bei den hohen Handelsherren vorstellte, sagte er: "Ich bin ein Engländer." Wenn ein Kaufmann aus Hamburg sich in Venedig vorstellte, sagte er: "Ich bin Hamburger." Was bedeutete schon Deutschland? Die Konsequenz daraus? Wenn ein Engländer heute in die venezianische Lagune einfährt, steckt er seinen Finger ins Wasser, leckt daran und stellt fest: "Salzwasser - ist also englisch." Der Deutsche versinkt in Ehrfurcht vor der erdrückenden Kultur, schlabbert sein Gelato und versucht sich mit radebrechendem Italienisch verständlich zu machen.
Die Nord- und Ostfriesen erfuhren in dieser Zeit viel über die Welt. An der Kleinkariertheit der Deutschwerdung waren sie nur mittelbar beteiligt. Sie mussten jedoch als Seefahrer erleben, dass die Italiener, Spanier und Portugiesen begannen, die Welt zu erobern, während die Dänen mit den Holstengrafen Provinzkriege führten, anschließend mit den Schweden, um daraufhin erneut an der Seite des brandenburgischen Schwagers des dänischen Königs gegen Mecklenburg zu Felde zu ziehen. Die Deutschen zerstritten sich zusehends mehr und mehr in ihrer Kleinstaaterei und die verarmten Ritter mutierten immer mehr zu Raubrittern.
1357 musste der dänische König Waldemar IV. Atterdag eine Adelsrevolte auf Fünen niederschlagen, anschließend gewann er das Herzogtum Schleswig völlig zurück, um erneut gegen Schweden zu Felde zu ziehen. Erst 1370 konnte die Deutsche Hanse dem dänischen Treiben ein Ende setzen.
Die Nordfriesen mit den Syltern wurden hin und her gerissen. Kaum zählten sie zum deutschbelehnten Herzogtum, waren sie schon wieder dänisch. Welchem Herrn sollte man gehorchen. Es bot sich also an, der Hanse zu dienen. Immerhin hatte sie Anteile an "Dänemarks Gold" des späten Mittelalters. So äußerte sich tief beeindruckt ein Franzose im 14. Jahrhundert, Gott habe im Sund zwischen Ostsee und Kattegat "ein Wunder" vollbracht. Auf göttliche Weisung schwömmen dort die Heringe "in so großer Menge" während des Septembers und Oktobers, "dass man sie an vielen Stellen mit dem Degen zerhauen kann".
Diese Darstellung dokumentiert die Bedeutung des Heringsmarktes in Schonen für die mittelalterliche Welt weiter Teile Europas. Die Nachfrage nach Fisch füllte nicht nur die Kassen des dänischen Königs, sondern erfreute auch die Herren der deutschen Hanse. Hunderte Koggen vor allem aus Lübeck, Stralsund, Rostock, Wismar und Danzig lagen im Herbst in der Bucht bei Höllviken vor Skanör. Auch englische, schottische und Schiffe aus Flandern lagen in der Bucht. Und Fischer aus Uthlande, allen voran Sylter haben zu den Besatzungen gehört.
1377 kehrte der Papst von Avignon nach Rom zurück.
1389 begann erneut ein Krieg zwischen Dänemark und Schweden, der bis 1395 dauerte. In diesem Krieg machte eine Gruppe seeerfahrener Kapitäne von sich Reden, die die schwedische Hauptstadt Stockholm mit Lebensmitteln versorgten und sich "Vitalienbrüder" nannten. Nach dem Sieg der Dänen unter ihrer Regentin Margarethe gab es für diese Kapitäne und ihre Seeleute keine Arbeit vergleichbarer Art mehr und so fanden sich die "wilden Gesellen der Ostsee" zu neuen Taten zusammen. Sie verlegten dazu ihre Schauplätze von der Ostsee in die Nordsee.
Die buchtenreiche Küste von Ostfriesland bot sich ihnen als Schlupfwinkel an. Gegen gute Bezahlung nahmen die ostfriesischen Häuptlinge die Piraten bei sich auf.

Außerdem wurden sie mit reichen Anteilen an der Beute noch zusätzlich belohnt. Heinrich von Pommern, Gödeke Michel und einer, der sich Störtebeker nannte, die Brüder Peter und Hans Haufoote, Claus Boniface Reinbek, Heinrich von Hall und andere Kapitäne machten Marienhafe zu ihrem Hauptstandort. Von hieraus trieben sie ihr Unwesen auf See, bis sie von der vereinten Flotte der Hanse in einer Seeschlacht vor Helgoland und in einer weiteren an der Emsmündung 1401 besiegt wurden.
Die Rolle der Ostfriesen in Verbindung mit den Vitalienbrüdern ist bekannt, ob auch Nordfriesen eine Bedeutung hatten, ist nicht überliefert, aber wahrscheinlich. Vor allem dürfte der Hafen von List ein magnetischer Anziehungspunkt für die Vitalienbrüder gewesen sein.
Ab 1386 war das Herzogtum Schleswig wieder erbliches Lehen der deutschen Holstengrafen geworden. Sylt gehörte somit wieder zum kleinstaatlichen deutschen Reich.
Auf der Insel versahen die Strandvögte ihren nicht immer leichten Dienst. Die Zeiten, in denen falsche Feuer gelegt wurden, um die Schiffe auf den Strand zu locken, die Schiffbrüchigen auszurauben und sie gar zu erschlagen waren vorbei. Aber entsprechend den Versen eines altsylter Lieds: "Frei ist der Strandgang - frei ist die Nacht..." nahmen sich die Menschen nach wie vor das Recht, bei ihrem nächtlichen Strandgang in stürmischer Dunkelheit mal ein Fass Rum oder Wein, mal ein Fass mit Hering oder Baumwollballen zu bergen. Auch Holzplanken waren ein begehrtes Gut, von dem der Strandvogt nichts erfahren sollte. Niemand betrachtete "Strandgang" dieser Art als unehrenhaft, da die Eigentümer der angeschwemmten Gegenstände ohnehin nicht mehr ermittelt werden konnten. Die einzig betroffenen waren die Obrigkeit und die Vögte, denen das Strandgut zuzufallen hatte. Aber es war schon immer eine besondere "Verpflichtung" des Bürgers, die Obrigkeit zu prellen. So beteiligten sich alle Sylter Bürger, vom Tagelöhner bis zum Kapitän oder Commandeur am "Standraub".
1397 wurde in der schwedischen Stadt Kalmar Erich von Pommern, ein Verwandter des Piraten, von den Erzbischöfen von Lund und Upsala zum König von Dänemark, Norwegen und Schweden gewählt. Da er noch nicht volljährig war, leitete seine Großtante Margarethe weiter die Regierungsgeschäfte. Da die Hanse ihre Mitwirkung bei der Bekämpfung der Seeräuberei benötigte, machte sie sich sofort daran, das Herzogtum Schleswig für das dänische Königreich zurückzugewinnen. Es gelang ihr, wichtige Stützpunkte, die an die holsteinischen Grafen verpfändet waren, einzulösen. Dazu gehörten Haderslevhus im Osten und Troyburg bei Tondern im Westen, das sie dem Bischof von Ribe schenkte, den sie so für sich gewann.
Hart umkämpft war Flensburg, die reichste Stadt des Herzogtums. Als König Erich begann, die Marienburg (Duburg) zu erbauen, besetzten holsteinische Ritter die Stadt. Sie wurden aber wieder vertrieben. Am 24. Oktober 1412 nahm Margarethe im Namen von König Erich den Huldigungseid der Flensburger entgegen. Sie wusste jedoch nicht, dass die Stadt bereits pestverseucht war. Zwei Tage später starb sie auf ihrem Schiff in der Flensburger Förde.
Nach weiteren Streitigkeiten zwischen König Erich und den holsteinischen Grafen um Schleswig, sprach der deutsche Kaiser Sigismund, ein Vetter des dänischen Königs, das Herzogtum der dänischen Krone zu. Sylt war wieder dänisch. Die Holstengrafen waren empört über solch parteiisches Urteil. Sie konnten die Hansestädte, denen der

Schwedenkönig Erich von Pommern törichterweise Schwierigkeiten bereitete, für ihre Sache gewinnen und 1435 musste König Erich von Dänemark nach Land- und Seegefechten dem Holstengrafen Heinrich, der als einziger von drei Brüdern überlebt hatte, das Herzogtum Schleswig erneut erblich belehnen. Nur einige Enklaven an der Westküste - Amrum, Westerland-Föhr, die Lohbarde und Listland mit dem Hafen List auf Sylt verblieben bei Dänemark - bis zum Jahre 1864.
List war ebenso wie Amrum und Westerland-Föhr eine bedeutende Hafenstadt. Daher war das Interesse des dänischen Königshauses an diesem Ort besonders stark ausgeprägt. Die Verbundenheit der Insel Sylt mit der damaligen seefahrenden Welt war vor allen Dingen diesem Hafen zu verdanken.
König Erich war nach dem Verlust Schleswigs gescheitert und trat zurück. 1440 folgte Christoph von Bayern, ein weiterer Deutscher auf dem dänischen Thron. Der übergab im selben Jahr dem Holstengrafen Adolf das Herzogtum Schleswig als erbliches Lehen.
Der dänische Reichsrat bemühte sich weiter, Schleswig für Dänemark zu retten. Er war daher bereit, erneut einen Schauenburger Holsten-Grafen zum König zu wählen, obwohl der erste Versuch blutig gescheitert war. Graf Adolf VIII. lehnte jedoch aus Altersgründen ab und verzichtete zugunsten seines Neffen Christian von Oldenburg i. Oldbg., den er auch als seinen Erben für das Herzogtum Schleswig ausersehen hatte.
Mit Christians Wahl zum dänischen König betritt das Haus Oldenburg die Weltbühne, bis in unsere Zeit. Das zweitkleinste Großherzogtum des deutschen Reichs konnte sich bis zur heutigen Königin Margarete II. als Herrscherhaus behaupten.

14. Die Erde ist eine Kugel - Die Sturmflut

Es ist üblich, die Sylter wie auch die Nordfriesen als arme, entbehrungsreiche Menschen darzustellen. Zeiten der Hochwasserfluten waren schrecklich, dazwischen war das Leben jedoch gemessen an den Zuständen der jeweiligen Epoche nicht beklagenswert. Die Menschen auf der Insel, die nicht zur See fuhren, sondern ihre Böden bearbeiteten und ihr Vieh züchteten, hatten es grundsätzlich nicht schlecht. Die Marschböden waren weitaus fruchtbarer als etwa die Erde, die die Bauern in einer Region wie der Vulkaneifel bearbeiten mussten. Das Vieh gedieh genauso gut wie heute. Die Machthaber waren fern. Was wollte man mehr?
Man aß Fasanenbrüste, Lammkoteletts, Schweine- und Rinderstücke, Gänseviertel und gefüllte Tauben, Heringe, Kabeljau und Austern. Wer hatte das schon?
Der Italiener Gian Francesco Poggio berichtet über das 15. Jahrhundert aus Deutschland, dass Heerführer, Kaufleute, Diplomaten, reiche Handwerker, Äbte und Äbtissinen in den schwefelhaltigen Thermalbädern zusammenkommen, um diesen kulinarischen Luxus genießen zu können. Es kam zwar niemand nach Sylt, denn es gab noch keine luxuriösen Bäder, aber hier herrschten wenigstens äußere Ruhe und Frieden und man wurde in der Regel satt.
Der Heilige Römische Kaiser übte eine Macht aus, die theoretisch der Herrschaft des Papstes gleich kam. Titel und Theorie waren jedoch von der geschichtlichen Wirklichkeit weit entfernt. Die Souveränität des Kaisers in Italien war nur noch Fassade, in Holland (Westfriesland), Hennegau (Belgien und französische Teile westl. der Ardennen) und Luxemburg war sie im Schwinden und im Osten wich sie vor der zunehmenden nationalen Selbständigkeit der Böhmen und Ungarn zurück. Kern des Reichs war eine buntscheckige Föderation von deutschen Fürstentümern, Herzogtümern, Städten und Diözesen unter wechselnden Herrschaftshäusern. Habsburger und Luxemburger, Hohenstaufer, Hohenzollern, Hohenloher und Wittelsbacher überzogen einander mit endlosen Fehden. Der Ritter lebte vom Raub am Kaufmann, jede Stadt glaubte, ihr Wohlstand hänge vom Ruin der Nachbarstadt ab, innerhalb der Städte kämpften Kaufleute und Handwerkszünfte um die Macht. Eine ausgebeutete Bauernschaft lebte in ständig schwelendem Zorn, der von Zeit zu Zeit in Flammen des Aufstands umschlug.
Und zu allem Überfluss kam im Norden erneut eine Jahrhundertflut. An Allerheiligen, am 1. November 1436 ragte sie hinsichtlich ihrer Opfer und Schäden über alle Sturmfluten hinaus, die sich seit 1362 zugetragen hatten. Die Sturmflut trennte Pellworm vom übrigen Nordstrand. Auf Sylt wurden an der Westküste, die zu jener Zeit noch mehrere Kilometer seewärts der heutigen Küstenlinie lag, Sandbänke mit schützender Wirkung weggerissen und natürliche Wälle von der Brandung durchbrochen. Damit begann der bis in die heutige Zeit wirkende Abbruch der Insel.
Als der in Leipzig studierende Priestersohn Hans Kielholt kurz nach der Sturmflut auf die Insel zurückkehrte, fand er die Westersee-Kirche in Alt-Rantum, an der sein verstorbener Vater gearbeitet hatte, nicht mehr vor. Die Fluten hatten sie vernichtet. Er erfuhr von den Überlebenden, "dass viel Volks ertrunken und das schöne Land so mit Wasser überlaufen sei", dass man es nicht mehr betreten könne.

Alt-Rantum hatte bei dieser Sturmflut großen Schaden genommen, aber noch schlimmer hatte es das Kirchdorf Eidum erwischt. Darüber schreibt C.P. Hansen: "Das große Kirchspiel Alt-Rantum mit seiner Kirche ging in dieser Flut zugrunde. Das Dorf Eidum verschwand 1436 gänzlich aus der Reihe der Sylter Dörfer, nur die alte, höher liegende Kirche zu Eidum blieb noch bis zum Jahre 1635 stehen. Die übrig gebliebenen Einwohner Eidums siedelten sich nordöstlich von ihrer alten Heimath wieder an und baueten das jetzige Kirchspiel Westerland."
Ebenso wie die Keitumer Kirche war auch das Eidumer Gotteshaus ein wichtiges Seezeichen zur nautischen Orientierung. Es wundert daher nicht, dass die Kirche St. Niels erst 1635 in Westerland, zum Teil aus Überresten der Eidumer Kirche, erbaut wurde. So lange nutzte man noch von Westerland aus das alte Gotteshaus in Eidum.
Westerland war ein idealer Standort für die Gründung einer Siedlung. Das höher gelegene Altmoränengebiet war hochwassergeschützt. Durch eine Entwässerungsrinne, die während einer Eiszeit vor 2 Millionen Jahren entstanden war, hatte das Dorf sogar eine Hafenverbindung zum Wattenmeer. Die Schiffsanlandung soll beim heutigen Bahnhof gelegen haben.
Trotz solcher Schicksalsschläge verließen die Menschen die Insel nicht. Hans Kielholt schrieb "das schöne Land". Das dürfte die allgemeine Stimmung der Sylter genau treffen. Sie waren mit ihrem Schicksal auf „ihrer" Insel nicht unzufrieden, im Gegenteil. Die Welt war voller Elend und voller Probleme. Die Sylter Seeleute wussten, dass die Verhältnisse anderenorts noch schlechter waren. Darüberhinaus begann die See wie zur Wiedergutmachung für diese schwere Sturmflut, mit ihren andrängenden Wassermassen die Dünen auf der Westseite der Insel aufzubauen.
Andernorts erreichte im 15. Jahrhundert der Todeskult seine höchste Blüte. Die Künstler verwandelten die Verwesung des Körpers in grauenvolle Detailgenauigkeit, z. B. krochen Würmer durch jeden Leichnam, saßen hässliche, aufgeblähte Kröten auf den Augen oder krochen in den Mund. Ein schadenfroh grinsender Tod mit Sense vollführte einen makaberen Totentanz über unzählige Wandfresken. Die Literatur befasste sich in populären Abhandlungen mit der Kunst des Sterbens. Die Maler zeigten Ärzte und Notare an Sterbebetten, zusammengeduckte Familien, daneben Särge mit schwarzen Tüchern, Totengräber, die mit ihren Spaten die Knochen früher Verstorbener aufwarfen und im weiten Umkreis verteilten. Der nackte Leichnam erwartet den Richterspruch Gottes, während Engel und bösartige Teufel um die Seele stritten.
Mit dem Todeskult verband sich die Erwartung des Endes der Welt. Der Pessimismus des 15. Jahrhunderts hatte sich zu der Überzeugung ausgewachsen, dass die Menschen immer schlechter würden und Gott dem Treiben ein Ende bereiten müsse.
Als Ergebnis des Konzils von Konstanz (1414 bis 1418) verfolgte die Kirche die Ketzerei mit zunehmender Feindschaft. Die religiöse Vitalität der Menschen war auf Dissidenten, Mystiker und Reformer wie Johannes Huß, der in Konstanz verbrannt wurde, übergegangen. In vielem dieser Religiosität erkannte die Kirche die Praktizierung von Hexerei und Zauberei. Denunziationen, Prozesse und Verbrennungen mehrten sich. Die Verfolgung der Ketzer lag in der Hand der Kirche, die Verfolgung der Hexen im Zuständigkeitsbereich der weltlichen Macht. Vor allem die weltliche Justiz war in ihrer Grausamkeit so erfinderisch, wie man sie sonst nur den Türken oder den nur vom Hörensagen bekannten Chinesen nachsagte. Die Hexenjagd

nahm in der zweiten Hälfte des 15. Jahrhunderts epidemische Züge an.
Papst Johannes der XXIII. wurde aufgrund von Vorwürfen der Piraterie, des Mordes, der Vergewaltigung, der Sodomie und des Inzests abgesetzt und Kardinal Colonna von Rom wurde als Martin V. zu seinem Nachfolger gewählt.
In solchen Zeiten war es nicht schlecht, Bewohner einer Insel wie Sylt zu sein. Nur wurden die Geschäfte immer schlechter. Es war die Zeit des Niedergangs der Hanse.
Die Menschen in Deutschland hatten Sehnsucht nach einem Mann, der das Reich in seinem alten Glanz wieder herstellte. Wer sollte das sein? Man erinnerte sich an einen Franziskanermönch namens Johannes von Winterthur, der bereits hundert Jahre zuvor geschrieben hatte, die geforderte "Tempelreinigung" könne nur von "Kaiser Friedrich, dem zweiten seines Namens" vollbracht werden. Es müsse daher der von zwei Päpsten gebannte Staufer sein, der aus dem Grab oder, wie ein späteres Volksbuch wusste, aus dem Untersberg bei Salzburg zurückkommen, um den Staat seiner Ahnen neu zu begründen. Nun wartete alle Welt auf Friedrich III. Sobald ein so benannter König den Thron besteige, sei alle Not beendet.
Und so kam es. Am 2. Februar 1440 wählten fünf der sieben Kurfürsten Herzog Friedrich aus dem Hause Habsburg zum Nachfolger seines verstorbenen Vetters Albrecht II. Und damit machten sie den Bock zum Gärtner.
Friedrich III., ein Hüne von Mensch, saß scheinbar untätig in Graz, Innsbruck oder Wien auf seinem breiten Hintern, während ihm der Wein von seiner, für die Habsburger typischen hängenden Unterlippe troff. Er kümmerte sich um die Einbände seiner Bücher, die Steine in seinen Ringen, die Wände seiner Gemächer und schmückte selbst die Mundtücher seiner königlichen Tafel. Die Menschen "draußen" interessierten ihn nicht, ihn interessierte nur seine Familie, das "Haus Österreich". Und wie ließ sich die Macht des eigenen Hauses am besten für immer festigen? Man brauchte nur die richtige Abstammung. Und die besorgte er sich.
Er bestach Kirchenmänner, die ihm Stammbäume entwarfen, die sein Haus nicht nur unmittelbar auf Herrscherhäuser des antiken Roms zurückführten, sondern sogar auf die Familie Jesus Christus. Damit erreichte er mit dem Segen von Klerikern sogar göttliche Abstammung. Das seine Herkunft auch trojanische Wurzeln hatte, verstand sich von selbst. Bei dieser erdrückenden Fülle an weltlicher und geistiger Bedeutung der Habsburger überraschte es nicht, dass sie über Jahrhunderte nur Interesse für ihre persönliche Hausmachtpolitik hatten und trotzdem immer wieder zu Kaisern gewählt wurden. Das Reich war ihnen ziemlich gleichgültig. Kein Wunder, dass sogar die Österreicher nach dem Ende des ersten Weltkriegs die Schnauze voll hatten und den Habsburgern bis zum Beginn des 21. Jahrhunderts die Einreise in ihr Land verboten.
Die Sylter konnte dies nicht sonderlich beunruhigen. Sie gehörten seit 1460 wieder fest zu Dänemark und waren trotzdem in deutscher Hand. Christian I. aus dem Hause Oldenburg i.Old. machte sich in Kopenhagen daran, ebenfalls eine dauerhafte Dynastie zu gründen.
Viel mehr bewegte sie, dass im Jahre 1453 Byzanz von den Türken erobert wurde. In Westeuropa breitete sich lähmendes Entsetzen aus. Uralte Visionen vom Untergang des Christentums wurden wieder wach. Papst Nikolaus verglich Sultan Mehmet II. mit einem roten Drachen, der auf sieben Köpfen sieben Diademe und zehn Hörner trug.
Byzanz war ein wichtiger Handelspartner. Welch ein großer wirtschaftlicher Verlust. Es

war auch kein Trost, dass im selben Jahr der 100jährige Krieg zwischen England und Frankreich endete. England veränderte die Handelswege und die Bedeutung der Deutschen Hanse nahm rapide ab. Schlecht für alle nichtenglischen Seefahrer.
Und während Deutschland und Dänemark sich jeweils mit ihren Königen herumärgerten und bemüht waren, eine staatliche Einheit zu schaffen, wurde von den übrigen Völkern die Welt verteilt. Kapitäne wie Heinrich der Seefahrer erkundeten neue Länder.
Sylt hatte in diesen Jahren seine schlechte Zeit. Durch die Sturmflut 1436 war die Insel von Salzwasser überschwemmt worden, demzufolge waren die Böden versalzen und weniger fruchtbar. Dazu kamen die weltpolitischen Probleme, sodass das Zinsbuch des Bistums Schleswig im Jahr 1462 die Zahlungen der einzelnen Dörfer Sylts aufführte und dazu bemerkte: "Dies ist die Summe aller pflichtmäßigen Abgaben in Nordfriesland in jüngster Zeit. Früher, vor der Flut, die etwa um das Jahr 1342 ganz Friesland überschwemmte, gaben sie viel mehr".
Aus dem Zinsbuch kann abgelesen werden, dass um das Jahr 1462 Morsum der größte Ort der Insel war, gefolgt von Westerland, Keitum, Tinnum, Archsum und Rantum. Von Wenningstedt (Wendingstadt) war in diesem Jahr keine Rede. Erst ein Jahr später, 1463 taucht der Name als Wymerstede mit einer Schuld von 3 1/2 Mark Landgeld in dem Zinsbuch hinter Archsum und vor Rantum an vorletzter Stelle auf. Auch List taucht nicht auf.
Dieser wirtschaftlich attraktive Hafen war zusammen mit dem Listland bereits 1292 der Stadt Ripen und seinem bedeutenden Erzbistum vom dänischen König übereignet worden. Solche Geschenke dienten dazu, Zustimmung mächtiger Persönlichkeiten vor allem für die teuren Kriege gegen Schweden im Reichstag zu bekommen. So wurde List, das im Jahr der großen Flut von der Insel Sylt losgerissen wurde und dadurch selbst zur Insel wurde, verwaltungsrechtlich ein Teil der dänischen Stadt Ripen.
Als der Oldenburger Christian I. "durch Gottes Gnade König von Dänemark, Norwegen, Wenden- und Gotenland, Graf von Oldenburg und Delmenhorst" im Jahr 1455 mit der urkundlichen Bemerkung "Wir verbieten allen, wer sie auch sind oder sein mögen, besonders unseren Vögten und Beamten, unsere vorbenannten Bürger in Ripen in solchen Freiheiten und Privilegien in irgendeiner Weise zu hindern, zu belästigen oder zu beeinträchtigen. Bei unserer königlichen Rache und Zorn" bestätigte er die Schenkung. Das neue List war, etwa 1,5 km von dem untergegangenen Alt-List entfernt, durch die Wanderung der Dünen und dem damit verwehten Sand wieder an die Gesamtinsel angenähert, aber noch nicht ganz durch neue Landmasse verbunden, sondern immer noch durch einen Isthmus getrennt.
Nach der Schenkung an die Stadt Ripen siedelten sich bald dänische Bauern auf der "Düneninsel" List an. "Sie lebten in Krieg und Unfrieden mit den Friesen. Sie gingen daher nie ohne Waffen aus und durften es auch lange Zeit nicht wagen, die Kirche der friesischen Dörfer zu besuchen. Sie segelten deshalb jeden Sonntag nach der drei Stunden entfernten Insel Röm zur Kirche, bis sie allmählich diese Streitigkeiten ausgeglichen hatten."
Für den größten Teil der Insel ergab sich auch nach der Thronbesteigung Christians I. ein politisches Kuriosum. Der dänische König wurde am 2. März 1460 zu Ripen von 10 adligen Räten aus dem Herzogtum Schleswig und der Grafschaft Holstein, dem

Bischof von Schleswig und dem vom deutschen Kaiser bevollmächtigten Bischof von Lübeck zum Herzog von Schleswig und Grafen von Holstein gewählt. Damit war der König von Dänemark in Personalunion gleichzeitig Herr über Schleswig-Holstein. Aber immer noch mit eingeschränkter Macht, abhängig von Deutschen. Das ergibt sich aus Sonderbestimmungen, die ihm in Kiel von den "Räten" aufgenötigt wurden. So durfte er unter anderem "Nur mit Zustimmung der Räte Amtmänner ein- oder absetzen", oder "In beiden Ländern sollen nur solche Münzen gelten, die in Lübeck und Hamburg (also deutschen Reichsstädten) gang und gäbe sind" und schließlich "Hinterläßt der Herrscher nur einen einzigen Sohn, der König von Dänemark wäre, so soll es den Einwohnern der beiden Lande freistehen, ihn zum Landesherrn zu wählen oder nicht". So waren die Nordfriesen und Sylter dänisch, aber doch immer noch nicht so ganz.

Durch die durch Fluten verschwundenen Häfen war Sylt ärmer geworden. Die Seefahrt hatte ihre Bedeutung verloren und die Landwirtschaft wurde zum tragenden Wirtschaftsfaktor der Insel. Die Lebenssituation wurde zusätzlich dadurch verschlimmert, dass eine erneute Pestwelle durch Europa raste. Die Bevölkerungszahl war gegen 1440 auf ihren Tiefpunkt gesunken und sollte noch dreißig Jahre lang nicht wieder ansteigen.

Die Domherren von Schleswig, die ihre Einkünfte von 1457 mit denen aus dem Jahre 1352 verglichen, stellten fest, dass Pacht und die Abgabe an Gerste, Roggen und Weizen nur noch ein Drittel des Vergleichsjahres ausmachten.

1463 schuf der Lübecker Bernt Notke sein 30 m langes berühmtes Gemälde "Totentanz" in der Marienkirche.

In der französischen Hauptstadt Paris wuchs in jenen Tagen Gras auf den Straßen und Wölfe fielen die geschwächten Menschen in den halbleeren Vororten an. Der Handel in Europa brach zusammen. Daher lebten nicht nur die Sylter in den nächsten Jahrzehnten in Armut, von denen Hans Kielholt in niederdeutscher Sprache schrieb, "dass es hier gewaltig reiche Menschen gegeben habe, wegen des schönen Korns, wie Roggen, Gerste, Weizen und Buchweizen", sondern der größte Teil der damaligen Welt.

Die Nordfriesen, die ihr Land immer noch nicht "Nordfriesland" nannten, waren nicht gerne dänisch. 1466 schlugen sie sich auf die Seite Gerhards, der als Bruder des dänischen Königs Christian I. zwar die Oldenburger Stammlande zugesprochen bekommen hatte, aber noch weitere Erbansprüche geltend machen konnte, die aus hohen Geldforderungen bestanden. Als Folge dieses Umstandes ernannte ihn sein Bruder zu seinem Statthalter in Schleswig-Holstein, sehr zum Unwillen adliger Pfandbesitzer. Um sich gegen diese durchzusetzen, wandte sich Gerhard an "dat gemene Volk", vor allem an die Marschbauern. Da die Adelsfeindlichkeit bei den Bauern ständig zunahm, konnte er sie mit dem Argument gewinnen, die vom König erhöhte Bede (Steuer) käme nur den adligen Pfandinhabern zugute. Da die Pfänder in der Regel bäuerliches Land waren, über die der König zu verfügen glaubte, konnte Gerhard die meisten Bauernschaften überreden, die Bede nicht an die königlichen adligen Amtmänner zu zahlen, sondern an ihn als königlichen Statthalter. Den Bauern räumte er die Möglichkeit ein, sich vor der Festlegung der Steuerschuld selbst einzuschätzen.

140 Adlige aus Schleswig-Holstein und der König, zurückgekehrt von Kämpfen gegen

rebellische Schweden, verlangten von Gerhard eine genaue Abrechnung über die eingegangenen Einkünfte. Der Graf verbarrikadierte sich daraufhin in seinem Schloss in Rendsburg und wurde von dem König und seinen Adligen belagert. Daraufhin kamen dem Eingeschlossenen 3.000 Bauern - vor allem aus dem Marschenland an der Westküste und den Inseln einschließlich Sylt - zu Hilfe. Sie sahen in "ihrem" Grafen keinen der verhassten Adligen, sondern einen Fürsten, der „gut regierte, die Bauern beschirmte und den Adligen wehrte, sie zu bedrücken".
Gerhard wollte keinen Krieg und verhandelte mit seinem Bruder. Als er ihm aber erneut die Abrechnungen verweigerte, wurde der König handgreiflich und nahm ihn gefangen. Gerhard wurde wieder freigelassen, als er auf seine Ansprüche verzichtete.
Um den Landfrieden zu sichern, die Diplomatie in der Politik nahm rasante Formen an, berief der König einen Landtag nach Segeberg ein. Dabei sagten ihm Prälaten, Ritterschaft, Städte und auch die freibäuerlichen, keiner fürstlichen Amtsherrschaft unterstehenden "Landschaften", ihre Unterstützung zu. Christian wollte dafür die Freiheiten und die Privilegien achten.
Aber die Marschbauern der Westküste wollten nicht mitspielen. Es kam erneut zu Aufständen. Sie verfluchten den König wegen seiner hohen Bede, die er für seinen Schwedenfeldzug erhob. Und als er in Schweden 1471 bei Brunkeberg vor den Toren Alt-Stockholms eine schwere Niederlage einstecken musste, sahen die Marschbauern die Chance, dass ihr verehrter bauernfreundlicher Graf Gerhard Landesherr werden könnte.
Aber mit Hilfe der Stadt Lübeck und mit Hilfe Hamburgs konnte sich der dänische König behaupten. Außerdem schickte der Herzog von Mecklenburg 500 Ritter "zur Verteidigung fürstlicher Interessen gegen rebellische Bürger und Bauern". Gerhard, der zu seinen treuesten Verbündeten nach Husum gereist war, erkannte seine Sache als verloren und verließ das Land endgültig in Richtung Oldenburg.
Husum verlor als Konsequenz daraus seine "Weichbildrechte", was bedeutet, alle kommunalen Stadtrechte und die Rechte für das Geltungsgebiet. Das zweite "Haupträdelsgebiet" war die Krempermarsch in Dithmarschen, die ihr hollisches Recht verlor, d.h., ihre Rechtsprechung wurde fürstlichen Amtmännern unterstellt.
Das sollte sich für den dänischen König 20 Jahre später bitter rächen.
Auf Sylt blieben Recht und Verwaltung weitgehend geordnet. Die Landschaft regelte alle Rechts- und Verwaltungsangelegenheiten sämtlicher Dörfer und Bauernschaften.
Die richterliche Gewalt wurde vom "Sylter Volksgericht" ausgeübt. Es bestand aus zwölf Ratsmännern, von denen keiner Rechtswissenschaften studiert hatte, sondern nur nach dem "gesunden Volksempfinden" richten sollte. Die Ratsmänner wurden von den Bauern gewählt.
Dreimal im Jahr tagte das Gericht, nach altgermanischer Sitte Thing genannt. Für die Zeit des "Thing" wurde nur das Vieh versorgt, ansonsten wurde nicht gearbeitet. Anlässlich der Gerichtstage wurde aber nicht nur Recht gesprochen, sondern es wurden auch die neuen Gebote und Bekanntmachungen verlesen. Außerdem wurden alle wichtigen Fragen Sylts öffentlich behandelt, jeder konnte sich an den Diskussionen beteiligen.
Die neuen Gesetze wurden von dem Rechtsprecher verkündet. Das war auf Sylt der Landvogt, der dem Amtmann in Tondern unterstellt war.

Alle, die lesen konnten, wurden mit dem "Dingwall" zu den Gerichtstagen eingeladen. Das war ein Schriftstück, das um einen Stock gewickelt war, der von Haus zu Haus wanderte. Da des Lesens und Schreibens aber noch nicht sehr viele mächtig waren, entzündete man Feuerbaken, die Biiken genannt wurden.
Ab 1426 wurde das Recht nicht mehr nach alten mündlichen Überlieferungen gesprochen, sondern erstmals nach schriftlichen Aufzeichnungen. Damit neigte sich die Rechtsprechung nach dem "gesunden Menschenverstand" allmählich dem Ende.
An den Gerichtstagen ging es aber nicht nur um das Recht und die Entwicklung der Insel. An diesen Tagen kamen auch Händler und Reisende nach Sylt und brachten Klatsch und Tratsch mit. Männer maßen ihre Kräfte und Brauer schenkten Bier aus. Und viele Männer kamen mit ihren Töchtern, damit sie vielleicht den Sohn eines reichen Bauern aus dem Nachbardorf kennenlernen konnten.
Der Amtmann von Tondern zählte zum dänischen Hochadel. In den Jahren zwischen 1470 und 1480, in Jahren also, in denen die allgemeine Not in Europa sehr groß war, war der Amtmann Henning Pogwisch ein brutaler Steuereintreiber. Die chronische Geldnot Christians I. zwang ihn dazu, das ganze Amt Tondern mit Sylt an diesen Ritter Pogwisch für 28.000 Mark zu verpfänden, unter gleichzeitiger Übertragung der niederen und höheren Gerichtsbarkeit. Pogwisch begann sofort, auch auf Sylt die repressiven Formen der Leibeigenschaft zur Anwendung zu bringen. Die Brutalität und Grausamkeit dieses Gewaltmenschen, der unter nichtigen Vorwänden Bauern verstümmeln oder hinrichten ließ, führte im Jahr 1472 zu einem Aufstand. Die Landwirte beschwerten sich beim König darüber, es dauerte jedoch noch bis 1479, bis dieser den Adligen wieder absetzte. Allerdings waren für den König nicht die Beschwerden der Bauern entscheidend, sondern die Tatsache, dass Henning Pogwisch Pfandbesitz nicht mehr herausgeben wollte. Als er sich zudem weigerte, vor dem königlichen Gericht zu erscheinen, wurde er endlich seines Amtes enthoben.
Aus Verärgerung darüber, dass nicht die Not der Bauern, sondern lediglich die Nichtherausgabe von Pfandbesitz letztendlich zu seiner Absetzung führte, ließ die Mär entstehen, dass sich Pidder Lüng, ein Sylter Fischer gegen den Tonderner Amtmann auflehnte. Angeblich konnten die Menschen zu jener Zeit nicht mehr von Fisch satt werden, obwohl nicht bekannt ist, dass die Fische durch irgendeine Umweltkatastrophe dahingerafft wurden.
Der Amtmann besuchte angeblich die säumigen Schuldner auf der Insel und traf Pidder Lüng bei einem einfachen Mahl. Es bestand nur aus Grünkohl. Als der Amtmann den Hörnumer Fischer aufforderte, seine Steuerschulden zu bezahlen, fasste Pidder Lüng dessen Kopf und steckte ihn so lange in die Kohlschüssel, bis der dänische Adlige erstickt war.
Pidder Lüng war unter dem Namen „Der lange Peter von Hörnum" Anführer einer Seeräuberbande. In dem Freibeuternest Hörnum sollen es 500 Köpfe gewesen sein, die zu Henning Pogwischs Zeiten seinem Kommando folgten. Er wurde allmählich „der Dänen Verhärer, der Bremer Vertärer, der Holländer Kruz und Beleger, der Hamburger Bedreger". Er zwang sogar den sächsischen Herzog zu einem Friedensschluss mit den Ostfriesen, da er ihm durch einen geschickten Handstreich die holländische Flotte entwendete.
Im Gegensatz zu Störtebeker starb „Pidder Lüng", wie ihn die Sylter nannten, in der

kleinen westfriesischen Stadt Sneek eines natürlichen Todes.
In den Jahren der Not, in denen Spanier, Portugiesen und Italiener begannen, die Welt zu erobern und aufzuteilen, in denen tollkühne und wagemutige Männer wie Kolumbus, Cortez und Pizarro Kulturen zerstörten, die denen in Europa um ein vielfaches überlegen waren, saßen die Deutschen in ihren Kämmerlein und machten tatsächlich die weltbewegendsten Erfindungen und Entdeckungen. Gerade die Not schafft Genies.
Während Kolumbus die Geschwindigkeit seines Schiffes in Knoten maß, fand Nikolaus Kopernikus in Königsberg heraus, dass die Erde gar keine Scheibe ist, sondern eine Kugel. Und er fand ferner heraus, dass nicht die Erde der Mittelpunkt der Alls ist, sondern die Erde sich um die Sonne dreht. Damit trieb er die frommen Kirchenväter in tiefe Verzweiflung.
Zu allem Überfluss entdeckte Berthold Schwarz durch Zufall das Schießpulver, das zwar die Chinesen bereits kannten, das aber für Europa neu war. In Nürnberg bastelte Martin Behaim den ersten Globus, Peter Henlein ebenfalls in Nürnberg die erste tragbare Taschenuhr in Dosenform und Johann Gensfleisch, bekannt als Gutenberg erfand die Buchdruckerkunst. Hätte es damals schon den Nobelpreis gegeben, die Deutschen hätten ziemlich abkassiert. Aber das deutsche Reich blieb trotzdem Provinz.
Noch ein Genie lebte in Nürnberg: Albrecht Dürer. Im Gegensatz zu Literaten und Musikern gehörte auch er, wie die meisten bildenden Künstler, aus der untersten Schicht des Volkes. Er war der erste deutsche Maler, der von seinen italienischen Kollegen nicht nur bewundert wurde, sondern sogar beneidet. Venedig bot ihm 200 Gulden jährlich festes Gehalt. Für 200 Gulden konnte man in der damaligen Zeit ein Haus kaufen.
Dürer lehnte ab und kehrte nach Nürnberg zurück. Antwerpen gab ihm zu Ehren ein Staatsbankett und bot ihm 300 Gulden. Dürer lehnte gerührt ab. Daraufhin versuchte es der dänische König.
In Brüssel lud ihn der Däne zu einem Bankett, bei dem er neben Kaiser Karl und seiner Frau, der Königin von Spanien saß. Aber auch die konnten ihn nicht bewegen, seine Heimatstadt zu verlassen. So blieb Albrecht Dürer im Süden und der Norden musste noch etwas länger auf ein künstlerisches Genie warten.

15. Die Bilderstürmer - Der erste Bauernkrieg

Das 16. Jhd. schuf in der Provinz „Deutsches Reich" eine religiöse Revolution, die Deutschland veränderte, auf Holland, Dänemark, Norwegen und Schweden übergriff, England und Schottland endgültig von der katholischen Kirche abfallen ließ und ganz Europa in Aufregung versetzte.
Auf Sylt waren Grund und Boden, auf denen Landwirtschaft betrieben werden konnten, durch die Flutkatastrophen der vergangenen Jahrzehnte kleiner geworden. Es wurde zwar eifrig an Deichen gebaut, aber die Technik reichte noch nicht aus, um allen Sturmfluten standzuhalten. Immer noch mühte man sich mit der „Stackdeichtechnik", die nur etwa drei Meter hohe Schutzwerke aus Balken und Brettern kannte, die auf die holzarme Insel mit erheblichen Kosten angeliefert werden mussten. Die Dünen auf der Westseite bauten sich erst langsam auf und brachten ein neues Problem auf die Insel. Sie waren Wanderdünen aus Sand und überzogen vom Wind getrieben die Insel von West nach Ost. Damit versandete immer mehr fruchtbarer Boden.
Hatten sich zuvor schon Söhne aus kinderreichen Familien, die bei der Landvererbung nicht mehr ausreichend zum Zuge kommen konnten, der Seefahrt zugewandt, so wurden bei wieder zunehmender Bevölkerungszahl Fischerei und Schifffahrt von existentieller Bedeutung. Nachdem die Hanse immer mehr an Bedeutung verlor und damit den Seefahrern immer weniger Möglichkeiten verblieben, verlegten sie ihren beruflichen Schwerpunkt auf die Heringsfischerei. Das ehemalige „Gold der Ostsee" hatte sich in die Nordsee verlagert. Die Hauptfanggründe lagen vor Helgoland.
Die Fischer der Insel Sylt mussten ihr „Gewerbe" beim Amtmann in Tondern registrieren lassen, da sie eine Art „Gewerbesteuer" zu zahlen hatten. Davon profitierte auch der Herzog von Schleswig. Außerdem wurden sie auf der Insel Helgoland im „Remengeld-Register" geführt. 1513 führte dieses Register 40 Bootseigentümer der Insel Sylt auf, die pro „Remen" (Ruder) Abgaben zu entrichten hatten.
In den 40 Sylter Booten dürften etwa 300 Seeleute Beschäftigung gefunden haben. Später wuchs die Zahl der Fischerboote und damit die Anzahl der Beschäftigten. Besonders kräftig nahm die Zahl der Heringsfänger zu, als der Holländer Beukelsen herausfand, dass der Fisch durch Einsalzen haltbar gemacht, länger aufgehoben und weiter transportiert werden konnte. Die Nordfriesen einschließlich der Sylter hatten auf dem Gebiet der Salzgewinnung eine lange Tradition. Sie erhielten somit ein weiteres wirtschaftliches Standbein.
Im 12. Jhd. konnten es sich die Bürger von Morsum und Keitum bereits leisten, Tuffstein unter hohen Kosten aus dem Rheinland einzuführen, um damit ihre Kirchen zu bauen. Es waren nicht die riesigen Kathedralen, die in den Weinanbaugebieten des Rhein- und Moseltals entstanden. Dort war eine intensivere Bewirtschaftung des Bodens möglich und der Ertrag eines Rebstocks auf wenigen Quadratmetern erheblich höher, als der Ertrag einer extensiven Landwirtschaft auf Sylt. Trotzdem zeugen die Kirchen auf der Insel von einem gewissen Wohlstand.
Seit 1170 waren die Backsteine im Norden bekannt. Fast alle privaten Häuser wurden trotzdem weiterhin aus inseltypischem Material erstellt. Sie entstanden aus Gras- oder Schilfsoden. Mit dem Heringsboom wurde es aber jetzt möglich, endlich Backsteine in

größerer Menge auf die Insel zu holen und um 1530 mit dem Bau von Backsteinhäusern in größerem Umfang zu beginnen.
Der Hafen von List profitierte vom Heringsfang. Er war zwar nur eine offene Reede im heutigen Königshafen, aber trotzdem erreichte seine Bedeutung wieder die Ausmaße, die er vor der Zerstörung von Alt-List im Jahre 1362 hatte. Um die gewaltigen Mengen Hering optimal verarbeiten zu können, entstand am Südende der Insel in Hörnum ein neuer Hafen, der 1571 traurige Berühmtheit erlangte, als sechs Fischerboote kurz vor Erreichen der Einfahrt bei Sturm versanken und die gesamten Mannschaften dabei ums Leben kamen.
Die Stadt Schleswig als Herzogssitz hatte als Handelsmetropole längst ihre vormals starke Position verloren. Sie zählte Anfang des 16. Jahrhunderts etwa 1.500 Einwohner.
Legt man die Anzahl der Seeleute in den Heringsfangbooten zugrunde, so kann man davon ausgehen, dass die Insel Sylt etwa 4.000 Einwohner hatte. Bei einer Bevölkerung von etwa 350.000 für ganz Schleswig-Holstein eine beachtliche Zahl, die beweist, dass die wirtschaftlichen Voraussetzungen auf der Insel günstig waren.
Die Einwohnerzahlen in ganz Europa stiegen kräftig an. Das brachte der Wirtschaft einen gewaltigen Aufschwung. Sylt hatte nicht nur Heringe, sondern auch noch Torfsalz. Damit zählte die Insel zu den Hauptversorgern. Es kam noch hinzu, dass der Fernhandel über See durch die adligen Herren in Schleswig-Holstein auf wenige Hafenstädte konzentriert wurde. Außerdem wurden die nordfriesischen Exporte an der Westküste von den Fischern und Bauern, die Gerste, Hafer und Weizen anbauten, selbst organisiert und über mehrere kleinere Häfen abgewickelt. Das kam auf Sylt in besonderem Maße dem „Piratennest" Hörnum und dem Hafen List zugute.
Die „Weltpolitik" ließ die Sylter in dieser Zeit weitestgehend kalt. Der große Jubel um die „Realunion", die aus dem deutschen Lehen Holstein und dem dänischen Lehen Schleswig eine Einheit unter der Personalunion des dänischen Königs aus dem Hause Oldenburg formte, war verklungen. Die früheren Auseinandersetzungen zwischen König und Herzog setzten sich fort. Der König benötigte viele Soldaten, da er ständig um seine Königswürde in Norwegen und vor allem in Schweden streiten musste.
Bereits der zweite Oldenburger, der dänische König Hans musste massiv gegen die Schweden vorrücken, um sie gefügig zu machen. Das nutzten die Dithmarscher Bauern, die den dänischen König als großes Übel ansahen und ihm nie verziehen hatten, dass er ihnen 20 Jahre zuvor ihr „hollisches" Recht entzogen hatte. Sie riefen sogar den Papst an, der ihnen in ihrem Unabhängigkeitsstreben beim Kaiser helfen sollte. Kaiser Friedrich III. sah sich daraufhin gezwungen, seine Entscheidung, die „herrenlosen" Dithmarscher dem Dänenkönig zu unterstellen zu wiederrufen. Das gefiel König Hans ganz und gar nicht. Mit seiner in Schweden bewährten 4000 Mann starken Söldnertruppe „Schwarze Garde" des Junkers Slentz, 2000 schleswig-holsteinischen Berittenen und weitere 3000 Mann Landwehr aus den Herzogtümern, zog er mit leichtem und schwerem Geschütz, insgesamt 10.000 bis 12.000 Mann und einem großen Tross gegen 6.000 Dithmarscher Bauern, unter ihnen „Wehrfähige" von 14. Jahren an. Die Dithmarscher unter der Führung des Bauern Wulf Isebrant überließen die Geest kampflos dem Feind. Der stieß auf Meldorf vor, dass unbefestigt und von den wehrfähigen Männern verlassen war. Unter dem Befehl des dänischen Königs Hans und sei-

nes Bruders Friedrich, Herzog von Schleswig-Holstein, wurde die Meldorfer Bevölkerung grausam ermordet. Das schürte die Wut und den Hass der Dithmarscher Bauern dermaßen, dass sie jedes Friedensangebot der dänischen und herzoglichen Truppen ablehnten. Sie fühlten sich in Gottes gerechter Hand.
Die Feinde zogen mit militärischer Kampfmusik von Meldorf in Richtung Norden in die fruchtbare Marsch. Es war zu Beginn des Monats Februar an einem nasskalten Tag mit tiefhängenden Wolken. Ein Sturm fetzte mit Hagelböen aus NW. Das Heer des dänischen Königs kam nur langsam voran, da die Dithmarscher Bauern wenige Tage zuvor die Gräben gereinigt und den Aushub auf die Wege geschüttet hatten. Junker Slentz und einige holsteinische Adlige bekamen Bedenken, aber der König schlug sie alle in den Wind. Er hatte es eilig, da ihn das gewaltige Heer zu teuer kam und er es so schnell wie möglich wieder entlassen wollte.
Südlich von Hemmingstedt hatten die Dithmarscher eine Schanze errichtet. Mit ihrem einzigen Geschütz nahmen sie die nur langsam Vorankommenden plötzlich unter Feuer. Die Feinde konnten weder nach rechts noch nach links ausweichen, da die Dithmarschener den „Blanken Hans" zu ihrem Verbündeten gemacht hatten. Sie hatten die Schleusen geöffnet und das Marschland überraschend unter Wasser gesetzt, sodass die Dänen und die Herzoglichen Mühe hatten, sich unter dem Beschuss der Bauern zu einem Angriffshaufen zu formieren.
Die Dithmarscher stürzten sich mit verbissener Wut und dem Schlachtruf: ‚Wahre di Garde, de Bure de kumbt' auf die Feinde, die die Schanze zu stürmen versuchten. Junker Slentz an der Spitze seiner „Schwarzen Garde" fiel im Kampf, der Oberbefehlshaber des königlichen Heeres, Hans von Ahlefeld, der sich den „Danebrog" um den Leib geschlungen hatte, wurde ebenfalls erschlagen. Außer diesen fielen 76 schleswig-holsteinische Ritter, unter ihnen 11 Ahlefeld, 7 von der Wisch, 6 Sehestedt, 5 Pogwisch, je 4 Buchwald, Rantzau und Ratlow, 3 Schmalstede, je 2 Blome, Reventlow und Schack. Außerdem fielen mehrere dänische Adlige und zwei Grafen von Oldenburg und Delmenhorst.
Die gewaltige Heeresmacht war zwischen den Gräben und den Naturgewalten eingeengt. Sie konnte sich nicht entfalten, konnte nicht einmal wenden oder weichen, weil der nachfolgende Tross aus Händlern, Leichenfledderern und Dirnen den Rückweg blockierte. Die Bauern rächten sich fürchterlich für die Bluttat in Meldorf.
Die namentlich so bezeichneten „Bauernkriege" begannen vierzehn Jahre später, im Jahr 1514 in Württemberg. Tatsächlich aber begannen sie bereits 1500 in Dithmarschen.
Aber 1520 kam es unter Christian II. erneut zum Krieg zwischen Dänen und Auch die Sylter mussten wie in den Dänenkriegen zuvor ihren Wehrbeitrag leisten. Üblicherweise hat jedes Volk zu jeder Zeit Strolche, Vagabunden, Abenteurer, Hasadeure und Bankrotteure. Die gab es auch auf Sylt. Und es waren diese Menschen, die sich gerne den Werbern von Söldnerheeren anschlossen, sodass die Fischer und Bauern ihrem nützlichen Tagwerk weiterhin nachgehen konnten. Auf Sylt wurde in der beschriebenen Zeit jede verfügbare Hand zum Heringsfang benötigt, sodass die Teilnahme an Kriegen in dänischen Heeren für die Sylter verständlicherweise unerwünscht war.
Für Dänemark entwickelte sich die Niederlage in Dithmarschen zum Fanal. Die Schweden erhoben sich erneut und am 6. Mai 1502 kapitulierten die letzten dänischen

Verteidiger des Stockholmer Schlosses.
Schweden. Der dänische König besetzte mit seinen Truppen Stockholm und ließ heimtückisch 82 führende Vertreter von Geistlichkeit, Adel und Bürgerschaft öffentlich auf dem Stockholmer Großmarkt enthaupten. Dabei gerieten die Henker in einen solchen Blutrausch, dass sie wahllos Menschen auf der Straße aufgriffen und auf das Schafott führten.
Damit war das Schicksal Christians II. auch in Dänemark besiegelt. Die wichtigsten Männer des Staates fürchteten um ihr Leben und wählten 1523 in Viborg den Gottorfer Herzog Friedrich I. zum neuen dänischen König. Damit wurde der unmittelbare Herr über Sylt der höchste Mann im Staat.
In dieser Zeit stehen in Deutschland, in dem sich allmählich der Reichsgedanke auszuprägen beginnt, zwei ausländische Könige zur Wahl für die deutsche Krone, der spanische König Carlos und der französische Francoise. Eine Wahl ist etwas sehr demokratisches und manch ein Geschichtsbuch neigt dazu, diesen „demokratischen" Vorgang zu verklären. In Wahrheit war dem spanischen König, einem Abkömmling des spanischen Habsburger Hauses, Deutschland völlig gleichgültig. Er strebte die Vormachtstellung in Europa an und wollte Deutschland als Kriegspotential gegen Frankreich nutzen. Francoise war Deutschland genauso wurscht. Er wollte lediglich deutscher König werden, um die Ansprüche der spanischen Habsburger zu verhindern. Daher flossen Unmengen an Bestechungssummen in das deutsche Reich, vornehmlich zu den „Wahlmännern", den teilweise recht armseligen Kurfürsten.
Der Spanier Carlos, in Deutschland als Karl V. bekannt, in dessen „Reich die Sonne nie unterging", hatte die volleren Kassen. Seine „weißen Götter" hatten zwischenzeitlich im neu entdeckten Amerika etwa eine Million Menschen ermordet und Berge von Gold und Edelsteinen per Schiff nach Spanien befördert. Damit übertrafen seine Mittel die des durchaus wohlhabenden Franzosen recht deutlich. Mit einer zusätzlichen Kriegsdrohung konnte Karl V. die deutschen Kurfürsten schließlich, als sie nichts mehr aus dem Spanier herauspressen konnten, gewinnen, ihm ihre Stimme zu geben. Die sich anschließende Wahl zum Kaiser wurde vom Haus Fugger finanziert. Warum wohl finanzierte ein Handelshaus die Wahl eines Mannes zum Kaiser, der zumindest in Europa als der reichste Mann seiner Zeit gegolten haben dürfte?
Die Fugger erhielten als Gegenleistung die gesamte von Pizarro eroberte südamerikanische Pazifikküste. Denn wer außer ihm, dem erfahrenen Großkapitalisten aus Augsburg, konnte Perlen, Edelhölzer, Edelmetalle oder Farbstoffe besser in klingende Münze umwandeln und darauf entsprechende Vorschüsse gewähren.
Das Recht zur Kolonialisierung Venezuelas erhielten 1528 die Welser, die gegen den Willen der Fugger ebenfalls zur Finanzierung der Kaiserkrönung des Habsburgers beitrugen, aber bereits im Jahr 1614 spektakulär zusammenbrachen.
Das Wort „Amerika" stammte von dem deutschen Kartograph Waldseemüller.
Deutschland hatte wieder einen Kaiser, der zwar Flämisch, Französisch, Englisch, Latein und Spanisch sprach, aber kein Wort Deutsch.

Die deutschen Städte, die sich zur treibenden Kraft der modernen Entwicklung aufgeschwungen und das aus unserer heutigen Sicht düstere Mittelalter endgültig verlassen hatten, waren prunkvoll und groß geworden. Vor allem in Süddeutschland pulsierte die fortschrittliche Zeit. Die Wissenschaften blühten, die Geister wachten auf. Der Norden allerdings hinkte nach dem Ende der Hanse etwas hinterher. Deutlich wird es am Beispiel der Universitätsgründungen:

Bologna	11. Jhd.
Oxford	12. Jhd.
Montpellier (Frankreich)	1180
Padua	1222
Neapel	1224
Paris	1253
Salamanca (Spanien)	1254
Lissabon	1290
Coimbra (Portugal)	1290
Rom	1303
Prag (erste deutsche Universität)	1348
Krakau	1364
Wien	1365
Heidelberg	1386
Köln	1388
Würzburg	1402
Leipzig	1409
Rostock	1419
Istanbul	1453
Greifswald	1456
Freiburg i. Br.	1457
München	1472
Tübingen	1477
Mainz	1477
Kopenhagen	1479
Marburg	1527
Königsberg	1544
Jena	1558
Kiel	1665
Hamburg	1919

Die Schreibkunde war auf Sylt noch nicht entwickelt. Die Schulen waren eine Funktion der Kirche, die viel Wert auf lateinisch lesen und Auswendiglernen des Katechismus legten. Für Sylt war das weitestgehend uninteressant.

Für die Insel wurde es wichtig, dass zu Beginn des 16. Jahrhunderts Holland wirtschaftlich aufblühte. Allein der gottorfsche Hafen Husum, zur damaligen Zeit zum „Flecken" erhoben und damit noch keine Stadt, hielt um 1510 nicht weniger als

vierzig seetüchtige Schiffe unter Segel, die besonders dem Kornhandel dienten. Große Bedeutung kam dem Rinderhandel zu. In diesem Falle war die Reede vor List von Rang, da sie neben Husum als der tiefste Hafen der gesamten Westküste galt. Daher blieb List auch im Gegensatz zur übrigen Insel Sylt fest in königlich dänischer Hand.
In dieser Zeit wirtschaftlicher Blüte entstanden in vielen Kirchen Schleswig-Holsteins jene Ausstattungsstücke, die den liturgischen Mittelpunkt der Gotteshäuser bis heute prägen: die hölzernen Altaraufsätze. Das bekannteste Meisterwerk wurde von Hans Brüggemann für ein Augustinerkloster geschaffen und war seit 1521 unter dem Namen „Bordesholmer Altar“ bekannt. Als der deutsche Kaiser und der Herzog von Bayern jedoch diesen Altar erwerben wollten, ließ der Gottorfer Herzog das Kunstwerk nach Schleswig überführen. Dort schmückt es bis heute den Dom.
Hans Brüggemann arbeitete in den letzten Jahren seines Lebens in Husum, wo er auch verstarb. Husum war für die kulturelle Entwicklung des Landes von besonderer Bedeutung, da die Hafenstadt das “Tor zum Westen“ war. Niederländische Kunst und Künstler, führend in ihrer Zeit im nördlichen Europa, erreichten von hier aus Schleswig-Holstein und angrenzende Gebiete.
In dieser Zeit entstand auch der spätgotische Schnitzaltar der Keitumer Kirche. Der Schöpfer des Werks ist nicht bekannt, aber wahrscheinlich stammte er aus Lübeck. Die Kanzel wurde 1580 für die Kirche in Mögeltondern, dem heutigen Sommersitz des dänischen Königs, im Stil der Renaissance gebaut und wurde etwa 100 Jahre später nach Keitum verkauft. Dargestellt sind die Tugenden Glaube, Gerechtigkeit und Mäßigung, dazwischen finden sich die Wappen der Geschlechter Rantzau und Ahlefeld. Sie gehörten mit ihren Kupfer-, Pulver-, Walk-, Loh- und Ölmühlen neben den Herzögen von Gottorf, deren Schiffe nach Norwegen, Island und Spanien segelten, zu den wohlhabendsten Adligen in Schleswig-Holstein. Darüber hinaus betätigten sie sich als militärische Unternehmer auf den Kriegsschauplätzen ihrer Zeit.
Dann erschien ein Mann in Deutschland, der meteorhaft vom unbekannten Mönch zum geistigen Führer einer ganzen „teutschen“ Nation wurde. Er war der Sohn eines thüringischen Bergmanns namens Luther, der sich die „Groschen vom Munde absparte“, um seinen hoffnungsfrohen Sprössling in Erfurt Jura studieren zu lassen. Jura ist immer gut, wenn man nicht weiß, was man will. Und Martin Luther wusste es zunächst nicht. Aber wie viele junge Menschen grübelte der große und massige Mann über den Sinn des Lebens und erkannte seine Berufung. Als gläubiger Katholik wurde er Mönch und suchte seine Erfüllung in einem Kloster.
Nach vielen allmorgendlichen und allabendlichen Geißelungen wurde er Professor und Prediger in Wittenberg und reiste 1511 als Höhepunkt seiner langwierigen Kasteiungen nach Rom zum Heiligen Vater. Er kam als Zweifler zurück. Der Papst hatte die „geniale“ Idee, an die geplagten Menschen Zettel verkaufen zu lassen, die ihnen Vergebung ihrer Sünden und Verkürzung des Fegefeuers bescheinigten, sogenannte Ablassbriefe. Die gebietlichen Rechte verkaufte er an Erzbischöfe oder weltliche Fürsten. Und als eines Tages ein Dominikanermönch namens Johannes Tetzel bei Martin Luther erschien, der nur den finanziellen Erfolg durch Ablassbriefe predigte, lief das Fass über.
Drei Jahre diskutierte die Kirche mit dem unbeugsamen Mann. Dann wurde er vor dem Reichstag in Worms vom spanischen Kaiser Karl V. aus dem Hause Habsburg

geächtet und für vogelfrei erklärt und wurde über Nacht zu einem Helden und Märtyrer. Fast das ganze Land war bereit, von Rom abzufallen. Es war wie ein Traum. Die Menschen erwachten aus ihrer Lethargie und interessierten sich plötzlich für Politik. „Volk" trat in Erscheinung. Das hatte außer den Dithmarscher Bauern noch niemand zuvor geschafft.
Aber ein einzelner, völlig machtloser Mann aus der verschlafenen Kleinstadt Wittenberg ließ eine fast unbekannte deutsche Leidenschaft frenetisch aufflammen. Das ganze Land befand sich in Aufruhr. Die Menschen konnten erstmals durch Martin Luther den Inhalt der Bibel in deutscher Sprache erfahren. Im Prinzip konnte nun jedermann durch Selbststudium der Bibel Gottes Wort verstehen. Damit war jegliche Lehrautorität und Priesterhierarchie deutlich eingeschränkt. Alle gesellschaftlichen Klassen erkannten plötzlich zum ersten Mal die „revolutionären" Ideen von Jesus Christus. Die Ritter riefen ergrimmt „ob der falschen Lehren der Lateiner" ihre Gefolgsleute zusammen und zogen gegen die Bischöfe. Bürger stürmten die Kirchen und zerschlugen Bildnisse und Symbole. Die Bauern in Süddeutschland folgten ihren norddeutschen Vorbildern, bewaffneten sich und zogen gegen weltliche und geistliche Fürsten in den Krieg. Sie verlangten „Aufhebung der Leibeigenschaft, Herabsetzung oder Ablösung der drückenden Abgaben und Frondienste, Gewährung des Fischerei- und Jagdrechtes und Rechtsprechung nach geschriebenem Recht." Die zunächst religiös motivierte Bewegung war auf eine erfolgversprechende politische Bahn geraten, auch wenn Luther den Männern, die seine Ideen politisch vertraten, nur wenig Respekt entgegenbrachte. Die meisten von ihnen hatten keine Manieren, viele waren Rauf- und Saufbolde und ihre hervorstechendsten Eigenschaften waren Geld- und Machtgier. Martin Luther selber war politisch naiv.
Und er erschrak. Was hatte er bloß angerichtet? Er war entsetzt über die Bilderstürmer, zürnte mit Franz von Sickingen, einem Söldner, der den Krieg als Unternehmer führte und seine Waffen blutig gegen die Bischöfe einsetzte. und empörte sich über die Bauern, die gegen alles kämpften, was Obrigkeit hieß. Er kam schleunigst runter von der Wartburg und verhinderte förmlich im letzten Augenblick den drohenden Bürgerkrieg. Es war ein Glück. Denn die Deutschen sollten den spanischen Habsburger Karl bald kennenlernen.
Die neue Lehre hielt in Schleswig-Holstein und Dänemark über die Häfen auf der Westseite, die das Land mit den Häfen zwischen Elbe und Ostfriesland verbanden, ihren Einzug. Bereits 1522 hatte sie in Husum, dem Zentrum Nordfrieslands, durch Hermann Tast, selbst ehemals Student in Wittenberg, weite Kreise der Bevölkerung erfasst. Da Husum wegen seiner Aufsässigkeit gegenüber der adligen Obrigkeit noch keine Stadtrechte erhalten hatte, war die lutherische Lehre sehr willkommen.
Nachdem die Städte Flensburg, Kiel und sogar die Bischofsstadt Schleswig die reformatorischen Prediger freundlich aufnahmen, beeilte sich zunächst der Gottorfer Herzog Christian III. und anschließend sein Vater, der dänische König Friedrich I., den Verkündern des neuen Glaubens ihren Schutz anzubieten. Sie erhielten „landesherrliche" Schutzbriefe, damit sie unbehelligt neben den altgläubigen Priestern wirken konnten.
Ausgerechnet den sonst so aufsässigen Dithmarschenern blieb es vorbehalten, den holländischen Reformator Heinrich von Zütphen 1524 in Heide auf dem Marktplatz als Ketzer zu verbrennen.

Auf Sylt dürfte 1526 die Reformation begonnen habe, zur gleichen Zeit wie in Flensburg und früher als in Schleswig oder in Kiel (jeweils 1529). Da die Schreibkunde auf der Insel noch immer nicht verbreitet war, gibt es darüber keine genauen Zeugnisse. 1526 war jedoch ein denkwürdiges Jahr.
König Friedrich I. in Kopenhagen brauchte dringend Geld, um die dänische Krone zu „erobern". Durch die Reform wurde er angeregt, sich die benötigten Mittel aus dem Besitz der Bischöfe, Domkapiteln und Klöstern zu beschaffen. Da ließen sich die Landesherrschaften natürlich nicht lumpen. Die Abgabepflichten des Klerus wurden durch Landtagsbeschlüsse derart erhöht, dass er Kirchengut verpfänden oder verkaufen musste. Das war eine willkommene Gelegenheit für den zahlungskräftigen Adel, zuzugreifen und Kapital in Kirchengütern anzulegen. Die Zeit der Papisten ging zu Ende und damit die gut dotierten geistlichen Pfründe, mit denen in den vergangenen Jahrhunderten Angehörige des Adels versorgt wurden. Nach der Reformation endete das.
Dafür nahmen Städte und Gewerbe in weiten Teilen Europas einen gewaltigen Aufschwung. Die notwendige Versorgung der Menschen mit Nahrungsmitteln und der Schiffe und Flotten auf den Weltmeeren konnte nicht mehr durch Kleinbetriebe befriedigt werden, sondern erforderte nun Großbetriebe. Hier hatte der kapitalkräftige Adel ein neues Betätigungsfeld. Durch die steigende Nachfrage und dem großen Zufluss an Edelmetall aus Übersee kam es zwischen 1500 und 1600 zu einer Vervierfachung der Preise, vor allem für die wichtigsten landwirtschaftliche Produkte wie Roggen, Ochsen und Butter. Bis 1650 verdoppelten sie sich noch einmal. Durch das starke Bevölkerungswachstum und das damit verbundene steigende Angebot an Arbeitskräften stagnierten die Löhne für Dienstleistungen. Die Wirtschaft blühte so kräftig auf, dass Kiel zu einem der größten Kapitalmärkte des nördlichen Europas wurde. Verliehen wurde das Geld von nichtjüdischen Adligen, für die es günstiger war, ihr Geld bei einem Zinssatz von sechs bis zwölf Prozent zu verleihen, anstatt es etwa in Grundbesitz anzulegen.
Die Grundherren wurden immer mächtiger. Durch ein Privileg von 1524 unterstand der Adel nicht mehr dem Thing des Dorfes oder der Harde, sondern nur noch seinem eigenen Standesgericht oder dem Gericht des Landesherrn, der aber weit entfernt war.
Diese Entwicklung führte dazu, dass die Bauern in Ost-Holstein und Ost-Schleswig zunehmend Hand-und Spanndienste auf den Gütern der Adligen leisten mussten und sie für ihre eigene „Hufe" immer weniger Zeit aufwenden konnten. Damit gerieten die Bauern dieser Regionen immer mehr in die Leibeigenschaft.
Die Bauern der Uthlande mit Sylt, Nordfriesland und Dithmarschen hatten damit kaum Probleme. Sie blieben frei. Warum das so war, erkennt man 1559 in Verbindung mit der Niederlage der Dithmarschener Bauern.
59 Jahre nach dem Sieg der „Bauernkrieger" über den dänischen König und den schleswig-holsteinischen Adel kamen große Mengen von arbeitslosen Söldnertruppen aus dem Krieg zwischen dem spanischen Habsburger Karl V. und Frankreich nach Hause. Das nutzte der Gottorfer Herzog Adolf aus, um die Niederlage gegen die Bauern aus dem Jahr 1500 zu rächen. Mit Unterstützung von Flotteneinheiten vor allem aus Nordfriesland wurden die Dithmarscher dieses Mal unterworfen und verloren damit ihre legendäre Freiheit.

Nach der kniefälligen Kapitulation des Bauernheeres verbot Herzog Adolf den Dithmarschern ausdrücklich, Land an Adlige zu verkaufen oder zu verpfänden. Der privilegierte Adel nämlich, so der Herzog, werde sich weigern, sich „an den gemeinen Pflichten und Lasten", z.B. dem Deichbau und der Instandhaltung der Deiche zu beteiligen. Die Deiche waren für den Bestand des gesamten Landes von vordringlicher Bedeutung und waren, so erkannte der Gottorfer Adolf, in den Händen der Bauern besser aufgehoben als in den Händen des Adels. Denn durch die hohe Kostenbelastung abgeschreckt, blieben neben den Dithmarschenern auch die Sylter und die anderen Nordfriesen frei vom adligen Großgrundbesitz.
Die Bewohner der Städte waren in drei Gruppen eingeteilt: die Bürger, das waren die wirtschaftlich Selbständigen, die Einwohner, das waren die Unselbständigen, die Gesellen, Dienstboten, Mägde, Matrosen und Arbeitsleute und die vom Bürgerrecht befreiten Personen. Letztere waren die Geistlichkeit und in der Regel die Adligen, die in der Stadt wohnten.
Aus der ersten Gruppe setzte sich der Rat zusammen, dem die oberste Gerichtsbarkeit oblag und die Verwaltungsspitze der Stadt. Die Ratsmitgliedschaft währte ein Leben lang, ein Wahlrecht der Bürger gab es nicht.
Auf Sylt existierte keine Stadt, im Gegensatz zu Burg auf Fehmarn, aber die exekutive Struktur war ähnlich. Dagegen waren nur Städte und holsteinische Kirchspiele privilegiert, an Landtagen teilzunehmen. Sylt, die übrigen nordfriesischen Landschaften und auch Husum, für das der Landesherr in seiner Stadtrechtsverleihung ausdrücklich das Fehlen der „Landstandhaft" festgestellt hatte, waren auf diesen legislativen Veranstaltungen nicht vertreten.
Landschaften waren die aus dem Mittelalter stammenden bäuerlichen Selbstverwaltungen. Mit Ausnahme von Fehmarn lagen alle an der Nordsee. Durch die schlechten Landverbindungen über Jahrhunderte und des ständigen Kampfs gegen die Naturgewalten waren sie es gewohnt, ihr Schicksal unabhängig von einem Landesherrn in die eigene Hand zu nehmen. Und der ständig nach Geld gierende Landesherr war froh, wenn ihm die bäuerlichen Landschaften die von ihnen gewünschten Privilegien abkauften. Daher lebten die Nordfriesen und die Dithmarschener über Jahrhunderte mit ihrer eigenen Verfassung.
Der herrschaftliche Ansprechpartner der Bauern und Fischer war der Amtmann. Der für Sylt zuständige hatte seinen Amtssitz in Tondern. Er hatte die höchste Rechtsprechung, die Polizeigewalt und er erhob die dem Landesherrn zustehenden Abgaben. Aber er konnte nicht so ohne weiteres an die Stelle des Spruchs der bäuerlichen Richter eines „Hardesthings" die herrschaftliche Urteilsauslegung setzen. Die Herrschaft war auf die Mitwirkung genossenschaftlich legitimierter örtlicher Selbstverwaltung angewiesen, wenn es um die Feldbestellung und Nutzung der Gemeindefläche ging, die sich im Eigentum aller befand. Außerdem brauchte der Amtmann auf den entfernt liegenden Inseln wie Sylt die kommunalen Amtsträger, um die Steuern einzutreiben und zu verteilen, Wege und Stege zu unterhalten und eventuelle Hand- und Spanndienste zu organisieren.
Während die kommunalen Amtsträger der Landschaften vom Amtmann oder dessen Vertreter, dem Landvogt aufgrund von landschaftlichen Listenvorschlägen ausgewählt und bestätigt wurden, wurden sowohl die politischen als auch die juristischen Vertreter

der Dörfer von den Landbesitzern gewählt. Letztere mussten nicht nur Bauern sein. Auch Fischer oder Seeleute besaßen Land. Allerdings hatten „Nichtlandbesitzer" kein Stimmrecht.
1571 wurde die türkische Flotte von der „Heiligen Liga", ein Bündnis des Papstes, Spaniens und Venedigs, bei Lepanto am Golf von Korinth vernichtend geschlagen. Oberbefehlshaber war Don Juan d´Austria, unehelicher Sohn von Karl V. und Barbara Plumberger, Tochter eines Handwerksmeisters aus Regensburg. Es war die letzte Galeerenschlacht der Seekriegsgeschichte.
In der Allerheiligennacht zum 2. November 1532 raste eine weitere Sturmflut über das Küstenland, die nächste erneut an Allerheiligen, dem 1. November 1570. Sie hielt mehrere Tage an und erstreckte sich von Norwegen bis nach Belgien. Sie kostete einigen tausend Menschen das Leben, verursachte aber nur wenig Landverluste. Es folgten Sturmfluten in den Jahren 1574 und 1580, die wieder zu erheblichen Landverlusten führten. Die Deiche waren stabil genug, um Fluten abzuwehren, aber noch nicht stark genug, um Sturmfluten zu widerstehen.
Kaum waren sie überstanden, kam wieder die Pest. 1581 fielen ihr mehrere Sylter zum Opfer. 1593 war die Insel erneut von einer schweren Sturmflut betroffen, wieder brachen die Deiche. Im August 1597 war es erneut die Pest, die die Insel bis November 1598 heimsuchte. Allein in Morsum starben in dieser Zeit 142 „Minschen".
In Frankreich war Karl V. das Kriegsglück nicht hold gewesen, aber aus Italien kehrte er siegreich zurück. Sein Weg führte ihn mit seinen spanischen Landsknechten schnurstracks nach Deutschland, das zu neun Zehntel protestantisch war. Es wurde für seine katholische Majestät höchste Zeit.
Bayern war papsttreu geblieben und unterstützte den Spanier mit Geld. Der mächtigste der zum Protestantismus übergetretenen Herzöge, Moritz von Sachsen wurde mit riesigen Zusagen und Rechten bestochen. In dieser immer stärker von Erwerbssucht und Besitzstreben besessenen Zeit kehrten unter Drohung der fremden Hellebarden, Säbel und Musketen die Hälfte der Fürsten und ihre Untertanen in den Schoß der römisch-katholischen Kirche zurück. Aber eben nur die Hälfte. Aber diese Hälfte genügte dem Spanier. Deutschland war gespalten und schwach und offen für die Gefräßigkeit der Hausmachtpolitik der Habsburger.
Karl V., gichtgeplagt, trat ab und es folgten im Reich erneut die Österreicher. Nach Rudolf II., der sich auf dem Hradschin in Prag lieber mit Kolben, Brennspiegeln und Zirkeln beschäftigte als mit der Politik und der noch liberal genug war, um den dänischen Protestanten Tycho Brahe und anschließend den protestantischen Johannes Kepler aus der Steiermark als Astronomen an seinem Hof zu dulden, stritten sich drei Anverwandte um seine Nachfolge. Das Reich näherte sich einer der unmenschlichsten Auseinandersetzungen der Menschheitsgeschichte, dem „Teutschen Krieg", der dreißig Jahre dauern sollte.

16. Der Krieg muss den Krieg ernähren

Der Zeitabschnitt von 1581 bis 1625 war in Schleswig-Holstein eine Periode des Friedens und des Wohlstands. Seefahrt und Seemächte veränderten sich, da 1588 die spanische Armada von der englischen Flotte unter dem Kommando von Sir Francis Drake besiegt wurde.

Die scheinbar religiös, aber tatsächlich politisch motivierten Auseinandersetzungen im Deutschen Reich seit Beginn des 17. Jahrhunderts zeigten im nördlichen Herzogtum zunächst keine Auswirkungen. Schleswig-Holstein hatte weiterhin eine wirtschaftliche und kulturelle Blütezeit.

Einige Bauern der nordfriesischen Marschengegenden konnten sich durchaus mit reichen, adligen Gutsherren vergleichen. Sie ließen sich gerne wie die „hohen Herrschaften" porträtieren: in spanischer, „höfischer" Tracht, mit Spitzenmanschetten, pelzbesetztem Überwurfmantel und Barett. Die Frau trägt reichen Schmuck und an ihrem Gürtel eine Schlüsseltasche und einen Besteckköcher mit Messer und Gabel, alles Insignien des Wohlstands. Auf den Porträts der damaligen und auch späterer Zeiten sieht man die Dargestellten immer mit geschlossenem Mund. Wahrscheinlich sollten damit die schlechten Zähne verborgen bleiben.

Aber auf Sylt führten die häufigen Überflutungen zu einer Erschwernis der Kultivierung der Ländereien. Es machte sich Gleichgültigkeit breit, die dazu führte, dass die Landwirtschaft in eine untergeordnete Stellung herabsank.

Viele Menschen, die den Wohlstand der vergangenen Jahre nicht umsetzen konnten oder wieder verarmt waren, wohnten um 1600 in Häusern oder Katen, die sich durch Mangel an Licht und guter Luft sowie durch Fehlen kontinuierlich zur Verfügung stehender Wärme charakterisierten. Um genügend Tageslicht einströmen zu lassen, sind hohe und breite Fenster notwendig. Dies wiederum bedingt einen zusätzlichen Feuerungsbedarf in der kälteren Jahreszeit. Beides konnten sich nur wohlhabende Leute leisten, zumal Holz auf der Insel Sylt äußerst knapp war. Über Jahrhunderte wurde es aus der Umgebung von Rendsburg bezogen, durch Raubbau waren diese Quellen jedoch fast versiegt.

Das Innere der Häuser und Katen war bestimmt vom Dämmerlicht. Kleine, verschmutzte Fenster oder nur Gucklöcher waren das Normale. Die Feuerstelle, auf der nach wie vor hauptsächlich Torf verbrannt wurde, war immer noch offen. Der Rauch stand lange im Raum, bevor er durch das Stroh- oder Reetdach abzog.

Eine Polizeiverordnung regelte die Kleidung. Während den Frauen und Töchtern der „gelehrten" Räte Schmuck im Werte von ca. 250 Reichstalern – der Gegenwert belief sich 1630 auf etwa 10 fette Schlachtochsen von je 400 kg Lebendgewicht – zugestanden wurde, sie dazu Samt, Seide und wertvolles englisches Tuch tragen durften, galt für gemeine Bürger, für Handwerker und die ländlichen Untertanen das Verbot, eingeführte Kleidung zu tragen. Sie durften weder Seide oder Spitzen tragen und noch nicht einmal gestrickte Strümpfe. Auch goldene Ketten waren nicht erlaubt. „Inländisches Zeug", schlicht und schwarz oder grobgrün schrieb der Landesherr vor. Die Töchter durften als Schmuck nur schwarze Haarbänder aus einem Seide-Wolle-Gemisch tragen. Damit begann die Blüte der „kollektiven" Trachten, mit denen diese Bestimmung übertreten werden konnte.

Wie weit die Landwirtschaft für Sylt an Bedeutung verlor, zeigt sich daran, dass über mehrere Jahrhunderte trotz behördlicher Anweisung der Deichbau ruhte. Nachdem bereits bei der Marcellusflut der älteste Deich auf der Insel, der Stinnumer, zerstört worden war, ereilte 1634 das gleiche Schicksal den Eidumdeich. Er wurde nicht mehr aufgebaut.
Erst etwa 200 Jahre später wurde die Westerländer Niederung durch den sogenannten „Neuen Deich" geschützt. Er entstand nur, weil der Strandvogt Decker den größten Teil der Kosten übernahm. Die Insulaner scheuten die hohen Kosten, da sie bereits zur damaligen Zeit davon ausgingen, dass die Insel ohnehin über kurz oder lang dem Untergang geweiht sei.
Auch die Wanderung der sich weiter aufbauenden Sanddünen interessierte die Insulaner nicht. Die landwirtschaftliche Anbaufläche wurde von Jahr zu Jahr weniger. Womit sollten die Sylter nun ihren Lebensunterhalt verdienen, denn auch der Fischfang verlor zu Beginn des 17. Jahrhunderts an Bedeutung? Während um 1600 noch 20 Fischereischiffe auf Sylt stationiert waren, waren es 1610 nur noch vier. In diesem Jahr wurde die Fischereistation in Hörnum wegen Unrentabilität geschlossen.
Bereits 1556 hatte ein englischer Seefahrer im nördlichen Eismeer die Ostküste Grönlands entdeckt. 40 Jahre später erreichten holländische Seeleute Spitzbergen. In beiden Fällen berichteten die Männer von riesigen Schwärmen von Walfischen, Walrossen und Robben. Die Holländer waren die ersten, die begriffen, welche Chancen sich ihnen boten. Tran, aus Wal- und Robbenspeck gewonnen, hatte damals als Beleuchtungsmittel den gleichen Stellenwert wie heute Erdöl. Im Jahr 1600 gründeten sie eine Walfanggesellschaft, die in der Folgezeit Grönlandfahrten durchführte. Die Mannschaften setzten sich aus allen Teilen der Nordseeanrainer zusammen. So lag es nahe, dass sich unter der Verschlechterung der Verhältnisse vor allem Sylter und Bewohner der benachbarten Inseln den Holländern zur Verfügung stellten. Schließlich waren seit Jahrhunderten die Handelsbeziehungen zu diesem Volk sehr eng.
Hamburg, Frankreich, England und Dänemark sandten ebenfalls Walfänger aus. Auf Hamburger und dänischen Schiffen dienten ebenfalls viele Nordfriesen. In der Spitzenzeit zwischen 1670 und 1715 waren 6.173 holländische und 2.094 hamburgische Schiffe in den Gewässern zwischen Grönland und Spitzbergen. Die Anzahl der aus Altona und anderen Hafenstädten segelnden dänischen Schiffe war wesentlich geringer.
1643, fünf Jahre vor Ende des Dreißigjährigen Kriegs lagen 200 holländische Walfänger vor Spitzbergen. Die gesamten Mannschaften zählten 10.000 Köpfe. Davon stammten allein 2.000 von Sylt und Föhr. Zeitweise sollen es bis zu 3.000 gewesen sein.
Die Sylter dienten nicht nur als Harpuniere oder Steuerleute, sie waren ebenso Matrosen aller Offiziersgrade und Kommandeure. Die Anforderungen an die navigatorischen Fähigkeiten waren sehr hoch. Die Sylter waren durch jahrhundertlange Erfahrungen auf diesem Gebiet so weit fortgeschritten, dass sich auf ihrer Insel private Navigationsschulen gründeten. Unterricht erteilten die Kapitäne in den Wintermonaten.
Am 22. Februar, dem Petritag eines jeden Jahres hieß es – im Feuerschein der Biiken – Abschied nehmen von den Grönlandfahrern. In kleinen „Schmackschiffen" starteten

sie in Richtung Holland oder Hamburg. Von dort fuhren sie mit hochgebauten Dreimastern von 120 Fuß Länge und 30 Fuß Breite.

Jedes Schiff hatte 6 Boote, jeweils ausgestattet mit einem Segel und 6 Riemen. Insgesamt führte der Dreimaster 50 – 60 Harpunen mit sich, dazu gehörten 60 Wal-Leinen von 225 Meter Länge. Dazu kamen noch 20 große Speckmesser, um die Schwarte des Wals abzuziehen, ferner Beile und Eishaken. Die Besatzung eines Schiffes bestand aus 42 Matrosen, einem oder zwei Köchen, dem Steuermann, dem Harpunier und dem Kommandeur, wie der Kapitän auf Walfängern genannt wurde. Außerdem hatte in der Regel jedes Schiff einen Barbier, dessen Messer nicht nur zum Schneiden der Haare eingesetzt wurde, sondern auch für Amputationen und Wundbehandlungen. Seltener verirrte sich ein Bader, der neben Haar- und Bartscheren auch Schröpfen und Wundbehandlung praktizierte, auf ein Schiff. Und ganz besonders hoch im Ansehen stand die medizinische Versorgung durch Scharfrichter. Ihre Kenntnisse der menschlichen Anatomie, die sie durch Folter und Hinrichtungen erwarben, prädestinierte sie für die Behandlung von Knochenverletzungen und Verrenkungen.

Dem Kommandeur, dem Steuermann und dem Harpunier stand ein prozentualer Anteil am gesamten Fang zu. Die Mannschaften hatten einen festen, aber sehr hohen Monatslohn, dafür aber nur einen geringen Fanganteil. Die ersten bekannten Sylter Kommandeure waren 1642 Bunde und Tam Petersen aus Tinnum auf holländischen Schiffen. Viele weitere sollten folgen, nicht nur auf holländischen, sondern auch auf Hamburger Walfängern. Die Hamburger Schiffe waren zeitweise ausschließlich mit Nordfriesen besetzt.

Von den hamburgischen Walfängern der Jahre 1669 bis 1756 fuhren 512 Schiffe unter nordfriesischem Kommando. Von den Kommandeuren stammten 179 von Röm, 162 von Sylt, 125 von Föhr und 56 von Amrum.

Viele Walfangschiffe gingen verloren. Sie havarierten im Sturm oder wurden vom Packeis zerdrückt. Die Besatzungen mussten in diesen Fällen auf Eisschollen ausharren, in der Hoffnung, dass ihnen ein anderes Schiff zu Hilfe kam. Das gelang nicht immer. Viele Seeleute blieben verschollen.

Der bekannteste Sylter Kommandeur war Lorenz Petersen de Hahn. Er brachte es auf 40 Fahrten und auf 169 Wale (sein Haus steht heute im Freilichtmuseum in Molfsee bei Kiel). Viele Schiffe kehrten ohne Erfolg zurück.

Darüberhinaus riefen die Holländer 1602 die „Holländische Ostindische Kompanie" ins Leben, die Kolonien in Ostasien gründete. 1621 besaßen die Niederländer bereits Interessen auf dem amerikanischen Kontinent. Unter dem Namen „Westindische Kompanie" gehörten ihnen Neu-Amsterdam, das heutige New York und Delaware. Die Kolonisation benötigte viele Seeleute, mehr, als das kleine Holland selbst aufbringen konnte.

In dieser wirtschaftlichen Phase, in der seit Beginn des 17. Jahrhunderts oft nur die Frauen, Greise und Kinder auf der Insel blieben und die noch wenig ertragreiche Landwirtschaft betrieben, wurde das „Teutsche Reich" von einem Ereignis heimgesucht, wie es sich 300 Jahre später in ähnlicher Dimension wiederholen sollte.

Nachdem der am spanischen Hof von Jesuiten streng katholisch erzogene, homosexuelle Habsburger Kaiser Rudolf II. und sein ebenfalls kinderloser Nachfolger

Matthias immerhin noch von guten Beratern beeinflusst einen Ausgleich zwischen den Konfessionen suchten, betrieb der bigotte Vetter Ferdinand als achter Kaiser aus dem Hause Habsburg (steirische Linie) eine konsequente Rekatholisierungspolitik. Wie die aussah, zeigte sich am Beispiel des weltberühmten Astronomen Johannes Kepler.
Bereits in seiner Eigenschaft als Erzherzog der Steiermark, bevor er in Frankfurt/M. zum Kaiser gewählt wurde, verfügte der übereifrige und besitzgierige Ferdinand per Dekret, ohne verfassungsmäßige Rücksprache mit den „Ständen", dass die gesamten Liegenschaften der Protestanten innerhalb von 45 Tagen zu verkaufen seien. „Niemand dürfe seinen Besitz, sofern er ihn nicht innerhalb von 45 Tagen verkauft, an einen Anhänger des Papstes verpachten," so Kepler in einem Schreiben an seinen Lehrer Mästlin in Tübingen. An Protestanten konnte er seine Liegenschaften ebenso wenig verpachten oder verkaufen, da sie des Landes verwiesen wurden. „Alles lauert darauf, sie ohne Bezahlung zu bekommen," so Kepler weiter in seinem Brief.
Ferdinand studierte in Ingolstadt. Die „niederbaierische" Hochschule wurde von Jesuiten gegründet und war der konsequenteste Hort der Gegenreformation in Deutschland, im Gegensatz etwa zu Altdorf bei Nürnberg, wo etwa zur selben Zeit der Protestant Albrecht von Wallenstein seine akademische Ausbildung erhielt. In Ingolstadt wurden keine Wissenschaftler herangebildet, sondern Glaubenskrieger, heute Fundamentalisten genannt.
Zu den Studiengenossen Ferdinands gehörte Maximilian von Baiern, Vetter von Ferdinand und übler Geist im späteren Spiel der Mächte. Ähnlich habgierig wie sein habsburgischer Verwandter interessierte ihn vor allem als rangniederer Wittelsbacher, das Erbe seines Onkels als Kurfürst der Pfalz in Heidelberg anzutreten. In Ferdinand und Maximilian hatten sich die beiden richtigen gefunden.
Die Protestanten hatten eigentlich alle Trümpfe in der Hand, nur waren sie sich nicht einig. Zum einen bekämpften Calvinisten die Lutheraner mit religiösen Meinungsverschiedenheiten, zum anderen verhinderten sie eine eindeutige politische Ausrichtung. Als den schlimmsten Umstand ergab sich ihre Unfähigkeit, in den entscheidenden Momenten eine einheitliche militärische Führung zu benennen. Das erkannte Wallenstein und er konvertierte rechtzeitig vom protestantischen zum katholischen Glauben. Er war ein kluger Mann und wollte bei der Verteilung der protestantischen Güter nicht abseits stehen. Ausländische Repräsentanten des evangelischen Glaubens nahmen wegen der Führungslosigkeit der Protestanten im Reich für sich das Recht in Anspruch, die Kopflosigkeit der Bewegung in Deutschland zu beenden, wie der dänische König Christian IV oder der schwedische König Gustav Adolf. Der dänische König erhoffte sich dabei, die Stadt Hamburg endlich in sein Herzogtum Schleswig-Holstein einverleiben zu können, während der schwedische König nicht nur verwandtschaftliche Hilfe leisten, sondern auch den Ostseeraum gegen seinen Erzfeind Dänemark absichern wollte. Die Religion war von Beginn an nur ein Vorwand.

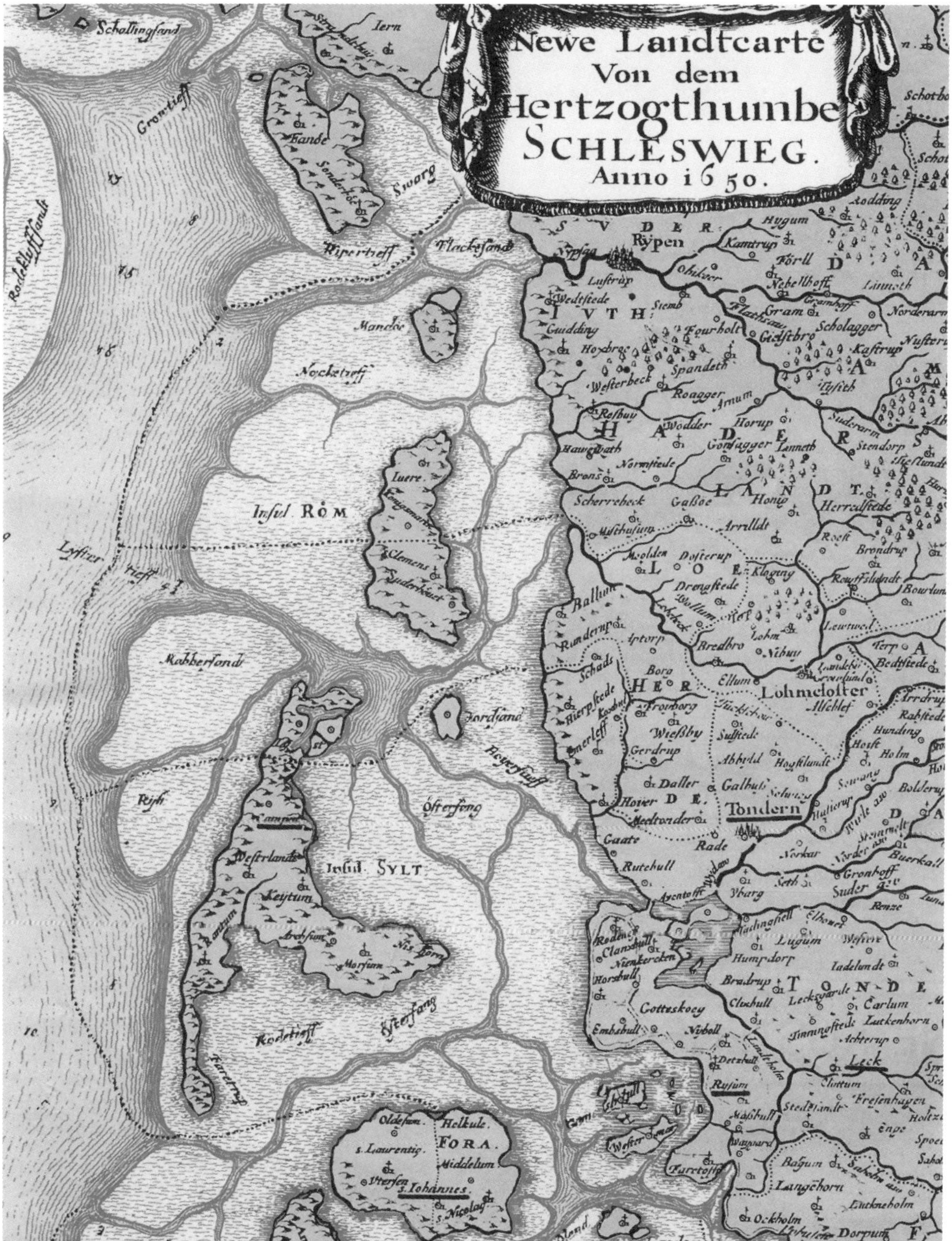

Sylt und Umgebung vor der Sturmflut von 1634
(mit freundlicher Genehmigung des Verlags Hansen & Hansen, Münsterdorf)

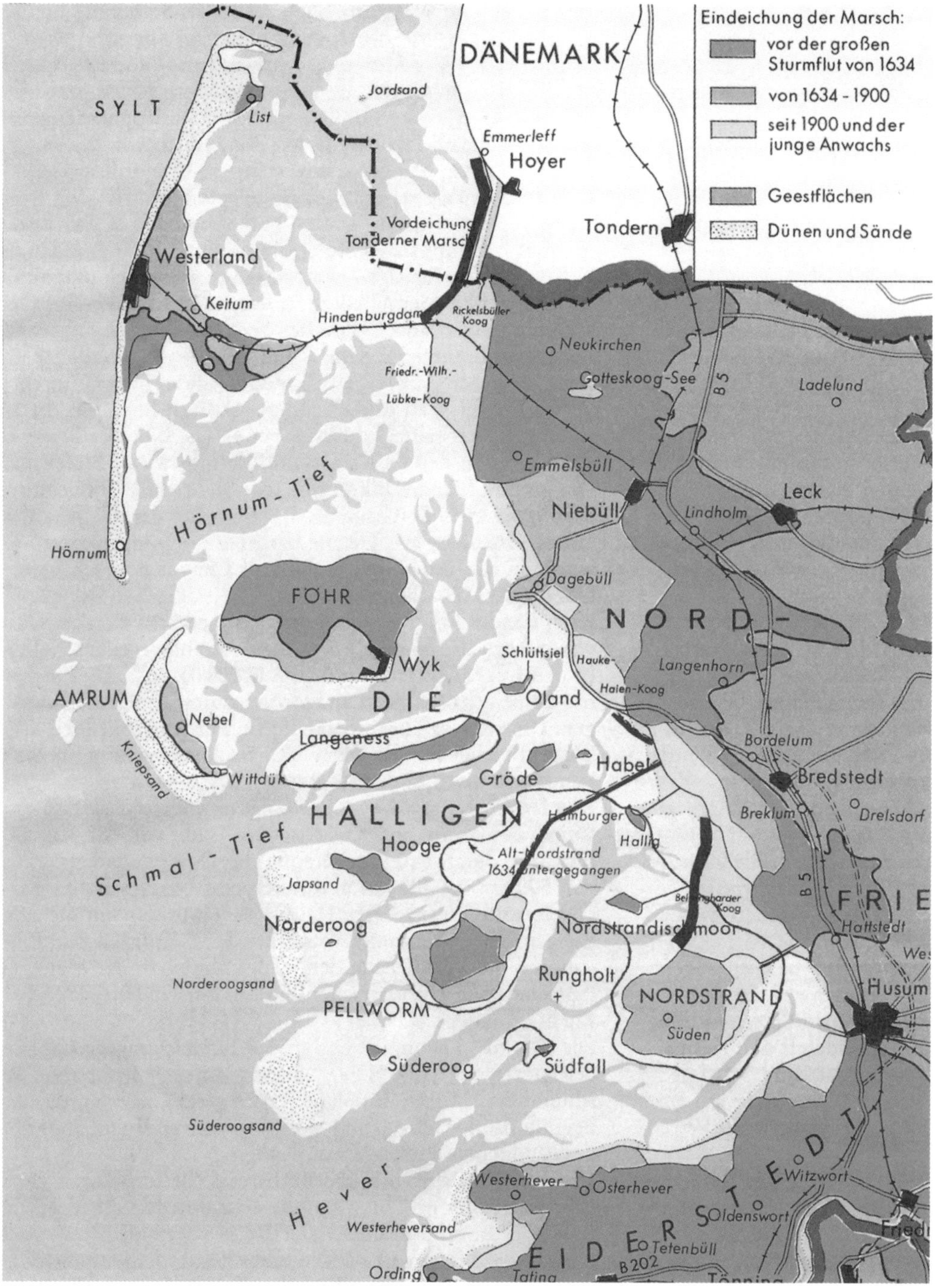

Sylt und Umgebung in der Gegenwart
(mit freundlicher Genehmigung des Verlags Hansen & Hansen, Münsterdorf)

Schon Graf Thurn, ein einundfünfzigjähriger Deutscher des Hochadels, erkannte, dass es sinnlos sein würde, sich mit immer neuen Habsburgern herumschlagen zu müssen. Jedes Zugeständnis, dass man dieser hausmachtorientierten Dynastie abringen müsse, würde sich ohnehin nach dem nächsten Thronwechsel wieder in Makulatur verwandeln. Wenn wieder sichere Verhältnisse im Reich entstehen sollten, musste das Übel mit der Wurzel ausgerottet werden. Aus dem deutschen Protestanten, der bisher immer loyal zum Kaiserhaus gestanden hatte, wurde nun ein Revolutionär. Er wollte für sein Land Verhältnisse schaffen, wie er sie auf seinen Reisen in Holland und im Herzogtum Schleswig-Holstein kennengelernt hatte. Er wollte keine absolut regierenden Häuser mehr, sondern Landtage, die ordentlich gewählte Direktoren mit der Regierungsarbeit betrauten und Recht und Gesetz zu Maßstäben der Politik machten. Die Auftraggeber für die Regierenden waren in Holland die „ständischen Gerechtsame", die mit „Vorrecht" ausgestatteten, die sich aus allen Teilen des Bürgertums zusammensetzten. Die Regierung hatte die Bezeichnung „Generalstaaten".

Graf Thurn inszenierte den „Prager Fenstersturz", bei dem die beiden kaiserlichen Statthalter Martinitz und Slawata zusammen mit ihrem Schreiber Fabricius fünfzehn Meter in die Tiefe gestürzt wurden und nur überlebten, weil sie auf einem Misthaufen landeten.

Der Fenstersturz hatte eine symbolhafte Bedeutung für den katholischen Kaiser, da mit dem gleichen Ereignis 1419 die Hussitenkriege, ebenfalls Glaubenskriege, in Böhmen ausgelöst wurden. Aber den Kaiser scherte das nicht. Ohne sich die Unterstützung der Stände einzuholen, ließ er sich in Prag zum König von Böhmen wählen. Und der Baier Maximilian II. sorgte für die militärische Präsenz der Kaiserlichen. Der „Teutsche Krieg" begann, zunächst in Böhmen, verteilte sich über Süddeutschland und erfasste 1626 durch Besitzgier des Dänenkönigs Christian IV. den Norden des Reiches.

Als Mitglied des Oldenburger Hauses drängte es ihn, wirkungsvoll in die Politik des Deutschen Reichs eingreifen zu können. Dazu gründete er als Nordsee-Hafenbasis und gleichzeitig als Festung im Jahr 1616 die Stadt Glückstadt. Der Hafen Husum gehörte seinem Nebenbuhler, dem Herzog von Gottorf, Ripen war versandet und List als einziger ihm zur Verfügung stehender Nordsee-Hafen lag auf einer entfernten Insel und war nicht befestigt. Außerdem wollte er endlich Hamburg in die Knie zwingen. „Geht es glücklich so fort, so wird Glückstadt eine Stadt und Hamburg ein Dorf," so der dänische König, ein Trinker und Glücksspieler, vollmundig.

Er erreichte es im Angesicht des drohenden Kriegs 1618, dass sein neunjähriger Sohn Friedrich zum künftigen evangelischen Erzbischof von Bremen, 1623 zum Bischof von Verden und 1626 zum Bischof von Osnabrück gewählt wurde. Der Konflikt mit dem katholischen Kaiser war damit unausweichlich, zumal Christian IV. als Herzog von Holstein, der er wieder war, im einsetzenden Kampf um Kirchengüter seine dem Kaiser entgegengesetzten Interessen wahren wollte. Außerdem hofierte ihn der katholische König von Spanien in seinem Kampf gegen die Niederlande.

Das deutsche Reich war ein Land, in dem manche Städte und Schlösser vor Reichtum überquollen, dessen Wege und Straßen aber kaum eine Befestigung kannten. Die vielen Flüsse, die das Land durchzogen, hatten so gut wie keine Sicherungen gegen Überschwemmungen, was das Fahren über Holzbrücken und das Übersetzen mit den Fähren zu einem gefährlichen Abenteuer werden ließ. Die Reisekutschen fuhren auch im stren-

gen Winter offen und schauerlich waren die Berichte von Reisenden am Vorabend des „Großen Krieges", die immer häufiger von schrecklichen Schädelstätten vor den Stadtmauern oder den Schelmenäckern am Rande der Dörfer berichteten. Auf ihnen wurden die Verbrecher, oder die, von denen man es annahm, hingerichtet und zur Abschreckung auf Stangen, Galgen oder auf Rädern ausgestellt.
John Taylor, ein englischer Literat berichtet 1617 von seiner Reise nach Hamburg und in die weiteren Nordregionen. Der „Scharfrichter" wurde als „eine Art Halbpapst" angesehen. Er ließ sich mit Atlas, einem dichten, glatten Gewebe, Sammet und anderen kostbaren Kleiderstoffen ausstaffieren, sein Überkleid mit Gold- und Silbertressen verzieren und seine Beine steckten in seidenen Strümpfen. Am Strumpfband trug er Spangen und Rosetten und sein fülliger Hut war mit wehender Feder an der Krempe geschmückt. Begleitet wurde er von vier bis fünf stattlich aufgeputzten Knechten in Livreemänteln. Das Zeitalter des Barock hatte begonnen, die Männer entwickelten einen heute lächerlich wirkenden gestelzten Charme, die Dichtung aber war von Pessimismus und Jenseitshoffnung geprägt.
Der Scharfrichter allein hatte das Recht, einmal im Jahr eine Hundesteuer zu erheben, durfte Abtritte und Kloaken in seiner Stadt säubern und durfte dem verendeten Vieh auf dem Land die wertvolle Haut abziehen. Es diente seinem Unterhalt.
Vor allem aber musste, so berichtete John Taylor weiter, „der Scharfrichter die wunderlichen Folterqualen und Todesarten" ausführen, die „sie hierzulande pflegen". Im Falle eines Gänsediebes hatte dieser „aufgeputzte Kerl sogar das Rädern auszuüben: Zu dieser Quälerei des Delinquenten packte er ein Wagenrad bei den Speichen, hob es in die Luft und schlug mit einem mächtigen Stoß eines der Beine des armen Wichts in Stücke, worüber dieser entsetzlich aufbrüllte. Dann zerbrach er das andere Bein auf dieselbe Art und zerstieß schließlich seinen ganzen Brustkorb zu Splittern. Alsdann nahm er den verstümmelten Leichnam und breitete ihn auf dem Rade aus."
Das alles nur wegen einer gestohlenen Gans. Das veranlasste den Literaten Taylor zu dem Vergleich, dass „die mannigfachen Arten von Folterung, so über die Missetäter in diesen Landen verhängt werden, lassen mir unsere englische Art des Hängens lediglich als einen Flohbiss erscheinen."
Lissabon, Amsterdam, London, Kopenhagen und Stockholm hießen die aufstrebenden Städte in Europa. Die Hansestädte sanken zum Teil in die Bedeutungslosigkeit ab, mit Ausnahme von Hamburg, das sich zu dieser Zeit mit einer Wehranlage umgab, die als uneinnehmbar galt und der Stadt über zweihundert Jahre Frieden und Sicherheit bringen sollte. Sie hielt vor allem den dänischen König Christian IV. ab, der vergeblich versuchte, die Stadt mit militärischen Mitteln unter seine Herrschaft zu bringen.
Der Dänenkönig hatte gegen den Willen seines Reichsrats in seiner Eigenschaft als Herzog von Holstein ein Heer mit 10.000 Mann zu Fuß und 3.000 zu Ross gesammelt und ließ sich mit dieser Streitmacht 1625 in Lauenburg von den norddeutschen Fürsten zum Kreisobersten des Niedersächsischen Kreises wählen. Mit dieser Stellung sowie mit holländischen und englischen Subsidiengeldern konnte er sein Heer auf 30.000 Fußsoldaten und 8.000 Berittene erweitern. Damit zog er gegen das Heer der „Katholischen Liga" unter dem Befehl des flandrischen Generals Johann Tserclas Tilly. Der Krieg war bereits sieben Jahre alt. Die Greuel, die diese Auseinandersetzung prägen sollten, wurden bereits deutlich. So schrieb Leopold, ein ehemaliger Bischof und

Bruder des Kaisers: "Solche Greuel wie jetzt habe ich nie gesehen. Auch nie gestattet. Allein das Brennen, das Weiberschänden, das Totschlagen, das Abschneiden der Ohren und Nasen, anderer Martern, welche den armen Leuten angetan werden, nicht zu gedenken. Diese Ausschweifungen könnten die Offiziere, wie Wallenstein gar wohl verhindern. Ich könnte indessen mehrere nennen, die vor kurzer Zeit schlecht einhergezogen sind, jetzt aber drei- bis vierhunderttausend Gulden bares Geld besitzen. Diese Summen erhielten sie nicht vom Feind, sondern erpressten sie den armen Untertanen ab."

Während Wallensteins „kaiserische" Soldaten einigermaßen bezahlt wurden, da sie seine Privatarmee waren und er in den vergangenen Jahren einen ungeheuren Reichtum in Böhmen zusammengerafft hatte, ging es Tillys Truppen der katholischen Liga, denen der Dänenkönig entgegenzog, nicht so gut. In seinem Hauptquartier in Ahlefeld zwischen Weser und Leine litten seine Soldaten nicht nur unter Hunger, sondern in ihren elenden Winterquartieren faulte ihnen das Lederzeug von den zerrissenen Uniformen weg.

Auf der anderen Seite sollte sich der Däne Christian IV. mit dem protestantischen Heerführer Ernst von Mansfeld verbünden. Dessen zuchtlose Scharen starrten vor Schmutz. Mit ihrem Dreck wurden die Ackerböden, Wiesen und Gärten durchsetzt. Der Medicus Rhumelius, der versuchte, der zweiten schrecklichen Seuche neben der Pest, dem Petechialthyphus auf die Spur zu kommen, fand dies bald als Erklärung für den Weg dieser Typhus-Infektion. Sie konnte nicht nur den Menschen, sondern auch Pferde befallen, wenn das nähere Umland dauernd vergiftet war. Er klagte an, dass der Dreck der Mansfelder Horden bei der Bearbeitung der Böden mit Hacken und anderen Geräten über die Nahrung in die Münder von Mensch und Tier gelange und die Seuche auf diesem Wege Haus und Hof erfülle.

So berichtete der Medicus Ludwig von Hörnigk 1622 aus Frankfurt/M.: „Eine der Ursachen der Pest sind die Garnisonen und Lagerstätten der Soldaten, bevorab der Kranken, die allerlei Unrat um und neben sich sammeln. Inmaßen wir.....allhie genugsam erfahren, da der verwundeten und kranken Soldaten so viel waren, dass sie auch hin und wieder in den Gassen, vor den Häusern auf dem Stroh lagen, dann auch weil es um Pfingsten und heißes Wetter, ein großer Gestank und darauf eine Pest entstand."

Die Sommerhitze verstärkte mit dem schnellen Verwesen von allerlei Kadavern die Vergiftung von Boden und Trinkwasser zusätzlich. Aus Leben entstanden Leichengifte, die den Infektionsprozess beschleunigten und häufig mehr Opfer forderten als die unmittelbaren Kriegshandlungen.

Die vielen Seuchen, die bereits in den ersten Kriegsjahren ausbrachen und meist zu einem schauerliche Tod führten, wurden in diesen Zeiten der Entfesselungen als ein Gnadengeschenk Gottes empfunden. Statt Jammern und Klagen hörte man ein Lob auf die Prüfungen des Himmels und der Tod wurde als Erlösung empfunden. Soldaten, die ihr eigenes Leben im Krieg gefährden sollten, um ihre Mitmenschen zu schützen, wurden auf offener Straße angefleht, Sterbehilfe zu leisten, um diesem Jammertal zu entfliehen. Das erklärt einige Grausamkeiten von Soldaten dieser ersten Kriegsphase. Wenn sie nämlich in ihrer eigenen Angst anderen Menschen Schmerzen zufügten, dann spürten sie, dass sie selbst noch am Leben waren. Und wenn sie Herr über Leben und Tod waren, fühlten sie sich über die Lebensbanalitäten erhaben und empfanden es als eigene Überlebensgarantie.

Vor allem das „Raideln“ war unter ihnen beliebt. Mansfelds zuchtlose Horden betrieben es besonders eifrig. Mit festen Schnüren und einem Drehkreuz oder dem Gewehrschloss zerdrückten sie den Kopf der Opfer wie Finger in den Daumenschrauben. Es war, genau wie der „Kurze Prozess“, eine Reaktion von oben nach unten. Bei jeder Belagerung und jeder Schlacht dem ständigen Tod ausgesetzt und immer wieder von ihren Befehlshabern um Sold und Proviant betrogen, pressten sie den noch Schwächeren ihren als gerecht empfundenen Lohn ab.
Im kalten Winter irrten Menschen zwischen Galgen und Friedhöfen umher – auf der Suche nach Knochen und Fleisch.
Zusätzlich wurden die wirtschaftlichen Verhältnisse noch dadurch erschwert, dass von Braunschweig aus der Norden mit Kupfermünzen überschüttet wurde, die als „Kipper und Wipper“ gefürchtet waren. Da die Kriegslasten nicht mehr mit den Gold- und Silbermünzen aufgefangen werden konnten, glaubten einige Fürsten und Städte, sie könnten mit dem „gekupferten“ Falschgeld die Inflation aufhalten. Da aber das Finanzwesen auf dem wahren Materialwert der Münzen aufgebaut war, drohte nun auch noch das ökonomische System zusammenzubrechen.
Ob Mansfelds protestantische Scharen oder Tillys katholische, dem Leidensbuch der Geschichte wurden auf ihren Feldzügen ständig neue Kapitel hinzugefügt. Der Griff nach der „Fahrhabe“ (bewegliche Güter und Geld) friedlicher Menschen als Ersatz für ausstehenden Sold, das Zerstören der „Festhabe“ (unbewegliche Güter) aus Wut über geleistete Notwehr der Betroffenen war normal. Dazu kamen aber Tätlichkeiten gegen wehrlose Kinder, denen man die Köpfe abschlug, oder gegen Frauen, denen nach einer Vergewaltigung die Brüste abgesäbelt wurden.
Die neue Methode der „verbrannten Erde“ zeigte Verwilderungen unbegrenzten Ausmaßes. Sogar die Hunde wurden in dieser Zeit von Raserei erfasst. Sie suchten am Neckar, Main, Rhein, Weser und Elbe entlang die Ufer nach angespülten Leichen und Kadavern ab, fraßen sich satt und infizierten sich mit Giften, bis ihnen das bluttriefende Maul schäumte und sie alle Scheu ablegten und Menschen und lebendes Vieh angriffen. Die Tollwut grassierte bis Siebenbürgen.
War es unter diesen Umständen nicht gut, dass ein Held aus einem der nordischen Länder der Mitternacht gen Süden zog, um der verrottenden Christenheit ein reinigendes Feuer zu bringen? Christian IV. machte sich Sorgen über den „seltsamen Zustand, in den das Römische Reich nunmehr geraten ist“. Dänemark war zur damaligen Zeit erneut eine bedeutende Macht, deshalb wäre Wallenstein dem Dänenkönig gerne entgegengezogen. Der Kurfürst von Bayern, Maximilian aber gab Tilly den Befehl, gegen die anrückenden Truppen Christians, des „Herzogs von Holstein und des Oberbefehlshabers des Niedersächsischen Kreises“ zu ziehen.
Am 26. Februar 1625, kaum waren die Deich- und Überflutungsschäden der letzten Naturkatastrophe in Nordfriesland und den Uthlanden beseitigt, trat erneut eine Sturmflut ein, die mit Neumond, also mit einer „Springtide“ und einer Sonnenfinsternis zusammenfiel. Die im Wattenmeer lagernden Eismassen des in diesem Jahr klirrenden Winters häuften sich wie Berge auf und schoben sich gegen die Deiche. In Eiderstedt, Nordstrand und Föhr wurden die Deiche durchbrochen, auf Sylt legten sich die Eismassen schützend vor die Ufer und wehrten die Sturmflut ab. Dieses eigenartige Ereignis nährte natürlich einmal mehr den Glauben vom Strafgericht und von der Gnade Gottes.

Tillys Truppen waren nach dem Winterlager, in dem sie am Hunger beinahe verzweifelten, nur schwer in Bewegung zu bringen. Die Armee des Dänen Christians IV. hatte ihr Hauptquartier in Rothenburg/Wümme, im Oldenburger Land und damit in der Nähe der Bistümer Bremen und Verden, die der dänische König für seinen ältesten Sohn auserkoren hatte. Ernst von Mansfeld, der die königlichen Truppen verstärken sollte, landete jedoch vor Dessau. Das veranlasste Wallenstein, seine Absicht, Christian IV. Weg nach Thüringen abzuschneiden aufzugeben und ebenfalls in Richtung Dessau zu ziehen, um dort Mansfeld zu stellen.
Währenddessen wartete der flandrische General Tilly bei Lutter am Barenberge im nordwestlichen Harzvorland auf den Dänenkönig und seine dänischen, schleswigschen und holsteinischen Truppen. Am 18. August 1626 erlitt Christian eine vernichtende Niederlage. Mit nur 80 von ehemals 8.000 Reitern rettete er sich nach Holstein zurück, während sich seine Söldnerhorden als Selbstversorger in wilder Flucht raubend und plündernd ihren Weg bis in den Norden Jütlands bahnten. Fast hätten Dithmarscher Bauern Christian IV. erschlagen, den sie für einen marodierenden dänischen Offizier hielten.
Da Tilly den König der Dänen nicht gleich zu einem Frieden zwingen konnte, blieb er ihm auf den Fersen. Mitte Juli 1627 überquerten Tillys Truppen die Elbe und standen wenige Tage später, von den Truppen Wallensteins gefolgt, im südlichen Holstein. Hier gab es einige befestigte Orte, die verteidigt wurden, vor allem die Festungsstädte Krempe und Glückstadt. Während Tillys Truppen die restlichen Widerstandnester, wie z.B. Breitenburg, in dem schottische Soldaten fast bis auf den letzten Mann niedergeschlagen wurden, aushoben, verfolgten die Soldaten Wallensteins die flüchtenden Dänen. Damit lernte Schleswig-Holstein die Probleme kennen, die auftraten, um Armeen mit 40.000 Soldaten und noch einmal die gleiche Anzahl von Frauen und Kindern, Huren, Glücksspielern und anderem Volk zu verpflegen und unterzubringen. Auf seinem Durchmarsch nach Norden verfuhr Wallenstein wie immer: er selbst trieb bei Städten und Ämtern Geld ein, seine Truppen hausten unterwegs furchtbar. „Soll der Soldat leben, so gehört Geld dazu", hatte Ernst von Mansfeld geschrieben, der diesem Krieg sein Gesicht gegeben hatte. „Gibt man es ihnen nicht, so nehmen sie es, wo sie es finden. Da hilft kein Zaun mehr noch eine Schranke. Sie begnügen sich nicht mit ihrer Notdurft, sie wollen sich auch bereichern. Sie schlagen und erschlagen, was ihnen Widerstand tun will. In summa: Da ist keine Unordnung, noch Unwesen zu erdenken, das sie nicht anstiften........Der Krieg ernährt den Krieg."
Obwohl Friedrich III., Herzog von Schleswig, der sich während des gesamten Kriegs zur Neutralität bekannte, bemüht war, das Los der Menschen so milde wie möglich zu halten, wurde die Bevölkerung Schleswig-Holsteins dennoch vom Elend geplagt. Die durchziehenden und einquartierten Truppen rasten wie Heuschreckenschwärme über alles Essbare her. Für die Zivilbevölkerung war lange Zeit an kein Fleischgericht mehr zu denken. Selbst an Festtagen reichte es nicht mehr, die Erbsensuppe mit ein wenig Schmalz anzureichern. Es gab in einst wohlhabenden Dörfern weder eine Gans noch ein Schwein. Die Steinwege waren mit Gras überwachsen und die besten Äcker konnte man bereits nach kurzer Zeit für einen oder zwei Laib Brot erwerben. Aus ehemals Reichen wurden Arme.
Am Abend des 18. Mai 1628 erreichte der „Teutsche Krieg" die Insel Sylt.

17. Maikäfer flieg

Zwischen Skagen am Nordzipfel Jütlands, Spitze der „cimbrischen“ Halbinsel, und Flensburg lagen zwischen 20.000 und 30.000 Mann „kaiserischer“ Truppen. Da verwunderte es nicht, dass auch die insularen Außenbezirke inspiziert werden mussten. Für die „kaiserischen“ Landratten war es gar kein so leichtes Ansinnen. Der erste Versuch unter dem Kommando des kaiserlich-spanischen Obersten Cerboni, „Sildt“ von Eiderstedt aus zu „forcieren“, misslang. Also versuchte man es noch einmal vermutlich von Hoyer aus. Die Überfahrt unter dem Kommando von Kapitän von Zins dürfte Stunden in Anspruch genommen haben, denn der Weg durch das Watt nach Morsum war nicht leicht zu finden.
Gegen Abend erreichten die kaiserlichen Soldaten, etwa 400 an der Zahl, mit „gewehr und geschütte“ die Kirche in Morsum. Unter dem Befehl des Oberstleutnants Ernst von Suys verschanzten sie sich rund um das Gotteshaus. Aber zur Überraschung der Bevölkerung fuhren sie am nächsten Tag wieder ab.
Was wollten die „Keiserischen“ auf „Sildt“? Und warum drangen sie nicht weiter auf die Insel vor? Sie fanden fast nur Greise, Kinder und Frauen. Die Männer hatten sich wie in jedem Jahr zur „Biike“ am 22. Februar nach Spitzbergen und Grönland zum Walfang verabschiedet. Außerdem waren die Niederländer, die noch zu den „Ständen“ des Deutschen Reichs zählten, und neben Hamburg die größten Auftraggeber für die Sylter Seemannschaften waren, zu jener Zeit die bedeutendsten Kaperfahrer. Auf diese Weise kämpften die Holländer für ihre Unabhängigkeit von Spanien auf See. Sie bekämpften zwar selbst das Freibeuterwesen der Türken im Mittelmeer, aber ihr eigenes Seeräuberunwesen betrachteten sie als „Befreiungskampf“, auch wenn ihr Staatsdenker Hugo Grotius Werke wie „Das freie Meer“ und „Vom Recht des Krieges und des Meeres“ schrieb, aus denen sich das noch heute gültige internationale Seerecht entwickelte. Da die „Batavische Republik“, wie die Niederlande seit der Antike hießen, mit Venedig verbündet war, hatten die holländischen Korsaren einen sicheren Hafen im mediterranen Korsarenrevier.
Aber die Kaperfahrten im Mittelmeer genügten den Holländern seit 1621 schon nicht mehr. Denn die schnellen Segler der West-Indischen Kompagnie operierten bereits vor der Küste Südamerikas und die Niederländer waren im Begriff, den Portugiesen und damit der Weltmacht Spanien das reiche Brasilien abzunehmen.
Es ist davon auszugehen, dass zu jener Zeit Sylter nicht nur auf holländischen Walfängern arbeiteten, sondern außerdem auf diesen holländischen Kaperschiffen anzutreffen waren, da nachweisbar 1693 der erste Sylter mit Namen Erck Geicken aus Westerland aus der Sklaverei in Algier freigekauft wurde. Ein Jahr später ersparte ein holländischer Kapitän Peter Petersen aus Kamp das gleiche Schicksal, indem er ihn mit 500 Spanischen Talern auslöste.
Wenige Jahre später wurde Andreas Frödden aus Wenningstedt auf dem Sklavenmarkt in Algier angeboten. „Während er nun mit niedergeschlagenem Kopfe und Gemüte über seinem Schicksal auf dem Markte zum Verkaufen hingestellt war, klopfte ihm jemand auf die Schulter. Er sah sich um und erblickte einen großen, bärtigen Türken, der ihn zu seinem Erstaunen fragte: „Best dü eck en Söllring?“ Der Fragende war Jens

Baathen aus Archsum, der früher in Gefangenschaft geraten, die mohammedanische Religion angenommen und ein freier Mann geworden war. Er half dem Gefangenen, bald seine Freiheit zu erhalten."
Die Soldaten Wallensteins fanden auf „Sildt" verwahrloste, vom Sand verwehte Weiden und Agrarflächen und von der letzten Überflutung zurückgebliebenen Schlick, der sich über das zu überschauende Land zog. Was gab es hier schon zu holen? Diese armseligen Häuser und Katen in Morsum, zwar schon aus Backstein erbaut, aber mit wetteranfällig wirkenden Schilfdächern und innen duster mit offener Feuerstelle. Die Männer waren sicherlich beim dänischen Militär und befanden sich auf der Flucht. Was war hier also zu holen, bei diesen alten Männern und den weinerlichen Frauen? Und dann diese Sprache. Die offizielle Amtssprache war zwar Niederdeutsch, die bereits schwer für die Soldaten aus Böhmen und anderen Südregionen zu verstehen war, aber diese Weiber hier und die Greise sprachen dieses „schröckliche" Friesisch, dieses Sölring. Das war nun wirklich nicht mehr zu verstehen. Was sollten sie also hier auf dieser erbärmlichen Insel?
Es war zwar ganz lustig, Frauen zu vergewaltigen, aber die Kameraden auf dem Festland hatten die gleichen Möglichkeiten und konnten darüber hinaus noch ordentlich Beute machen. Somit zogen die „Keiserischen" am nächsten Tag, den 19. Mai wieder ab.
Die Sylter waren froh, dass ihnen das Los der auch auf der Insel bekannt gewordenen Plünderungen erspart geblieben war. Außer Verpflegung für die Soldaten hatten sie nichts eingebüßt. Die Welt schien wieder in Ordnung.
Aber zwei Tage später, am 21. Mai 1628 liefen drei Schiffe „mit des Köningens Folck" vor List auf Reede. Wenn die Sylter sich zuvor gefreut hatten, dass ihr Wohlstand bei den katholischen Truppen unbekannt geblieben war, so wurden sie jetzt durch die Truppen des Dänenkönigs bitter enttäuscht.
Die königlichen Schiffe hatten Männer von Föhr in die von den Truppen Tillys belagerte Hafenstadt Glücksstadt gebracht. Dafür sollten die Dänen den nordfriesischen Inseln gegen die Kaiserlichen zu Hilfe kommen. Sie waren gerne dazu bereit, da sie erfahren hatten, dass die wohlhabenden Bürger von Husum und Tondern ihre Vermögen auf die Inseln gebracht hatten, um sie dort vor den marodierenden Soldaten zu verstecken. Die Königlichen kamen also gerne, am Abend vor Christi Himmelfahrt, am 21. Mai nach List auf Sylt. Mit an Bord war Friedrich von Buchwaldt, aus einem der bedeutendsten Adelsgeschlechter Holsteins.
Sie erpressten die Bewohner der Insel und plünderten das gesamte Eigentum der Husumer und Tonderner Bürger. Sogar getrockneten Fisch der Insulaner nahmen sie in großen Mengen mit. Beladen wurde ein Schiff, dass die Dänen am Tag zuvor von des „koniges eigenen unterthanen von Möltunderen geraubet" hatten. Damit segelten sie in einen kleinen Hafen namens Rutebüll und bedrohten die Bevölkerung mit „zwo kleine metallen stück" (Geschütze). Die Soldaten zogen los, um Hilfe zum Entladen und um Transportmittel zu besorgen. Drei Soldaten ließen sie zur Bewachung zurück. „Der Schiffer aber," wie der Amtmann Blome von Tondern an den Herzog nach Gottorf schrieb, „wie er seine gelegenheitt gesehen, hat die luk zugenageldt, undt sie darinne versperret."
Die Kaiserlichen, die unter dem Befehl desselben Oberstleutnant Suys standen, der

wenige Tage zuvor in Morsum auf Sylt gewesen war, nahmen „zwo darvon gefenglich".

Durch diese Aktion wurde aber publik, dass die Sylter gar nicht so arm waren, wie sie sich dargestellt hatten. Die sichergestellten Vermögen der Husumer und der Tondener verblieben natürlich bei den Soldaten Wallensteins, darüber hinaus verlangte Oberstleutnant von Suys von den Syltern eine Kontribution (Kriegssteuer) von 5.000 Reichstaler. Das war ein kleines Vermögen. Wahrscheinlich war ihm zwischenzeitlich auch zu Ohren gekommen, dass die Männer der Insel nicht bei den dänischen Horden dienten, sondern gutverdienende Walfänger waren.

Die Sylter zahlten 3.900 Reichstaler, 1.100 konnten sie nicht aufbringen. Schließlich hatte die Walfangsaison erst begonnen. Kurzerhand ließ Oberstleutnant von Suys die beiden Sylter Peter Petersen aus Archsum und Manni Bundis aus Morsum ins Gefängnis werfen. Es halfen auch keine Bitten der vornehmsten Ratsleute der Insel. Die zwei müssten so lange im Gefängnis bleiben, bis der Rest bezahlt sei, so der Oberstleutnant.

Auf ein Bittschreiben der beiden, in dem sie beklagen, dass sie im „Gefengknuß" wegen „unßer Landsleuten, und nicht unser eigen Schult gerahten" seien, und dass sie im Gefängnis das notwendige Geld nicht würden aufbringen können, sondern nur als freie Leute, als die sie sich verpflichten würden, die Stadt nicht zu verlassen, antwortete von Suys lakonisch: „sie werden alda sitzen bleiben bis ich werde zu frieden gestellt sein oder mit gelt oder mit bürgschaft."

Am 29. Dezember 1628 wandte sich der Herzog in dieser Angelegenheit an den General der kaiserlichen Artillerie, Torquato Conti, der den Befehl erteilte, die Gefangenen zu entlassen. So geschah es. Die beiden waren aus ihrer Not befreit, aber Sylt sollten noch harte Zeiten bevorstehen.

Im Herbst kamen 1.300 dänische Soldaten nach Sylt. Die Insel hatte sich zu einem strategisch wichtigen Posten entwickelt, da einerseits das Festland noch immer von den Truppen des Kaisers besetzt war, andererseits die Sorge bestand, Wallenstein könnte von Sylt aus eine Flotte gegen Dänemark einsetzen.

Diese Gefahr bestand nicht. Schleswig-Holstein und Jütland waren unter Kontrolle gebracht, für die Holländer, die sich vom Habsburger Kaiserreich und der spanischen Herrschaft der Habsburger freimachen wollten, war die spanische Armada zuständig und die Engländer schickten zwar einige Soldaten in den „Teutschen Krieg", aber für einen massiven Truppeneinsatz fehlte dem englischen König das Geld. Die verbliebene dänische Macht lag ausschließlich auf den Inseln des Königreichs und die lagen alle in der Ostsee. Da Wallenstein seinen Krieg bisher ausschließlich im Osten des Reichs geführt hatte und er vom Kaiser als Herzog mit dem Land Mecklenburg belehnt wurde, war für ihn ausschließlich die Ostsee von entscheidender Bedeutung und er war daran interessiert, dass durch eine Habsburger Flotte, deren Oberbefehlshaber natürlich er selbst sein wollte, die sich langsam zur Gefahr entwickelnden Schweden unter Kontrolle gebracht würden.

Die dänischen Truppen konnten von Sylt aus das Festland unter Kontrolle halten, aber auch den belagerten Hafen Glückstadt entsetzen. Sie blieben bis zum 13. Mai 1629 auf der Insel, am 27. Mai des Jahres wurde der „Lübecker Frieden" geschlossen. Glückstadt hatte bis zu diesem Zeitpunkt durchgehalten und wurde nicht von den Truppen Tillys erobert.

Zu den Friedensverhandlungen in Lübeck wurde Schweden, der Erzfeind der Dänen nicht zugelassen. Mit steigender Unruhe vermerkten sie, dass der protestantische Christian IV. sich mit dem katholischen Habsburger gegen sie verbünden würde, da er in dem Friedensabkommen nur verpflichtet wurde, auf seine südelbischen Interessen zu verzichten und sich als Herzog von Holstein in seiner Eigenschaft als Reichsstand nicht in die Interessen des Kaisers einmischen durfte. Ansonsten blieben ihm sämtliche Machtansprüche im Ostseeraum erhalten. Dieser Umstand führte dazu, dass in Schweden die Kriegsvorbereitungen mit der Indienststellung der Invasionsflotte im Seehafen Utö begannen. Ein Jahr später, am 19. Mai 1630 begab sich der schwedische König Gustav Adolf auf sein Schiff und verpflichtete seine schottischen, deutschen und schwedischen Soldaten, „dass unsere unterdrückten Religionsverwandten vom papistischen Joch befreit werden müssen".
Die kaiserlichen Soldaten hatten auf dem Festland gehaust, die dänischen auf den Inseln, vor allem auf Sylt. Der König und der Herzog von Schleswig benötigten Geld, um ihr Land wieder aufzubauen. Also machten sie das, was Politiker jeder Herrschaftsform immer tun, sie erhöhten kräftig die Steuern.
Die Staatsabgaben bestanden aus zwei Teilen: zum einen verlangten sowohl der König als auch der Herzog Steuern und Abgaben, zum anderen Kriegssteuern. Da es noch keine Einkommensteuererklärung gab, wurden im typischen Agrarland die Pflüge besteuert. Da aber die Sylter weniger Einkommen durch Landwirtschaft erzielten, als vielmehr durch Seefahrt und Walfang, dürfte die Anzahl der zu besteuernden „Pflüge" (Betriebe) zugunsten der Obrigkeit geschätzt und der Satz pro Pflug willkürlich festgelegt worden sein. Die Sylter versuchten sich schriftlich beim Herzog zu wehren. Sie teilten ihm mit, dass sie arme Leute seien (wenn es um das Zahlen von Steuern geht, sind alle „arme Leute", das hat Tradition), aber sie schrieben außerdem, dass sie alles, was sie „kümmerlich zuwege bringen können" an die „Kayserschen" abgeben mussten und anschließend über 26 Wochen Einquartierung der „königschen" alles, „was wir an victuali, Korn und Behste (Vieh) gehatt" und schlachteten, an die königlichen Soldaten abgeben mussten. Selber blieb ihnen kaum genug übrig zum Leben.
„Unsere Pferde haben sie mit Jagen, reiten und Rennen dermaßen abgejaget und verdorben, daß wir noch weinigh Nuz darmitt schaffen können". Es war deshalb nicht möglich, die Felder ordentlich zu bestellen und demzufolge hat es „auch wenig frucht getragen". Die Fischerei, „so ein gut theil Unserer Nahrung gewesen," war nicht nur in den letzten Jahren zurückgegangen, sondern im Jahr 1629 ganz ausgeblieben. Die dänischen „Kriegsleute" hatten die „Vischerschiffe" teils mutwillig in Brand gesetzt, teils zerhauen und zerschlagen. Und weiter berichteten sie, dass die Kriegsleute ihnen mitteilten, „das sie alles haben Und wir nichtes behalten sollten, Allein daß sie Gottlob uns die Heuser gelassen haben."
Und zu allem Überfluss folgte nach all dieser Bedrängnis die „Pestilenz und Klebende Krankheit" (Typhus), die 162 Menschen hinwegraffte. Dadurch sind „viel Heuser Wöhste geworden" und nun steckten die Sylter in Bedrängnis und äußerster Armut und die Schuldenlast steige ihnen fast über die Ohren. Und weil sie ihre „Creditoren" nicht bezahlen könnten, haben sie auch keinen Kredit mehr. Daher wäre es ihnen unmöglich, die geforderten „Pflichten" aufzubringen.
Der Herzog ließ kurz und knapp antworten, dass Zwangsmaßnahmen ergriffen würden,

wenn die Sylter nicht das „ihrige“ erledigen würden. Basta.
Irgendwie haben die Insulaner es geschafft, den Herzog und den König zufriedenzustellen, obwohl im Jahr 1630 eine Missernte folgte. Und am Mittag des 11. Oktober 1634, bei Neumond, bei Springtide und bei Regen und Sturm aus Südwest brach eine Sturmflut herein, wie sie nur mit der von 1362 verglichen werden kann. An der nordfriesischen Küste brachen die Deiche an 44 Stellen bis auf den Grund, fast 10.000 Menschen ertranken und 50.000 Stück Vieh. Am härtesten traf es Nordstrand. Der größte Teil der Insel war mit 160 Quadratkilometern verschwunden, sodass das heutige Nordstrand nur einen Inselrest darstellt.
Eine Gruppe der betroffenen Nordfriesen entschloss sich, unter der Führung von Jonas Bronck nach Nordamerika auszuwandern. 1639 erreichten sie das von Holländern wenige Jahre zuvor gegründete „Neu-Amsterdam“. Dieser Name wurde 1664 in „New York“ geändert, der Name der nordfriesischen Siedlung in dieser Stadt lebt jedoch bis heute fort: die „Bronx“.
Sylt, Amrum und Föhr überstanden die Flut besser. Durch die Dünenbildung waren sie bereits geschützter und hatten nur wenige Tote zu beklagen. Allerdings waren etliche Häuser, Scheunen und Mühlen zerstört worden.
Während der nächsten zehn Jahre blieb es ruhig auf der Insel, wenn man einmal davon absieht, dass zwischendurch Werber auf dem Eiland erschienen, die junge Männer zum Wehrdienst für den König pressen wollten. Da aber auf Sylt wenig Wehrtaugliche anzutreffen waren, musste die Insel sich freikaufen.
Der König benötigte viele Soldaten, da er ständig mit Erbstreitigkeiten konfrontiert war. Außerdem lag er mit Hamburg in einem Dauerkonflikt. Vor allem der „Glückstädter Elbzoll“, den der König ständig erhöhte, wurde für Hamburg existenzgefährdend.
Zudem benötigte der dänische König Seemänner und -soldaten. Zwischen 1635 und 1639 drehte er so stark an der Schraube der Sundzolltarife, dass die Niederländer ihren Handel bedroht sahen und 1641 mit Schweden ein Bündnis zur Verteidigung der Freiheit der Meere eingingen. Zur gleichen Zeit war Schwedens Reichsleitung über das Heiratsprojekt des dänischen Grafen Waldemar mit einer moskowitischen Zaren-Tochter beunruhigt, weil nun auch noch eine Einkreisung aus dem Osten drohte. Zudem kursierten Gerüchte, Graf Waldemar wäre im Begriff, 8.000 „teutsche“ Soldaten anzuwerben, um mit ihnen in das russische Reich zu ziehen.
Ein Präventivschlag gegen Dänemark drängte sich auf. General Lennart Torstenson, der nicht nur die Kriegskunst zu Lande und zu Wasser beherrschte, sondern auch noch einiges von Natur-, Völker- und Staatsrecht verstand und darüber hinaus im Gegensatz zu den meisten seiner Gegner ein recht gebildeter Mann war, gelang ein in der Kriegsgeschichte einzigartiger Gewaltmarsch von Böhmen nach Holstein. Mitte Januar 1644 konnte Torstenson dem schwedischen Reichskanzler Oxenstierna die Eroberung Holsteins, Schleswigs und ganz Jütlands melden. Der Dreißigjährige Krieg mit all seiner Grausamkeit war wieder zurückgekehrt.
Am 23. Februar 1644 ertönten erneut die Landsknechtstrommeln auf Sylt. Die “Schwedischen“ erreichten mit mehreren kleinen Schiffen von Amrum kommend die Insel. Sie nahmen sich, was sie wollten. Christoph von Grimmelshausen schilderte im „Simplicissimus“ wie: „Den Knecht legten sie gebunden auf die Erde, steckten ihm ein

Sperrholz in den Mund und schütteten ihm einen Melkkübel voll garstigen Mistlachenwassers in den Leib - das nannten sie einen schwedischen Trunk."
Befürchtungen wurden laut, diese neuen „Goten" aus dem Reich der Mitternacht könnten nach der Weltherrschaft greifen. Kinder wurden aufgefordert: „Bet Kindle bet, Morgen kommt de Schwed, Morgen kommt de Ochsenstern, der wird de Kindlein bete lern".
Torstenson hatte die Absicht, mit seinen Truppen auf die dänische Insel Fyn überzusetzen. Das wurde jedoch durch Habsburger Truppen zunichte gemacht, die die Schweden zur Umkehr zwangen. Das war noch schlimmer für Schleswig-Holstein. Die Kaiserlichen hatten das Einfüllen von Jauche in die Münder ihrer Opfer von den Schweden übernommen, aber sie begnügten sich nicht damit. Sie sprangen ihnen danach noch „mit den Füßen auf den Bauch, daß ihnen solch Wasser mit samt dem Unflat zu Mund, Nasen und Ohren herausfahren, daß sie darauf auch gleich an der Tat Tods verblieben. Anderen haben sie ihr männlich Glied also hart mit einer Schnur und Holzstück geknebelt, daß ihnen das helle Blut herausgeflossen. Teils auch in die Köpfe also hartnäckig geknüpft, daß etlichen die Augen aus dem Kopf völlig herausgegangen. Anderen wurde die Hirnschale geöffnet, wieder andere wurden zu Tode geschossen, geschlagen und gestoßen."
Die Kriegsflotte Schwedens unter dem Befehl von Admiral Klas Flemming war in Kielfjorden von der Flotte Dänemarks eingeschlossen. Auf den nordfriesischen Inseln lagen auf Röm schwedische Truppen in Stellung. Deshalb kam Oberstleutnant von Buchwald am 16. März 1644 mit 600 Mann von Glückstadt nach Röm, um die Schweden zu vertreiben und vor allem ihre Schiffe zu konfiszieren. Die Dänen eroberten 2 Schanzen und nahmen drei Capitäne, drei Lieutenants, drei Fähnriche, 140 „Knechte" und einen Admiral gefangen, außerdem zehn Schiffe.
Am 13. April kam die Nachricht, in der Nähe von Helgoland sei eine schwedische Flotte von etwa 17 „Segeln" gesehen worden. Am 19. April kam die Nachricht, die schwedische Flotte sei mit holländischen Schiffen verstärkt worden.
Christian IV. war sofort klar, dass diese Flotte nur das Ziel Kielfjorden haben könne. Er segelte ihr mit neun großen, schwerbewaffneten Orlogschiffen (Kriegsschiffen) entgegen und erfuhr unterwegs, dass 26 schwedische und holländische Segler in das Lister Tief bei Sylt eingelaufen seien. Für die holländischen Schiffe mussten noch kriegsgeeignete Mannschaften aufgenommen werden. Das sollte in den geschützten Gewässern um Sylt herum geschehen.
Am 16. Mai 1644 hörten die Einwohner Lists um 6 Uhr in der Früh Donnergrollen aus der Richtung „Lister Tief". Schnell wurde ihnen klar, dass es sich um Kanonenschüsse handelte. König Christian IV. hatte den Angriff auf die schwedisch-holländische Armada befohlen. Allerdings war der Seeweg durch das Wattenmeer nur sehr eng, sodass nicht die gesamte dänische Flotte gleichzeitig angreifen konnte. Außerdem lagen die schweren Orlogschiffe tiefer im Wasser als die leichten und besser manövrierfähigen Fahrzeuge der Schweden und Holländer. Das dänische Flaggschiff mit dem König an Bord schoss deshalb aus größerer Entfernung von morgens ab 6 Uhr auf die Feinde. Die schossen zurück, und dabei soll der König ein Auge verloren haben. Bis mittags 12 Uhr kamen noch zwei weitere dänische Linienschiffe zum Einsatz, sodass letztlich als militärisches Ergebnis ein Schiff der Holländer zerstört wurde, aber etwa

800 Mannschaften und Offiziere ihr Leben verloren haben sollen. Wahrscheinlich wurde diese "Erfolgsquote" von Höflingen des Königs weit übertrieben. Mit Erfolgsmeldungen konnte man schon immer besser Karriere machen, als mit Negativschlagzeilen.

Gegen Mittag erkannten die Dänen, dass eine weitere Beschießung zwecklos sei, da die flachen Schiffe ihrer Gegner sich in das Wattenmeer zurückzogen. Die dänischen Schiffe, die nicht folgen konnten, ankerten vor der offenen Reede, in dem Naturhafen zwischen List und Ellenbogen, der damals noch nicht so versandet war wie heute und später den Namen „Königshafen“ erhielt. Nachdem sie einige Tage vergeblich auf das Erscheinen des Feindes gewartet hatten und bei jeder Ebbe gegen das Trockenfallen ankämpfen mussten, was ihrer Beweglichkeit schadete und den Schweden die Möglichkeit gab, unbehindert auszubrechen, segelte König Christian IV. mit seinen Schiffen vor die Mündung des Lister Tiefs, um hier zu kreuzen und auf die Rivalen zu warten.
Die ließen sich aber viel Zeit. Sie begruben ihre Toten, pflegten ihre Verwundeten, reparierten ihre Schiffe und nutzten die Zeit, die Bewohner der Insel Sylt auszuplündern. Im Frankenland hatten die Kinder einen Vers: „Die Schweden sind kommen; haben alles mitg´nommen; haben d´Fenster nausg´schlagen; haben´s Blei davontragen; haben Kugeln draus gossen; und d´Bauern erschossen.“
Und wer kannte nicht die zerlumpten Trossbuben, die als Kinder nicht immer die militärische Disziplin beachteten oder Angst bekamen und dann als abschreckendes Beispiel von ihren Vorgesetzten aufgehängt wurden. Und so entwickelte sich die Melancholie des wohl traurigsten Kinderlieds des „Teutschen Kriegs“: “Maikäfer flieg; mein Vater ist im Krieg; meine Mutter ist in Pommernland; Pommernland ist abgebrannt; Maikäfer flieg.“
Allerorten standen Schwedenkreuze, so eng, dass sie an Gefängnisgitter erinnerten, an „schwedische Gardinen“. Man hielt die Leute aus dem Norden für feuerspeiende Ungeheuer, weil sie, was damals noch keiner kannte, qualmende Tabakspfeifen zwischen den Zähnen hielten. Und die Finnen aus dem Heer der Schweden hielt man für dümmlich, da sie den Wein, den sie nun wiederum nicht kannten, als „Kallskäl“ (Kaltschale) mit Brot vermischt aus den Sturmhauben löffelten.
Besonders toll trieb es ein schwedischer Hafenmeister mit dem Namen Jens Hofmester. Er hatte das Pech, dass plötzlich 400 dänische Soldaten mit kleinen Schiffen an der Südseite Morsums landeten und ihn erschossen. Die Dänen hatten die Aufgabe, die Insel von Schweden zu säubern und sie zu zwingen, aus dem sicheren Watt herauszusegeln, um dem König auf offener See vor die Kanonen zu geraten. Die angelandeten Dänen fühlten sich allerdings zu schwach für diese militärische Operation. Sie sannen auf eine Kriegslist, eine Täuschung. „Es bot aber eben die Insel Sylt mit ihren seltsam geformten und gruppirten Dünen und Dünenschluchten, ihren dunkelgrauen, großen und kleinen Haidehügeln und Steinen auf weißem Grund, mit ihrer robusten, seltsam gekleideten und durch die Plünderungen der Schweden damals sehr erbitterten Bevölkerung vielfältige Gelegenheit, gleichsam Material und Mittel im Überfluss zu Täuschungen der Art“, schrieb C.P. Hansen 1860.
Auf Wunsch der Dänen versammelten sich die Sylter, Greise, Jugendliche und die Frauen. Die wehrfähigen Männer waren fast alle auf See. Sie verabredeten einen

gemeinsamen „Kriegszug“ nach List, um die Schweden und Holländer zu vertreiben. Die Männer bewaffneten sich mit Schwertern und Flinten, die „Weiber“ mit Sensen, Heidehacker und Dreschflegel, „welche sie bei ihren Arbeiten so meisterhaft zu handhaben pflegten“. Außerdem kleideten die Frauen sich mit ihrem „schönsten Staat“. Sie setzten „ihre schwarzen, mit goldenen oder silbernen Zierrathen versehenen Huifen auf den Kopfe“, nahmen ähnlich verzierte Kordeln als Brustbekleidung, trugen Röcke aus Schafspelzen mit roten Ärmeln und rotem breitem Leibgurt und zogen rote Strümpfe an.
Am Morgen des 25. Mai ahnten die Feinde nichts Böses. Plötzlich aber waren die Dünen und Heidehöhen um List herum mit Menschen in den seltsamsten Trachten und dem wildesten kriegerischen Aussehen bedeckt. Die Schweden sahen im Sonnenlicht die glitzernden Waffen und hörten das infernalische Geschrei der herannahenden „Armee“. In der entstehenden Verwirrung ergriffen die ersten die Flucht, die nächsten folgten, bis alle Schweden und Holländer ihre Schiffe erreicht hatten. Sie lichteten, da die Tide günstig stand, die Anker und segelten in die Nordsee. Da nun wiederum die dänischen Orlogschiffe überrascht und unbeweglich waren, gelang den schnellen, wendigen Schiffen der Alliierten die Flucht.
Torstenson schickte Carl Gustav Wrangel zu den bedrängten Seestreitkräften nach Kielfjorden, um einen Ausbruch zu unternehmen. Der Weg führte über Schleswig-Holstein, dass somit wieder unter die Kontrolle der Schweden geriet.
Der schwedischen Flotte gelang ein dramatischer Ausbruch aus Kielfjorden. Ausschlaggebend war auch in diesem Falle die größere Wendigkeit der schwedischen Schiffe, denen holländische Schiffe, die Louis de Geer, der „Kanonenkönig“ des 17. Jahrhunderts angeworben hatte, zu Hilfe kamen. Unter anderem erschienen auch die Segler auf dem Kampfplatz, die vor List gelegen hatten.
Nach diesem Erfolg stießen die Schweden nach und stellten die dänische Flotte am 13. Oktober 1644 bei der Insel Fehmarn. Die entbrennende Seeschlacht führte fast zur vollständigen Vernichtung der Dänen, wodurch das Königreich bis zum Friedensschluss von Brömsebro am 13. August 1645 unter völliger Kontrolle seines Erzfeindes Schweden stand.
Im Oktober 1648 endete der Dreißigjährige Krieg. Fünfzig Prozent der deutschen Bevölkerung waren ums Leben gekommen. Dänemark, dass nach damaligen Verhältnissen zu Beginn des Krieges eine Weltmacht war, hatte jetzt nur noch den Status einer Mittelmacht, zumal der Herzog von Schleswig auf der Seite der Schweden stand und der dänische König unter anderem seine Lehen in Bremen und Verden an Schweden verlor. Schweden gewann außerdem die Zollfreiheit im Sund und die Befreiung vom Glückstädter Zoll. Das führte zu Unruhen im Norden und dazu, dass 1657 der Krieg trotz der überstandenen Schrecken des „Teutschen“ Kriegs erneut entbrannte.
Bis zu diesem Zeitpunkt freuten sich die Sylter über den eingekehrten Frieden. Neben der Seefahrt begann auch die Austernfischerei ein einträgliches Geschäft zu werden. Sie sahen sich 1652 sogar gezwungen, dänische Austernfischer mit Waffengewalt zu vertreiben.
Bedrückend waren die steuerlichen Lasten. Eingaben wurden grundsätzlich ablehnend beschieden. Außerdem erschienen immer häufiger Werbetrupps auf der Insel, die

Soldaten „requirieren“ sollten. Mit verschiedenen Tricks versuchten sich die Sylter im wehrfähigen Alter, das in der Regel bereits bei 14 Jahren begann, davor zu drücken.
Dänemark unter Führung des Königs Friedrich III. erklärte Schweden 1657 erneut den Krieg. Der schwedische König Karl X. Gustav fackelte nicht lange und jagte in Eilmärschen durch Holstein nach Schleswig. In Gottorf wurde der Schwedenkönig von seinem Schwiegervater, ebenfalls mit Namen Friedrich III., mit einem Freudensalut empfangen. Der Herzog von Schleswig unterstützte die Schweden und erhielt nach ihrem Sieg über den Dänenkönig die Befreiung von der Lehnshoheit.
Ein halbes Jahr nach dem Friedensschluss begann die Fortsetzung des Krieges. Diesmal ging er von Schweden aus. Aber nun griff eine neue Macht ein. Der „Große Kurfürst“ von Brandenburg rückte mit einem 30.000 Mann-Heer in Schleswig-Holstein ein und residierte im Schloss Gottorf. Seine Truppen, die zum großen Teil aus polnischen Soldaten bestanden, weshalb der Einmarsch auch „Polackenkrieg“ genannt wurde, stießen auf keinen nennenswerten dänischen Widerstand. Aber sie plünderten erneut die Dörfer und Städte.
Der Kurfürst lag mit seinen Truppen üblicherweise in Tondern und Husum. Von dort schickte er seine Kohorten zur Eintreibung der Kriegssteuern sowohl in die Umgebung, als auch auf die Inseln. Die Soldaten sorgten aber nicht nur für die Kriegskasse des brandenburgischen Kurfürsten, sondern auch für sich selbst.
Im Laufe des Jahres 1659 erschienen auf Sylt achtzehnmal deutsche und polnische Söldner, um einerseits Versorgungsgüter und Steuergelder abzuholen, andererseits aber auch zu plündern. Die Sylter waren sich zum damaligen Zeitpunkt noch nicht einig genug. Daher wehrten sie sich nur vereinzelt. So schlug Knut Erken auf Mönkebohl in Keitum einem Polen mit dem Dreschflegel den Arm entzwei und verjagte ihn mitsamt seiner Raubgesellen von seinem einsam gelegenen Hof in der Nähe der St. Severins-Kirche.
Die Schweden versuchten vergebens, Kopenhagen zu erobern, das dieses Mal von holländischen Schiffen versorgt wurde. Auch England war neben den Niederlanden mit Brandenburg verbündet und diese Alliierten sorgten am 27. Mai 1660 für einen Friedensschluss, aus dem Dänemark und Schweden geschwächt hervorgingen. Auch in der Ostsee dominierten von nun an England, die Niederlande und die neue Macht Brandenburg. Preußen, als Retter der Deutschen Reichsidee, warf seine Schatten voraus.
Einer der größten Philosophen Deutschlands, Gottfried Wilhelm Leibniz formulierte in diesem Jahr als 14jähriger: Alle Menschen sind sterblich. / Die Gans Emma ist sterblich. / Folglich ist Emma ein Mensch.
Die schwedische Macht endete endgültig am 18. Juni 1675, als der Große Kurfürst mit seinen brandenburgischen Truppen die Schweden bei Fehrbellin vernichtend schlug. Das blieb auch für das Herzogtum Schleswig mit Sylt (ausgenommen List, dass nach wie vor unmittelbar zum Königreich Dänemark gehörte) nicht ohne Konsequenzen. Der Gottorfer, der mit Schweden verbündet war, wurde unmittelbar nach Fehrbellin vom dänischen König verhaftet und eingesperrt. Er musste auf seine Souveränität verzichten und wurde wieder dem dänischen König lehnsabhängig.

Seekarte mit Darstellung der Beschießung vor List (Sylt Archiv)

Friedhof der „Heimatlosen“ (Verfasser)

18. Die Dänen „pressen“ zum Kriegsdienst

In den Außenlanden, den Uthlanden war die Macht des Königs nur eingeschränkt spürbar. Einerseits waren die Nordfriesen ein stolzes und selbstbewusstes Volk, andererseits gehörten sie zum Herzogtum Schleswig, das regelmäßig mit dem dänischen König in Zwistigkeiten lebte. Daher kamen viele königliche Gesetze auf den Inseln nicht oder nur bedingt zur Anwendung und es bildete sich ein eigenes Recht. Zudem hatte sich durch die wiederholten Sturmfluten und die damit einhergehende Landvernichtung die nordfriesische Landschaft zusehends zu einer „Wasserwelt“ entwickelt, die die Menschen durch verstärkte Inselbildung räumlich stetig voneinander entfernte und bei ihnen das Gefühl von kleinen Republiken aufkommen ließ. Aus diesem Grund war bei den Friesen das Gefühl des Gehorchens, der Unterordnung und der Zwang zur Friedenshaltung nicht recht ausgebildet. Jeder freie und stolze Nordfriese wollte nicht gehorchen, sondern befehlen.

Das machte sich nicht nur im eigenen Haus, auf dem eigenen Land oder auf dem Schiff, das er befehligte, bemerkbar, sondern auch in den öffentlichen Versammlungen auf den „Dingtagen“ (Thingtagen), in denen die Angelegenheiten des Gemeindegutes behandelt wurden. Hier konnte der Sylter „seiner Herrschsucht Luft machen“, wie der Inselchronist C.P.Hansen 1860 schrieb. „Namentlich war diese Neigung um 1650 bei den Syltern recht eigentlich zu einer Leidenschaft geworden. Das Misstrauen gegen die Nachbaren und der Neid möchten übrigens damals nicht minder groß und maßgebend als die Herrschsucht gewesen sein, wenn z.B. jemand sich damals herausnahm, ganzen Commünen sowohl als einzelnen Eingesessenen das Düngen, Pflügen, Säen, Tüdern (Tiere auf die Weide treiben) usw. auf dem eigenen Lande verbieten zu wollen, weil er möglicherweise einen Schaden dabei leiden könnte auf seinem daran grenzenden Acker, oder etwa, weil man ihm eine Schuld nicht bezahlt oder sonst eine Gerechtsame (Vorrecht) nicht befriedigt hatte.“ In den bauerschaftlichen und Dingversammlungen musste gestritten werden, und zwar so stark, dass Hass und Neid, Habsucht und Kleinigkeitskrämerei vorherrschten. Nicht selten wandelte sich Freundschaft in erbarmungslose Feindschaft.

Ganz anders verhielten die Sylter sich jedoch bei der Seefahrt oder beim Fisch- und Walfang. In diesen Fällen hielten sie zusammen. Vielleicht ein Beweis dafür, dass sie für die Seefahrt jeder Art besser geeignet waren als für die Landwirtschaft.

Es gab aber auch Gelegenheiten, bei denen die Sylter sich einig waren. So kamen die Insulaner während der Streitigkeiten zwischen König Christian V. von Dänemark und dem Gottorfschen Herzog Christian Albrecht wiederholt in Bedrängnis, da sie nicht nur an beide Steuern entrichten, sondern auch für beide Kriegsdienst leisten sollten. So wurden sie 1673 aufgefordert, eine „Mannschaft“ für den Herzog zu stellen. Da die Sylter aber Seefahrer und keine Landkriegsleute waren und auch nicht sein wollten, kam man überein, dass die Landschaft Sylt vier Reichstaler pro Pflug an „Kontribution“ (Kriegssteuer) zu zahlen hatte. Die Sylter im wehrfähigen Alter, das wie bereits betont bei 14 Jahren begann, waren von Hamburg und Holland aus auf ihren Schiffen auf dem Weg nach England, Norwegen, Grönland, Süd-Afrika, dem Mittelmeer, Ost- und Westindien (Amerika).

Im Juli desselben Jahres wurden nach einer Seeschlacht, in der die Holländer die französische Flotte besiegten, über 100 tote Seeleute an den Lister und den Kampener Strand getrieben. Kein Sylter war darunter. Die Insulaner begruben die Toten.
Im September 1673 liefen ein holländisches und ein englisches Kaperschiff bei List in den Hafen ein. Die Holländer verkauften ihre Prise umgehend, beraubten in einer Nacht und Nebel-Aktion die Engländer, verkauften deren Prise auch sofort und verschwanden. Die Sylter scheinen gut daran verdient zu haben. Vor allem dürfte es nicht geheim geblieben sein. Im Jahr 1675 wurde den Bürgern der Insel vom Herzog mitgeteilt, dass sie von jetzt an für die Befreiung vom Kriegsdienst nicht mehr vier, sondern sieben Reichstaler pro Pflug zu zahlen hätten, aber gleichzeitig erfuhren sie, dass sie an den Herzog 1.560 Reichstaler an Steuern abführen müssten und an den König weitere 2.370, insgesamt somit 3930 Reichstaler. Das entsprach einem Gegenwert von etwa 562 Milchkühen.
Außerdem hatten die drei Prediger der Insel Sylt ein Pferd für die Artillerie aufzubringen. Zusammen mit den Unterhaltskosten entstanden den Predigern Kosten in Höhe von 71 Reichstalern, zuzüglich der Aufwendungen, die sie tragen mussten, da zwei von ihnen das Pferd mit den dazugehörigen Unterhaltskosten nach Rendsburg zu bringen hatten. „Dieses war die erste Schatzung so den Predigern in Holstein aufgebürdet ward. Gott gebe, dass es die letzte verbleibe."
Die Kontributionen für die Befreiung vom Kriegsdienst gingen an die übrigen Harden im Amtsbezirk Tondern, die die durch die Verweigerung der Sylter entstandenen Lücken im Heer füllen mussten. Im Jahr 1676 beschwerten sie sich und verlangten mehr Kontributions-Gelder, was ihnen auch gewährt wurde. Trotzdem erschienen zur Überraschung der Sylter zwei hohe dänische Militärs auf der Insel, der Admiral Rodsteen mit dem Capitain Blomfeldt und französischen Reitersoldaten, um Männer für den Kriegsdienst einzufangen. Da die Sylter unvorbereitet waren, gelang es den Werbern tatsächlich, mit rüden Methoden junge Männer als Matrosen für die dänische Flotte zu pressen, obwohl die Landschaft Sylt bereits zusätzliche 250 Reichstaler an das Amt Tondern entrichtet hatte. Außerdem lauteten die Steuern für dieses Jahr wiederum für den Herzog und den König auf 3.564 Reichstaler. Die Sylter mussten zahlen.
1677 wuchs der Streit zwischen dem Herzog und dem König so stark an, dass sich Herzog Christian Albrecht nach Hamburg absetzte. Das gab dem dänischen König die Möglichkeit, die gesamten Steuern für sich zu beanspruchen. So musste die Landschaft Sylt in diesem Jahr alleine an Kriegssteuern 3.774 Reichstaler an Dänemark entrichten. Es kamen 73 Reichtaler „wegen Demolirung des Tonderschen Schlosswalles" hinzu, der Amtmann von Holstein erhielt 52 Reichstaler „Installations-Gelder" und eine beachtliche Summe von 239 Reichstalern musste an „Exequier-Gelder" entrichtet werden. Offensichtlich handelte es sich bei dem letztgenannten Posten um Strafgelder, weil die Sylter die vielen neuen und, wie sie meinten, ungerechtfertigt hohen Abgaben nicht bezahlen wollten.
Am 15. März d. Jahres kam Capitain Blomfelt erneut mit Reitern nach Sylt, um für Ihre Königliche Majestät „Volk zu pressen". Wer im wehrfähigen Alter erwischt wurde und kein königliches Geld nehmen wollte, wurde „geprügelt als ein Hund". Die Leute waren verängstigt und da es sich meist um junge Burschen handelte, „nahmen sie Geld" und 30 von ihnen aus Keitum zogen mit auf das Kriegsschiff. In den anderen

Orten waren die meisten „Manß“ bei Ankunft des Capitains und seiner Reiter bereits geflohen. Die Angehörigen wurden zur Strafe von den Soldaten ausgeplündert und mussten offiziell noch drei Reichtaler zwecks Erstattung der „Unkosten“ tragen. Am Tag des Abzugs von der Insel befahl der Capitain die reichsten Bauern der Insel an sein Schiff, um sie ebenfalls mitzunehmen. Aber „sie gingen durch und kahmen ihm nicht fürs Gesichte“.
Trotzdem zogen 90 mit in den „Orlog“, davon kamen im Verlauf der nächsten Jahre 17 zu Tode. „Die übrigen kamen um Martini (St. Martin) zu Hause, theilß seer kranck und schwach“. Allerdings sollen die 17 nicht in einer Schlacht, sondern vor allem wegen schlechter Kost und unmenschlicher Behandlung auf den Schiffen umgekommen sein. Diese Vorkommnisse empörten die Sylter dermaßen, dass sie in seltener Einigkeit beschlossen, „um keinen Preis wieder an dem verhaßten Dienst auf der dänischen Flotte Theil zu nehmen“.
So war es im März 1678 einem weiteren dänischen Capitain nicht möglich, Matrosen für die dänische Flotte auf der Insel zu „pressen“. Fast einen Monat lang versuchte der Offizier mit seinen Reitern sein Glück. Weder durch Lockungen, noch durch Drohungen oder „Gewaltmaßregeln“ war es möglich, nur einen einzigen Mann „auf den Orlog zu zwingen“. An Kosten hatte die Landschaft Sylt dafür 550 Reichstaler zu zahlen.
Außerdem hatte die Insel in diesem Jahr 3.120 Reichstaler an Kriegssteuern, 624 Rt an Kopf- und Viehsteuer, Artillerie-Pferde im Wert von 104 Rt, 208 Rt für Magazinkorn und für die „Münsterschen“ Truppen 104 Rt, alles in allem somit 4.710 Rt zu zahlen.
Am 2. März 1679, wiederum kurz nach Biike, kamen erneut dänische Offiziere mit der königlichen Order auf die Insel, 110 Matrosen zu „werben“. Da sie von den widerspenstigen Insulanern wussten, beschlagnahmten sie alle Wasserfahrzeuge und zogen sie aufs Land, damit niemand mit ihnen entfliehen konnte. Wie durch Gottes Fügung wehte drei Tage lang starker Ostwind, sodass das Watt trocken fiel und die Wehrfähigen konnten zu Fuß nach Wiedingharde entweichen. Kein einziger Sylter wurde „gepresst“. Die Strafkosten beliefen sich für Sylt auf insgesamt 800 Rt.
1679 kamen dänische Werbeoffiziere bereits am 22. Februar, zur Biike auf die Insel. Alle Sylter Männer waren noch anwesend. Die Soldaten zogen wieder die Fahrzeuge an Land und ließen jedes einzelne sogar bewachen, damit kein Sylter damit fliehen konnte. Aber wieder war das Schicksal den Insulanern gnädig. Der Ostwind trocknete erneut das Watt und alle Männer erreichten das Festland, um von dort nach Hamburg oder Holland auf ihre jeweiligen Handels- oder Walfangschiffe zu gelangen. Die dänischen Offiziere, die sich erneut genarrt sahen, verlangten dieses Mal „Schmiergeld“ für sich und nicht für den König. So bekam Capitain Hansen 50 Rt, Commandeur Thomsen 20 Rt, Lieutenant Möller für sich und seine Mannschaft 69 Rt und Commissar Tycho in Tondern musste „zur Discretion“ mit 100 Rt „geschmiert“ werden.
Die Versuche des dänischen Königs, auf Sylt Matrosen „pressen“ zu lassen, endeten – zunächst zumindest. Endlich konnten die Sylter sich wieder mit ihren Streitereien beschäftigen. So klagten die Tinnumer Bauern gegen die Keitumer, weil die ihre Pferde, Kühe und „andere Vehe“ auf einem Sumpfgebiet an der Gemarkungsgrenze weiden ließen, das bereits 1617 den Tinnumern zugesprochen worden war.

Die Keitumer wurden 1682 und noch einmal 1684 zu 50 Rt Strafe verurteilt.
Das ließ die Keitumer Bauern natürlich nicht ruhen. Als die Tinnumer begannen, auf diesem Sumpfgelände Dünger für schlechtere Böden zu gewinnen, sahen die Keitumer Bauern darin einen „Umweltfrevel“ und wollten den Tinnumern das verbieten lassen. Allerdings ohne Erfolg.
Am 23. Juni 1682 schlug der 16jährige Peter Bohn aus Keitum dem 12jährigen Mägdlein Ohse aus Kampen mit einer Keule so „Erbarmlig“ auf den Kopf, dass sie Blut spuckte und am 13. Juli in Keitum in Henning Henningsens Haus starb. Der Knabe, der geflohen war, wurde gebannt und die Anverwandten und Freunde des Mädchens schworen Blutrache.
1683 kam es zwischen dem dänischen König und dem Herzog von Gottorf erneut zu Feindseligkeiten. Sofort erschienen wieder dänische Capitains, um auf Sylt Bootsvolk für die Orlogschiffe zu „werben“. Aber die Sylter waren bereits abgefahren, sodass sich die Dänen unverrichteterdinge wieder zum Festland begaben.
Am 1. Mai 1685 starb Peter Taken in Tinnum im Alter von 72 Jahren. Er war fast 50 Jahre lang Landvogt auf Sylt gewesen, ständig jonglierend zwischen dem dänischen König und dem Herzog von Gottorf. Er galt als „accurater und dabei humaner und durchaus redlicher Mann, der sich um die Landschaft Sylt in mancher Hinsicht verdient gemacht“ hatte. Sein Amt verlangte es, dass er die vielen von den Syltern geforderten Steuern eintreiben musste. Als die unzufriedenen Insulaner 1681 von ihrem Landvogt Offenlegung der „gehobenen“ Steuern verlangten, konnte er ihnen durch Quittungen beweisen, dass er von 1660 bis Ende 1680 im Ganzen 58.216 Reichstaler erhoben hatte, aber im gleichen Zeitraum 58.461 Rt wieder für Sylter Interessen ausgezahlt hatte. Kein Wunder, dass Peter Taken für immer eine besondere Persönlichkeit auf dieser Insel sein wird.
Der nächste Versuch, Matrosen anzuwerben, erfolgte 1689. Dieses Mal waren die Sylter nach einer langen Phase der Ruhe nicht vorbereitet, sodass am 21. März von einem Capitain, einem Lieutenant und 24 „Musquetires“ 93 Leute in den „Orlog“ gezwungen werden konnten. In die Häuser, deren Männer verschwunden waren, wurden die „Musquetires“ einquartiert, bis sie am 26. März wieder nach Tondern abzogen. Einige von ihnen hinterließen üble Zustände.
Im September 1689 erschienen 7.000 dänische Soldaten auf der Insel, die in der Umgebung von List stationiert wurden. Sie sollten das englische Haus Stuart in ihrem Kampf gegen Wilhelm III. von Oranien, Statthalter der Niederlande unterstützen, der kurz zuvor die Stuarts unblutig gestürzt und den englischen Thron bestiegen hatte. Am 30. September kamen vier Orlogschiffe und etwa 70 weitere Segler von Kopenhagen nach List, um die Armee aufzunehmen. Der Commandeur der Flotte war ein dänischer Herzog mit Namen von Höcken, General über die Soldaten war der deutsche Herzog von Württemberg. Unter den Offizieren befanden sich der Fürst von Sunderburg, Grafen, Freiherren und sonstige Adlige.
Die Schiffe blieben bis 8. November vor Reede. Das machten sich etwa 900 Mann am 14. und 15. Oktober zunutze, indem sie die Insel durchstreiften und vor allem in Kampen, Braderup und Keitum etliche Häuser plünderten und die betroffenen Menschen „ruinierten“. Gänse, Hühner und Schafe wurden gestohlen. Sogar die Tauben wurden von den Dächern geschossen.

Am 8. November verließen die Schiffe mit den Soldaten Sylt und nahmen Kurs auf Schottland. Dort liefen sie zum Teil vor der Küste auf Grund und mussten durch das Wasser an Land waten. Viele Pferde ertranken dabei.
Diese nautische Peinlichkeit der Dänen war nicht dazu geeignet, eine erfolgreiche Unterstützung zu bieten, um den Stuarts wieder zu ihrem Thron zu verhelfen. Der Niederländer Wilhelm von Oranien aus dem Hause Hessen-Nassau blieb König und leitete die konstitutionelle Monarchie in England ein.
Der dänische Herrscher war dieses Mal mit Frankreich unter König Ludwig XIV., dem Sonnenkönig, der die meisten Möbel „erfunden" hat, und dem Kurfürstentum Brandenburg verbündet, aber gegen die Allianz Schweden, England, die Niederlande und das Deutsche Reich konnte er seine Interessen nicht durchsetzen. Daher kam in Altona unter Vermittlung des deutschen Kaisers und seiner Verbündeten ein Vergleich zustande, der die frühere Unabhängigkeit des schleswig-gottorfschen Herzogtums wieder herstellte. Damit erwies sich erneut, dass Sylt als Teil des Herzogtums noch immer nicht wirklich dänisch war. Das sollte sich aber bald ändern, denn der Dänenkönig gab keine Ruhe.
Das Deutsche Reich war schwach, wie sein Kaiser. Der wahre, heimliche Kaiser saß in Paris. Der Habsburger in Wien war nur noch ein Operettenkaiser. In Deutschland gelangte ausgangs des 17. Jahrhunderts der „Duodezfürst" zur Bedeutung. Der winzige Duodezfürst, der sein „Land" in einer Stunde umschreiten konnte, wurde zur lächerlichen, blödelnden Figur. Er benahm sich im Bewusstsein der Öffentlichkeit infantil, war aber tyrannisch, eigensinnig, stur und leider, leider Herr über Krieg und Frieden, Armut und Reichtum, Leben und Tod. Die vielen deutschen Fürsten waren ihre eigenen Könige und sind wegen ihrer Trotteligkeit, aber vor allem wegen ihres Größenwahns bis in unsere Zeit Zielscheibe von Spott und Hass.
Wie neidisch blickte man nach Frankreich, zu dem wahren Herrn Europas. Ludwig XIV. war ein sonniges Gemüt. Er schenkte der Welt einen neuen Lebens- und Kunststil, entwickelt aus dem Barock. Eine Welt voll lachender Putten entstand, goldene Verzierungen und elfenbeinfarbene Möbel füllten die Räume, strahlende, nackte Frauenkörper, Parfümes in allen nur denkbaren Geruchsnuancen wurden zerstäubt, Reifröcke und turmhohe Perücken bestimmten die höfische Gesellschaft, die zum Nichtstun zwangen. Aus dem Nichtstun wurde das „Kavalierstum", das Kennzeichen des glanzvollen Hofs des Sonnenkönigs.
Dieser neue, moderne Stil prägte bald alle Fürstenhöfe Europas, mit Ausnahme eines Kurfürstentums im Nordosten des Reiches, das bald unter dem Namen Preußen die Weltbühne betreten sollte.
Im Frühjahr 1700 besetzten dänische Truppen das Gottorfer Territorium. Nur Tönning, das vom Herzog zu einer mächtigen Festung ausgebaut worden war, leistete Widerstand. 30.000 Granaten prasselten auf die Stadt nieder und als der dänische König den Sieg greifbar nahe glaubte, rückten Truppen von Süden aus dem Reich heran und zwangen ihn, die Belagerung zu beenden. Gleichzeitig versuchten schwedische Truppen Kopenhagen zu erobern. Der Dänenkönig sah sich gezwungen, im August 1700 im Herzoglich-Plönschen Jagdschloss Traventhal einen für ihn schmachvollen Friedensvertrag zu unterzeichnen, der die volle Souveränität von Schleswig-Gottorf bestätigte und Sylt weiterhin dem Herzog zusprach.

Aber der plötzliche Aufstieg Russlands unter der Regentschaft Peter I., des Großen, der 1702 St. Petersburg gründete, machte deutlich, dass die Macht Schwedens im Ostseeraum schwächer wurde. Friedrich IV. aus Kopenhagen verbündete sich mit Polen und Russland, um seinen Erzfeind endgültig zu bezwingen. Sein Traum war es, die alte dänische Macht im Ostseeraum wieder zu erneuern.
Die Schweden gingen wie zu Karl Gustavs Zeiten in die Offensive. Sie marschierten nach Russland und besiegten mit 15.000 Mann bei Narva mit ihrer damals vorbildlich aufgelockerten Offensivtaktik die doppelt so starke Armee Peters des Großen. Der Befehlshaber der schwedischen Reiterei war der Schwager des schwedischen Königs Karl XII., der Gottorfer Herzog Friedrich IV.
Die schwedischen Truppen marschierten nach Polen. Dort fiel in der siegreichen Schlacht in der Nähe von Krakau dieser Friedrich IV., Herzog von Schleswig-Gottorf und Herr über Sylt.
Sein zweijähriger Sohn Karl Friedrich wurde Thronerbe, die Vormundschaft übernahmen seine Mutter und sein Onkel, der Fürstbischof von Lübeck. Regierungschef wurde der Husumer Magnus von Wedderskop, bis ihn der machthungrige, skrupellose und intrigante Baron von Görtz aus Hessen verdrängte und gefangennahm.
Mit dem Baron begann auch für Sylt eine beispiellose Willkürherrschaft. Er richtete den inselfriesischen Salzhandel zugrunde, da er zu seinem Vorteil ein Monopol daraus schuf. Nach der schrecklichen Sturmflut von 1634 war den Syltern die Zahl der Pflüge (Anzahl der landwirtschaftlichen Betriebe), die Grundlage für die Besteuerung waren, von 100 auf 52 herabgesetzt worden. Da er wusste, dass die Walfischfänger keine armen Leute waren, machte der Baron alle der Insel zuvor zugestandenen Steuererleichterungen rückgängig. Im Jahr 1710 erhielten die Sylter vom Kanzleichef der Gottorfer die Mitteilung, dass die Zeit ihrer Steuerprivilegien beendet sei. Er warf ihnen sogar vor, sie hätten die Privilegien mit unzulässigen Mitteln erschlichen. Die Steuern wurden nahezu verdoppelt. Sie erhöhten sich von 15 Rt. auf 20 Rt. pro Pflug und die Kriegssteuer, die immer weiter bezahlt werden musste, von 18 auf 24 Rt. pro Pflug. Außerdem hatten sie große Mengen an Torf zu liefern, obwohl sie selber Mangel an Feuerungsmaterial hatten. Zorn packte die widerspenstigen Sylter. Allerdings blieb ihnen nichts anderes übrig als zu zahlen, da die Entrichtung der staatlichen Forderung mit Exekutionssoldaten und Fußknechten erzwungen wurde.
1709 machte der Schwedenkönig Karl XII. einen entscheidenden Fehler, den nach ihm noch weitere Kriegsherren wiederholen sollten. Er drang zu weit in das riesige russische Reich vor und hatte Schwierigkeiten mit der Versorgung der Truppen. Bei Poltawa in der Ukraine wurde er vernichtend geschlagen. Nun hoffte der Dänenkönig, endlich seine Ziele erreichen zu können. Er begann erneut den Krieg und eroberte das schwedische Erzstift Bremen. Von Mecklenburg näherte sich jedoch der schwedische General Graf Stenbock und drängte die Dänen zurück nach Schleswig-Holstein. Altona, der dänische Elbhafen, der Hamburg wirtschaftlich klein halten sollte, wurde völlig niedergebrannt. Andere Städte mussten sich „freikaufen". Und dann erschienen zum Glück für den Dänenkönig die Russen unter dem Befehl von Peter dem Großen.
Baron von Görtz, der seine Pfründe retten wollte, öffnete dem Schwedengeneral Stenbock die Tore der Festung Tönning. Damit hatte er als Regierungschef des Herzogtums Schleswig-Gottorf offiziell Partei für die Schweden ergriffen und damit

die Neutralität aufgegeben. Dänemarks König Friedrich IV. besetzte daraufhin völkerrechtlich völlig legal die Gottorfschen Besitztümer in Schleswig. Baron von Görtz floh außer Landes, ging nach Schweden und wurde dort 1719 erhängt. Man liebt den Verrat, aber nicht den Verräter.
Die Sylter wurden vom dänischen König aufgefordert, für die belagernden Soldaten vor Tönning 2 Tonnen Roggen und 2 Tonnen Hafer pro Pflug in Husum abzuliefern. Die Sylter wollten sich nach einer erregten Sitzung in Tinnum dagegen zur Wehr setzen, da sie nicht annähernd in der Lage waren, diese Mengen zu liefern. Commandeur Lorenz Peter de Hahn aus Westerland, erfolgreichster Walfischfänger Sylts und einer der besten der holländischen Flotte überhaupt, machte den Insulanern klar, dass in Kriegszeiten nicht darüber diskutiert wird, ob man liefern kann oder will, sondern dass befohlen wird und man hat zu gehorchen. Also wurden er, Landvogt Peter Taken aus Tinnum und Ratmann Peter Knudtsen aus Morsum mit 520 Rt. ausgestattet, um die benötigten Mengen an Korn und Hafer in Tondern zu kaufen und in Husum abzuliefern. Da die Mengen in Tondern nicht zu erhalten waren, versuchten es zwei andere in Husum und dieses Mal mit Erfolg. Die Sylter konnten ihrer Verpflichtung nachkommen, mussten allerdings am 14. März und am 21. April 1713 erneut zwei „Gevollmächtigte" nach Husum senden, um die Forderungen der königlichen Beamten und Offiziere zu befriedigen.
Über diese Forderungen der Dänen war der Keitumer Schiffer Manne Andresen, ein waghalsiger Friese und Dänenfeind, so erzürnt, dass er seine gesamten verborgenen Vorräte auf seine „Schmack" lud und heimlich in Richtung Tönning segelte, um die dort mittlerweile hungernden schwedischen Belagerten zu versorgen. Er wurde jedoch kurz vor Erreichen des Tönninger Hafens von den Dänen entdeckt und gefangengenommen.
Die Schweden mussten kapitulieren und sich den dänischen und russischen Truppen gefangen geben. Ihre Zahl war weniger durch Kampfhandlung als mehr durch Hunger von 18.000 auf 11.000 Mann zusammengeschmolzen.
Der vom Herzog ernannte Sylter Landvogt Peter Taken wurde entlassen. Neuer Vogt wurde jetzt der studierte königliche Jurist Peter Matthiesen von Föhr. Der kam selten nach Sylt und im Winter 1713 auf 1714 fehlte alle Justiz und jegliche polizeiliche Ordnung. Diese Situation wurde dadurch erheblich verschärft, dass die Austernfischerei auf Sylt gänzlich verboten worden war, die Holländer nur noch wenige Schiffe nach Grönland zum Walfischfang ausgesandt hatten und die Hamburger ebenfalls nur noch 18 Schiffe ausrüsteten, zwei davon verloren und mit dem Rest nur noch 27 Walfische fingen. Jetzt hing auf Sylt der Brotkorb tatsächlich hoch. Nur noch Strandgut konnte die aufkommende Armut beseitigen. So kam es, dass am Heiligen Abend 1713 ein Boot mit sechs schiffbrüchigen Syltern zwischen Westerland und Rantum von raubgierigen Strandläufern empfangen und erschlagen wurden. Es wurde erzählt, dass der Schiffer Manne Tetten aus Archsum noch nicht völlig tot gewesen sei, als ihn die Strandräuber im Dünental „Dikjendäl" verscharrten. Diese Untat führte dazu, dass die rechte Hand des Opfers immer wieder aus dem Sand heraustrat, sodass sie abgeschlagen werden musste. Seitdem findet der ermordete Manne Tetten keine Ruhe im Dünental und erscheint immer wieder mit dem blutigen, in die Höhe gereckten abgehauenen Armstumpf, um als „Dikjendälmann" endlich Gerechtigkeit zu fordern.

Im Jahr 1720 wurde der „Nordische Krieg" nach zwanzig Jahren beendet. Im Frieden von Frederiksborg verlor der Dänenkönig zwar seine Stammlande in Süd-Schweden, aber die okkupierten gottorfschen Ländereien Schleswig-Gottorf, Stapelholm, Hütten, Husum, Tondern, Lügumkloster, Apenrade, Fehmarn, Eiderstedt, Nordstrand, Pellworm, Osterland-Föhr, Sylt und Helgoland blieben unter englischer und französischer Garantie bei der dänischen Krone. Damit war Sylt zum ersten Mal ausschließlich der Krone unterstellt, auch wenn, um in der Bevölkerung Ruhe zu wahren, Schleswig nominell Herzogtum blieb, ein Obergericht in Gottorf bestand, nicht das dänische Recht eingeführt wurde, sondern das alte jütische Recht in Kraft blieb und die Zollgrenze an der Königsau erhalten wurde. So blieb es bis 1864.

19. Die „Verwandtschaft" auf dem Zarenthron

Nach dem Ende des nordischen Kriegs zog sich die Regierung des noch unmündigen gottorfschen Herzogs nach Kiel zurück. Schon bald erwies sich der Verlust des Schlosses und der Ländereien an den dänischen König als endgültig. Auf Sylt endeten die Dingtage, die politische Tätigkeit schlief ein. In alles und jedes mischten sich von jetzt ab die königlichen Beamten ein. Wen wunderte es, dass deutsche Sitten und Lebensarten immer mehr geschätzt wurden. Die Macht der Gottorfer schien ein für alle Mal beendet. Da wollte es die Ironie der Geschichte, dass Mitglieder des herzoglichen Hauses aus Schleswig bald zu den mächtigsten Herrschern Europas zählten.
In jener Zeit zu Beginn des 18. Jahrhunderts wurde Französisch die Sprache der feinen Leute und Diplomaten. Nach all den animalischen Rohheiten und Grausamkeiten der Vergangenheit bemühten die Menschen sich nun um feinere Lebens- und Umgangsformen. Nur noch selten wanderten ihre Gedanken in die Vergangenheit. Die Zukunft schien rosig.
Wer waren Dürer, Hutten und Luther? Das waren Figuren ausgangs des „finsteren" Mittelalters. Das war, als die Städte düster und von hohen Mauern umgeben, jedoch keine Spur von elegant wirkenden, geradezu grazilen Palais und Residenzen zeigten. Was war doch für eine feine Zeit angebrochen.

Hohe Schutzmauern benötigte man nicht mehr, sie hielten in einer Zeit, in der auch die Räuber mit schweren Schusswaffen ausgerüstet waren, den veränderten Kriegstechniken nicht mehr stand. Aber auf fatale Weise verteuerte sich das öffentliche Leben dadurch erheblich. So stieg in Schleswig-Holstein die Steuerlast innerhalb von wenigen Jahren um 105 %, in Dänemark selbst im gleichen Zeitraum sogar um 550 %. Dazu waren die Schäden der Kriege und der Truppendurchzüge mit Einquartierung, Plünderung, Brandschatzung und Brandstiftung noch nicht überwunden. Die Bauern, die durch den Verlust ihres Viehs, ihrer Geräte und der Saatkörner mit ihren Steuern und Kontributionen in Verzug gerieten, sahen sich häufig gezwungen, ihre Höfe zu verlassen. Die „Hufen" (Ackerland und Hofstätten der bäuerlichen Familien) verwüsteten.

In Dänemark dürfte die Zahl der „wüsten“ Zinshöfe bei etwa 10 % gelegen haben, in Schleswig-Holstein betrug sie 1710 über 30 %.
1701 wurde in Berlin im neugegründeten Königreich Preußen die Akademie der Wissenschaften gegründet. Das letzte Universalgenie der Menschheit, Gottfried Wilhelm Leibniz hatte den Vorschlag zur Gründung dieser Akademie zunächst dem Kaiser in Wien unterbreitet, der aber keinen Gefallen an diesem Gedanken fand. Bei der neuernannten preußischen Königin Sophie Charlotte fand Leibniz sofort Unterstützung. Die Akademie wurde als Hort höchster Gelehrsamkeit gegründet und er ihr erster Präsident.
Später kehrte der in Leipzig geborene Gelehrte wieder in seine zweite Heimat nach Hannover zurück. Dort arbeitete er für den hannoverschen Kurfürsten vor allem als Staatsrechtler und Historiker. Er entdeckte die Abstammung des Welfengeschlechts in Italien, in der Adelsfamilie der „Este“.
1716 ereilte Gottfried Wilhelm Leibniz gegen Ende seines Lebens das gleiche Schicksal, das vielen bedeutenden Männern im Dienste von Fürsten beschieden war. Er fiel, wie fast immer durch Intrigen, in Ungnade und starb vereinsamt und verbittert. Der Mann, dessen Bedeutung bis heute noch nicht abzuschätzen ist und der als letzter in der europäischen Geistesgeschichte alle Wissensgebiete beherrschte, wurde sang- und klanglos begraben. Nur die französische Akademie der Wissenschaften widmete ihm einen ehrenvollen Nachruf.
Für die Sylter waren diese Entwicklungen und Geschehnisse zunächst noch Randerscheinungen. Anfang des 18. Jahrhunderts strandete bei stürmischem Wetter ein Schiff aus Hamburg vor Westerland. Die Westerländer bargen am Heiligen Abend „mit Schwere Arbeit wie auch mit Pferde und Wagens“ das Strandgut und bargen es im Haus des Strandvogts Muchell Karstensen. Alles vorschriftsmäßig nach Gesetz. Als aber abgerechnet wurde, stellte der Landvogt Steffen Taken fest, dass die Berger sich als Bergelohn 576 „Stücken Leinewand“, davon 380 Stück in „Natura zugeeignet“ hatten, also weit mehr, als das gesetzlich zugelassene Bergerdrittel.
Die Sylter hatten das freie, wilde Leben am Strand trotz der Strandverordnungen, der Jagdverbote, des strengen Verbots des „Strandlaufens“ und des Befehls zur förmlichen Entwaffnung der Sylter keineswegs vermindert, wie C.P. Hansen 1860 schrieb. Im Gegenteil, das Volk wurde immer trotziger. Da mehr befohlen und verboten wurde, als die Obrigkeit tatsächlich durchsetzen konnte, verloren die Sylter immer mehr die Achtung vor dem Gesetz und der Exekutive. Allein im Jahr 1703 wurden vom Dinggericht 99 Fälle behandelt. Dabei wurde die mit den Urteilen verbundene Schande der Ehrlosigkeit immer geringer geachtet.
Der Amtmann I.L.von Pincier von Königstein aus Tondern bemühte sich durch eine Verordnung, diesen Missstand wieder zu wenden. Da er aber zum Zorn des Sylter Volks maßgeblich dazu beigetragen hatte, indem er z. B. 1702 befahl, allen Hunden auf Sylt die Vorderpfote abzuhauen, wurden die Anweisungen nicht befolgt. Außerdem verordnete er, dass alle Sylter ihre Flinten, sobald sie von der Seefahrt heimkämen, beim Landvogt abzugeben hätten, andernfalls eine Strafe von vier Reichsthalern oder ein vierstündiges Stehen am Halseisen fällig wäre. Die Sylter kochten vor Zorn.
Ein anderer Befehl des Amtmanns besagte, dass die Schiffe - nach der Aufhebung des Zolls bei List - vor Anlandung auf Sylt zunächst nach Husum oder Tondern zu segeln

hätten, um Zoll, Tonnen- und Bakengeld zu bezahlen. Da die fürstlichen Untertanen seit nunmehr zwei Jahren völlig freie Aus- und Einfahrt durch die Lister Tiefe und die alte Freibeutertiefe, das Hörnumgatt, hatten und darüberhinaus zu dieser Zeit weder Tonnen noch Baken um Sylt gelegt waren, war niemand willens, diese Gelder zu entrichten. Auch dieser Befehl zerschellte an der Eigenwilligkeit der Insulaner.
Am 13. Dezember 1703 wurde bei großem, langwierigem Sturm einem holländischen Westindienfahrer das Ruder vor Sylt abgeschlagen. Das Schiff trieb führerlos auf Rantum zu und die Seeleute mussten es verlassen. Sie retteten sich auf ein großes Boot und wollten an Land rudern. Eine große Welle schlug es um und 29 Seeleute ertranken. Nur Jan Jacobs konnte „mit Hulpe van Godt" eine Schiffsplanke erwischen und sich damit an Land retten.
Aber nicht genug damit. Noch drei weitere Schiffe strandeten zwischen Hörnum und Rantum. Der Wert der Güter wurde auf 6 Tonnen Gold geschätzt. Alles, das meiste davon sogar trocken, wurde geborgen. Auch die 24 Geschütze. Allerdings ertranken 38 Menschen von diesen drei Schiffen. „Gott sei ihren Seelen gnädig".
Und noch ein Schiff erschien während dieses Sturms vor Rantum. Ein Engländer, der von französischen Kaperern „genommen" war. Hans Andersen aus Morsum erkannte seine Chance, erreichte das
Schiff und lotste es nach „Lister Diep". Überliefert ist, dass er das Schiff „an sich brachte von den Capergästen", aber es ist nicht überliefert, wie er das angestellt hat.
Solch ein reicher Strandsegen zerstörte alle Moral und Vorsätze. Von Recht und Gerechtigkeit blieb in solchen Momenten keine Spur. Das sonst so stille und verödete Hörnum wurde bei solchen Gelegenheiten zu einem Schauplatz wildesten Lebens und grausamsten Verderbens. Alle Insulaner wollten teilhaben an dem reichen Strandungssegen. Es wurden Tausende und Abertausende gestohlen, aber nicht nur den gestrandeten Besatzungen und der Obrigkeit, der Dieb bestahl auch den Dieb, oder er war der Hehler. Es bildete sich ein Sprichwort heraus, das besagte: Wer einen Dieb bestiehlt, den hat Gott lieb.
Selbst die Vögte und der gestrenge Amtmann von Pincier sollen bei diesen „Raubzügen" alle Zurückhaltung aufgegeben und ordentlich mitgemischt haben.
Schulen gab es noch keine auf Sylt. Die Seefahrer hatten aber kennengelernt, dass Lesen und Schreiben immer wichtiger wurde. Einige unterrichteten daher die Jugendlichen der Insel während der Wintermonate in ihren Wohnzimmern. In Morsum und Westerland übernahmen bald die Küster die Funktion des Lehrers, während in Keitum unterrichtete, wer sich dazu berufen fühlte. Religionsunterricht erteilten die Seemänner nicht und die Prediger auf Sylt hatten kein Interesse. Ein Pfarrer aus Morsum namens Flor schrieb dazu: „die Catechismuslehren sind hier von den faulen Predigern biß dato nicht zu Stande gekommen." Er selbst ging mit gutem Beispiel voran und gründete ungeachtet der Widerspenstigkeit seiner misstrauischen und kurzsichtigen Morsumer die erste Schule auf der Insel.
In Keitum und den übrigen Orten der Insel lag die Bildung und die Erziehung der Jugend noch jahrelang im Argen. Der Keitumer Pfarrer Gruppius hatte kein Interesse, galten doch seine eigenen Kinder als besonders roh und unsittlich.
Die Erziehung der Kinder war darauf abgestellt, den Körper hart und stark zu machen. Schwächlinge gingen dabei zugrunde oder verkrüppelten, wenn nicht am Körper, so

Segelschiff vor „Lister Tief" (Verfasser)

„Krummschließen“ eines Sylters in Gegenwart seiner Frau (Sylt Archiv)

doch am Geist. Daher konnte man zur damaligen Zeit vielen verwahrlosten, teils körperlich verkrüppelten, teils schwermütig oder wahnsinnig gewordenen Menschen auf der Insel begegnen. Sie wanderten in die einsamsten Gegenden des Eilands, die in den Dünen, Kliffen oder Hügelgräbern lagen. Besonders viele lebten in den Lister Dünen und ernährten sich von Dünengras, Sandrocken, Heidebeeren und Möweneier.
In der Umgebung von Hörnum sind die meisten dieser „Unglücklichen ermattet umgefallen, verschmachtet, ertrunken, erfroren oder sonst auf eine schmähliche Weise umgekommen, so dass diese Halbinsel hauptsächlich deshalb möchte das unheimliche Dünenland genannt worden sein“.
Die Zeit nach der Sturmflut von 1634 nutzten die Nordfriesen, um vom Meer gewonnenes Neuland (Koog) einzudeichen. Die Konstruktion war seit dem letzten Jahrhundert erheblich verbessert worden. Der aus Holland stammende Johann Clausen Koth „Rollwagen“ verschaffte der seeseitigen Böschung ein flacheres Profil, damit die Brandung eine geringere Angriffsfläche hatte. Die Höhe des Stackwerkes, das zuvor als Steilwand dem Meer Widerstand leisten sollte, hatte noch drei Meter betragen. Sie konnte durch das flachere Profil in der Höhe reduziert werden.
Wie wichtig die technischen Neuerungen waren, zeigte die Sturmflut, die am Weihnachtsabend im Jahre 1717 auftrat und von ihrer Gewalt her sicherlich größeren Schaden angerichtet hätte, als die Flut von 1634.
Das Wasser lief 2-3 Fuß höher auf als 83 Jahre zuvor. Längs der dänischen, deutschen und holländischen Küste standen 6.000 Quadratkilometer unter Wasser. 11.500 Menschen etwa ertranken, davon rund 8.500 in Ostfriesland, Jeverland und Oldenburg. An der nordfriesischen Küste jedoch hielten sich die Verluste in Grenzen. Trotz der Gewalt der anrollenden Wassermassen waren auf den Halligen „nur“ 50 Menschenleben, das Vieh und die meisten Häuser zu beklagen. Eiderstedt trauerte um 54 Tote.
Auf der Westseite der Insel Sylt hatten sich die Dünen schützend zwischen Meer und Land aufgebaut. Die Ostseite dagegen war ungeschützt, da die Deiche verfielen. Aus diesem Grund waren bei Sturmfluten die teils auf niedrigen Warften, teils auf flachen Geesthöhen gelegenen Sylter Dörfer Tinnum, Archsum und Morsum durch Überschwemmungen gefährdet. In Archsum brach die Hütte einer alten Frau zusammen, die mitsamt den Trümmern ihrer Behausung von den Wellen davongetragen wurde; „bei ihrer Abreise aber mit großer Seelenruhe ihrem staunenden Nachbar zurief: Gute Nacht, Buh Tamen!“
Das 18. Jahrhundert galt als das Zeitalter der Aufklärung. Kunst und Wissenschaft blühten. Zwischen 1721 und 1773 vollzog sich durch kluges und ausgleichendes Handeln die politische Integration des dänischen Gesamtstaates. Dazu zählten neben Dänemark und großen Teilen Schleswig-Holsteins auch Norwegen, Island, Grönland, die Faröer-Inseln, Kolonien in Westindien, an der westafrikanischen und der ostindischen Küste. Der Gesamtstaat Dänemark, der eine ausgesprochen streitbare, nahezu streitsüchtige und kriegerische Vergangenheit hatte, wandelte sich in der damaligen Zeit in Europa zum Musterstaat des „Aufgeklärten Absolutismus“. Die Leibeigenschaft der Bauern, die auf Sylt keine Gültigkeit hatte, wurde 1788 (in Preußen durch die Stein-Hardenbergsche Reform erst 10-17 Jahre später) aufgehoben. Das Sklavenhandelsverbot wurde 1792 erlassen (in den britischen Kolonien 1833, in den französischen

1848, in den amerikanischen Südstaaten 1865, vom Völkerbund 1926 und in der UN-Menschenrechtskonvention erst 1948).
In Schleswig-Holstein fand der letzte Hexenprozess 1752 statt. Seit 1530 waren 500 Frauen als Hexen verbrannt worden. Es war die Zeit, in der weder Papst noch die Dominikaner direkten Einfluss in diesen Landen hatten. Trotzdem wütete der Hexenwahn.
Die Hexenverfolgung oblag der weltlichen Macht, auch in den katholischen Teilen des Reichs. Die kirchliche Inquisition verfolgte ausschließlich das Ketzertum, versagte der Hexenverfolgung jedoch nicht ihre Zustimmung. Daher war es kein Zufall, dass der bei seinem Aufenthalt in Rom zum Katholizismus übergetretene Gutsherr Christoph Rantzau 12 „Zauberinnen" und 6 „Zaubermeister" zum Tode durch Verbrennen auf dem Scheiterhaufen verurteilte. Diese Exekution erregte landesweit Aufsehen. Der Pfarrer von Giekau, Johann Christoph Linekogel verlangte eine landesherrliche Untersuchung. Die dänische Regierung forderte daraufhin die Auslieferung der Gerichtsprotokolle. Christoph Rantzau, der sich in die Defensive gedrängt sah, setzte sich ab nach Köln, in dessen Erzbistum, mit Zentrum in Rheinbach, die Hexenverfolgung höchste Blüten trieb.
Auch Sylt war nicht frei vom Hexenwahn. Die Sylter hielten, Berichten zufolge, den Budersand auf Hörnum für einen Hexentanzplatz. Den Morsumern wird sogar nachgesagt, bei ihnen hätte es einen Hexenmeister gegeben, der mit seinen geheimnisvollen Künsten Diebe zu entlarven verstand. Aber Unterlagen über Hexenprozesse gibt es nicht. Lediglich in zwei Dokumenten zeigen sich Hinweise auf Hexenglauben. So erfahren wir im ersten, dass Erkel Bohn über Nickels Peeren zu Groß Morsum vor einem außerordentlichen Gerichtstag klagte. Sie, Erkel Bohn, habe ihm vor vier Jahren eine Kuh verkauft. Nickels Peeren habe aber nun einigen Leuten gegenüber behauptet, die Kuh wäre zwar bei ihm angekommen, aber die Milch hätte Erkel Bohn „behalten". Daraus könne man ersehen, sie sei „en Hecks".
Erkel Bohn als Klägerin forderte den Sylter Rat auf, eine Reihe von Zeugen vor Gericht zu zitieren und eidlich zu vernehmen, da diese ihre Unschuld erweisen könnten. Sie wolle endlich wieder ihren ehrlichen Namen erhalten. Auch sollte der Beklagte schuldig erkannt werden, christliche Abbitte leisten und beim Amtmann um „Upriesung" nachsuchen.
Nickels Peeren bat den Rat, von der Vorladung der erwähnten Zeugen Abstand zu nehmen, da dieses die Gerichtskosten unnötig erhöhen würde. Er bekannte sich öffentlich der üblen Nachrede schuldig und leistete Abbitte. Er bezahlte seine Strafe und dank der Besonnenheit des Sylter Rats kam es nicht zum Hexenprozess.
Aus dem zweiten Dokument vom 4. April 1727 geht hervor, dass über das „Gantze Landt Sylt das Böß Gerücht ausgesprenget worden", dass Kaern Teydis „ungebührliche" Dinge von Kaern Jacobsen gesehen habe.
Kaern Teydis schwor zu Gott und auf das Heil in Gegenwart von vier Sylter Ratsmännern einen „Cörperlichen" Eid, dass sie „nimmer etwas böses, wie es auch immer Nahmen habe, als Hexerey und dergleichen dinge" von ihr gesehen habe, noch entsprechende Gerüchte verbreitet habe. Sie habe vielmehr solcher schändlichen Lüge und falscher Nachrede ständig widersprochen. „So wahr mir Gott helfe und sein Heiliges Wort." Damit war auch diese Angelegenheit erledigt und es kam zu keinem Hexenprozess.

Am 24.1.1712 wurde in Preußen Friedrich II., der Große, auch genannt der „Alte Fritz" geboren. Im Laufe seines Lebens blickten seine Augen selten gütig, häufiger ironisch und meistens ärgerlich. Er kleidete sich schmucklos wie der einfachste seiner Untertanen. Er war ausgesprochen geizig und furchtbar schlampig. Seine Röcke waren vom Essen, Trinken und vom Tabakschnupfen befleckt. Da er kein Verständnis für Ehe, Liebe und Familienglück hatte, verbannte er seine Frau unmittelbar nach der aufgezwungenen Ehe aus seinem „Haus". Demzufolge war auch niemand da, der ihm zu einem gepflegteren Auftreten verholfen hätte. Da er despotisch und verletzend in seinem Umgangston war, wagte niemand, Kritik an ihm zu üben oder ihm zu widersprechen. Die Existenz der genialen Deutschen seiner Zeit bemerkte er kaum. Er schätzte nur den Franzosen Voltaire. Eine Bewerbung von Lessing lehnte er ab, der bedeutende Astronom Herschel war ihm unbekannt, Kloppstock hat ihn nicht interessiert, Schiller war ihm gleichgültig, Goethes „Goetz von Berlichingen" fand er kindisch, Immanuel Kant lebte lange unerkannt von seinem König in Preußen. Er machte sich lustig über den deutschen Geist und die deutsche Sprache und unterhielt sich am liebsten in Französisch. Alle Generationen im Verlauf seiner Regentschaft erlebten einen Krieg in seinem Reich. Wenn jemand seine Aufmerksamkeit erregte und dieser das Wohlwollen des Königs errang, so gab es für diesen keine Ruhe mehr und kein Privatleben. Friedrich II. arbeitete achtzehn Stunden am Tag und starb am 17.8.1786 einsam und verlassen.
Trotzdem war der „Alte Fritz" eine Ausgeburt an Genialität. Er war der größte Herrscher, Feldherr, Staatsmann und Organisator, den Deutschland seit Ende des Mittelalters erlebt hatte. Viele glauben sogar, der größte bis zum heutigen Zeitpunkt.
Er legte unbestritten den Grundstein dafür, dass das Deutsche Reich wieder einmal Glanz erhielt. Zu seiner Zeit war das Kaisertum zur Bedeutungslosigkeit abgesunken. Kaiserin Maria Theresia in Wien war nicht mehr als eine Fürstin in ihrer österreichischen Provinz. Frankreich war die bestimmende Macht in Europa. Es gab kaum einen deutschen Fürsten, der nicht regelmäßig Unterstützungsgelder aus Paris erhielt. Aus dieser Zeit stammen die vielen französischen Worte, die in der deutschen Sprache Einzug hielten. Erst während des Ersten Weltkriegs wurde das Wort des französischen Feindes „Adieu" vom deutschen „Auf Wiedersehen" abgelöst.
Für Dänemark und damit für Schleswig-Holstein hätte das alles zunächst nur geringe Bedeutung gehabt, wenn nicht ein Gottorfer Preußen und damit Friedrich den Großen gerettet hätte.
Herzog Karl Friedrich von Gottorf hatte 1720 durch seine schwedenfreundliche Politik seine schleswigschen Besitzungen mitsamt seinem großartig erweiterten Schloss Gottorf an den dänischen König verloren. Es verblieb ihm in seinen restholsteinischen Ländereien nur das Schloss Kiel.
Um sich politisch neu zu orientieren, zog es den Herzog 1721 nach St. Petersburg zu Zar Peter dem Großen. Zu dieser Zeit war Friedrich der Große neun Jahre alt und litt sehr unter der Strenge seines Vaters, des Soldatenkönigs, der die „Langen Kerls" schätzte. Sein Sohn Friedrich dagegen war klein und schmächtig.
In St. Petersburg heiratete der Gottorfer Herzog Anna, die älteste Tochter Peter d. Gr. Und eine schöne Frau. Mit ihr zog er wenige Jahre später nach Kiel. Hier wurde 1728 Karl Peter Ulrich geboren. Seine Mutter Anna Petrowna verstarb im Kindbett.

Karl Peter Ulrich entwickelte sich zu einem infantilen, eigenwilligen und störrischen Menschen. Er liebte es, mit Puppen und Zinnsoldaten zu spielen. Seine Tante, Zarin Elisabeth von Russland, die frühzeitig ihren Verlobten, den Fürstbischof Karl von Lübeck aus der jüngeren Gottorfer Linie verlor, wusste nichts von den Eigenheiten ihres Neffen und erklärte den 14jährigen zu ihrem Nachfolger.
Peter blieb in seinem Wesen ein protestantischer Holsteiner, dem die orthodoxe Religion und damit das russische Wesen zuwider waren. Er sann nur darauf, sich an Dänemark zu rächen und die verlorenen Gebiete in Schleswig-Holstein zurückzuholen. Aus diesem Grunde wurde er zu einem verbissenen Militarist, der schnell erkannte, dass in Preußen eine Macht heranreifte, die seinen militärischen Vorstellungen sehr entsprach. Nach wenigen Jahren wurde er ein entschiedener Bewunderer des Preußenkönigs Friedrich II., d. Großen.
1745 heiratete Karl Peter Ulrich die Prinzessin Sophie Auguste Frederike von Anhalt-Zerbst, die sowohl auf Wunsch der Zarin Elisabeth, als auch durch eigene Klugheit zum orthodoxen Glauben übertrat und den Namen Katharina annahm. Katharina liebte Holstein. Drei Brüder ihrer Mutter waren nacheinander Fürstbischöfe von Lübeck gewesen.
Der Preußenkönig Friedrich II. hatte bis 1745 gegen Österreich zwei Schlesische Kriege geführt und gesiegt. Österreich hatte England als Verbündeten, Preußen die Bayern, Sachsen und Frankreich.
1756 war es erneut soweit. Die Kaiserin in Wien wollte die Niederlagen nicht auf sich sitzen lassen, was beweist, dass weibliche Herrscherinnen auch nicht friedfertiger sind als männliche. Österreich war dieses Mal in Umkehrung der vorherigen Verhältnisse verbündet mit Bayern, Sachsen, Frankreich und zusätzlich noch Russland, Preußen dagegen nur mit England.
Der alte Dessauer hatte den dröhnenden Gleichschritt erfunden und das moderne Vorderladergewehr, Barometer, Luftpumpe, Laterna Magica, Pendeluhr, Manometer, die Lichtgesetze, das Porzellan, das Quecksilber-Thermometer, die Gesetze des Himmels, die Schwärzung des Chlorsilbers durch Licht, was die spätere Photographie ermöglichte und die Pockenimpfung waren gefunden worden. Warum wollte die Menschheit trotz „Aufklärung“ weiter den großen Tod zelebrieren?
Friedrich d. Gr. wusste, warum. Es ging nicht um ein vergleichsweise kleines Herzogtum im Osten des deutschen Reichs, dessen Eroberung durch Preußen zu Recht erfolgt war, dafür lohnte kein „Weltkrieg“. Es ging um die Aufteilung der Welt. Kriege, wie der aufziehende „Dritte Schlesische Krieg“ nannte man später in der zweiten Hälfte des 20. Jahrhunderts „Stellvertreterkriege“.
Es ging um einen alten römischen Gedanken: um die Verteilung der „Kolonialreiche“. Wer bekam am meisten ab vom großen Kuchen. In 6.000 bis 20.000 Kilometer Entfernung, in Afrika, Indien, Süd- und Nordamerika bereitete sich der eigentliche „Weltkrieg“ vor. Es ging um Besitz von Land, das wesentlich reicher als Europa war. Wie armselig wirkte dagegen Schlesien. Wien und Preußen waren nur Marionetten. Sie sollten nur Kräfte binden, nach dem Willen der Engländer französische, nach französischem Wunsch englische.
Antrieb war Gier, Gier nach Juwelen, die man bei indischen Maharadschas gesehen hatte, Gier nach Gold und Gier nach nordamerikanischen Pelzen. England entwickelte

dafür eine beeindruckende Methode: zuerst machten die Deutschen die Erfindungen, dafür lobte man sie als Volk der Dichter und Denker und sorgte dafür, dass sie aus ihren Forschungskämmerlein bloß nicht herauskamen. Mit diesen Erfindungen entdeckten die Spanier und Portugiesen fremde Länder. Etwas später trafen holländische Schiffe mit Siedlern ein und schufen Voraussetzungen für französische Missionare. Nachdem alles geordnet war, erschienen die Engländer mit ihren Schiffskanonen. Näheres dazu erfuhr man bereits aus dem ersten Kriegsroman der Weltliteratur, aus Coopers „Lederstrumpf". Während die Spanier der Menschheit ihren verträumten Don Quichotte präsentierten, der demenzitisch gegen Windmühlenflügel kämpfte, die Franzosen ihre "Drei Musketiere", die sich mit anderen Franzosen in bürgerkriegsähnlichen Auseinandersetzungen aufrieben, die Deutschen ihren Simplizissimus, der Grausamkeiten erzählte, die alle Europäer natürlich auf deutschem Boden verübten, haben ganze Generationen weltweit um Englands Sieg gegen die bösen Franzosen gezittert und die mit ihnen verbündeten noch böseren Huronen. Wie bangten alle um Chingachgook, die „Große Schlange", um die edlen Delawaren, um den heldenhaften Lederstrumpf im Kampf gegen die feigen und hinterhältigen Franzosen und wie rührte das Schicksal der süßen Kommandantentöchterchen. Alle zitterten für Englands Sieg.

Zarin Elisabeth, Tochter Peters d. Gr., hatte erfahren, dass sich Friedrich II. über ihren Lebenswandel lustig machte. Schon damals durfte man niemandem im vertrauten Kreis wirklich vertrauen. Sie bebte vor Zorn. Friedrich hatte die Hysterie der Frauen unterschätzt. Er verstand nichts von ihnen. Elisabeth erklärte ihm an der Seite der Österreicher den Krieg. Jetzt hatte der Preußenkönig zwei hysterische Frauen gegen sich.

Der Krieg dauerte sieben Jahre. Sieben Jahre waren die deutschen Kräfte wieder gebunden und die Engländer, Franzosen und Holländer mit einigen Sylter Kapitänen bauten seelenruhig ihre Kolonien aus. Dänemark war so mit Grönland beschäftigt, dass es nur wenig Zeit für eigene Kolonialinteressen hatte.

Die Engländer hatten Friedrich Geld und ein kleines Heer geschickt, das ihm bei Hannover den Rücken frei halten sollte. Beim Heranrücken der Franzosen machten sie jedoch kehrt und beeilten sich, nach Hause zu kommen. Der kleine Preußenkönig stand allein da. Die Franzosen standen an der Elbe, die Österreicher rückten in Schlesien ein und die Russen standen vor Königsberg.

Für die Preußen war die Lage verzweifelt. Aber sie vollbrachten wahre Wunder. Sie durchzogen das Land in Gewaltmärschen von Osten nach Westen, von Norden nach Süden. Mit zerfetzten Uniformen und Monturen und müde und hungrig zum Umfallen schlugen die preußischen Grenadiere die Franzosen im Westen bei Rossbach, im Osten die Österreicher bei Leuthen, im Norden die Russen bei Zorndorf. Planung und Durchführung waren genial.

Die Deutschen jubelten. Sie hatten endlich wieder einen Helden, endlich wieder einen richtigen König, zu dem man stolz aufblicken konnte. Nur die Engländer fürchteten, der Preußenkönig könnte schlapp und Frankreich daraufhin Kräfte für die Kolonialkämpfe frei machen. Sie schickten Geld.

Aber die Kräfte wurden Jahr um Jahr schwächer. Bei Hochkirch verlor Friedrich fast die gesamte Artillerie. Russen und Österreicher schickten sich an, auf Berlin loszuge-

hen. Da griff der König mit seinen letzten Reserven die Russen bei Kunersdorf an der Oder an. Fast hätte er gesiegt, da traf die österreichische Kavallerie ein. Friedrich wurde vernichtend geschlagen. Berlin fiel. Die Russen marschierten „Unter den Linden“, damals schon. Das war im Oktober 1760.
Aber der preußische König kämpfte weiter, bis zur Selbstvernichtung seines Volkes. In dieser Situation stellte England die Zahlungen ein. In Indien war nämlich die Entscheidungsschlacht zugunsten der Engländer ausgegangen und die Kolonie unterstand nun der englischen Krone. In Nordamerika fiel mit Quebeck die letzte Stadt in englische Hand. Der „Weltkrieg“ war damit beendet, Frankreich hatte die entscheidenden „Schlachten“ verloren.
Zum Ende des Jahres 1761 saß Friedrich der Große in Bunzelwitz, irgendwo in Schlesien mit seinen letzten Getreuen am Feuer und wärmte sich. Der Siebenjährige Krieg war verloren, es gab keine Rettung mehr. Es sei denn, Gott vollbrächte ein Wunder.
Am 5. Januar 1762 starb die russische Zarin Elisabeth, die den preußischen König so sehr hasste. Und der neue Zar Peter III. aus dem Hause Gottorf, der die Dänen hasste und den Preußenkönig so sehr verehrte, schloss sofort Frieden mit ihm und stellte ihm seine Truppen zur Seite. Das Wunder war geschehen. Kaiserin Maria-Theresia wurde zur Rachegöttin, was ihr aber nicht mehr viel nutzte. Der Preuße siegte schon wieder. So wurden die Gottorfer zum Retter Preußens und damit zum Retter des Deutschen Reichs, das hundert Jahre später von Bismarck erneuert wurde.
Dänemark entging dem Zorn Peters III. durch dessen Sturz und seine Ermordung nach bereits 6 Monaten Regierungszeit. Seine Frau und Nachfolgerin „Katharina die Große“ suchte im Gegensatz zu ihrem Mann Frieden mit Dänemark, da sie Verbündete gegen England brauchte. Sie war dafür bereit, zugunsten des dänischen Königs auf Holstein-Gottorf völlig zu verzichten, da sie es außerdem als unerträglich empfand, im Falle des norddeutschen Herzogtums der kaiserlich-habsburgischen Lehnshoheit zu unterliegen. Mit Unterstützung des holsteinischen Staatsmanns Caspar von Saldern, der als einflussreicher Berater am Zarenhof in St. Petersburg lebte, wurden Schleswig und Holstein im Jahr 1773 wieder vereint und in Personalunion mit der Krone Dänemarks verbunden.
Ab 1774 durften keine Ausländer mehr im dänisch königlichen Staatsdienst aufgenommen werden. Nur eine Ausnahme wurde gemacht, die Kieler Universität. Sie durfte weiterhin Wissenschaftler von außerhalb Dänemarks berufen und blieb damit Teil der „deutschen Gelehrtenrepublik“. Das sollte später Konsequenzen haben.
Für die Sylter verliefen diese Jahre wirtschaftlich recht erfreulich. Sie fuhren nach wie vor zur See, auch wenn der Walfang allmählich nachließ. Sie heuerten verstärkt auf Handelsschiffen an und befuhren weiter die Weltmeere. Es war ein harter Job, aber zu der damaligen Zeit gab es kaum bessere. Auch wenn das Meer Gefahren bot und viele Sylter Seeleute der See mit ihrem Leben ihren Tribut zollen mussten, war es immer noch besser, als für wenig Geld für den Dänenkönig als Soldat zu sterben.
In West- und Ostindien mussten die derben Sylter Seeleute der Hitze und den damit verbundenen tropischen Krankheiten trotzen, im Mittelmeer den nordafrikanischen Seeräubern und in Nord- und Ostsee, den gefährlichsten Meeren, den Stürmen und Schiffbrüchen. Bei Grönland bedrohten sie nach wie vor Eisberge und Eisschollen, die

häufig ihre Schiffe einschlossen und zu zerdrücken drohten oder ihren Rumpf auch tatsächlich zermalmten. Wie schon hundert Jahre zuvor. Dann mussten sie versuchen, über schwimmende Eisschollen Land zu erreichen, wo sie gerettet werden konnten. Wenn sie nach all den Gefahren in die Heimat zurückkamen, ereilte sie nicht selten an der Schwelle der Tod.
So versuchten am 9. September 1702 Grönlandfahrer eines Hamburger Schiffs in List mit einem Begleitboot an Land zu kommen. Das Boot schlug in den Wellen um und sieben Männer ertranken.
Im Herbst 1705 fuhr der Sylter Schiffer Erk Teides mit seinem vollbeladenen Schmackschiff von Holland aus in die Heimat. Bereits in Sichtnähe zur Insel Sylt überraschte ein Sturm die Seeleute und zerschlug das Boot. 25 Walfänger ertranken in den Fluten der Nordsee.
Der Keitumer Jens Eben hatte eine längere Reise in das Mittelmeer glücklich beendet und war im Winter 1709 auf der Rückreise von Hamburg nach Sylt. Das Wattenmeer war zugefroren und das Eis türmte sich hoch. In Hoyer nahm er sich einen Führer, der mit ihm zusammen das Eis des Haffs überwinden wollte. Nach einem mühseligen Marsch durch das Wattenmeer, durch Eis brechend, über Eisberge kletternd, über Eisspalten springend, dann wieder durch Wasser watend, kamen die beiden Männer endlich an der Ostspitze der Insel an. Sie waren aber so erschöpft, dass sie es nicht mehr schafften, von Nösse bis in das Dorf Morsum zu gelangen. Da niemand erschien, der ihnen hätte helfen können, blieben die beiden Männer am Ufer liegen, wo man sie nach einigen Tagen tot fand.
Neben holländischen und Hamburger Reedereien, bei denen die Sylter anheuerten, entstand auch in Eckernförde eine bedeutende Schifffahrtsgesellschaft. Von den 85 Kapitänen auf insgesamt 55 Schiffen des Reeders Friedrich-Wilhelm Otte stammten von 1740 bis 1770 nicht weniger als 33 von Sylt. Die Schiffe verkehrten im Ostseeraum, längs der norwegischen Küste bis nach Archangelsk und liefen französische, spanische, portugiesische und italienische Häfen an. Im Transatlantikhandel unternahm Otte nur einen Versuch. Sein Bemühen, sich am Sklavenhandel zu beteiligen, endete mit einem Fiasko. An der Guineaküste nahm eines seiner Schiffe 449 schwarze Sklaven an Bord, 268 von ihnen starben auf der Überfahrt nach Westindien. Und auf der Rückfahrt nach Europa wurde das mit Rohrzucker, Baumwolle und Kaffee beladene Schiff von Engländern gekapert.
Am 15. April 1737 wurden der Steuermann Schwenn Peters aus Keitum und Manne Philips aus Morsum von den Algeriern bei Cap Finster (Finisterre) gefangen genommen.
Ein Jahr später im Mai 1738 wurden der Kapitän des aufgebrachten Schiffes für 2.000, jeder Matrose für 700 und der Schiffsjunge für 1.000 dänische Reichsthaler freigekauft. Schwenn Peters musste als Geisel zurückbleiben, da für ihn zunächst kein Geld bezahlt wurde. Er kam erst im Januar 1742 für 1.970 Rthl. wieder nach Hause.
1746 wurde Kapitän Schwenn Jürgen aus Keitum in Algier als Sklave angeboten. Zwei Jahre musste er in Gefangenschaft bleiben.
1746 geriet Tham Thamen, geboren in Kamp auf Sylt, in nordafrikanische Sklaverei. Er nahm die mohammedanische Religion an und gelangte unter glücklichen Umständen ins Innere des Landes. 1770 trafen Sylter Seeleute ihn überraschend mit

großem Gefolge in Alexandrien in “Ägypthen”. Er hatte das Wohlwollen des Sultans erlangt und trug den Rang eines „Beglerbeg“. Das war im osmanischen Reich einer der höchsten Fürstenränge. Die Kampener hatten bereits im 18.Jhd. den Drang zur Prominenz.
1756 wurde Boh Jens Mannes aus Keitum in Algerische Sklaverei geführt. 1759 wurde er von einem Holländer freigekauft.
Es hatte sich eingebürgert, dass in den Sylter Kirchen am Bußtag und am Reformationstag Kollekten für sogenannte „Sklavenkassen“ durchgeführt wurden. Dieses Geld diente dem Freikauf.
Durch die seemännische Tätigkeit war die Lebensweise auf der Insel recht üppig. Recht frühzeitig fanden Produkte der gehobenen Lebensart auf Sylt Eingang. Den ersten Kaffee erhielt der Bauernvogt in Tinnum bereits im Jahr 1742. Tabak war schon seit 1640 bekannt. Der Gebrauch der Gabel benötigte noch einige Jahrzehnte, aber Messer hatte jeder Gast bei etwaigen Einladungen mitzubringen.
Bei Hochzeiten wurden neben reichlich Essen an Getränken Bier und Kornbranntwein serviert. Die beiden Brautjungfern gingen während des Tanzes mit einer Mischung, die man „Swetskilk“ nannte und die aus Branntwein, Sirup und einigen Brocken bestand zu den einzelnen Gästen, und schoben ihnen drei Mal einen vollen Esslöffel in den Mund. Das wirkte. Immer wieder kam es zum Kampf auf Leben und Tod und es wird überliefert, dass einige Frauen ein Leichentuch mit sich führten, um es ihrem Mann anzulegen, wenn er erschlagen worden war.
Da die Hochzeitsfeiern in vielen Fällen die wirtschaftliche Leistungsfähigkeit der Gastgeber überstiegen, hatte der Landesherr Vorschriften erlassen. So durfte der Besitzer von hundert „Demath“ Land (ca. 50 ha) nicht mehr als 40 Paare einladen, der Besitzer von 50 Demath nur bis zu 20 Paare und die kleineren Besitzer nur 10 Paare. Die Zahl der Geladenen musste 8 Tage vor der Hochzeit dem Staller mitgeteilt werden, damit dieser mit Hilfe von zwei Schaffern die Angaben nachprüfen konnte. Die Hochzeitsfeierlichkeiten mussten auf zwei Tage beschränkt bleiben. Auch war es verboten, bewaffnet zu den Feierlichkeiten zu erscheinen. Die Männer pflegten nämlich mit dem Streithammer zu erscheinen. Für Walfänger kam es keine gesonderten Regeln.
Bettler gab es nur selten auf Sylt und dann auch nur solche, die von benachbarten Inseln herüberkamen. Diese pflegten nach C.P. Hansen zu sagen, die schlimmsten Dinge auf Sylt wären die Morsumer Hunde und die Keitumer Kinder, weil sie von diesen gewöhnlich verfolgt wurden, wenn sie sich sehen ließen.
Die Morsumer mussten der Überlieferung nach 1644 wegen ihrer Hunde eine hohe Strafe zahlen, da diese vor ihren Augen einen erschossenen schwedischen Soldaten verzehrt hatten, ohne dass sie eingriffen.
Die Landwirtschaft der Sylter stand auf einer niedrigen Stufe. Man hatte 1709 zu viele Pferde und zu wenige Kühe und Schafe. Die Arbeit wurde vor allem von den Frauen betrieben, die die anfallende Tätigkeit nur schwerlich alleine bewältigen konnten. Da der Mist der Tiere auf der holzarmen Insel zur Feuerung gebraucht wurde, düngte man die Äcker nur schlecht mit Seegras.
Seit 1634 verfielen die Seedeiche, weshalb Äcker, Wiesen und Weiden allzu oft den Überschwemmungen des Meeres ausgesetzt waren. In dieser Zeit der zunehmenden Gleichgültigkeit wurde auch die Fruchtfolge kaum beachtet. Die einstmals fruchtbaren

Böden vor allem in Archsum, Morsum und Tinnum laugten immer mehr aus. Daher entwickelte sich die Insel, nicht zuletzt wegen des rückläufigen Walfangs, zusehends zu einer Viehzuchtdomäne. Allerdings sank in der Zeit von 1709 bis 1847 die Zahl der Pferde von 626 auf 286 ab. Dafür erhöhte sich die Zahl der Milchkühe im gleiche Zeitraum um 50 %, Jungvieh und Ochsen um 97 % und die Anzahl der Schafe um 149 %.
Die gut entwickelte Schafzucht förderte die Sylter Wollindustrie. In Form von Hausproduktion erlangten Strümpfe, Jacken und Unterkleider eine beachtliche Bedeutung. Sie entwickelten sich zu Exportartikeln, die vor allem nach Hamburg geliefert wurden.
Viele Dänen fanden ihren Weg nach List. Der Hafenort wurde zunehmend eine Zufluchtsstätte entflohener Leibeigener aus Jütland. Sie fanden Arbeit auf Sylt und auf den weiter südlich gelegenen Inseln, da sie von den seefahrenden Männern entblößt waren und Arbeitskräfte gebraucht wurden. Viele heirateten, nahmen friesische Sitten und Sprache an und fühlten sich bald heimisch.
Einmal waren einem jütländischen Gutsherrn 18 junge Leibeigene nach Sylt entlaufen, die er, um seine Pferde zu schonen, vor den Pflug gespannt hatte. Als er zum Ellenbogen auf Listland gelangte, wurde er vom starken Peter, Eierkönig genannt, handfest davongejagt. Die Sylter als freie Menschen hatten kein Verständnis für Leibeigenschaft. Sie hatten genug Probleme mit ihren auf See gebliebenen Söhnen, Männern, Vätern und Freunden. So strandeten bei der holländischen Insel Texel zwei Sylter Kapitäne, Peter Ditlefs aus Westerland und Peter Poen aus List, bei schwerem Sturm. Peter Ditlefs Schiff versank mit Mann und Maus, Peter Poen verlor sein Schiff, konnte aber sich und seine Männer retten.
Erk Schwennen aus Morsum segelte als Schiffskapitän längs der norwegischen Küste. Während eines dichten Nebels kollidierte er mit einem anderen, größeren Segler. Da er annahm, dass sein Schiff verloren sei, sprang er mit seiner Mannschaft auf das andere Schiff hinüber. Nur ein Mann, der krank in seiner Koje lag, blieb zurück. Kurz darauf kollidierte das Schiff, auf das sich die Mannschaft gerettet hatte, erneut und versank im Meer. Erk Schwennens Schiff jedoch wurde wenig später auf dem Wasser treibend von norwegischen Fischern gefunden und mitsamt dem kranken Mann in der Koje gerettet.
Am 17. Mai kenterte die von Hoyer kommende Schute von Jens Haulk Erken, die mit Dachrohr beladen war. Der Schiffer sowie sein Knecht Peter Störens, beide aus Tinnum, ertranken dabei.
1728 strandete Boh Teides aus Morsum während eines Sturms vor der holländischen Insel Ameland. Er und sein Sohn blieben auf dem havarierten Schiff und wurden wenig später gerettet, während die Schiffsmannschaft, die sich mit dem Rettungsboot in Sicherheit bringen wollte, in der Brandung am Ufer umkam.
1741 teilte König Christian VI. den Bewohnern der Inseln Sylt und Föhr mit, dass sie in Zukunft nur noch Militärdienst leisten müssten, wenn sie freiwillig dazu bereit seien. Er erkannte die Notwendigkeit der Seefahrt an und gab ihr den Vorrang vor dem Dienst beim Militär.
Im Jahr 1744, als der Halleysche Komet im Monat Februar dreiundzwanzig Tage lang über Sylt zu sehen war, segelte Teide Bohn aus Morsum am 14. März mit neunzig Sylter Seeleuten nach Amsterdam, um dort Dienst auf Schiffen zu suchen. In der

darauf folgenden Nacht erhob sich ein mächtiger Südweststurm mit Schneeböen und zwang die Segelnden, wieder in Richtung Sylt umzukehren. Sie konnten jedoch das Hörnumgatt nicht mehr erreichen und versuchten an der Westküste entlang das Lister Tief zu erreichen. Teide Bohn ließ ein Segel setzen, um schneller an das Ziel zu gelangen. Am Mittag des 15. März jedoch drückte der Sturm auf der Höhe von Rantum den Mast tief zur Leeseite hinüber, sodass ein schweres Ankertau, das auf Deck lag, über Bord fiel. Da es in der Mitte des Schiffes befestigt war und auf dem Meeresgrund nachschleppte, legte sich das Schmackschiff gänzlich auf die Seite und kenterte. Nur acht der Besatzung konnten sich an dem Plattboden des umgedreht im Wasser liegenden Boots festklammern und nach Wenningstedt retten. Die restlichen 84 mitsamt dem Schiffer und seinem Knecht ertranken in den aufgewühlten Fluten. Allein 51 „Broterwerber" verlor Morsum, darunter 22 Ehemänner.

In der Trauer zeigten die Sylter ihren schönsten Gesichtszug. Einem Mann, dem man im täglichen Leben kaum ein freundliches Wort und nicht das tägliche Brot gegönnt hatte, folgte man dennoch nach dem Tod und beweinte ihn ehrlichen Herzens wie den besten Freund. Es war immer wieder rührend zu erleben, dass rauhe Seeleute ihre Toten mit Gesang und Gebet im Meer versenkten oder einen Schiffsgenossen aus weiter Ferne mit sich heimführten, um ihn in heimatlichen Gestaden beizusetzen, wie im Falle von Kapitän Paul Flor, der in Grönland oder Peter Erken, der in Amsterdam gestorben war.

Im Jahr 1781 verloren die Engländer ihre nordamerikanischen Kolonien. Sie versuchten sich an den ausländischen Besitzungen anderer Staaten schadlos zu halten, vor allem an den holländischen. Das beunruhigte die Sylter. Sie fühlten sich eng mit ihren besten Arbeitgebern zur See verbunden und viele Seefahrer der Insel vom Matrosen bis zum Kapitän meldeten sich freiwillig, was sie den Dänen versagt hatten, zur holländischen Kriegsflotte. Sie nahmen an der Doggerbank-Schlacht teil, die unentschieden endete. Der weltpolitische Nutzen für die Niederländer war ebenso wie die Auseinandersetzung mit Einschränkungen versehen, da sie zwar ihre ostasiatischen Besitztümer behalten und teilweise sogar ausdehnen konnten, aber Holländisch-Guayana, Tobago, St. Larcia, Mauritius, die Seychellen und die Malediven an die Briten verloren. Aus Süd-Afrika gingen die Engländer nicht mehr heraus.

Im 18. Jahrhundert setzte sich auf dem Festland die Erkenntnis durch, dass die Leibeigenschaft, die in Nordfriesland unbekannt war, nicht in das Zeitalter der Aufklärung und der Menschenrechte passe. Gegen den Widerstand vor allem der jütländischen Grundbesitzer teilten die schleswig-holsteinischen Gutsherren nach jahrelangen Diskussionen 1797 dem Chef der „Deutschen Kanzlei" in Kopenhagen, A.P. Bernstorff mit, dass sie im Verlauf der nächsten acht Jahre die Leibeigenschaft aufheben. Und so geschah es auch. Kurze Zeit später endete sie auch in Dänemark und damit war Schluss mit der Flucht von Leibeigenen aus Jütland nach List.

Bereits 230 Jahre zuvor hatte der Herzog von Schleswig Adolf I. die Idee, eine Wasserstraße quer durch die „Cimbrische" Halbinsel zu bauen, um die Ostsee mit der damals noch so genannten Westsee zu verbinden. Nach vielen Diskussionen über Für und Wider trat 1774 ein Planungsausschuss in Kopenhagen zusammen, um dem Vorhaben endlich zum Durchbruch zu verhelfen. Mehrere Wasserstraßen für das Projekt wurden beraten. Zunächst war der Kanal von Kiel nach Glückstadt oder

Brunsbüttel zur Elbe geplant. Dänische Kreise fürchteten jedoch, Holstein könnte an Deutschland fallen und die hohen Investitionen wären verloren. Also beriet man eine Planung über schleswigsches Territorium von Eckernförde in Richtung Husum oder Friedrichstadt. Dieses Vorhaben erwies sich jedoch technisch als nicht durchführbar, sodass man zu der alten Vorstellung zurückkehrte. Es wurde der Ausbau des „Schleswig-Holsteinischen" Kanals von Kiel bis Rendsburg beschlossen, um von dort aus den Schiffsverkehr über die zum Teil begradigte Eider in Richtung Nordsee führen zu können. Allerdings erkannten damals schon einige Köpfe, dass eine Kanalführung in Richtung Elbe notwendig werden würde.
Für Kiel war dieses Projekt von großer Bedeutung, da die Stadt 1773 ihre Funktion als Residenz der Gottorfer und damit als Regierungssitz verloren hatte. Da man aber auf den Anhang der Gottorfer und ihre Animositäten Rücksicht nehmen wollte, sollte die Bedeutung Kiels durch dieses ökonomische Projekt und den gleichzeitigen Ausbau der Universität wieder zunehmen.
Durchweg wurden 2.500 – 3.000 Arbeiter an diesem Bauwerk beschäftigt, davon fielen aber immer etliche wegen Fieber oder anderer Krankheiten aus, zeitweise bis zur Hälfte aller Kräfte. Die Arbeiten waren hart, der Erdaushub von Kiel bis Rendsburg musste mit Schubkarren und Wagen bewegt werden, für das Ausbaggern der Seen, durch die der Kanal geführt wurde und später für die gleichen Arbeiten auf der Eider verwendete man „Muddermaschinen" (Mud = Schlamm), die Menschen mit Treträdern antrieben. Die Schleusen und Klappbrücken, die Pumpen und Pieranlagen und die großen Packhäuser in Holtenau, Rendsburg und Tönning wurden von einem Rendsburger Unternehmer holländischer Abstammung gebaut.
Der Kanal wurde im Oktober 1784 als „stolzes Nationalwerk" feierlich eröffnet. Es war der modernste, auf 34 km künstlich geschaffene Wasserweg Europas. Er hatte sechs Schleusenbecken und war befahrbar mit Seeschiffen von 300 to Ladegewicht. Die Schiffe wurden, wenn nicht achterlicher, also „von hinten kommender" Wind wehte, getreidelt (vom Ufer aus gezogen). Nur auf der Untereider, in der Tidenströmung entfiel das Treideln.
Der Verkehr mit Schiffen unter 300 to, die von der Ostsee kommend in Richtung Hamburg oder Bremen segelten, nahm nach der Eröffnung des Kanals an der Westseite Sylts ab. Aber es blieben noch die Fülle der größeren Schiffe, sodass auch weiterhin mit einem „vollen" Meer gerechnet werden konnte.
Gemäß der wirtschaftlichen Bedeutung des Kanals wurde die „Schleswig-Holsteinische Bank" in Kiel gegründet. Das sollte Konsequenzen für den dänischen Gesamtstaat haben.
Wie viele andere Staaten hatte auch Dänemark zur Deckung des Finanzbedarfs Papiergeld herausgegeben. Papiergeld sollte durch Gold- und Silberreserven gedeckt sein. Das war im dänischen Staat aber nicht der Fall. Deshalb sank der Wert des dänischen Reichstalers von 100 auf 55 ab. Davon waren besonders die Herzogtümer Schleswig und Holstein betroffen, deren Wirtschaft in hohem Maße von Hamburg abhängig war.
Auf Sylt ging es wirtschaftlich den Familien am besten, deren Verdiener auf Hamburger Schiffen Dienst taten und mit entsprechenden Münzen zahlen konnten. Nicht ohne Grund hatte der König bereits 1460 den Herzogtümern die Zusage machen

müssen, dass in Schleswig und Holstein nur solche Münzen Geltung hätten, die in Hamburg Zahlungsmittel wären.
Die Wirtschaft musste auf eine solide finanzielle Basis gestellt werden. Da es aber nicht möglich war, die Währung im gesamten Dänenreich gleichzeitig zu stabilisieren, wurde zunächst das Finanzwesen in den Herzogtümern auf eine feste Basis gestellt. Dazu erhielt die Schleswig-Holsteinische Bank einen Edelmetallfonds und durfte Münzen und Noten herausgeben. Sie war verpflichtet, jederzeit Banknoten gegen Silber einzutauschen. Die Selbständigkeit der Bank wurde gegen dänischen Widerstand vom König garantiert. Dänische Politiker protestierten dagegen, dass „die beiden reichsten, am dichtesten bevölkerten Provinzen alleine gewinnen“ sollten. Sie fanden es vor allem unmöglich, dass das Herzogtum Schleswig, „diese bedeutende, unter dem Namen Sönderjylland eigentlich zum Dänischen Reich gehörende und von diesem untrennbare Provinz“ nicht mehr mit dazu beitragen sollte, die dänische „Zettellast“ zu tragen. Schließlich siegte aber die ökonomische Vernunft.
Die Herzogtümer erfreuten sich fortan einer harten Währung. Die alte Zollgrenze an der Königsau, die von Kolding bis nördlich von Ripen verlief, war nun zu einer Währungsgrenze geworden, die den Gesamtstaat wirtschaftspolitisch spaltete.
An einem Morgen im Juli des Jahres 1789 erwachte Kapitän Bo Schwen Jensen aus Keitum, Westindienfahrer auf einem „Holländer“, bei strahlendem Sonnenschein, der durch die gewölbten Fensterscheiben seines reetgedeckten Hauses auf sein leicht vergoldetes Rokokobett fiel. Es war Sonntag. Er und seine Gattin Jeiken erhoben sich gemächlich. Richtig ausgeschlafen war er noch nicht. Es hatte am Abend zuvor ein fabelhaftes Gericht gegeben: Gänsebraten und Schinken, dazu diese neumodischen Erdfrüchte, die mittlerweile überall in Mode gekommen waren. Die feinen Leute nannten sie Pommes de terre, das einfache Volk sagte Kartoffeln. Bo Schwenn Jensen hatte sich den Magen so „voll geschlagen“, dass er die halbe Nacht nicht schlief. Aber heute am Sonntag konnte er sich ja ausruhen.
Der Kapitän betrat sein Ankleidezimmer, stellte die hochmoderne Petroleumlampe zur Seite, klappte die mit geschmackvoller Intarsienarbeit verzierte Waschkommode auf, rief der Magd in der Küche nach warmem Wasser und schärfte sein Rasiermesser am Ledergurt.
Nachdem er sich mit seiner seidenen Kniehose, mit einem braunen, sehr eleganten Jackett und dunklen Schnallenschuhen bekleidet hatte, ließ er sich mit seiner Gattin am Frühstückstisch nieder. Kaum waren sie im Begriff, sich über den westindischen Kakao und den Streuselkuchen herzumachen, kam ein Besucher mit einer sensationellen Nachricht hereingestürzt: In Paris ist eine Revolution ausgebrochen. Das Volk hat die Bastille gestürmt und sie niedergebrannt, der König Ludwig XVI. hätte sich vor Angst verkrochen und eine „Nationalversammlung“ des Volkes wolle eine neue Verfassung beschließen. Die Straßen von Paris seien schwarz vor Menschen.
„Mon Dieu“, sagte Bo Schwenn Jensen, „seien wir froh, dass wir in einem fortschrittlichen Herzogtum leben. Wir leben in Schleswig und damit im Zeitalter des „Aufgeklärten Absolutismus“ und die Dänen sind auf dem besten Weg, die Leibeigenschaft zu beenden. Danken wir Gott vor allem dafür, dass innerhalb des chaotischen Deutschen Reichs in Preußen alles in Ordnung ist. Wir brauchen uns also weder zu fürchten, noch auf eine Revolution bei uns hoffen. Auch wenn dieser engli-

sche Nationalökonom Adam Smith die Menschen nicht mehr nach Qualität und Herkunft einteilt, sondern ihnen einredet, sie seien mit ihren zwei Händen und zehn Fingern genauso viel wert, wie die Edlen. Sie sollten ihre Leistungen, die genauso viel wert seien wie die Leistungen der oberen Schichten, nur so teuer wie möglich verkaufen. Wo soll denn das hinführen. Das kann ja nachher keiner mehr bezahlen. Die französische Sauwirtschaft unter diesem König war für solche Theorien natürlich der richtige Nährboden."

„Aber," entgegnete der Besucher, „sind nicht die alten Griechen ein Beweis dafür, dass das Volk Träger der Macht sein kann?"

„Das griechische Volk," sagte Bo Schwenn Jensen, "war nie Träger der Macht. Nirgendwo in der Geschichte gab es mehr Zank, Streit und Intrigen als in Griechenland. Das einzige „Verdienst" des Volkes war es, die besten und edelsten Männer in die Verbannung zu schicken."

„Aber Rom war ein Musterbeispiel für Demokratie," wandte der Besucher ein.

„Mon cher," antwortete der Kapitän, „in der Zeit, in der Rom wirklich groß war, wurde es von Menschen regiert, die gezielt durch Erziehung und Bildung darauf vorbereitet wurden. Und später, als die Führung des Reiches ungebildetere Züge annahm, ging Rom langsam aber stetig zugrunde."

Die französische Revolution überfiel die Menschen auch nördlich der Elbe wie ein Fieberrausch. Luise Stolberg, aus dem Geschlecht der Reventlows, die ursprünglich aus Dithmarschen stammten und zum bedeutendsten Adelsgeschlecht im dänischen Gesamtstaat wurden, schrieb im Revolutionsjahr: „Ich bete für Frankreich, wie man für seinen besten Freund betet, und labe mich an dem Aufgang der Wahrheit. Deutschland wird auch einst und alle anderen Länder, jedes zu seiner Zeit, sich constituiren – der Strom der Wahrheit strömt fort seinen unaufhaltsamen Lauf bis ins unendliche Meer." Feuertrunken schwärmt sie mit Schiller: Alle Menschen sollen Brüder und die Hölle nicht mehr sein! Für sie war 1789 das schönste Jahr ihres Lebens.

Ihr adelsstolzer Schwager Friedrich Leopold war ebenfalls bereit, „der Reichsgrafen Stolberg alten Schild der Freiheit zum Opfer zu bringen", Adam Moltke legte sein „von" ab und nahm die Enterbung durch seinen reichen preußischen Onkel in Kauf. Und der Erbprinz von Augustenburg schrieb an seinen Freund: „Es ist ein stolzer Anblick, den mächtigsten und hochmütigsten Hof, an dem der Despotismus seinen Thron aufgeschlagen hat, unter allen zuerst seinen Nacken beugen zu sehen." Es gab noch viele solcher Beispiele.

In Hamburg wollten mehrere Redakteure revolutionsfreundliche Zeitungen herausgeben. Sie erhielten jedoch in der republikanischen Stadt keine Lizenz. Auch im traditionell toleranten Altona, das nach wie vor zum dänischen Gesamtstaat gehörte, stießen sie bei den Fürsten des „Niedersächsischen Kreises" auf Widerstand. Also wichen sie in die Region „nördlich der Eider" aus. Die meisten verlegten ihre Publikationen in Flensburg.

Viele beobachteten das Geschehen jedoch mit Besorgnis. Und diese sollten Recht bekommen.

Die Herzogtümer wurden ein beliebtes Ziel französischer Flüchtlinge, denen man vorurteilslos Asyl gewährte, seien es Reaktionäre oder Vorkämpfer der Menschenrechte, wie General Lafayette, die ebenso wie der Adel bald den Zorn des französischen

„Pöbels“ zu spüren bekamen. Die geistigen Führer der Revolution waren zwar Denker, aber keine Politiker. Die Antwort auf die Volkserhebung lautete daher Napoleon.
Im dänischen Gesamtstaat hatte jeder Untertan das Petitionsrecht. Jeder konnte sich an die höchsten Stellen wenden und konnte sicher sein, dass ihm Antwort zuteil wurde. Dieser Staat bot keinen Nährboden für revolutionäre Umtriebe. Trotzdem kam es innerhalb der Herzogtümer zu Unruhen. Die betrafen aber nicht die französischen Ideale, sondern behandelten wirtschaftliche Sorgen, wie die Teuerung oder die Kopfsteuer, die jedermann, ob arm oder reich, gleich belastete. Andere Unruhen richteten sich gegen die Benachteiligung der Unterschichten bei der Aufteilung von Gemeindeland.
Das seemännische Handwerk brachte es mit sich, dass die freiheitlichen Ideale der französischen Revolution auch auf Sylt Eingang fanden. Rebellion war allerdings nicht angesagt, da es auf der Insel keine absolut herrschende Adelskaste gab. Trotzdem kam es für Sylt zu einer revolutionären Entscheidung von oben. Die „Deutsche Kanzlei“ in Kopenhagen verfügte, dass der berühmte von der Bevölkerung eingesetzte „Sylter Rat“ durch Schaffung eines „Landesgevollmächtigten Kollegiums“ ersetzt würde. Das es auf der Insel zu keinem Aufstand kam, dürfte nur dem Umstand zu verdanken gewesen sein, dass die Männer auf See waren und die Vögte nur die „Weiber daheim“ (C.P. Hansen) regierten.
Für die Inselfriesen, die als Kapitäne oder Steuerleute unterwegs waren, war die Revolution wirtschaftlich kein Vorteil. Die von ihnen geführten Schiffe, gleich unter welcher Flagge, wurden entweder von Engländern oder von Franzosen gekapert. Dadurch war der Vorteil für Sylt während der nächsten Jahre nur sehr mäßig einzustufen. Mancher Sylter Seemann verlor in den Jahren der Wirren sein Leben.

20. Der Raub der dänischen Flotte - Die Rantumer verkaufen Ihre Kirche

Als ältestes deutsches Seebad gilt Norderney. Nachdem bereits die Engländer gefolgt von den Franzosen Ferienorte am Meer gegründet hatten, folgte 1800 Deutschland in Ostfriesland. Nach Norderney folgte 1804 Wangerooge, anschließend 1819 Wyk auf Föhr und 1826 Helgoland.
Ab 1797 hieß die wegweisende politische Erscheinung in Europa Napoleon Bonaparte. Er schuf eine militärische Diktatur auf plebiszitärer Grundlage. Er war als General der revolutionären Truppen Frankreichs so erfolgreich, dass alle Länder mit Ausnahme Englands Frieden mit ihm schlossen und sich in ihr gemütliches Heim zurückzogen.
Die Engländer. Lord Nelson vernichtete die französischen Flottenteile Napoleons während des Krieges in Ägypten vor Abukir vollständig. Napoleon ließ daraufhin seine Truppen im Stich und schlug sich, wie die Geschichtsbücher es uns lehren, heldenhaft auf dem Landweg nach Frankreich durch. In Wahrheit reiste er per Schiff. In Paris übernahm er im Handstreich die Macht und ließ sich so begeistert feiern, dass kaum jemandem auffiel, dass die gesamte französische Armee in Ägypten kapitulieren

musste.Da die Franzosen von ihrem „General“ nun Ruhmreiches erwarteten, gab es Krieg: natürlich auf deutschem Boden. Ganze Landstriche sahen grauenhaft aus, Städte und Dörfer brannten und Tausende von Toten bedeckten die Felder. Aber so schlimm war das gar nicht. Napoleon teilte nämlich das deutsche Reich neu ein. So unterbrach der preußische König Friedrich Wilhelm III. seine Lieblingsbeschäftigung, das Orgelspiel, als er erfuhr, dass ihm geradezu über Nacht die Gebiete Thüringen, Harz und Westfalen zugefallen waren. Außerdem ordnete der Korse an, dass alle Reichsstädte, mit Ausnahme von sechs, aufzuheben und neu zuzuordnen seien. Zusätzlich befahl er, dass die riesigen kirchlichen Ländereien, die geistlichen Gebiete in Thüringen, im Harz, in Westfalen, am Rhein, am Main und an der Donau sofort aufzulösen und neu zu vergeben seien. Die großen süddeutschen Kirchenländer gab er an die frommen und streng katholischen Bayern und Badener, die sie ohne mit der Wimper zu zucken und ohne ein Anzeichen von Ablehnung stillschweigend in die Tasche steckten. Viele kleine weltliche Gebiete im deutschen Westen verloren ihre Selbständigkeit und wurden zur Entschädigung für die größeren deutschen Staaten eingesetzt.
In ihrer politischen Wirklichkeit waren diese Maßnahmen jedoch nichts anderes, als die Aufhebung der deutschen Verfassung und die Absetzung des Kaisers.
Dänemark verhielt sich in diesem Krieg zunächst neutral. Diese Neutralität wurde dem Land jedoch erschwert, da die Engländer, die das Meer kontrollierten, für sich in Anspruch nahmen, jedes Schiff auf Konterbande (für die Kriegsführung wichtige Ladung) zu überprüfen. Dänische Kapitäne weigerten sich oft, ihr Schiff überprüfen zu lassen, sehr zum Ärger der Briten. Die dänische Regierung wollte darüber mit der englischen verhandeln, versuchte aber zugleich, sich den Rücken durch Hinzuziehung weiterer neutraler Staaten zu stärken. Der russische Zar Paul griff diesen Gedanken begeistert auf und schloss im Jahr 1800 mit Dänemark, Schweden und Preußen ein „Bewaffnetes Neutralitätsbündnis“. Gleichzeitig betonte er seinen Hass gegen die Engländer so laut, dass diese beschlossen, gegen Kopenhagen einen Präventivschlag zu führen.
Die Zeit war günstig. Die dänische Flotte lag noch abgetakelt im Winterlager und die russische eingefroren im Finnischen Meerbusen. Ende März 1801 erschienen 56 englische Schiffe vor Helsingör. Die Dänen bugsierten in aller Eile ihre noch fahruntüchtigen Kriegsschiffe vor die Kopenhagener Reede, um sie dort als „Blockadeschiffe“ zu verankern.
Für Lord Nelson, den Sieger von Abukir, waren diese Blockaden aber kein Hindernis. Er nahm mit seinen armierten Schiffen nicht nur diese hölzernen Festungen unter Feuer, sondern auch gleich mit dazu die dänische Hauptstadt. Nach schweren Verlusten an Mensch, Material und Häusern gab der dänische Kronprinz der Forderung der Engländer nach und trat aus dem bewaffneten Neutralitätsbündnis aus. Die Engländer hatten sich durch diese Aggression aber so unbeliebt gemacht, dass sie nicht nur das dänische Nationalgefühl in ungeahntem Ausmaß weckten, sondern auch bei den deutschen Untertanen den „Gesamtstaatspatriotismus“ hervorriefen.
Aber Dänemark war weit weg und die Engländer sollten sich ruhig auf dem Wasser austoben. Die Franzosen waren von ihrem Bonaparte berauscht. Gloire! Gloire!
Auf Sylt entwickelte sich etwas nicht alltägliches: eine Kirche war zu verkaufen.

In Rantum war das Gotteshaus durch Sandflug fast halb verschüttet. Täglich drangen die Sandberge weiter auf die Kirche ein.
Visitatoren gelangten sehr schnell zu der Einsicht, dass das Gebäude nicht mehr zu retten sei. Die Fenster waren bereits an mehreren Stellen halb im Sand „versenkt" und die Tür konnte nicht mehr geöffnet werden. Ein Verkauf der Kirche war geboten.
Die Generalkirchenvisitation beschrieb das Dorf Rantum folgendermaßen: „In einer der schauderhaftesten Lagen die ich kenne, mitten unter den Dünen, auf eine Meile von den übrigen Bewohnern der Insel abgesondert, und in beständiger Gefahr von der See oder vom Flugsande vertrieben zu werden, wohnt eine armselige Dorfschaft von 20 Feuerstellen, Rantum genannt. In ihrer kleinen, einer Stube ähnlichen Kirche, die sie im Jahre 1757 mit allerhöchster königl. Erlaubnis erbauten, predigt jeden dritten Sonntag, wenn der Weg nicht unpassabel ist, der Pastor von Westerland, wofür die Gemeinde ihm 80 Mk. pro Salario zusammenschießt. Einer der Eingesessenen vertritt, so gut er kann, die Stelle eines Küsters, aber für die Einrichtung einer Schule zu sorgen, dazu haben ihre Kräfte nicht hingereicht.
Ganz ohne Unterricht wächst nun ihre Jugend auf, das älteste Mädchen von 13 Jahren konnte bei der Visitation auf die leichtesten Fragen nicht einmal Ja oder Nein antworten, Knaben von 7 – 8 Jahren waren ebenso stumm, und die ganze Catechisation hätte aufhören müssen, wenn nicht noch einige unter den alten Leuten an der Stelle der Kinder zuweilen geantwortet hätten."
Die Gemeinde wurde nun gefragt, wie sie es in Zukunft mit dem Gottesdienst halten wolle. Die Rantumer waren mit dem Verkauf der Kirche einverstanden und wollten das erlöste Geld, da die Kirche privates Eigentum der Rantumer war, bei der Landvogtei deponieren. Es sollte für die Verlegung der Gemeinde nach Westerland und den Einkauf der Kirchenstände in der Westerländer Kirche verwendet werden. Da der Westerländer Pastor Jessen durch die Veräußerung des Gotteshauses in Rantum Einkünfte in Höhe von 80 – 120 Mk. einbüßte, mussten die Visitatoren ihm versprechen, sich für ihn zu verwenden, dass er durch unmittelbare Versetzung auf einen lukrativeren Posten schadlos gehalten würde.
Als das Kirchlein am 23. Juli 1801 versteigert werden sollte, fanden sich zwar viele Liebhaber, doch die meisten wurden durch die hoffnungslose Lage abgeschreckt. Mit 25 Talern machte Jan Clasen aus Westerland das erste Angebot und Ebe Pohn mit 52 Talern 16 Schilling das letzte. Mehr wollte keiner bieten.
Die Kirche wurde dem Westerländer Schiffer zugeschlagen. Er schlachtete die Kirche aus und die Teile, die er nicht in seinem Haus in Westerland-Südhedig verwerten konnte, brachte er auf sein Schiff. So verzierte er seine Kajüte mit Teilen des Altars und der Kanzel und gab seinem Schiff den Namen „Segens von oben".
Das alte Abendmahlsbild hat heute wieder einen würdigen Platz in der Rantumer Kirche gefunden und ist dort zu besichtigen.
Am 31. Dezember 1803 erließ König Christian VII. eine neue Strandordnung. Sie entsprach in ihren Grundsätzen dem bisherigen liberalen Strandrecht und enthielt als Grundsatz: „...die zur Rettung und Bergung der Schiffbrüchigen und Güter erforderlichen Anstalten die wohltätigste Richtung geben wollen. Wir wollen daher zuvörderst den bisher in Unsere Kasse geflossenen Anteil gänzlich nachlassen, so weit nicht gestrandetes Gut als vollkommen herrenlos anzusehen ist…"

Sämtliche am Strand wohnenden Untertanen werden – falls sie Geld- und Gefängnisstrafen vermeiden wollen – verpflichtet, die sich in Seenot befindlichen Schiffe oder angetriebene Güter sofort dem Strandvogt zu melden. Die Strandvögte hatten sofort Vorkehrungen für schleunigste Hilfe durchzuführen, doch durften sie erst dann eingreifen, wenn dies vom Kapitän oder Steuermann des Havaristen ausdrücklich verlangt wurde.
Der Bergelohn richtete sich fortan nach den Gefahren und der Mühe, die die Bergung verursachte und wurde zwischen den Beteiligten ausgehandelt. Im Falle eines Streits entschied die Obrigkeit. Der Bergelohn durfte jedoch nicht höher sein als ein Drittel des Werts des geborgenen Guts. Bei unrechtmäßigem Bergen, für das Wegschaffen von Strandgütern, bei Misshandlung und Beraubung von Schiffbrüchigen, für die Verweigerung von Hilfe und das Setzen falscher Signale drohten Strafen von 2 Jahren Zuchthaus für Hilfsverweigerung, 5–10 Jahre für das Setzen falscher Signale und lebenslänglich für schwerwiegende Fälle.
Auf Sylt sorgten drei Strandvögte für die Einhaltung der Gesetze: in Kampen, Westerland und Rantum. Der Rantumer hatte einen besonders großen Bezirk. Er umfasste den langgestreckten Nehrungshaken Hörnum, der völlig unbewohnt war. Daraus erklärte sich, dass mancher Strandungsfall an diesem Teil Sylts erst nach mehreren Tagen entdeckt wurde und mancher erschöpfte Schiffbrüchige vor Durst und Hunger in den Dünen ums Leben kam.
Das Listland war besser auf Schiffbrüchige eingestellt. Hier nahmen die Bauern die Aufsicht wahr. Für sie galt jedoch das härtere, das dänische Strandrecht, an dem der König mehr verdiente.
Während die Welt Kopf stand, hatten die Dänen und die Herzogtümer die Muße, sich mit solch „profanen“ Dingen wie das Strandrecht zu befassen.
Liberté, Egalité, Fraternité – alle großen Ideale waren über Bord geworfen worden. Am liebsten hätten die Franzosen ihren Ludwig XIV. in Gestalt von Napoleon wiedergehabt. Und der ließ sich nicht lange bitten: am 18. Mai 1804 wurde er zum Kaiser ausgerufen, am 2. Dezember wurde er mit dem angeblichen Zepter Karls des Großen in der Hand vom Papst gesalbt und als er sich bei dieser Zeremonie selbst die Krone aufs Haupt setzte, machte er aus allen Länder und Provinzen um Frankreich herum, die er in den vergangenen Jahren in den Stand von Republiken erhoben hatte, Königreiche, deren Throne er mit seinen Familienangehörigen besetzte.
In diesen Jahren konnten die unter dem Dannebrog segelnden Schiffe, die zum größten Teil aus Flensburg und Altona kamen, trotz Kontrollen durch die Engländer einen gewinnbringenden Überseehandel betreiben. Aber die Situation wurde bald wieder bedrückender, da Napoleon, um England zu treffen, seinen Marschall Bernadotte Hannover und Lauenburg besetzen ließ. Der dänische Kronprinz, der zur Zeit regierte, verlegte zum Schutz der Neutralität 20.000 Mann nach Holstein und sein Hauptquartier von Kopenhagen nach Kiel.
Im Jahr 1805 traf ein neuer Schreck die neutralen Seefahrernationen. Bei Trafalgar vernichtete der britische Admiral Nelson dieses Mal nicht nur einen Teil der französischen Flotte, wie in Abukir, sondern die gesamte. Aber Napoleon gab sich ungerührt. Auf dem Festland marschierte er von Sieg zu Sieg, wie in der Dreikaiserschlacht bei Austerlitz am 14. Oktober 1805. Die deutschen Fürsten aus Hessen, Nassau, Baden,

Württemberg und Bayern kämpften bereits auf seiten Napoleons. Es war wie eine Hausse an der Börse. Man erhoffte sich vom französischen Kaiser steigende Aktienkurse.
Napoleon dankte großherzig. Die Hessen und Badener wurden Großherzöge, die Wittelsbacher aus Bayern und die Württemberger wurden gekrönt. Das hatte zur Folge, dass sich am 1. August 1806 sechzehn deutsche Fürsten vom Reich lossagten und sich unter französisches Protektorat in den sogenannten „Rheinbund“ begaben. Da legte Franz II. von Habsburg den Kaisertitel nieder und erklärte das Deutsche Reich für aufgelöst.
In der Palm-Buchhandlung in Nürnberg erschien eine kleine Schrift mit dem Titel: „Deutschland in seiner tiefsten Erniedrigung“. Einige Tage später erschienen Franzosen bei dem deutschen Bürger Palm aus der deutschen Stadt Nürnberg, verhafteten ihn, brachten ihn in die deutsche Stadt Braunau und erschossen ihn. Es interessierte kein Schwein.
Nun wurde Preußen aktiv. Und wie! König Friedrich Wilhelm III. ernannte den Herzog von Braunschweig zum Oberbefehlshaber der Truppen. Der Herzog war bereits fast achtzig Jahre alt. Er musste kutschiert und beim Gehen gestützt werden. Wenn er ein Pferd bestieg, wurde er heraufgehoben. Auf der anderen Seite hatte jemand zu stehen, falls der Herzog auf der Gegenseite des Reittier herunterrutschte. Bei Generalstabssitzungen legte er zwischendurch ein Nickerchen ein und überließ die Leitung seinem Stellvertreter Feldmarschall Graf Moellendorf. Der war bereits fast neunzig. Von zweihundertachtzig Majoren der preußischen Armee waren nur fünf jünger als fünfzig Jahre. Und diese sollten den zur damaligen Zeit schon altertümlich anmutenden zopfbehangenen Soldaten mit gezücktem Säbel und Hurrageschrei voranstürmen.
Napoleon war großzügig, er bot den Preußen Hannover an und nahm dafür die preußischen Ländereien Kleve, Neuenburg und Ansbach. Da Hannover englisch war, erklärten die Briten den Preußen den Krieg. Napoleon freute sich diebisch.
Es kam aber zum Krieg zwischen Preußen und Frankreich. In der berühmten Doppelschlacht von Jena und Auerstedt befehligte die nördlichen Truppen der greise Herzog von Braunschweig und die Truppen vor Jena der sechzigjährige Prinz Friedrich von Hohenlohe, ein weit bekannter Unglücksrabe. In die Geschichte ging diese Doppelschlacht als taktische Meisterleistung Napoleons ein. Die Wahrheit jedoch klingt wie ein Schildbürgerstreich. Friedrich der Große hätte diesen Kampf im Schlaf gewonnen.
Den Preußen war es vorbehalten, das Gelände für die Auseinandersetzung mit den Franzosen auszusuchen. Allerdings hatten sie die Landkarten zuhause vergessen, die einzelnen Truppenteile konnten somit nicht generalstabsmäßig erkennen, wo sie waren und wohin sie taktischerweise ausweichen mussten. Napoleon dagegen hatte die nötigen Geländekarten.
In Auerstedt standen 80.000 Preußen 27.000 Franzosen gegenüber, die preußische Reiterei bestand aus 8.800 Pferden, aus 1.300 die französische. Die napoleonischen Truppen hatten ganze 44 Geschütze, der preußische König 230. Die Schlacht war in der nördlichen Zone so gut wie entschieden.
Im Süden vor Jena waren die Infanterien etwa gleich stark, aber die Kavallerie der

Preußen zählte 10.000 Mann, die der Franzosen nur 8.000. Prinz Hohenlohe kommandierte über 175 Kanonen, Napoleon nur über 100. Es bedurfte auf preußischer Seite der größten Anstrengung, diese Schlacht zu verlieren. Aber man schaffte es.
Die Franzosen waren in Gewaltmärschen herangestürmt. Niemand hatte sie so schnell erwartet, obwohl in vergangenen Kriegen gerade diese Eilmärsche die besondere Spezialität der Preußen waren. In diesem Falle hatten sie ihre Läger wie Campingplätze unbefestigt angelegt und die Höhenzüge und Ausfallstraßen unbesetzt gelassen. Napoleon wollte es nicht glauben. Er war unsicher und erwartete eine raffinierte Falle. Er schickte etliche Späher aus, die ihm alle übereinstimmend berichteten, dass es weder Gegenspäher noch Posten gab. Sie hätten in das preußische Lager marschieren und sich an der Gulaschkanone bedienen können, es wäre nicht aufgefallen.
Am Abend gingen die alten Herren rechtzeitig schlafen. Bei der Besprechung mit dem König hatten sie bereits alle herzhaft gegähnt. Als Blücher mitten in der Nacht auf schweißtriefendem Pferd das Lager vor Auerstedt erreichte, erklärte ihm der Adjutant, der als einziger geweckt werden durfte, er könne den König unmöglich stören, Blücher solle bis zum Morgen warten.
Die gesamte Armee schlief, als sie am Morgen vom französischen Kanonendonner geweckt wurde. Es herrschte unbeschreibliches Tohuwabohu. Die beiden preußischen Armeeteile waren in kurzer Zeit bereits so nahe zusammengedrängt, dass sie sich die neuesten Nachrichten zurufen konnten. Aber niemandem fiel etwas Intelligentes ein, nicht einmal ein Befehl. Der alte Herzog war verwundet, Prinz Hohenlohe spurlos verschwunden, der König total ratlos. Er wusste nicht mehr, was los war und gab in seiner Verzweiflung den Befehl zum Rückzug. Es wurde eine Flucht.
Das war die berühmte Doppelschlacht von Jena und Auerstedt am 14. Oktober 1806 und die taktische „Meisterleistung" des korsischen Kaisers. Die Franzosen nahmen Festung um Festung, auch die stärkste, Magdeburg. Versehen mit 20.000 Soldaten, 800 Offizieren und 800 Kanonen ergab sie sich 10.000 Franzosen ohne einen Schuss. Der einzige, der beim Oberkommandierenden gegen diese Entscheidung opponierte, war ein zweiundsiebzigjähriger General. Der Kommandant kanzelte ihn mit den Worten ab: „Sie sind hier der Jüngste! Halten Sie den Mund, bis Sie gefragt werden."
Im August des gleichen Jahres hatte zuvor bereits der französische Außenminister Talleyrand den Dänen empfohlen, nach dem Untergang des „deutschen Reichs" das herrenlose Holstein unmittelbar der dänischen Krone zu unterstellen. Er hoffte, er könne Dänemark damit ködern und auf die Seite Frankreichs ziehen. Dänemark als Land am Meer mit entsprechender Flotte sollte als Pfand gegen Englands Schiffe dienen.
Durch königliche Deklaration vom 9. September 1806 folgte das Herzogtum Hostein dem Herzogtum Schleswig und wurde mit der dänischen Monarchie vereinigt „als ein in jeder Beziehung völlig ungetrennter Teil derselben..."
Die Eider war nun endgültig keine Grenze mehr. In Rendsburg wurde am „Rendburger Holstentor" die Inschrift „Eidora Romani Terminus Imperii" herausgemeißelt und als Antiquität nach Kopenhagen ins Zeughaus verfrachtet. Die Elbe war nun durch Napoleons Gnaden die endliche Grenze des Königreichs.
Der dänische Regent Friedrich blickte mit Stolz auf das Jahr 1806. Er glaubte, noch nie zuvor so vom Glück begünstigt worden zu sein, wie in diesem Jahr. Und Napoleon grinste!

Am 21. November 1806 verfügte der Franzose von Berlin aus die Kontinentalsperre, um England endlich in die Knie zu zwingen. Der dänische Kronprinz befürchtete zu Recht, dass Frankreich, dass nicht nur Hannover, sondern auch das angrenzende Hamburg besetzt hielt, die Dänen zum Anschluss an diese Kontinentalsperre zwingen würde. Er hoffte aber weiter, neutral bleiben zu können und konzentrierte seine gesamten Landstreitkräfte auf Holstein.
England ließ im Januar 1807 alle seefahrenden Nationen wissen, dass es Sanktionen gegen die Länder ergreifen würde, deren Schiffe französische Häfen ansteuern würden. Daraufhin besetzten französische Truppen Schwedisch-Pommern und Rügen, um den engsten Verbündeten Englands zu demütigen. England entsandte zur Unterstützung der Schweden eine Flotteneskadra mit der aus Hannoveranern bestehenden „Deutschen Legion" in die Ostsee. Die Dänen, die in der Zwischenzeit ihre Verteidigungsanlagen am Sund verstärkt hatten, mussten sich Drohungen der Engländer anhören und die Franzosen machten den Dänen zum Vorwurf, als „Wächter an Sund und Belten" nicht genug zu tun, um diese Wasserstraße für feindliche Flotten zu sperren. Frankreich drohte Dänemark unumwunden mit Krieg.
Am 2. August 1807 gab Napoleon an Bernadotte den Befehl, in Holstein einzumarschieren, wenn die Engländer weiterhin ungehindert den Sund in Richtung Ostsee passieren könnten.
Am 3. August spitzte sich die Situation zu. Starke britische Flotteneinheiten trafen vor Helsingör ein. Was sollte man tun? Der Kronprinz ließ dem Oberkommandierenden in Kopenhagen mitteilen, er solle sich friedlich verhalten, um den Engländern keinen Vorwand für feindliche Handlungen zu bieten. Die Engländer nahmen es wie selbstverständlich entgegen und ließen weitere Truppentransporter in den Hafen einfahren.
Fünf Tage später erschien ein britischer Gesandter im Hauptquartier in Kiel und warf dem Kronprinzen vor, man habe erfahren, dass Dänemark sich der Kontinentalsperre anschließen solle. Da die Engländer davon ausgingen, dass Dänemark zu schwach sei, um sich diesem Ansinnen zu widersetzen, zumal der französische General Bernadotte bereits in Hamburg stehe, stellten sie ein Ultimatum. Es lautete: Allianz oder Krieg!
Zum Entsetzen der Dänen verbanden die Engländer dieses Ultimatum mit der Forderung, selbst im Falle einer Allianz Seeland mit britischen Truppen zu besetzen und forderten darüber hinaus die gesamte neuaufgebaute dänische Flotte als Pfand. Der Staatsrat konnte diesem Ansinnen nicht stattgeben und veranlasste den König, die wehrfähigen Männer zu den Waffen zu rufen, alle Engländer im Land zu verhaften und die englischen Schiffe in dänischen Gewässern zu beschlagnahmen. Die Briten scherten sich allerdings nicht darum. Sie begannen am selben Tag, Truppen an Land zu setzen. Der Kronprinz wandte sich in einem Appell an ganz Europa, indem er den schamlosen Überfall auf sein friedliches Land brandmarkte.
Auf der Insel Sylt wurde eine Küstenmiliz aufgebaut. Sie hatte die Aufgabe, die Insel vor Invasionsversuchen zu schützen. Es galt bisher immer noch die königliche Regel, dass die Sylter Männer zunächst der Handels- und Fischereiseefahrt verpflichtet sein sollten. Durch den Seekrieg und die französische Kontinentalsperre war dieser für Sylt so wichtige Wirtschaftszweig jedoch stark behindert, sodass etliche seetüchtige Männer auf der Insel weilten. Da das Vorgehen der Engländer gegen Dänemark auch bei den deutsch-friesischen Bevölkerungsteilen Zorn hervorgerufen hatte, waren die

Sylter bereit, ihre Insel gegen Invasoren zu verteidigen. Es wurden ihnen daher aus den königlichen Arsenalen zu Rendsburg 150 Flinten zugeteilt.
Glücklicherweise unternahmen die Engländer keinen Versuch, um die Insel einzunehmen. Mit 150 Flinten hätte die Sylter Bevölkerung nichts gegen die kampferprobten, gut ausgerüsteten Soldaten der britischen Krone ausrichten können. Daher kamen zwei Jahre später drei kleine Kanonen dazu, deren Anschaffungskosten in Höhe von 2.611 Mk. 8 Schilling von der Landschaft Sylt ausgelegt werden mussten. Die Geschütze wurden in Kampen, Westerland und Rantum stationiert.
Überhaupt schien in dieser Phase der Geschichte die Begeisterung auf Sylt für Militärisches zuzunehmen. Beachtet man die Ausgaben des Dorfes Westerland in dieser Zeit, so verstärkt sich der Eindruck. Es entstanden Ausgaben für Proviant für „ausmarschierende Mannschaft", für „Catton", Leinen und Faden für Flaggen, „Reparatioon" für die Unterbringung der Kanonen, für Nägel für die Lafetten, „Theer und Braunroth zum Schilderhaus", Kostenerstattung für Dierk Tiesen für die Benutzung seiner Fernrohre „bei der Wacht", für die Reparatur des Schlosses „beim Wacht Haus", für „geleistete Fuhren" für den Divisionsdienst (Freilassung dänischer Seeleute aus englischer Gefangenschaft), immerhin 2 Rthl. Miete für den „Gebrauch der dänischen Flage", für Entschädigung der Bewachung der „Arrestanten" Niels Hansen Gries und Hr. Riebling, für „braunroth, Lein olie" und Pulverkasten, für Fuhren der ausmarschierenden Mannschaft nach List, für einen Wagen zur Überführung einer Kanone nach Kampen, Kostenerstattung für drei Wagen zum Transport der „ausmarschierende Mannschaft" zur Vogelkoje, für den Transport einer Kanone zur Landvogtei, für einen Wagen zum Transport einer Kanone nach Süderende, für einen Wagen nach Keitum mit „2 Vorwagens zur Kanone", für einen Wagen mit einem Vorwagen nach „Süder-Ende", für die 98 einheimischen Strandwacht-Pflichtigen 17 Schilling pro Mann. Es ist nichts darüber bekannt geworden, ob die Westerländer sich gegen diese Kosten gewehrt haben. Scheinbar wurden sie anstandslos akzeptiert.
Ohne Schwierigkeiten durchbrachen die Engländer am 2. September 1807 unter dem Befehl von Lord Wellington die schwache Abwehr der dänischen Landwehr in Kopenhagen. Es begann ein fürchterliches Bombardement, das mit 14.000 Bomben und Raketen große Teile der Hauptstadt in Trümmer legte. Am 7. September kapitulierte Kopenhagen und die Engländer nahmen die gesamte dänische Kriegs- und Handelsflotte mit – etwa 1.400 Schiffe - und zerstörten darüber hinaus die erst halbfertigen Schiffsrümpfe in den Werften. Zur gleichen Zeit besetzten die Briten Helgoland und die wenigen dänischen Tropenkolonien.
Die Bürger des Gesamtstaats waren so erzürnt über die „scheinheiligen Briten und ihre Mordbrandraubarmada", dass der Kronprinz die dänische Neutralität aufgab und Napoleon Unterstützung zusagte. Am 31. Oktober 1807 schlossen beide einen Vertrag in Fontainebleau ab.
Die wenigen in anderen dänischen Häfen liegenden Schiffe, unter anderem auch in List, konnten, wenn überhaupt, nur unter größter Gefahr auslaufen. Die meisten, so in Flensburg, verrotteten langsam. Der früher bedeutende Agrarexport vor allem nach England, nach Übersee und nach Norwegen kam zum Erliegen. Durch die Absatzschwierigkeiten verfielen die Preise. Viele Güter und landwirtschaftliche Betriebe mussten Konkurs anmelden. Nur eine Stadt im Gesamtstaat Dänemark

erlebte eine Blütezeit: Tönning.
In dieser Hafenstadt blühte der Schmuggel bei Nacht und Nebel mit kleinen, aber vielen Schiffen. Die Tönninger hatten das Loch in der Kontinentalsperre gefunden: das „glücklicherweise" von England besetzte Helgoland. Nach glaubhaften Überlieferungen sollen auch die Sylter mitgemacht und gut daran verdient haben.
Insgesamt verfiel die Wirtschaft des Gesamtstaates rapide. Der Staat konnte Unternehmern und Kaufleuten keine Überbrückungskredite mehr einräumen, da er selbst vor dem Ruin stand. Wirtschaftexperten rieten dem Finanzminister, lieber Handelshäuser bankrott gehen zu lassen als den Staat selbst.
Dank der Altonaer Bank im damals noch dänischen Altona und der mit ihr kooperativ zusammenarbeitenden Schleswig-Holsteinischen Bank in Kiel hatten die Herzogtümer Schleswig und Holstein – im Gegensatz zu Reichsdänemark - eine feste und solide Währung und damit eine gut funktionierende Wirtschaft. Das wurde aber jetzt vom Staat verletzt. Die Banken mussten faule Staatwechsel akzeptieren und ihre vorgeschriebene Silberdeckung auf 40% senken. Kein Protest aus den Herzogtümern zeigte Erfolg.
Im Mai 1809 verfolgten zwei englische Kriegsschiffe vor der Westküste Sylts einen Flensburger und einen Kopenhagener Kaper und jagten beide auf den Strand. Das Flensburger Schiff konnten sie als Prise entern, wieder flott machen und fortführen. Den Angriff auf den Kopenhagener konnte die inzwischen eingetroffene Sylter Küstenmiliz jedoch mit Unterstützung der Mannschaft des Kaperschiffs trotz heftigsten Kanonenfeuers der angreifenden Engländer erfolgreich abwehren. Anschließend gelang es den vereinten Kräften, das Schiff wieder flott zu machen.
Als Folge dieses Ereignisses wurde zum Ärger der Sylter eine Kompanie Schleswigscher Jäger auf die Insel verlegt. Diese forderten im September, dass in Keitum ein Lazarett eingerichtet werden müsse. Das Zubehör war schnell beschafft, auch stellte die Witwe Gondel ein leerstehendes Haus gegen eine monatliche Miete von sechs Reichsthalern zur Verfügung. Das Projekt scheiterte aber zunächst, da niemand bereit war, die Verpflegung der Kranken zu übernehmen.
Die „Landesgevollmächtigten" vertraten den Standpunkt, dafür müsse die Truppe aufkommen. Die war jedoch nicht zur Zahlung bereit. Da aber die Einrichtung eines Lazaretts notwendig erschien, erklärte sich der Landvogt bereit, zunächst die Kosten aus seiner eigenen Tasche zu bezahlen.
Am 19. September wurde die Krankenstube dem Landesarzt Buchholz offiziell übergeben. Aber beginnen konnte die Arbeit im Lazarett immer noch nicht, da niemand die Verpflegung übernehmen wollte. Erst als das Oberkommando der Schleswigschen Jäger mitteilte, dass es für jeden Kranken eine Vergütung von drei Reichsthalern pro Monat zahlen würde, war eine Frau bereit, die Versorgung der Kranken zu übernehmen und richtete darüber hinaus sogar in ihrem eigenen Haus eine Krankenstube für vier weitere Personen ein.
Das war für die Jäger günstiger als die ursprüngliche Lösung. Als der Befehl eintraf, dass ein Teil der Kompanie („1 Capitain nebst Aufpasser, 1 Lieutenant nebst Aufpasser, 1 Fourir, 5 Korporals, 1 Halbmondbläser, 71 Jäger") nach Archsum umquartiert werden müsse, sollte aus dem ursprünglichen Lazarett eine Wachstube mit Schilderhaus werden.

Daraus wurde aber wieder nichts. Nachdem die Schilderhäuser für Archsum und Keitum bereits beim Tischlermeister in Auftrag gegeben waren, traf, nachdem die Sylter schon bereit waren, das Militär auf ihrer Insel zu dulden, der überraschende Befehl ein, Sylt am 2. November zu verlassen. Das mühsam eingerichtete Lazarett musste wieder aufgelöst werden. Die angekauften Gegenstände vom Bettzeug bis zum Nachttopf wurden unter der Bevölkerung meistbietend versteigert.
Im Jahr 1810 war die Begeisterung der Sylter für die Küstenmiliz verklungen. Sofern man einen Befehlshaberposten innehatte, war der Dienst noch zu ertragen, musste man sich aber unterordnen, wollte man keine Befehle befolgen, es sei denn, sie kamen vom Landvogt J.F. Jensen.
Alle Einwohner seien gleich, verlautete aus den Kreisen der Sylter Bürger und exerzieren wollten sie schon gar nicht. Das brächte doch ohnehin nichts. Der Landvogt musste alle Überredungskunst gepaart mit Drohungen aufwenden, um die Milizionäre wenigstens einigermaßen zum Exerzieren zu bewegen. Dazu musste als Vorbild vor allem sein 15jähriger Sohn mitmachen und sich vorschriftsmäßig unterordnen.
1812 versuchten französische Agenten in Hamburg sogenannte Spezieszettel (Schuldverschreibungen) aufzukaufen, um sie bei der dänischen Altonaer Bank in Silber einzutauschen. Die Kopenhagener Regierung untersagte trotz gegenteiligen Urteils des Schleswig-Holsteinischen Obergerichts die Einlösbarkeit der Noten. Die Finanzexperten hielten diese Maßnahme für falsch, weil die Herzogtümer dadurch ihre Kreditwürdigkeit vor allem am Hamburger Markt verlieren würden.
Da die dänische Regierung sich jedoch von dieser Maßnahme nicht abbringen ließ, nahm die Inflation jetzt auch südlich der „Königsau“ ihren Lauf. Die Unruhe unter der Bevölkerung nahm zu. Daraufhin beschlagnahmte der Staat die Altonaer und die Schleswig-Holsteinische Bank und beseitigte die währungspolitische Sonderstellung der Herzogtümer. Damit gerieten sie in den unaufhaltsamen Sog des dänischen Staatsbankrotts. Als zur Fundierung der Reichsbank in Kopenhagen aller Grundbesitz mit einer 6%igen Zwangshypothek, die mit 6,5 % zu verzinsen war, belastet wurde, erinnerten die Menschen in den Herzogtümern sich wieder verstärkt an ihre deutsche Vergangenheit.
Der dänische König Frederik VI. hatte diese Maßnahmen gefördert, da er annahm, damit die endgültige und totale Vereinheitlichung des Gesamtstaats zu fördern. Auch einige kulturpolitische Maßnahmen sollten diesem Ziel dienen.
Der Idee, die dänische Sprache zur offiziellen des Gesamtstaats zu machen, entsprach er nicht. Wohl aber befürwortete er die volle Gleichberechtigung beider Sprachen in den Herzogtümern. Alle Bewerber für Staatsstellungen mussten daraufhin dänische Sprachkenntnisse nachweisen. Frederik VI. verfügte den allgemeinen Gebrauch der dänischen Kommandosprache im Heer. Er hob die deutsche Militärschule in Rendsburg auf und verlegte die gesamte Offiziersausbildung nach Kopenhagen. Diese Maßnahme stieß in den Herzogtümern auf schärfste Ablehnung. Solch dänischer Zentralismus stand in krassem Widerspruch zur traditionellen Zweisprachigkeit und vor allem bei den Friesen zu ihrem Freiheitssinn.
Man war schon seit längerer Zeit bereit gewesen, sich Däne zu nennen. Nun aber, nachdem die Befürchtung bestand, dass das deutsche Kulturgut systematisch verdrängt werden solle, bestanden immer mehr darauf, dass sie nicht Dänen, sondern Deutsche seien.

Im Mai 1812 zog eine für damalige Verhältnisse phantastische Zahl von Soldaten nach Russland. Mehr als eine halbe Million ergossen sich über weite Teile des Landes. Der „Fremdenlegion“ gehörten Deutsche, Italiener, Schweizer, Holländer, Spanier, Polen, allein 30.000 Bayern, von denen nur 3.000 zurückkehrten, 30.000 Österreicher und 20.000 Preußen an. Hinter allen standen etwa 200.000 französische Bajonette.
Europa wollte „Dschingis Khan“ einen Gegenbesuch abstatten.
Napoleon gewann zwei Schlachten und zog in das brennende Moskau ein. Aber der Zar schloss keinen Frieden. Warum auch? Die Verbindung Napoleons mit der Heimat war abgebrochen, die Truppen lebten im wahrsten Sinne des Wortes auf dem Lande und die Munition wurde knapp. Der russische Winter nahte. Er kam bereits Anfang November und damit begann die Hölle. Der Befehl zum Rückzug kam zu spät. Der Weg zurück war der Weg zur ewigen Verdammnis und er wurde ein erschütterndes Strafgericht. Deutschlands Söhne stolperten dieses Mal noch gegen ihren Willen ermattet, zerlumpt, ausgehungert und bis auf die Knochen abgemagert durch das endlose Russland, legten sich müde in den Schnee und starben lautlos. Napoleon selbst hatte die Armee längst, wie ehedem in Ägypten, im Stich gelassen und saß bereits warm in Paris. Er hob neues Kanonenfutter aus. „Einen Mann wie mich, den kümmert es einen Scheißdreck, ob eine Million Mann zugrunde gehen,“ schrie er den Wiener Gesandten Fürst Metternich an. Der machte einen Schritt zur Tür und antwortete fragend: „Warum sagen Sie mir das unter vier Augen, Sire? Wir wollen die Tür öffnen, Ihre Worte werden dann von einem Ende Europas an das andere gehört werden.“
Im Jahr 1812, als zum ersten Mal deutlich wurde, wie schwer es ist, das riesige russische Reich zu erobern, hatte die dänische Regierung aufgrund ihrer von England erzwungenen Ohnmacht Muße, innere Reformen durchzuführen. So war bekannt, dass am Strand angetriebene Leichen seit alters her einfach dort begraben wurden, wo man sie fand. Im 18. Jahrhundert erging die herzogliche Anweisung, dass die Ertrunkenen auf dem zuständigen Inselfriedhof zu beerdigen seien, und zwar auf „Christliche Weise“. Die Kosten hatte der Strandvogt zu tragen.
Zur Deckung der Kosten hatten die Strandvögte das Privileg, als Entgeld für die Beerdigung gestrandeter Leichen das Wrackholz für sich bergen zu dürfen. Standen die Leichen in unmittelbarem Zusammenhang mit einem Strandungsfall, durfte der Bergungserlös zur Kostendeckung herangezogen werden. Da aber die Seefahrt durch die gegenseitigen Blockaden der Engländer und der Franzosen rückläufig war, wurde auch das Wrackholz immer weniger. Überdies sei es mittlerweile, wie der Strandinspektor Broder Hansen Decker an den König in Kopenhagen schrieb, von solch schlechter Beschaffenheit, dass es sich nicht mehr lohne, es zu bergen. Das Holz müsse erst „zerbrochen, gespaltet und geklobt werden, bevor es geborgen werden kann“. Das meiste Wrackholz bestehe aus Stücken, die so, wie sie angetrieben würden, nicht transportiert werden könnten. Um das Holz zu bearbeiten und transportfähig zu machen, würden allerhand Werkzeuge benötigt, unter anderem „Schmiede-Hemmer, Beile, eiserne Keile, Kuhfüße, Setzhemmer, Stempelbolzen, Handspaten und Brechbäume“. Auch sei es nicht jedermanns Sache, diese Arbeiten zu verrichten, da man oft im Wasser arbeiten müssen, wenn einem die Wellen über dem Kopf zusammenschlagen. „Welche schwere Arbeit das ist, kann sich niemand vorstellen, der es nicht gesehen hat“.

Außerdem könne ein Wrack nicht so lange in den Dünen liegen, da die Gefahr des Diebstahls zu groß sei. Man könne unmöglich monatelang Wachen aufstellen. Ohne Zweifel würden „die Stranddiebe sich desto häufiger einstellen, insonderheit die Amrummer, welche man ohnehin kaum von Hörnum, der südlichen unbewohnten Spitze von Sylt, abzuhalten vermag, wohin sie in ihren Böten schleichen, und sich wieder davon machen, sobald sie Leute kommen sehen".

Da durch die Kriegswirren kaum noch Leichen angeschwemmt wurden, die mit einem Strandungsfall von Handelsschiffen in Verbindung zu bringen waren, die zur Erstattung der Kosten herangezogen werden konnten, sondern immer mehr Leichen von Kriegsschiffen anlandeten, die keine bedeutenden Werte mit sich führten, konnte der Strandvogt die Bergungs- und Beerdigungskosten nicht mehr tragen. Es kam daher im Jahr 1812 die Verordnung heraus, „daß die Kosten der Beerdigung der an den Strand antreibenden Leichen, bey welchen keine Sachen von Wert gefunden werden, aus deren Ertrag diese Kosten bestritten werden können, aus der Königlichen Kasse abgehalten werden mögen".

Als 1814 nach Ende des Englisch-Dänischen Kriegs die Handelsseefahrt erneut auflebte und damit die Gefahr der Einschleppung von Seuchen, vor allem des tropischen Gelbfiebers, zunahm, begann man, Strandleichen wieder unmittelbar an Ort und Stelle zu begraben. Wulf Hansen Decker beklagte, dass die Leichen „gleich wie Kadaver von tierischen Körpern ohne Sarg" in einer Dünenschlucht verscharrt würden. An den knapp vierzig Kilometern Strand der Insel Sylt wurden im Verlauf von etwa 270 Jahren bis 1870 vierhundertachtzehn Strandleichen registriert, davon alleine 300 vor Hörnum.

1813 erhob sich ein Land gegen Napoleon, endlich. Preußen. General Yorck, der kommandierende General der Preußen, hatte sich beim Russlandfeldzug ganz abwartend verhalten und sich fast unbemerkt von den Franzosen gelöst. Gegen Weihnachten näherte sich eine russische Armee Ostpreußen. Bei Tauroggen, an der lettischen Grenze, trafen sich die Russen und das preußische Kontingent. Es war ein freudiges, fast familiäres Wiedersehen, denn die meisten höheren russische Offiziersränge waren geborene Preußen, so unter anderem General Diebitsch aus Groß-Leipe in Schlesien, Generalinspekteur Freiherr von Stein aus Berlin, Oberstleutnant Clausewitz, Oberstleutnant Dohna. Die Russen und die Preußen vereinigten sich Ende Februar 1813 und zogen gemeinsam gegen Napoleon.

Welche Politik sollte das schwache, seiner Flotte beraubte Dänemark betreiben? Sollte es sich den Napoleongegnern anschließen, wie der Zar riet. Aber konnte man dem Russen vertrauen, immerhin hatte er den Schweden Norwegen versprochen, das zum dänischen Gesamtstaat zählte. In den Herzogtümern Schleswig und Holstein war die Stimmung geteilt. Während die Großgrundbesitzer und die Kaufmannschaft mit England sympathisierten, die darüber hinaus mit Preußen verbündet waren, neigte die Beamtenschaft und der gemeine Mann mehr zu Frankreich. Die Sylter ebenfalls, da sie ihren rückläufigen Wohlstand den englischen Blockaden zu verdanken hatten. Die Regierung und der König in Kopenhagen waren hin und her gerissen.

Die Engländer nahmen den Dänen die Entscheidung ab. Da das Volk im Norden längst keine Macht mehr darstellte und zudem kaum Kolonien besaß, für die sich England hätte interessieren können, lehnte der englische Außenminister es in London ab, den Dänen ihre geraubte Flotte zurückzugeben. Um nun nicht vollends zwischen die Stühle

zu geraten, schickte Frederik VI. seinen dänischen, frankreichfreundlichen Kanzleichef F.J. Kaas nach Dresden zu Napoleon, um ihn zu besänftigen. Mit dem Präsidenten der dänischen Kanzlei reiste Graf Wolf Baudissin, der aber bald seine Mitwirkung ablehnte, indem er dem König von unterwegs schrieb, er könne den Befehl nicht ausführen, da er gegen sein deutsches Gewissen verstoße.
Am 10. Juli 1813 schloss F.J. Kaas mit Napoleon ein Bündnis und stellte ihm wenige Tage vor der Völkerschlacht von Leipzig eine Armee von 10.000 Mann zur Verfügung. Der Dänenkönig erklärte Russland und Preußen den Krieg.
Das war das Stichwort für Schweden. Kaum war die Schlacht vor Leipzig zugunsten von England, Russland, Österreich und Preußen entschieden, marschierte der ehemalige napoleonische General und jetztige schwedische König Bernadotte von Göttingen aus gegen Norden, „um Norwegen in Holstein zu erobern". Ende November ging er mit 44.000 Mann über eine Pontonbrücke bei Boizenburg über die Elbe. Es waren schwedische, mecklenburgische, deutsche, russische und englische Truppen sowie eine Hanseatische Brigade und Schill´sche Husaren. Preußischer Verbindungsoffizier in seinem Stabe war der „Turnvater" Jahn, der die vormilitärische körperliche Ertüchtigung einführte. Am 5. Dezember zogen die Verbündeten unter dem Jubel der Bevölkerung in Lübeck ein.
Die dänisch-schleswig-holsteinisch-französischen Truppen unternahmen von Kiel aus einen Durchbruch nach Westen und gelangten nach Rendsburg. Diese stärkste Festung des Landes sollte den Dänen als Faustpfand für zukünftige Friedensverhandlungen dienen. Bis zum Abschluss dieser Verhandlungen am 14. Januar 1814 im Buchwaldschen Hof in Kiel zogen rachedürstende Hamburger, Schwarze Husaren und fremdartige Kosaken marodierend durch die Herzogtümer.
Der „Kieler Frieden" war für den dänischen König ein Desaster. Dänemark musste nach 427 Jahren Norwegen an Schweden abtreten und die Insel Helgoland an England. Dänemark erhielt als „Entschädigung" nur das kleine Herzogtum Lauenburg, dass ihnen von Preußen als „Tauschobjekt" gegen Schwedisch-Vorpommern vermacht wurde. Dafür musste der dänische König Frederik VI., um überhaupt sein Königreich zu retten, zustimmen, dass Holstein wieder eigenständiges Herzogtum mit landesständischer Verfassung wurde und er selbst als Herzog von Holstein und Lauenburg dem neu gegründeten „Deutschen Bund" beitrat. Damit war Holstein wieder fast deutsch, Schleswig noch nicht. Trotzdem forderten auch in diesem ehemaligen eigenständigen Herzogtum viele deutsche Patrioten eine neue freiheitliche Verfassung. So auch auf Sylt.
Dadurch, dass durch die Kriegswirren die Seefahrt weitgehend darniederlag, war für viele junge Männer, die von Hause aus für die Kapitänslaufbahn bestimmt waren, dieser Weg versperrt. Was sollten diese Aspiranten mit ihren Fähigkeiten anfangen? Andere waren bereits erfahrene Seeleute und mussten ihren Abschied nehmen, da die Seefahrt nicht mehr den Lebensunterhalt deckte.
Da war zunächst Jens Booysen. Er wurde 1765 als Sohn einer alteingesessenen Seefahrerfamilie in Wenningstedt geboren. Als Kapitän fuhr er auf Hamburger Kauffahrteischiffen bis nach Südamerika in die holländische Kolonie Surinam. Sein Schiff wurde mehrmals von Engländern und Franzosen aufgebracht und beschlagnahmt. Immer wieder musste der Reeder de Voß von Altona prozessieren, um

wenigstens einen Teil der Ladung retten zu können. Jens Booysen war häufig vergeblich bemüht, seinen Reeder bei diesen Prozessen zu unterstützen, von 1798 bis 1806 ununterbrochen in Paris.
1807 verabschiedete er sich angesichts des Zusammenbruchs der Handelsschifffahrt durch die Kontinentalsperre von der Seefahrt. Er kehrte zurück auf seine Heimatinsel und in sein Haus, dem heutigen Heimatmuseum und widmete sich dem öffentlichen Leben.
1815 wurde er „Landesgevollmächtigter“ und blieb 18 Jahre lang Mitglied der Volksvertretung der Landschaft. In diesen Jahren entwickelten sich liberale Ideen auf der Insel, mit denen sich wirtschaftliche, soziale und geistige Wandlungen vollzogen. So setzte sich Jens Booysen nicht nur für die Herabsetzung der Steuern ein, er arbeitete konkret an der Ermäßigung der Grundsteuer und der Bankhaft. Letzteres behandelte die Abgabe zur Tilgung der Staatsschulden und war auf den Staatsbankrott zurückzuführen. In den gesamten Teilen der Herzogtümer stieg die Empörung. Man erwog Steuerstreik, weil die Steuern einseitig vom König festgesetzt seien, obwohl die Steuerfestsetzung uraltes ständisches Recht sei.
1829 hatte Jens Booysen für Sylt zumindest einen Teilerfolg. Der Grundsteuerwert der Landschaft wurde ermäßigt.
Jens Booysen setzte sich zum ersten Mal öffentlich im „Staatsbürgerlichen Magazin“ mit den Landverlusten als Folge von Sturmfluten auseinander und arbeitete an einer Verbesserung der Landschafts- und Gemeindeverfassung. Im letzteren Fall musste er Kritikern begegnen, die es absonderlich fanden, dass sich Seeleute mit Regierungsangelegenheiten befassten.
1819 beteiligte sich Booysen an der Pacht der Austernbänke im Wattenmeer. 1820 schlug er vor, „Silt“ solle ein eigenes Schiff zum Robbenfang auf Grönland ausrüsten. Damit wollte er die Arbeitsbeschaffung in der Zeit des Rückgangs der Seefahrt dienen. Vorbild für ihn waren die Flensburger, da „so zu sagen alle Einwohner der Stadt Schiffs-Rehder wurden“. Auf Sylt verwirklichte der Plan nicht, aber es gelang ihm mit acht anderen Keitumer Bürgern, zwei Heidekoppeln anzukaufen und mit Bäumen zu bepflanzen. Damit wurde die Holzarmut der Insel gelindert.
In der Nacht vom 3. auf den 4. Februar 1825 erlebte er die bis zu diesem Zeitpunkt höchstgemessene aller Sturmfluten. Der Deichbau an der nordfriesischen Küste war jedoch technisch schon so weit fortgeschritten, dass die denkbar schlimmste Katastrophe ausblieb. Lediglich in Eiderstedt gab es einige Deichbrüche und Überschwemmungen, bei denen jedoch keine Menschenleben zu beklagen waren.
Nur auf den Inseln Nordstrand, Pellworm, Föhr und vor allem auf den Halligen sah es anders aus. Auf Nordstrand kam die Flut mit derartiger Gewalt, „daß jede Abwehr durch Verstopfung mit Erdsäcken, Rappsaatsegeln und Kistendämmen unmöglich war. Der Deich des Neuen Koogs wurde um 2 Uhr, der Deich der Trendermarsch um 3 Uhr nachts durchbrochen. In dieser Lage war nur daran zu denken, Menschen und Vieh auf schnell zusammengestellten Flößen zu retten. Jedenfalls sind nur zwei Menschen ertrunken... unübersehbar ist aber der Verlust an Vieh, besonders an Schafen...Groß ist der Mangel an Süßwasser, daher ist auf dem Lande das entsetzliche Gebrüll des durstenden Viehs zu hören...“
Auf Sylt erreichte die Flut über die Nösse-Marsch Morsum, Archsum und Tinnum. Das

Wasser stieg so hoch, dass es sogar die nördlichsten Häuser von Westerland erreichte. Es drang in etwa hundert Häuser ein und zerstörte etliche. Archsum wurde in 25 Inseln verwandelt. Am stärksten wurde das als ärmlich geltende Dorf Rantum betroffen, dessen am Wattufer liegende Häuser sämtlich zusammenbrachen. Die Bewohner konnten sich glücklicherweise auf die Dünen retten. Das Rote Kliff war wieder besonders hart betroffen. 60 – 70 Fuß rissen weg, von den Dünen vor Westerland waren es stellenweise 100 bis 160 Fuß.
Nach der großen Flut stattete Friedrich VI., von Hallig Hooge und Föhr kommend, die am stärksten betroffen waren, der Insel Sylt einen Besuch ab. Der damalige Strand- und Düneninspektor Decker ließ eine Düne mit großen Buchstaben aus Halm bepflanzen: „Es lebe Friedrich VI." Der König besichtigte die Keitumer Kirche und ließ „in der Schule etwas Kopfrechnen vornehmen". Ferner galt sein Interesse dem neuen Arresthause und den Dünen.
Kurze Zeit später legte Jens Booysen mit Jens Bleicken am Nordende von Keitum einen kleinen Hafen für Austern- und Heringsfischer an, der aber einige Jahre später versandete. 1828 begannen die Sylter mit zweimastigen Fahrzeugen bei den Shetlandinseln mit der Heringsfischerei. Allerdings ohne Erfolg. 1831 wurde dieser Erwerbszweig wieder aufgegeben.
Aber Jens Booysen blieb weiter aktiv. Er machte sich als Heimatdichter und als Historiker einen Namen, bis er am 9. März 1833 in Keitum im Alter von 67 Jahren starb.
Eine weitere herausragende Persönlichkeit dieser Jahre war Schwen Hans Jensen. Er wurde am 1. Dezember 1795 in Keitum als Sohn eines Schiffsführers, den 1806 in Westindien der Tod ereilte, geboren.
Schon nach vollendetem dritten Lebensjahr besuchte er die Dorfschule und lernte „Lesen, Religion, Schreiben und Rechnen". Privat wurde er noch in Latein und Griechisch unterrichtet. Später las er nicht nur „Till Eulenspiegel" und deutsche Romane, sondern „lernte ein dänisches, englisches, holländisches und französisches Buch über mathematische und nautische Gegenstände".
Im 16. Lebensjahr ging er gleich nach Friedensschluss zur See, machte in sieben Jahren von 1814 – 1820 alle Grade des Seemanns bis zum Steuermann durch. Im Jahr 1819 erlebte er, dass nach der Erfindung der Dampfmaschine der erste „Steamer" aus Schottland mit dem Namen „Caledonia" den Schleswig-Holsteinischen Kanal durchquerte. Es war eine Sensation. Der 28 PS-starke Raddampfer war dafür vorgesehen, regelmäßig zwischen Kopenhagen und Kiel zu verkehren. Die Fahrt dauerte „nur" 16 Stunden.
Während des Winters unterrichtete Schwen Hans Jensen im elterliche Haus auf Sylt in der Steuermannskunde und „andern dem Seemann nützlichen Dingen". Außerdem verdingte er sich als Volontär im Zollamt in Tondern, um sich mit dem Zollwesen vertraut zu machen.
Als er im Jahr 1820 von Westindien zurückkehrte, traf er seinen ehemaligen Schulfreund Uwe Jens Lornsen, der sich auf sein juristisches Examen vorbereitete und damit sein Universitätsstudium beenden wollte. Schwen Hans Jensen bemerkte, dass Uwe Jens Lornsen, mit dem er in der Schule intellektuell noch auf gleicher Stufe stand, nun jedoch geistig deutlich überlegen war. Er ließ sich daher von seinem Freund dazu

überreden, ebenfalls die Universität zu besuchen.
Er belegte die Rechtswissenschaft, höhere Mathematik, Kameralwissenschaften, Naturwissenschaften, Staatswissenschaften und englische und französische Literatur. Er besuchte hauptsächlich die Universitäten in Kiel, Bonn und Göttingen.
Nach seinem Examen 1824 überlegte er, ob er das Lehrfach oder den Beamtenstand zu seiner Laufbahn machen sollte. Er entschied sich für das letztere und trat in die Dienste der „Schleswig-Holsteinisch-Lauenburgischen Canzelei“ in Kopenhagen. Hier machten sich seine zollrechtlichen und zolltechnischen Erfahrungen aus Tondern positiv bemerkbar. Er konnte an einigen „Commissionsarbeiten“ für das Generalzollkammer- und Commerzcollegium teilnehmen, “namentlich zum Zwecke der Ermittelung einer verbesserten Schiffsmessungsmethode“ (identisch mit Schiffsvermessung zur Ermittlung des Rauminhalts eine Schiffes zur Beurteilung seiner Ladefähigkeit).
Im Winter 1830 wurde er mit der Einführung seiner neuen Schiffsmessungsmethode im Herzogtum Holstein und an der Westküste des Herzogtums Schleswig beauftragt. Kurze Zeit später wurde Schwen Hans Jensen Vorsitzender einer Kommission zur Reform des Zollwesens in den Herzogtümern. „Des Königs Majestät geruhten dann, mich zum Assessor und Kammersecretair im Generalzollkammer- und Commerzcollegio und bald darauf zum Cameralisten in demselben Collegio allerhöchst zu bestellen.“ Später bekam er auch noch das „Canalzollwesen“ übertragen.
Letztlich verfasste er die Entwürfe für eine neue Zollgesetzgebung. Als er jedoch einem Hauptpunkt der neuen Zollgesetzgebung, die aus anderer Feder stammte, nicht zustimmen konnte, trug er sich mit dem Gedanken, auf seine Heimatinsel Sylt zurükkzugehen, um hier eventuell ein kommunales Amt anzustreben. Auf seiner Reise zur Insel verweilte er einige Tage in Kiel, „wo damals eine Bürgermeistervacanz eingetreten war, und ich vielfältig angegangen ward, mich um die Bürgermeisterstelle zu bewerben.
Er reiste demzufolge nicht nach Sylt zurück, sondern nach Kopenhagen und bat den König, ihn zum Bürgermeister der Stadt Kiel zu ernennen. „Seine Majestät geruhten unterm 11. October 1834 meinem Wunsch zu willfahren mit der Bestimmung, daß ich den Königl. Commissair für die erste Ständeversammlung in beiden Herzogthümern begleiten und ihm bei Vorlage der neuen Zollgesetzgebung zur Seite stehen, auch späterhin Gutachten in Zollangelegenheiten auf Erfordern erstatten solle.“
Schwen Hans Jensen wurde am 28. Oktober 1836 vom König zum Ritter von Dannebrog ernannt. Trotzdem war er nach Jahren im Bürgermeisteramt in Kiel unzufrieden, da zu viele seiner Vorschläge und Eingaben bei der Regierung keinen Anklang fanden. „Unsere Eingaben sind einige Jahre ohne Resolution geblieben und endlich abschlägig beschieden worden. Damit war die Unmöglichkeit gegeben, daß ich ferner Bürgermeister in Kiel sein konnte. Ein Bürgermeister, der nichts ausrichten kann, ist seinen Bürgern gegenüber in der Lage, entweder geringgeschätzt oder bemitleidet zu werden: beides ist mir unerträglich.“
Im Jahr 1844, als die Sprachauseinandersetzungen ihren Höhepunkt erlebten und die deutsche Gesinnung der Schleswig-Holsteiner einen machtvollen Ausdruck in dem damals entstandenen Lied „Schleswig-Holstein, meerumschlungen“ fand, nahm er das Amt des Landvogts auf seiner Heimatinsel Sylt an. „Man begrüßte ihn in der Heimath in alter herzlicher Weise, freute sich, einmal wieder einen Landsmann als Landvogt an

der Spitze der Verwaltung der Insel zu sehen, und erwartete Großes auch hier von dem geistig starken Manne, dessen Ruhm auch allerdings bis in die Heimath gedrungen war.“ (C.P. Hansen)
Er starb nach langem Leiden am 6. März 1855 in der von ihm bedeutend ausgebauten Landvogtei zu Tinnum. Ein alter Freund aus Kiel schrieb ihm noch kurz zuvor: „Ich und mit mir viele gute Kieler bleiben Ihnen dankbar für ihre meisterhafte und musterhafte Verwaltung der Stadt.“
Der bekannteste Sylter dieser Zeit war Uwe Jens Lornsen. Er wurde am 13. November 1793 als Sohn eines Kapitäns in Keitum geboren und wuchs in einer „Landschaft“ auf, die in hohem Maße kommunale und regionale Autonomie besaß.
Auf den von den Kirchspiel- (Pfarramt) oder Bauernvögten einberufenen Urversammlungen hatten alle männlichen Hausbewohner das aktive und passive Wahlrecht. Das war unabhängig vom Grundeigentum, da für Sylt die Seefahrt wichtiger war als der Grundbesitz. Es wurden neun Gevollmächtigte der Landschaft Sylt auf Lebenszeit gewählt, die mehrmals im Jahr zur Beschlussfassung zusammentraten. Der vom Landesherrn ernannte Landvogt hatte nur beratende Stimme. Er hatte allerdings das Recht, einen nachrückenden Gevollmächtigten aus drei von der Landschaft vorgelegten Vorschläge auszuwählen. Die gesamte Rechnungsführung lag bei der Landschaft, nicht beim „Staat“. Daher regierten die Landvögte auf Sylt mehr als die Obrigkeit.
1815 tagte der Wiener Kongress. Die Deutschen und ihnen Nahestehende aus Herzogtümern wie Schleswig und Holstein träumten von der Wiederauferstehung des Deutschen Reichs. Die Schreckenszeit war vorbei, der Tyrann Napoleon war fort, Preußen hatte den Ausschlag gegeben. Nun konnte das Deutsche Reich endlich wieder entstehen, am besten unter preußischer Führung. Das war eine diplomatische Aufgabe für den Kongress.
Nun – die Deutschen waren noch nie gute Diplomaten. In Wien wurde während der gesamten Tagung nicht zwei Minuten über die Neuerstehung des Deutschen Reichs gesprochen. Daran konnte auch Wilhelm von Humboldt nichts ändern, der als preußischer Delegierter am Wiener Kongress teilnahm.
Die Festlandeuropäer waren begeistert. Europa würde jetzt aufblühen, Schiffe würden endlich unbehindert über die Meere fahren. Hier hob der englische Gesandte die Hand. Er erklärte mit bestimmtem Ton, dass die Voraussetzung jeder weiteren Zusammenarbeit sei, dass das Wort von der Freiheit der Meere nicht mehr fällt.
Die Gesandten nickten zustimmend. Ohne England hätte man den Krieg nie gewonnen. Also wurde dem britischen Ansinnen stattgegeben. Man hatte schließlich noch andere Entfaltungsmöglichkeiten.
Da gab es im Osten, in den alten Kulturländern des deutschen Ritterordens...
Schnell erhob sich der russische Delegierte. Alle hätten sich darin einig zu sein, dass das Gebiet bis zur Warthe russische Interessensphäre sei.
Die Gesandten nickten. Schließlich hätte man ohne Russland den Krieg nicht gewinnen können.
Aber nun. Frankreich hatte den Krieg verloren, daher konnte das jahrhundertealte Unrecht im Westen wieder gutgemacht werden. Das Elsass, das in den letzten Jahren geraubt wurde, und die uralte deutsche Reichsstadt Straßburg gehörten zurück in das...

Da meldete sich Talleyrand (merkwürdigerweise saß der Kriegstreiber und Verlierer mit am Tisch des Wiener Kongresses. In Jalta und Potsdam war der Kriegstreiber und Verlierer Deutschland nicht mit dabei) und blickte jeden der Delegierten streng an. „Wem gehört das Elsass? Dem Deutschen Reich? Es gibt kein Deutsches Reich mehr, Messieurs! Die deutschen Länder sind unabhängig und frei."
Frei! Großer Beifall brandete auf. Frei war das neue Modewort der nachnapoleonischen Zeit. Es war vor allen Dingen geeignet, den Deutschen klarzumachen, dass sie nur Handlanger waren in einem Krieg, der die Machtverhältnisse in Europa und der Welt neu verteilte. Um die Preußen besser kontrollieren zu können, wurde Hannover Königreich. Mitten in Deutschland war ein Engländer König.
Der Franzose Renand sagte einmal, die Zeit zwischen 1820 und 1840 sei die schönste für Frankreich gewesen. Es war also kein Wunder, dass die Burschenschaften in Kiel (die studentischen Burschenschaften waren 1815 in Jena gegründet worden) keine große Sympathie für Deutschland empfanden. Sie zog es mehr zu den Franzosen.
Daher sah sich der akademische Seniorenkonvent aus Jena 1817 gezwungen, die Kieler Burschenschaft „wegen ihres Hasses gegen die Deutschen und ihre Anhänglichkeit an den französischen Despotismus" für „infam" zu erklären.
In dieser Zeit studierte der Sylter Uwe Jens Lornsen in Kiel. Aber als Burschenschaftler begeistert für die Einigung Deutschlands und für die „so lange despotisch unterdrückten Menschenrechte" zog es ihn 1818 nach Jena. Am liebsten hätte er am griechischen Freiheitskampf teilgenommen, aber sein Vater untersagte es ihm. Auch Haiti bewegte ihn. Hier hätte er am liebsten die schwarzen Sklaven in ihrem Kampf gegen die französischen Kolonialherren unterstützt. Doch letztendlich blieb er im Lande und wurde sehr schnell zum Kontorchef in der Schleswig-Holsteinisch-Lauenburgischen Kanzlei in Kopenhagen befördert. Aber er hatte bereits zu viele liberale Gedanken aufgenommen, das Regierungssystem im absolutistischen dänischen Staat behagte ihm nicht. Er kündigte seine Stelle und bewarb sich für den Posten des Landvogts auf Sylt.
1830 erlebte Frankreich erneut einen Volksaufstand. Die Julirevolution stärkte die Freiheitsbewegungen außer in Frankreich vor allem in dem niederländischen Teil Belgien, der sich von Holland lossagte, in Polen und in einigen deutschen Bundesstaaten. Uwe Jens Lornsen sah sich in der Pflicht. Als er auf dem Weg zu seiner Heimatinsel mit dem Dampfschiff „Frederik VI." in Kiel anlangte, forderte er seine Landsleute auf zu „petitionieren". In Kiel lernte er einige führende Männer kennen, auf die er gewaltigen Eindruck machte. Einer von ihnen beschrieb ihn folgendermaßen: „Seine imposante Gestalt, sein mit blondem krausen Haar bekränztes edles Antlitz, seine ernst freundlichen Züge, machten einen mächtigen Eindruck auf mich." Und ein anderer: „Sein Edelmut, seine begeisterte Freiheitsliebe, seine selbstvergessene Hingebung übertreffen in meinen Augen noch immer alles, was ich bei anderen gesehen." Er plante mit seinen Freunden, man wollte im ganzen Land „Petitionen" für eine freiheitliche Verfassung für „Schleswigholstein" in Gang setzen.
Lornsen warb zunächst in Flensburg für die Sache. Hier stieß er aber mit seiner Forderung nach Trennung der Verwaltung von der Justiz auf Widerstand. Er ließ sich daher von seinen Freunden überzeugen, nach Kiel zurückzukehren. Hier formulierte

er die Forderungen in einer Flugschrift von zwölf Seiten, die in einer Auflage von 9.000 Stück erschien. Es war die erste politische Aktion dieser Art in den Herzogtümern. Eine der Kernforderungen besagte, dass eine Trennung beider Herzogtümer undenkbar sei und sie Anspruch hätten auf eine gemeinsame Verfassung.
Der Sylter Uwe Jens Lornsen forderte eine Volksvertretung, die Gesetze einzubringen und zu beschließen hätte, sowie die Steuern zu bewilligen. Dem König und dem Herzog werden lediglich Vetorechte zugestanden. Sämtliche Landesbehörden will Lornsen von Kopenhagen in die Herzogtümer verlagern und Justiz und Verwaltung endlich trennen – eine revolutionäre Vorstellung. Kiel soll Hauptsitz der Regierung werden, Schleswig Sitz des obersten Gerichtshofs.
Ziel der Vorstellungen von Uwe Jens Lornsen war die „gänzliche Trennung der Herzogthümer von dem Königreiche Dänemark in administrativer Hinsicht". Das einzig Gemeinsame wären künftig nur noch „König und Feind".
Trotz dieser formalen Bindung an die dänische Krone sieht der Friese und deutsche Burschenschaftler „Schleswigholstein" bereits als „blühendste Provinz" Deutschlands. Er forderte die Öffentlichkeit auf, überall Bittschriften an den König zum Zwecke der Erlassung einer Verfassung zu senden. Lornsen selbst sandte das Papier an den Kanzleipräsidenten Graf von Moltke in Kopenhagen, damit er nicht in den Geruch eines Verschwörers gerate.
Aber es wurde allen deutlich, dass Lornsen „zwischen Dänemark und den Herzogthümern den ersten Riß gemacht" hat, „der unheilbar … mit Notwendigkeit den letzten nach sich zog; er hat in der Zwingburg der Fremdherrschaft die erste Bresche gelegt und langsam ist sein Volk ihm nachgerückt, geführt von seines ersten Märtyrers unversöhnten Mannen."
Das Programm Lornsens ging weit hinaus über alles, was bisher gefordert wurde. Man hielt ihm entgegen, dass er es nicht ausschließen könne, dass Schleswig zum dänischen Reich gehöre, denn im nördlichen Schleswig lebe schließlich seit jeh her dänisches Volkstum. Lornsen war der Ansicht, dass jede Zeit ihre Notwendigkeiten schaffe. „Alte geschichtliche Verhältnisse gehen uns nichts an." In diesen Diskussionen mit Staatsrechtlern und Adligen schloss er sogar eine Revolution gegen das Altüberkommene nicht aus.
Dieser Radikalismus befremdete viele ältere Liberale. Sie bemerkten, ebenso wie die Regierung, dass die Bauern in den Dörfern aufgeregt wurden. Damit verlor er die Unterstützung des Großgrundbesitzes und der Geistlichkeit, die in der Bewegung eine Bedrohung der „Ruhe und Ordnung, Gesittung und Ehrbarkeit" erkannte. Paulsen, ein Staatsrechtler der Universität Kiel, rüttelte in Nordschleswig die dänische Bevölkerung auf. Deutschland galt damals als nicht besonders attraktiv, wodurch die Anhänglichkeit an Dänemark größer war, als Uwe Jens Lornsen geglaubt hatte. Außerdem reagierte die Regierung zur damaligen Zeit besonders empfindlich, da die Stimmung vor allem an der Westküste durch zwei aufeinanderfolgende Missernten miserabel war. Nun, da Lornsen kaum noch Anhänger fand, entschloss sich die Regierung, ihn zu verhaften und wegen seiner gefährlichen Schrift, die leicht strafbare Handlungen auslösen könne, zu Festungshaft zu verurteilen.
Lornsen war von Flensburg nach Tondern gefahren und hatte sich beim Amtmann von Krogh zum Dienstantritt als Landvogt auf Sylt gemeldet. Der war verärgert, weil

Lornsen so spät erschien. Er aber machte ihm klar, dass seine agitatorische Arbeit vorgehe und er auf Sylt weitermachen würde. Das gab den letzten Anstoß. Er wurde am 23. November 1830 in Keitum verhaftet und in „sichere Aufbewahrung“ in die Festung Rendsburg gebracht.
Die Verhaftung Lornsens verursachte auf Sylt eine breite Verärgerung. Es erschienen mehrere Schriften auf der Insel, in denen die Forderung nach einer Verfassung für die Herzogtümer erhoben wurde. Im Land herrschte jedoch zunächst Ruhe.
Aber nicht lange. Die Studentenschaft in Kiel, vor allem die Burschenschaft „Germania“ mit ihrer schwarz-rot-goldenen Fahne, veranstaltete einen Fackelzug durch Kiel – für die damalige Zeit ein ungeheuerliches Unternehmen, das unmittelbar Landgraf Karl von Hessen, Königlicher Statthalter auf Gottorf, auf den Plan rief. Er forderte Festungshaft für alle Lornsen-Anhänger. In Kiel sei durch die Lornsensche Aufruhrgeschichte der sogenannte „liberalische Geist“ eingezogen. Jeder fühle sich als Held und wolle seine Ansichten direkt dem König vortragen.
Die Schleswig-Holsteinische „Ritterschaft“ konnte sich zur Freude des dänischen Königs und der Regierung auf ihrer Plenarversammlung nicht entschließen, für Schleswig und Holstein eine gemeinsame Verfassung zu fordern. Und der holsteinische Herzog August von Augustenburg, der sich Hoffnung auf die dänische Thronfolge machte, da die männliche Linie ausstarb, torpedierte Lornsens Verfassungsziel, indem er dem König riet, die kleine Partei der „Ruhestörer, Demagogen und Taugenichtse“ dadurch außer Gefecht zu setzen, dass er den beiden Herzogtümern nur getrennte Provinzialstände (Verwaltungsbezirke unter staatlicher Kontrolle) zubilligte.
Lornsen wurde vom schleswigschen Oberkriminalgericht auf Gottorf zu Amtsenthebung und einjähriger Festungshaft verurteilt. Kaum entlassen, machte er sich daran, auf Sylt seine Gedanken erneut niederzuschreiben und zu publizieren. Er sah die Zukunft „Schleswigholsteins“, wie er schrieb, ausschließlich im Rahmen eines Deutschen Reiches, der preußische König sollte Kaiser eines Deutschen Reiches werden, die übrigen deutschen Fürsten sollten ihre Souveränität aufgeben, die einzelnen deutschen Staaten sollten eher Republiken als Monarchien sein. Revolutionäre Gedanken!
Lornsen litt verstärkt unter Depressionen, die noch verstärkt wurden durch ein körperlich-seelisches Leiden, das vermutlich durch eine Allergie hervorgerufen war. Heilung versprach er sich vom heißen Klima und von den Schwefelquellen in Rio de Janeiro, wohin er 1833 mit finanzieller Hilfe seines Freundes Franz Hermann Hegewisch, Professor der Medizin an der Universität Kiel fuhr.
1837, in dem Jahr, in dem die Verbindung Hannovers mit England zu Ende ging und in dem Ernst-August von Hannover die nach der Juli-Revolution gegebene Verfassung unter Protest der Bevölkerung wieder aufhob, kehrte Lornsen ungeheilt nach Europa zurück. Er erfuhr, dass u.a. die Brüder Grimm, der Historiker Dahlmann und sieben Göttinger Professoren gegen Ernst-August protestierten. Sie lösten eine Protestwelle in ganz Deutschland aus. Lornsen spürte, wie dringend notwendig sein Verfassungsentwurf sei und ging in die Schweiz, da er hoffte, mit Hilfe von Freunden und frei von Zensur hier sein Buch veröffentlichen zu können. Aber seine Krankheit und die Nachricht, dass seiner Schwester geistige Umnachtung drohe, lähmten seine Lebenskraft und machten ihn lebensmüde. Nur der Wille, die „Unionsverfassung“ als

Vermächtnis an seine Landsleute zu verfassen hielt ihn am Leben.
Er schaffte es noch, sein Manuskript fertigzustellen. Seine Veröffentlichung unter dem Titel: „Die Unionsverfassung Dänemarks und Schleswigholsteins“ erlebte er nicht mehr. Am 13. Februar 1838, als er wusste, dass er unheilbar krank sei, fand man ihn am Genfer See „mit durchschnittenen Pulsadern und durchschossenem Herzen“.
Am 24. März 1838 brachte das „Kieler Korrespondenzblatt“ einen langen Nachruf. Er begann mit den Worten: „Im Anfange des Märzmonats 1838 starb gebrochenen Herzens auf einem Landhause am Genfer See nahe bei Genf Uwe Jens Lornsen von der Insel Silt in Nordfriesland einsam, verlassen, freiwillig verbannt, des Friedensbruches, welchen das Jahr 1830 brachte der besten Opfer eins“. Auch der dänische Gegner musste Uwe Jens Lornsen seine Anerkennung zollen. „Kjöbenhavnsposten“ bestätigte ihm, „daß er gelebt hat und gestorben ist als ein redlicher Mann, der seine ganze zeitliche Wohlfahrt für das, was er als Recht und Pflicht ansah, aufgeopfert hat.“
Und der Staatsrechtler Alexander Scharff schrieb, das Lornsen mit diesem Buch und seiner Flugschrift von 1830 „dem Werden des neuzeitlichen Verfassungsstaates die Bahn gebrochen“ habe.
Ganz ohne Erfolg, wenn auch nur bescheiden, waren die Bemühungen des „Verfassungskämpfers“ von Sylt nicht gewesen. Bereits 1834, als er in Brasilien weilte, kam das „Allgemeine Gesetz wegen Anordnung von Provinzialständen“ zur Durchführung, dass für beide Herzogtümer zwar nur getrennte Ständeversammlungen vorsah, jedoch zum besonderen Ärger der Schleswig-Holsteiner nicht mit beschließender, sondern nur mit beratender Stimme. Auch hatten sie kein Steuerbewilligungsrecht, die Sitzungen waren nicht öffentlich, es waren keine Pressevertreter zugelassen und die Protokolle wurden nur zensiert in Auszügen publiziert. Wahlberechtigt waren nur Männer und von diesen nur Grundbesitzer. Dem beschränkten Wahlrecht lag die Überzeugung zugrunde, dass nur Vermögen und damit verbundene Bildung Voraussetzung für verantwortliches Handeln sei. Aber trotzdem waren diese Ständeversammlungen der erste Schritt zur parlamentarischen Demokratie.
Im gleichen Jahr wurde auch die von Lornsen vorgesehene Trennung von Justiz und Verwaltung vollzogen. Sowohl das Holsteinische als auch das Schleswigsche Obergericht sollten fortan ausschließlich Justizbehörde sein, die Verwaltung beider Herzogtümer dagegen wurde einer neugebildeten Provinzialregierung auf Schloss Gottorf übertragen. In Kiel entstand dafür ein „Oberappellationsgericht“ als Berufungsinstanz für beide Herzogtümer.
Das Schicksal von Schleswig und Holstein, die mit Dänemark in Personalunion mit dem König verbunden waren, berührte die gesamte deutsche Einheitsbewegung. Während man in Dänemark im Angesicht des Aussterbens der männlichen Linie des Königshauses den Gesamtstaat einschließlich Schleswig und Holstein unter weiblicher Erbfolge erhalten wollte, waren die Herzogtümer bestrebt, unter dem Herzog von Augustenburg die Selbständigkeit zu erringen. Ganz Deutschland nahm an diesen Auseinandersetzungen teil.
Bei den Sitzungen der Holsteinischen Ständeversammlung wurde immer deutlicher, dass sich die Holsteiner nicht als Dänen, sondern als Deutsche fühlten. In Schleswig beanspruchten sowohl die „Schleswig-Holsteiner“ als auch die „Eiderdänen“ das ganze Herzogtum für sich. 1840 tauchte zum ersten Mal der Gedanke auf, das umstrit-

tene Schleswig in einen dänischen und einen deutsche Teil zu trennen.
Im Jahr 1840 dichtete der Apenrader Arzt Dr. Neuber sein „Lied von der Schlei" gegen die Dänen:

Sie sollen es nicht haben,
Das heil´ge Land der Schlei!
Sie sollen es nicht haben,
Das Land so stolz und frei!
Der Herzog hat´s geschrieben,
Den einst das Volk erwählt:
„Se schöll´n tosamen bliewen
Op ewig ungedeelt!"

List war zu dieser Zeit ein friedliches Stück Erde. Das ganze Lister Land gehörte zwei großen Bauergutsbesitzern, welche dänische Lehnsmänner waren. Ihre Gehöfte waren groß und geräumig und hübsch eingerichtet. Außerdem lebten etwa 50 „Häusler" „in diesem Erdenwinkel". Um 1840 fanden sich die ersten dänischen Badegäste bei ihnen ein, „die sich diesen einsamen Strand ausgesucht hatten, um die Störungen all zu großer Geselligkeit bei der Cur zu vermeiden."
Im Jahr 1841 dichtete Hoffmann von Fallersleben auf der „heiligen Insel" der Friesen, auf Helgoland, das Lied der Deutschen, die spätere Nationalhymne. Sie entstand unter englischer Flagge.
1842 tauchte der Vorschlag auf, dass für die Erbfolge im Gesamtreich auch die weibliche Linie aus dem Königshaus berechtigt sein solle. Das löste in den Herzogtümern scharfe Proteste aus. Man hoffte, sich auf diesem Wege unter Führung des augustenburgischen Herzogs von Dänemark lösen zu können und die Holsteinische Ständeversammlung teilte dem König mit: 1. Die Herzogtümer sind selbständige Staaten, 2. In ihnen herrscht der Mannenstamm, 3. Schleswig und Holstein sind eng verbundene Staaten.
Vier Jahre später erklärte Christian VIII. die weibliche Erbfolge für gültig, obwohl er einen Sohn hatte. Außerdem verkündete er „Die Umbildung des schleswig-holsteinischen Heeres nach dänischem Muster, die Verlegung schleswigscher Bataillone nach Fredericia" und die „Aufoktroyierung des Danebrogs".
Ein Sturm der Entrüstung brandete ihm entgegen. Die Ständeversammlungen protestierten und lösten sich auf. Die namhaftesten Persönlichkeiten legten ihre Ämter nieder, wie Prinz Friedrich von Noer als Statthalter und Oberkommandierender der Truppen. Eine im September 1846 nach Nortorf einberufene Protestveranstaltung wurde verboten und der Initiator verhaftet und in Rendsburg gefangengesetzt. Daraufhin protestierten beim dänischen König die Mitglieder des Oldenburger Herrscherhauses Zar Nikolaus I. und Großherzog August I. von Oldenburg. Auch der Deutsche Bund erklärte seine Sympathien für die Herzogtümer. Aber der dänische König beharrte auf der übernationalen dynastischen Einheit. Er sah als Vorbild die noch absolutistisch regierende Donaumonarchie in Wien, übersah aber dabei, dass die liberalen Bestrebungen, die sich frei machen wollten, im Norden bereits viel weiter fortgeschritten waren.
Die statistischen Erhebungen, die im Herzogtum Schleswig im Jahr 1846 durchgeführt

wurden, ergaben auf Sylt ein für Dänemark niederschmetterndes Ergebnis. Während auf dem Festland gegenüber der Insel, außerhalb des nordfriesischen Küstenstreifens, weite Teile entweder dänische Kirchen- und Schulsprache besaßen oder wechselnd deutsche und dänische Kirchen- und dänische Schulsprache, waren von 1.428 Einwohnern in Keitum nur 127 mit dänischer Schul- und Kirchensprache geboren. Nur fünf von ihnen waren der deutschen Sprache nicht mächtig. In Morsum und Westerland waren die Ergebnisse für die Dänen noch ungünstiger. Infolgedessen unterließ es die Regierung in Kopenhagen, für die Insel Sylt dänisch als Schul- und Kirchensprache anzuordnen.
Die Insulaner waren zwar abseits gelegen von all den Geschehnissen, aber nicht uninteressiert oder unbeteiligt. Als der vor der Auflösung der Schleswigschen Ständeversammlung amtierende Präsident der Insel einen Besuch abstattete, veranstalteten die Sylter zu Gunsten der „Schleswigschen Sache" eine Geldsammlung, die den ansehnlichen Betrag von 545 Reichsmark erbrachte.
Die Protestveranstaltungen ließen nicht nach. Am 10. Juni 1844 versammelten sich in Bredstedt 6.000 Menschen zum Friesenfest. Sie wurden aufgefordert, sich zu Schleswig-Holstein und Deutschland zu bekennen. Das Friesenwort „Lever duad üs Slav" wird zum einen gegen den dänische Herrschaftsanspruch eingesetzt, zum anderen in dem Bewusstsein, dass die Friesen freie Leute seien und keinen anderen Adel kennen, als den, der im Herzen sitzt.
Am 4. Juli findet bei Schleswig nahe der Koldinger Förde ein großes Fest unter dem „Danebrog" statt. Neben 8.000 Schleswigern nehmen 4.000 Dänen aus dem Königreich teil. Redner werben für die dänische Muttersprache und einer geißelt die deutschen „hochmütigen Aristokraten und Ränkeschmiede", die ein „Luftschloss", ein „Großherzogtum Nordalbingien" propagierten, obwohl das europäische Staatsrecht davon nichts wisse.
Am 23./24. Juli versammeln sich in der Stadt Schleswig 14.000 Menschen zu einem ersten „Sängerfest", dass zu einem Freiheitsfest werden soll. Erstmals weht hier die blau-weiß-rote Fahne und erstmals erklingt das Schleswig-Holstein-Lied. Die vielen Reden gelten den schleswig-holsteinischen Rechten, der Freiheit und der „Staateinheit aller Deutschen".
Von ganz Deutschland wurden Lied und Fahne im August des folgenden Jahres auf dem großdeutschen Sängerferst in Würzburg bejubelt. Kurz zuvor hatte nämlich der dänische König den „Gebrauch" der Fahne verboten.
Anfang des Revolutionsjahres 1848 starb der König plötzlich an einer Blutvergiftung und überließ die Herrschaft seinem wenig begabten Sohn Friedrich VII.

21. Die Düppeler Schanzen - Sylt wird "befreit"

In Paris brach erneut eine Revolution aus und fegte den König davon. Diese französische Februarrevolution 1848 brachte den nationalen Bewegungen – vor allem in den Herzogtümern – einen ungeahnten Aufschwung. Diesmal waren es nicht die politisch Führenden und die Professoren, die sich regten, sondern dieses Mal meldete sich das Volk. Während die deutschen Bürger zum ersten Mal wählen konnte und daraufhin 586 Gestalten aus dem ganzen Land feierlich in die Frankfurter Paulskirche einzogen, forderten in den Herzogtümern die Massen, die Schleswig-Holstein-Frage im deutschen Sinne zu regeln. Sie verlangten vom König über die Ständeversammlung, die sich am 18. März 1848 wieder konstituierte, die Aufnahme Schleswigs in den Deutschen Bund. König Friedrich VII. gerät in die Zwickmühle, als er am 21. März des Jahres durch eine dänische Volksbewegung zur Aufgabe seiner absolutistischen Rechte und zur Ernennung eines „Eiderdänischen" Ministeriums gezwungen wurde. Dadurch sollte er veranlasst werden, Schleswig endgültig Dänemark einzuverleiben. Der König erkannte die Forderung an, sodass die Deputierten der Herzogtümer nur die Zusicherung einer Verfassung für Holstein erhielten, nicht jedoch für Schleswig.
Nach Bekanntwerden der königlichen Beschlüsse bildete sich bereits drei Tage später – die Schleswig-Holsteiner waren scheinbar vorbereitet – eine „Provisorische Regierung" in Kiel, die sich „zur Aufrechterhaltung der Rechte des Landes und der Rechte unseres angestammten Herzogs" verpflichtete. Außerdem bekannte sie sich mit dem Satz: „Wir werden uns mit aller Kraft den Einheits- und Freiheitsbestrebungen Deutschlands anschließen." Den „Eiderdänen" begegnete man mit der Erklärung: „Wir werden es nicht dulden wollen, dass deutsches Land dem Raube der Dänen preisgegeben werde."
Am 28. März 1848 beriefen die Landesgevollmächtigten der Insel Sylt eine Volksversammlung nach Keitum in das „Packhause" am Hafen ein. Es fanden sich alle erwachsenen männlichen Einwohner ein. Dr. Ackermann, der Pastor Hansen, der Chronist C.P. Hansen, der später bei der dänischen Regierung in den Ruf eines Aufrührers geriet und die Kapitäne Bleiken und Andersen waren die Wortführer dieser Versammlung. Der Chronist hielt als Ergebnis dieser Versammlung fest, „Hier hat der Sylter in echter tiefer Begeisterung zum ersten Male gelernt, sich als Glied eines größeren Ganzen zu fühlen. Den Anschluß hat kein Herrscherwille und kein Federstrich am Regierungstisch vollzogen; es war der eigenste Wille des Volkes, der Trieb der Volksseele."
Der „Provisorischen Regierung" wurde unbedingte Gefolgschaft gelobt und die Abwehr etwaiger dänischer Angriffe beschlossen. Die Sylter Miliz, die einmal die Engländer abwehren sollte, wurde wieder aktiviert und Kapitän Andersen wurde ihr Anführer. Er reiste nach Rendsburg, um dort 150 Gewehre zu leihen, die zur Bewaffnung der Miliz dienen sollten.
In Rendsburg hatten vier Tage zuvor die Aufständischen unter dem Kommando von Prinz de Noer die Macht übernommen. Er war mit der Kieler Garnison, mit Turnern und Studenten einfach mit der Bahn in die Festung gefahren. Die Besatzung glaubte, es handele sich um eine Übung oder um Feueralarm, versammelte sich auf dem

Paradeplatz und erkannte die „feindliche“ Absicht. Nach einer Ansprache des Prinzen von Noer schließen sich die Mannschaften der schleswig-holsteinischen Erhebung an und die Offiziere, die sich an ihren Fahneneid gebunden fühlen, kapitulieren. So kam durch einen schildbürgerstreichartigen „Aufstand“ die stärkste Festung der Herzogtümer in die Hand der „Aufrührer“ (dänischer Terminus).
Am 3. April 1848 wurde die „Provisorische Regierung“ von der Ständeversammlung anerkannt. Sie hoffte in dem bevorstehenden Entscheidungskampf auf preußische Unterstützung.
Von Sylt melden sich etliche Freiwillige für die schleswig-holsteinische Armee. Bereits am 9. April 1848 kommt es nordwestlich von Flensburg bei Bau zum ersten Gefecht. Die Truppen aus den Herzogtümern bestehen zum größten Teil aus jungen Idealisten und sind den dänischen Soldaten zahlen- und ausbildungsmäßig weit unterlegen. Sie erleiden eine schwere Niederlage. Jetzt aber zeigt sich, mit welchem Interesse und welcher nationalen Begeisterung die schleswig-holsteinische Sache in ganz Deutschland betrachtet wird. Freiwillige aus allen Gauen strömen herbei. Der Deutsche Bundestag erkennt am 12. April die „Provisorische Regierung“ an und entsendet ein Corps regulärer Truppen von 9.000 Mann. Preußenkönig Friedrich Wilhelm IV., eigentlich ein Zauderer, setzt aber unter dem Druck der Öffentlichkeit 12.000 Mann unter dem Kommando des Generalleutnants Friedrich von Wrangel in Richtung Norden in Marsch. Sie schlagen die Dänen am 23. April 1848 bei Schleswig sowie bei Översee und dringen bis nach Jütland vor. Die Dänen können erst ihren strategischen Brückenkopf Düppel auf Alsen halten, nachdem ein schwedisch-norwegisches Corps mit 4.500 Mann zu Hilfe gekommen war.
Zur gleichen Zeit erreichen vier dänische Schiffe List. Sie unternehmen allerdings keinen Landungsversuch.
Auf Sylt macht sich trotz der Niederlage bei Bau wieder eine positive Stimmung bemerkbar. Am 7. Mai traf sich erneut die männliche Bevölkerung der Insel in Keitum, um ihr Wahlrecht für die deutsche Nationalversammlung in Frankfurt/M. auszuüben. Alle Weichen waren wie im Herzogtum Schleswig nach Deutschland gestellt. Von den 357 abgegebenen Stimmen entfielen 347 auf den deutschstämmigen Advokaten Gülich, der aus Apenrade kam, dem dänischsprachigen Nordschleswig. Eine vom Chronisten C.P. Hansen durchgeführte Sammlung für die Verwundetenpflege erbrachte 2.085 Mark. Einen Monat später konnte Hansen noch einmal 525 Mark an die „Provisorische Regierung“ schicken. Außerdem wurden wollene Jacken, wollende Strümpfe, Halbstrümpfe, Leinwand, Wollenzeug, Bettlaken und Handtücher in die Festung Rendsburg gesandt.
Als Vertreter der Landschaft Sylt wird der Arzt Dr. Wülfke zur konstituierenden schleswig-holsteinischen Landesversammlung nach Kiel geschickt.
Die Großmächte greifen in die Auseinandersetzungen zwischen Deutschland und Dänemark ein. Russland, England und Frankreich erreichen im August den Waffenstillstand – nicht den Friedensvertrag - von Malmö, ein Vertrag zwischen Dänemark und Preußen. In der Paulskirche wenden sich die Vertreter Schleswig-Holsteins gegen diesen „beschämenden“ Vertrag – umsonst: am 16. September stimmt das Parlament dem Abkommen mit knapper Mehrheit zu. Es kommt daraufhin zu wilden Straßenkämpfen in Frankfurt/M. Die deutsche Volksseele ist auf das Äußerste verletzt.

Aufgrund der Malmöer Abmachungen wird in Schleswig-Holstein die „Provisorische Regierung“ von einer „Gemeinsamen Regierung“ abgelöst, für die je zwei Mitglieder von Dänemark und Preußen ernannt wurden. Den Vorsitz übernahm der Anhänger des dänischen Gesamtstaates, Graf Karl von Moltke auf Nütschau, Finanzminister wurde der Sylter Landvogt Jensen. Die schleswig-holsteinische Armee löste sich auf.
Die dänische Regierung unterstützte den Vorschlag des Königs, Holstein und Lauenburg auszusondern und Schleswig fest mit dem Königreich Dänemark zu verbinden. In der Hoffnung, mit solcher Politik weitgehend die Zustimmung der europäischen Großmächte zu finden, kündigte Dänemark am 26. März 1849 den Malmöer Waffenstillstand. Daraufhin nominierte die Reichsregierung in Frankfurt/M. zwei „profilierte Schleswig-Holsteiner“ und setzte sie als Statthalter mit Regierungsgewalt in Gottorf ein.
Um auf Sylt für Ruhe zu sorgen, erschien im Lister Hafen die dänische Korvette „Valkyrien“ unter dem Kommando von Kapitän Polder. Die 150 Gewehre der Sylter Miliz wurden daraufhin von Kapitän Andersen nach Rendsburg gebracht, um sie nicht in dänische Hände fallen zu lassen.
Am 3. April 1849 begann der Krieg von neuem. Die Dänen planten ein Landungsunternehmen in der Eckernförder Bucht mit sieben Schiffe, zwei davon waren windunabhängige Raddampfer. Eine preußische Küstenbatterie traf auf dem Linienschiff „Christian VIII.“ die Pulverkammer und zerfetzte es. Die Fregatte „Gefion“ lief bei auflandigem Wind auf Grund, konnte von den Raddampfern, die dafür vorgesehen waren, nicht mehr flottgemacht werden und wurde von den Preußen gekapert.
Am 7. April landete Polder mit 50 dänischen Matrosen auf Sylt, marschierte nach Keitum und forderte die Ratmänner, Landesgevollmächtigten und Bauernvögte zum Gehorsam gegen den dänischen König auf. Die Sylter Jugend im wehrfähigen Alter war vorsorglich, da sie die Aushebung zur dänischen Flotte befürchten musste, ebenso wie ihre Vorfahren auf das Festland geflohen. Nach zwei Tagen zogen die Matrosen ab und es erschienen 100 dänische Soldaten, die teilweise in Morsum, teilweise in Keitum einquartiert wurden. Am 10. April führten die Dänen tatsächlich, wie befürchtet, eine Musterung durch, die als Ergebnis zur Einziehung eines einzigen Sylters führte.
Um die Sylter an der Flucht zu hindern, ergriffen die Dänen teilweise die gleichen Maßnahmen wie ihre Vorfahren vor etwa 200 Jahren. Am 11. 4. mussten alle größeren Wasserfahrzeuge nach List überführt werden, die kleineren wurden an Land gezogen. Der Verkehr mit dem Festland und die Fischerei wurden verboten, Maßnahmen, wie sie spätere totalitäre Regimes auch kannten.
Am 13. April wurde der Pastor von Westerland suspendiert, weil er den Befehl, für König Friedrich VII. zu bitten, kategorisch ablehnte. Die Westerländer wollten das aber nicht zulassen. Sie begaben sich zur Landvogtei und setzten durch, dass sie ihren Pastor behalten durften, dass der Fischfang erlaubt, und dass ein Fahrzeug nach Föhr gesandt wurde, um Salz zu holen, das auf Sylt bereits knapp wurde.
Die schleswig-holsteinische Armee war neu aufgestellt und organisiert worden. Sie schickte vier Kanonenboote unter Führung des Marineleutnants Kjer mit dem Auftrag, die dänischen Streitkräfte von der Insel zu vertreiben. Landungstruppen sollten in Kampen und Morsum mit Binnendeichsbooten an Land gesetzt werden. Das

Oberkommando konnte aber die angeforderten Landungstruppen nicht zur Verfügung stellen. Also fuhr der Marineleutnant mit 45 Matrosen los, um einen Erkundungszug durchzuführen. Das kühne Unternehmen richtete sich gegen Näs-Odde und musste mit der Gegenwirkung von 300 Dänen rechnen. Aber es verlief überraschenderweise ohne Gegenwehr.
Marineleutnant Kjer beantragte erneut die für die Wegnahme Lists erforderlichen Landungstruppen. Er machte noch einmal auf die große strategische Bedeutung des Lister Hafens aufmerksam, konnte aber erneut keinen Erfolg verzeichnen. Die Truppen wurden anderweitig benötigt. Überraschenderweise hatte vermutlich der Anblick der vier Kanonenboote ausgereicht. „Den Dänen wurde es unheimlich auf Silt, und schon am folgenden Tage, nämlich am 3. Mai, verließen sie Silt. Einige dänische Fahrzeuge, welche bei dem Strande landeten, holten sie ab und brachten sie nach Fanö." Als der Marineleutnant erneut einen Erkundungszug nach Sylt unternahm, konnte er feststellen, dass die dänischen Soldaten die Insel bereits verlassen hatten. Der dänische „Hebungsbeamte" (Steuereintreiber) und der Justizbeamte fuhren schnurstracks von Keitum nach List und flohen von dort aus mit einem englischen Steinkohlenschiff, welches bei List auf Reede lag.
Die schleswig-holsteinischen Kanonenboote blieben im Lister Hafen liegen und der Sylter Kapitän Andersen wurde Kommandant. Die Boote „haben alle zwei Kanonen, nämlich eine am Vordertheil und die andere am Hintertheil, welche überallhin gedreht werden können. Die Kanonen derselben sind in Lüttich gegossen und können Bomben schießen, welche 64 Pfd. schwer sind. Die Kanonenböte haben zu ihrer Fortbewegung Segel, welche an drei Masten aufgespannt werden, wenn es weht, wenn es aber windstill ist, so gebrauchen sie die Riemen, nämlich so, daß immer 2 Mann an einem Riemen rudern....Sie sind so vertheilt, daß auf jedem der Kanonenböte 50 Mann worunter ein Lieutenant und mehrere Unteroffiziere sind. Die Masten derselben sind so eingerichtet, daß sie ausgenommen werden können, welches im Gefecht gethan wird."
Zur gleichen Zeit fuhr eine Abordnung des Frankfurter Parlaments nach Berlin, und bot dem preußischen König Friedrich Wilhelm IV. im Namen des deutschen Volkes die Kaiserkrone an.
Friedrich Wilhelm überlegte. Wer wollte das durchsetzen? Es gab keine deutsche Einheit und kein deutsches Heer. England lächelte messerwetzend, Frankreich drohte mit Krieg, Österreich schickte einen warnenden Kurier nach Berlin und Russland stellte Wien Truppen zur Verfügung.
Friedrich Wilhelm IV. lehnte die Kaiserkrone ab. Die Herren nahmen ihre Hüte, lösten das Parlament in der Paulskirche auf und schüttelten traurig die Köpfe. Die Elite des Volkes hatte statt einer Demokratie eine Luftblase geboren.
Während der Dauer dieser Ereignisse stockte die Sylter Schifffahrt fast gänzlich und die Finanzlage der Insel wurde immer schwieriger. Die Dänen weigerten sich, Staatsanleihen, die in den Händen der Schleswig-Holsteiner waren – Sylter besaßen eine ganze Reihe dänischer Papiere – zu verzinsen. Trotzdem gelang es, in der Zeit vom 22. Mai bis zum 18. August 1849 auf der Insel 1.000 Reichstaler für Lazarettzwecke zu sammeln.
Die Drohkulisse der Großmächte und die Tatsache, dass die Dänen wirkungsvoll die Häfen der Landmacht Preußen blockierten, führte dazu, dass am 10. Juli in Berlin ein

Waffenstillstand zwischen Preußen und Dänemark zustande kam. Als Folge davon wurde Holstein weiterhin der „Statthalterschaft“ unterstellt, Schleswig einer dänisch-preußischen Kommission. Außerdem wurde das Herzogtum teils von schwedisch-norwegischen Truppen besetzt, teils von preußischen. Ein Jahr später wurde der Waffenstillstand durch den Berliner Frieden abgelöst.
Einen Monat später wurde von den Großmächten die Integrität des „Dänischen Gesamtstaats“ inclusive Schleswig anerkannt. Die Schleswig-Holsteiner waren empört, vor allem wegen des „Verrats“ Preußens. Die „Statthalterschaft“ beschloss, den Krieg auf eigene Faust fortzusetzen, obwohl Preußen auch die Offiziere zurückbeordert hatte, die die Truppen der Herzogtümer befehligten. Als die Statthalterschaft am 14. Juli 1850 die jungen Männer aufforderte, sich freiwillig zum Dienst in der schleswig-holsteinischen Marine zu melden, leisteten 16 Sylter dieser Aufforderung sofort Folge.
Am 25. Juli 1850 erlitt die zahlenmäßig unterlegene schleswig-holsteinische Armee in der Nähe von Schleswig mit 1.738 Toten eine entscheidende Niederlage, obwohl die Dänen mit 3.053 wesentlich mehr Opfer zu beklagen hatten. Am 1. August erschienen dänische Streitkräfte in Stärke von 180 Mann auf Sylt. Vor List ankerten zwei dänische Kriegsschiffe, um die schleswig-holsteinischen Kanonenboote aus den umliegenden Gewässern zu vertreiben oder zu erobern. Die dänischen Bemühungen scheiterten jedoch. Daher erhielten sie eine Verstärkung von sechs weiteren Kanonenbooten. Aber auch die scheiterten. Nach einer Kanonade zwischen den schleswig-holsteinischen und den dänischen Schiffen entkamen die ersteren in Richtung Elbmündung. Hier havarierte eins der Schiffe in den Novemberstürmen, wobei 41 Mann ertranken, darunter zwei Sylter.
Die deutschen Großmächte Preußen und Österreich erlangten von der Landesversammlung und der Statthalterschaft in Kiel die Unterwerfung. Preußische und österreichische Kommissare übernahmen im Februar 1851 die Regierungsgewalt in Schleswig. Am 9. Februar zog die dänische Besatzung von der Insel Sylt ab. Ein Jahr später übergaben die Kommissare die Regierungsgewalt wieder an den Dänenkönig.
Wie bedeutungslos jedoch der dänische König mittlerweile war, zeigt sich daran, dass die Großmächte bestimmten, dass Prinz Christian aus der Glücksburger Linie Nachfolger des kinderlosen Königs Friedrich VII. wurde. Der musste sich allerdings den beiden deutschen Großmächten gegenüber verpflichten, das Herzogtum Schleswig nicht in das Königreich Dänemark zu „inkorporieren“ und die deutsche und dänische Nationalität als gleichberechtigt zu behandeln.
1851 löst ein gewisser Otto von Bismarck den preußischen Delegierten im Frankfurter Bundestag ab. Ein unnützer Posten, wie Bismarck meinte.
Deutsche und Dänen waren über den Fortbestand des Zweivölkerstaates gleichermaßen enttäuscht. Die Sylter brachten ihren Groll in einem Protestschreiben mit 402 Unterschriften an den deutschen Bundestag zum Ausdruck. Sie schrieben: „Ist es möglich, daß Deutschland, dem wir uns als Deutsche so vertrauensvoll angeschlossen und das mit uns so viele Opfer für unsere und Deutschlands gerechte Sache gebracht hat, jetzt.......eine solche Schmach und Verhöhnung duldet?“......“Denn Deutsche sind wir, und Deutsche wollen wir bleiben!“
Die Dänen begannen im Gegensatz zu ihrer Verpflichtung den Preußen und Österrei-

chern gegenüber mit der verstärkten Danisierung Schleswigs. Damit machten sich die Dänen noch verhasster und die Freiheitsbestrebungen verstärkten sich weiter. Vor allem die Einführung der dänischen Sprache nahm rigorosere Formen an. Viele Schleswiger, vor allem in Angeln, die zuvor als gemäßigt galten, bekannten sich nun zur Verwunderung der Dänen verstärkt zum Deutschtum. Sylt wehrte sich mit Erfolg gegen die Dänisierungsmaßnahmen und behielt die deutsche Sprache, nur in List musste ein Teil des Schulunterrichts dänisch sein. Deutschgesinnte Beamte, Prediger, Ärzte und Lehrer mussten in einigen Fällen Dänenfreunden weichen. Auch die Keitumer Apotheke wurde mit einem Dänen besetzt.
1855 wurde das Seebad Westerland gegründet. Dänen waren um einen Ankauf des Bades bemüht. Der Versuch scheiterte jedoch am Wiederstand der deutsch Gesinnten, obwohl die dänische Regierung mit der Verweigerung der Badekonzession drohte.
Im selben Jahr erließ die Regierung eine Verfassung, die einen gemeinsamen Reichsrat vorsah, der aber fast ausschließlich aus dänischen Abgeordneten bestand. Der preußische Gesandte am Bundestag in Frankfurt/M., Bismarck, äußerte dazu, dass die fanatische dänische Parlamentsmajorität den Gesamtstaat aus den Fugen treiben werde.
In der ersten Hälfte des 19. Jahrhunderts trieben fast 80 Schiffe auf den Sylter Strand. Daher wurde 1855 der Kampener Leuchtturm erbaut und entwickelte sich zu einem Wahrzeichen für die Insel. Seine Reichweite von 21 Seemeilen wurde durch zwei kleinere 1856 und 1857 erbaute Leuchttürme auf Ost- und Westellenbogen ergänzt. Das Licht wurde mit Rüböl gespeist und entsprach einer kurz zuvor in Frankreich ent wickelten Technik. Die Strandungen gingen jedoch nicht zurück. Nach wie vor wurden Schiffe vom Sturm in die Brandung gejagt.
Schiffe, die in die Brandung des Sylter Strandes gerieten, waren in den meisten Fällen verloren. Nur manchmal gelang es, das Schiff nach Entladen der Fracht wieder flott zu machen. Meistens wurden die Rümpfe aufgeschlagen oder abgebrochen und das Holz wurde auf Auktionen meistbietend verkauft.
Eines Tages jedoch kaufte der Konsul Nommensen von Wyk auf Föhr mehrere gestrandete Schiffe auf, ließ sie abdichten, auftakeln und vom Strand ziehen. Damit besaß er plötzlich ein Schiffsimperium. Das machte Schule. Auch die Sylter Unternehmer P. Th. Diedrichsen und Th. Diedrichsen erkannten ihre Chance, bewahrten so manches Schiff vor dem Wrackschlagen und machten es wieder seetüchtig.
Auch die Lage der Schiffbrüchigen besserte sich, als 1865 die „Deutsche Gesellschaft zur Rettung Schiffbrüchiger“ in Kiel gegründet wurde und sehr bald auch auf Sylt Rettungsmittel zur Verfügung standen.
Die Pastoren und Kirchenvorstände auf Sylt lehnten es mit Entschiedenheit ab, dass auch nur zuweilen dänisch gepredigt werde. Und als 1860 der dänische König Friedrich VII. mit einem Dampfschiff von Föhr aus die Insel besuchte, wurde er freundlich, aber nicht überschwänglich begrüßt. Er sprach lange mit den Repräsentanten der Insel in der Landvogtei, in der er auch mit seiner Frau übernachtete. Ansonsten interessierte er sich vor allem für das Rote Kliff, für die Leuchttürme und das Morsumer Kliff, „wo sie abstiegen von den Wagen und längs dem Kliffe gingen um Versteinerungen zu suchen. Der König freute sich über die Versteinerungen, welche er fand und nahm sie mit in seiner Tasche“.
Sehr beeindruckt von der Freundlichkeit der Sylter schien er nicht gewesen zu sein,

denn der nächste Landvogt war zum Entsetzen der Insulaner ein Däne. 1863 erbaute der dänische Staat in List sowohl eine dänische Kirche, als auch eine dänische Schule, um auf diesem Weg bessere Fortschritte zu erzielen.
Viele Schleswig-Holsteiner, die an der Erhebung 1848 und am folgenden preußisch-dänischen Krieg teilgenommen hatten, wanderten nach Nordamerika aus. Allein in den ersten fünf Monaten des Jahres 1851 waren es 3.600. Sie gründeten Orte wie Kiel und New Holstein.
Im Januar 1861 wurde in Dänemark der „Danevirke-Verein" gegründet. Man forderte mit mehr als 70.000 Unterschriften die Einverleibung Schleswigs in Dänemark.
Während der König damit beschäftigt war, mit dem ehemaligen Erzfeind Schweden und Norwegen ein großskandinavisches Reich zu schaffen, Finnland zu befreien und Russland von der Ostsee auszuschließen, beschloss am 13. November 1863 der Reichsrat mit 40 gegen 16 Stimmen die Einverleibung Schleswigs. In diesem kritischen Augenblick, nur zwei Tage später, starb plötzlich auf Schloss Glücksburg Friedrich VII. und Christian IX., der von den Großmächten bestimmte Nachfolger, bestieg den Thron. Er fand allerdings keinen Rückhalt in den Herzogtümern, die vielmehr Friedrich von Augustenburg zu ihrem Herzog wünschten.
Auf Sylt verweigerten der Pastor Frenssen aus Westerland und sechs Ratsmänner dem König den Huldigungseid. Dagegen fand eine Huldigungsadresse an Friedrich von Augustenburg cirka 300 Unterschriften.
Der neue König befand sich in einem Dilemma. Weite Teile Dänemarks, vor allem die, die den skandinavischen Gesamtstaat forderten, wollten den „deutschen" König aus Glücksburg nicht. Der Schwedenkönig Carl XV. machte sich berechtigte Hoffnungen auf den Dänenthron. In Kopenhagens Straßen ertönten bereits Hochrufe auf ihn. Daher unterschrieb Christian IX. am 18. November 1863 unter massivem Druck der Mehrheit des dänischen Volks die neue eiderdänische Verfassung, nach der Schleswig dem dänischen Staat eingegliedert wurde. Damit rettete er seine neuerworbene Krone.
Die Führer Schleswig-Holsteins trafen sich in Kiel. Wie konnte man die dänische Herrschaft abstreifen? Entweder jetzt oder nie! Wer sollte die Regierung übernehmen? Der Herzog Christian August aus dem Hause Augustenburg, der auf seine Erbansprüche verzichtet hatte, von der dänischen Regierung für seine schleswigschen Güter entschädigt worden war und sich nach Schlesien zurückgezogen hatte? Oder Peter II., Großherzog von Oldenburg, der als Verwandter des dänischen Königshauses besser begründete Erbrechte geltend machen konnte?
In diesen Streit brachte ein Redakteur aus Elmshorn einen neuen Gesichtspunkt hinein. Nur Preußen könne helfen. Mit frommen Wünschen erreiche Schleswig-Holstein die Trennung von Dänemark nicht, sondern nur mit Kanonen und Bajonetten, und die habe nun einmal Preußen. Man könne nur mit Bismarck verhandeln und ihn zum Einschreiten veranlassen.
Obwohl die beiden führenden Politiker Ahlmann und Wiggers diesen Vorschlag für eine Tollheit hielten, da man von dem „Junker" Bismarck doch nichts Vernünftiges zu erwarten hatte, wurde dennoch beschlossen, nach Berlin zu fahren, um mit ihm zu verhandeln.
Diese Aktion scheiterte vollkommen. Bismarck war zugeknöpft und wortkarg: Preußen verlange von Dänemark ausschließlich die Erfüllung der Verträge von 1851/52.

„Preußen könne sich nicht mit gezücktem Schwert ins Unglück stürzen“. Er, Bismarck, könne den Schleswig-Holsteinern nur raten, dem Dänenkönig den Treueid zu schwören.

Die Schleswig-Holsteiner scharten sich nun einmütig um den Prinzen von Augustenburg und fanden andere Verbündete.

Am 15. Dezember 1863 forderten Hannover und Sachsen Dänemark auf, Holstein binnen sieben Tagen zu räumen.

Am 19. Dezember besetzten österreichische Truppen Hamburg.

Am 24. Dezember verließen die dänischen Truppen Altona, sächsische Truppen rückten in das „deutsche Bundesland“ Holstein ein.

Dänemark fand sich plötzlich alleine. Die Großmächte konnten gegen diese legale vom Bundestag in Frankfurt/M. beschlossene „Bundesexekution“ nichts unternehmen. England war gehemmt, da die amerikanischen Südstaaten, die London unterstützte, den Bürgerkrieg zu verlieren drohten und damit die Kolonie Kanada gefährdet war. Und der französische Kaiser Napoleon III. drängte Bismarck geradezu, Holstein und den südlichen Teil von Schleswig zu annektieren und den Kieler Hafen zu einer Flottenbasis auszubauen. Als Gegenleistung erwartete er Luxemburg und Saarbrücken.

Bismarcks politische Gedanken waren erstaunlich einfach, wie aus der guten alten Zeit, als noch Planwagen unterwegs waren. Er war schließlich ein Pommer. Und wie hatte der „Alte Fritz“ schon gesagt? Wenn er einen Diplomaten brauche, nehme er nie einen Pommer. Ist er aber von Feinden umzingelt und weiß nicht mehr ein noch aus, dann rufe er die Pommern. Die senken ihren sturen Kopf und überrennen jeden Gegner (Vielleicht kommt den Friesen das irgendwie bekannt vor). Aber die Zeit schien reif für einen sturen Pommer.

Zu Bismarcks Zeiten fuhren keine Planwagen mehr, sondern Eisenbahnen. Um ihn herum war Wirtschaft, es dampfte, tutete, trompetete, ratterte, rumpelte, es redete, konferierte und spekulierte. Die ersten Häuser hatten eine Heißwasserheizung, man las Zeitungen, die mit einer Druckschnellpresse erstellt wurden und in denen man Dinge in „Windeseile“ aus allen Teilen der Welt erfuhr. Der Elektromagnetismus war entdeckt und der erste Elektromotor gebaut. Der Schreibtelegraph tickte und ein Mann namens Gabelsberger erfand mit einer zunächst für verrückten gehaltenen Idee die Stenographie, mit der man ganze Reden mitschreiben konnte. Die Zeit ging mit Riesenschritten vorwärts. Und Bismarck machte klar, Politik ist Außenpolitik. Und Außenpolitik, die nicht geheim ist, sondern alle Karten aufdeckt, ist Selbstmord. Daher sind Parlamente und die Abgeordneten eine Farce. Eine Einigung ist, wie selbst die „friedliebenden“ nordamerikanischen Staaten in ihrem Bürgerkrieg bewiesen haben, nur durch Gewalt möglich.

Kurz nach seiner Ernennung zum Ministerpräsidenten erklärte er dem preußischen Landtag, dass der Mensch keineswegs gut und die Welt ziemlich mangelhaft sei, dass weder ein republikanischer noch ein monarchistischer Nachbar Deutschland vor Angriffen schütze. Er machte den Abgeordneten klar, dass ein Streit um Müllabfuhrlöhne bestimmt nichts mit „Politik“ zu tun habe, dass es sogar ein Verbrechen sei, wenn eine Partei ihr JA oder NEIN in der Großen Politik davon abhängig mache, ob ihre Müllabfuhrwünsche erfüllt würden.

Er schloss seine Ansprache mit den Worten: „Nicht durch Reden und Majoritätsbeschlüsse werden die großen Fragen der Zeit entschieden – das ist der Irrtum der Jahre 1848 und 1849 gewesen -, sondern durch Blut und Eisen."

Gegen den Willen des Landtags erhöhte Bismarck den Wehretat. Das über Jahre stiefmütterlich behandelte Heer wurde in Windeseile restauriert, mit St. Petersburg Verhandlungen aufgenommen. Der Zar kannte den einstigen Gesandten Bismarck gut. Dieser sprach perfekt russisch und hatte dem Zaren oft auf ein russisches Scherzwort, dass außer ihm kein anderer Botschafter verstand, geantwortet. Man stand auf freundschaftlichem Fuß mit einer Großmacht, die Dänemark oft als Puffer gegen England unterstützt hatte.

Bismarck, der sich zunächst zugeknöpft gegeben hatte, sorgte dafür, dass Preußen und Österreich am 28. Dezember 1863 im Bundestag beantragten, Dänemark aufzufordern, die „eiderdänische" Verfassung rückgängig zu machen; andernfalls werde der Deutsche Bund Schleswig besetzen.

Am 31. Dezember erklärt Bismarck einigen Freunden: „Die ‚up-ewig-ungedelten' müssen einmal Preußen werden. Das ist das Ziel nach dem ich steure. Die Halsstarrigkeit der Dänen wird uns wahrscheinlich verschaffen, was wir brauchen, nämlich den Kriegsfall". Und in der Tat. In einem Anfall von sträflicher Überschätzung widersetzte sich Dänemark der Aufforderung des Bundestags. Vielleicht, weil ein Krieg immer noch etwas „Gravitätisches" hatte.

Am 1. Februar 1864 erfolgte der Einmarsch der verbündeten Preußen und Österreicher in Schleswig mit 56.000 Mann unter dem Oberbefehl des Generalfeldmarschalls von Wrangel. Die ganze Sache lief für die Preußen wie ein Manöver ab. Es war ein Testlauf für kommende Ereignisse.

Die Sylter erfuhren vom Beginn des Krieges erst zwei Wochen später. Die Insel war wie meist um diese Zeit durch das Eis vom Festland abgeschnitten. Das Fährschiff kam durch die frische Eisdecke nicht durch und für das Eisboot war sie noch zu schwach. Als dann aber endlich die Nachricht durchkam, dass die verbündeten Truppen die Eider überschritten hätten und auf dem Vormarsch seien, kannte der Jubel auf der Insel keine Grenzen. Eine Volksversammlung beschloss, Herzog Friedrich von Augustenburg eine Huldigungs- und Ergebenheitsadresse zu senden.

Die Dänen konnten die Verteidigungslinien am Danewerk nicht halten. Sie zogen sich mit 44.000 Mann kampflos und unter Hinterlassenschaft allen installierten Kriegsgeräts in der Nacht vom 6. Februar auf eisglatter Straße bei Schneetreiben über Flensburg nach Norden zurück. Damit geschah das, was von Moltke, der vor Jahren aus dänischen Diensten in preußische gewechselt war, unbedingt verhindern wollte: dass die Dänen sich unversehrt in die beiden Flankenverteidigungsstellungen Düppel und Fredericia zurückziehen konnten. Dort könnten sie sich wegen ihrer Überlegenheit zur See behaupten.

Am 28.2.1864 wurden die Landesgevollmächtigten der Insel Sylt von der Bevölkerung aufgefordert, mit allen Mitteln die Aushebung von Matrosen auf der Insel zum Dienst bei der dänischen Flotte zu verhindern. Kein Sylter wollte freiwillig ein dänisches Schiff betreten, und wenn gezwungen, dann bestenfalls als Gefangener.

In Keitum schlugen die Wellen hoch. Die Kirchenältesten der Gemeinde forderten den dänisch gesinnten Pastor Meier auf, in Zukunft nicht mehr im Gebet den dänischen König zu nennen, sondern für den Herzog von Augustenburg und den Sieg der vereinigten preußisch-österreichischen Truppen zu beten. Als just zu dieser Zeit die Sprösslinge der Keitumer ihren Konfirmationsgottesdienst abhalten wollten, fanden sie anstelle des Pfarrers einen Zettel an der Kirchentür, auf dem er mit Bedauern mitteilte, er sei unter diesen Umständen nicht in der Lage, den Gottesdienst zu halten. Daraufhin gingen im Pastorat einige Fensterscheiben zu Bruch und die Keitumer verlangten seine Absetzung. Aber sie mussten noch eine Weile mit ihm Vorlieb nehmen.

Am 1. März erschienen zwei Zollkreuzer im Wattenmeer. Sie sollten den Verkehr zwischen Föhr, Sylt und dem Festland unterbinden. Der dänische Kapitänleutnant Hammer ließ auf Sylt einen Befehl von Haus zu Haus gehen, in dem die Insulaner, noch dazu in dänischer Sprache, aufgefordert wurden, 28 Matrosen für die königliche Marine zu stellen. Aber die Sylter dachten nicht im Traum daran.

Daraufhin ging Hammer mit 20 Soldaten bei List an Land und marschierte nach Keitum, wo er sechs vermeintliche Rädelsführer verhaften ließ. Sie sollten ein Schriftstück unterschreiben, in dem sie Christian IX. als ihren alleinigen Herrn anerkannten. Als die Sylter das ablehnten, sollten sie als Gefangene auf das Schiff gebracht werden. Aber inzwischen hatten sich 300 Insulaner drohend vor der Landvogtei versammelt. Hammer erkannte, dass er mit seinen zwanzig Soldaten gegen diese aufgebrachte Menge den Kürzeren ziehen würde und erklärte sich zur Herausgabe der Gefangenen bereit, wenn die Sylter Ruhe und Ordnung wahren würden. Als er freien Abzug verlangte, gewährten die Insulaner ihm das gegen die Zusicherung, dass Post und Lebensmittel ungehindert zwischen Insel und Festland transportiert werden könnten.

Am 20.3. kreuzte Kapitänleutnant Hammer mit acht Kanonenbooten vor List auf. Sie legten aber nicht an, sondern segelten weiter nach Föhr. Der Sylter Kapitän Andersen nutzte die Gunst der Stunde und schlug sich nach Schleswig in das Hauptquartier der Bundestruppen durch. Er wollte erreichen, dass die militärischen Aktivitäten auf der Westseite der cimbrischen Halbinsel verstärkt und die nordfriesischen Inseln endlich befreit würden. Er wurde aber negativ beschieden, da die österreichische Flotte sich noch südwestlich von Helgoland befände und das preußische Geschwader im Mittelmeer.

Am 13. April kamen statt der erwarten Preußen über 100 Dänen unter dem Kommando von Leutnant Uldall auf die Insel und kehrten auf dem Land und in den Häusern das Unterste nach oben. Sie wollten, wie sie sagten, der Fahnenflüchtigen habhaft werden. In Archsum nahmen sie, da sie keine geflüchteten Männer finden konnten, fünf Frauen als Geiseln und hielten sie so lange gefangen, bis sich ihre Männer freiwillig stellten. Eine der Frauen musste dabei der Folterung und „Krummschließung" ihres Mannes zusehen. Sie soll darüber wahnsinnig geworden sein.

Die Preußen wandten sich gegen die dänische Hauptarmee, die Alsen und die als uneinnehmbar geltenden Düppeler Höhen hielt. Die Verteidigungsanlagen wurden von Artillerie beschossen, Zickzacklaufgräben ausgehoben, mit Faschinen (Reisigbündel) abgedeckt, um die Sturmtruppen in Deckung möglichst dicht an die feindlichen Schanzen heranzubringen.

Am 18. April um 10.00 Uhr morgens verstummte das Artilleriefeuer schlagartig. Aus der Ausgangsposition brachen die Sturmkolonnen vor, „erst schweigend und dann mit lautem Hurrahruf, unter den Klängen des Yorkschen Marsches, gespielt von dem in der zweiten Parallele postierten Musikkorps". Es entwickelte sich ein blutiger Kampf Mann gegen Mann. Um zwölf Uhr fiel die letzte Schanze. Auf preußischer Seite zählte man 1.200, auf dänischer 1.700 Gefallene und Verwundete. 3.400 Dänen wurden gefangen, der Rest des Heeres konnte sich auf die Insel Alsen zurückziehen.

Die Angreifer hatten die schwerere Aufgabe gehabt, aber sie waren nicht nur zahlenmäßig überlegen gewesen, sondern mit ihren Hinterladergewehren auch technisch überlegen sowie besser ausgebildet. Die Preußen fühlten sich mit ihrer Heeresreform bestätigt.

Auf See kehrten die Dänen zu ihrer alten Taktik zurück und blockierten die Ostseehäfen Preußens. In der Nordsee lagen die Verhältnisse nicht so günstig.

Am 8. Mai 1864 trafen vor List drei dänische Fregatten unter dem Befehl von Linienschiffskapitän Suenson ein. Sie erfuhren durch die englische „Aurora", dass vor der holländischen Küste 3 preußische und 10 österreichische Kriegsschiffe verschiedener Größen eingetroffen seien. Suenson nahm sofort Kurs auf Helgoland, wo er am 9. Mai mit dem Geschwader unter dem Kommando des österreichischen Linienschiffskapitän Tegethoff zusammentraf. Es gelang den Dänen, die Schraubenfregatte „Schwarzenberg" in Brand zu schießen. Die Österreicher hatten 130 Marinesoldaten zu beklagen, die Dänen ihrerseits 68. Tegethoff riskierte nichts mehr, wendete seine Schiffe und fuhr zurück nach Nieuwediep, um dort die Ankunft des Admirals von Wüllerstorff abzuwarten.

Die siegreichen Dänen verließen die Nordsee und zogen sich zurück in das Kattegat, da sie das Eindringen des preußisch-österreichischen Geschwaders in die Ostsee befürchteten. Das erschien jedoch nicht, sodass Kapitän Hammer weiterhin die nordfriesischen Inseln mit seinen acht Kanonenbooten beherrschte.

Dann kam der Waffenstillstand. Die Sylter schickten eine Abordnung zu dem preußischen Zivilkommissar Frhr. von Zedlitz nach Flensburg, um ihn zu bitten, nach dem Friedensschluss die Insel dem Herzogtum Schleswig-Holstein anzuschließen. Schließlich war das Listland dänisch und es bestand die Gefahr, dass die Insel in Gänze Dänemark zugeschlagen werden konnte.

Auch zu einer nordschleswigschen Abordnung, die nach Berlin zu König Wilhelm reiste, stellten die Sylter sieben Mann. Am 31. Mai kamen sie in Berlin an. Der König empfing sie nicht, dafür aber am 3. Juni Fürst von Bismarck.

Als der dänische Inselkommandant Hammer davon erfuhr, verlegte er trotz Waffenstillstand am 13.6.1864 fünfundfünfzig Soldaten nach Keitum und erschien höchst persönlich mit zwei Dampfbooten, sechs Kanonenbooten und mehreren Zollkuttern vor Munkmarsch. Im Schutz der Nacht ging er an Land, umzingelte Keitum, verhaftete die sieben Berlinfahrer und ließ sie mit dem Dampfer „Limfjord" nach Kopenhagen bringen.

Trotz scharfer Kontrollen gelang es der Tochter des Gefangenen Haulke B. Prott, Inken Möller, in der folgenden Nacht zu entkommen. Von Morsum aus segelte sie allein im offenen Boot zum Festland. Ihre Nachricht vom Bruch des Waffenstillstands durch Kapitän Hammer und der Festnahme der sieben Sylter Bürger löste erhebliche diplomatische Aktivitäten aus. Schon wenige Tage später musste Hammer Sylt verlassen und seine Soldaten zogen sich nach List zurück. Otto von Bismarck regte an, eine Volksabstimmung in Schleswig durchzuführen, um über die Sprachenverbreitung eine

Grenze zwischen Dänemark und Schleswig festzulegen. Das war für die übrigen Großmächte ein ungewohnter Vorgang, sie lehnten ab. Dänemark, geblendet durch seine erfolgreiche Blockade der preußischen Ostseehäfen und durch den Seesieg bei Helgoland, lehnte die Befragung der Bevölkerung mit dem Argument, Schleswig sei gut dänisch gesinnt, ab. Trotz der Niederlage auf den Düppeler Höhen legten sie auch keinen Wert auf Verlängerung des Waffenstillstands.
Am 29. Juni gelang den Preußen vor Sonnenaufgang überraschend der Übergang nach Alsen. Das dänische Panzerschiff „Rolf Krake" wagte sich nicht in den engen Alsensund hinein. Die Dänen mussten erkennen, dass sie in ihrem Inselreich nun nicht mehr sicher waren.
Im Nordseegebiet behauptete Kapitän Hammer den Besitz der nordfriesischen Inselwelt. Er hatte alle Seezeichen entfernt und die Sylter Leuchtfeuer gelöscht. Am 27. Juni mussten die Sylter Schiffer und Bootsführer ihre Fahrzeuge nach List bringen. Einige Sylter Wattenschiffer wurden von ihm zum Dienst auf seinen Kanonebooten gezwungen.
Am 11.7. traf die lange herbeigesehnte österreichische Flotte endlich vor Westerland ein. Hier nahm sie drei Westerländer Kapitäne als Lotsen an Bord und segelte gefechtsbereit an die Nordspitze Sylts. Die großen Schiffe blieben vor der „Lister Tief" liegen, während die österreichischen Kanonenboote „Seehund" und„Wall" sowie die preußischen „Blitz" und „Basilisk" in den Lister Hafen eindrangen und die Dänen zum Rückzug nötigten.
Am nächsten Tag sollten fünf Kompanien österreichischer Jäger vom Festland aus die Überfahrt nach Sylt antreten. 135 kleine, unbewaffnete Boote waren zu diesem Zweck beschlagnahmt worden. Doch noch ehe die Boote die halbe Strecke zurücklegen konnten, wurden sie von den Kanonenjollen des Kapitäns Hammer und vom Dampfer „Augusta" mit einem solchen Kartätschen- und Kanonenhagel unter Beschuss genommen, dass sie schnellstens wieder umkehren mussten. Auch ein zweiter Versuch scheiterte. Nur das Eingreifen der österreichischen und preußischen Kanoneboote würde das Übersetzen ermöglichen. Wie aber sollten die Schiffe vor der „Lister Tief" Nachricht erhalten?
Da meldete sich erneut der Sylter Kapitän Andersen. Er erreichte unbemerkt das Festland und führte die österreichischen Jäger unter dem Kommando von Fregattenkapitän Lindner von Hoyer aus während der Ebbezeit über Jordsand nach List zur Flotte. Der „Seehund" nahm sie an Bord. Jetzt drangen die beiden preußischen Kanonenboote, die geringeren Tiefgang hatten, als die österreichischen, ins Wattenmeer vor. „Basilisk" ging mit drei österreichischen Booten im Schlepptau in die Lister Ley, der „Blitz" legte sich ins Hoyer Tief. Damit waren die Operationsmöglichkeiten der Dänen beendet. Die Landung von zweieinhalb Jägerkompanien am 13. Juli in Morsum und Keitum klappte planmäßig. An der Vogelkoje, nördlich von Kampen, brachte die Marine einige Geschütze an Land.
Hammer zog sich in die Gewässer nach Föhr zurück.
Die Sylter bereiteten den Befreiern, die, sofern sie Steyrische Jäger waren, schmucke Federbüsche an den Hüten hatten, einen begeisterten Empfang. Am Nordausgang Keitums hatten Mädchen eine Ehrenpforte errichtet, die die Inschrift trug: „Deutsche Brüder, seid willkommen!" Die Befreier waren zwar Österreicher und Preußen, aber wer wollte das so genau nehmen. Die Sylter wollten Deutsche sein.

Die Flottille des dänischen Kapitäns Hammer vor Sylt (Sylt Archiv)

Kapitän Andersen mit 3 Begleitern nach dem Marsch durch das Watt (Sylt Archiv)

Die Keitumer begrüßen ihre österreichischen und preußischen Befreier (Sylt Archiv)

Der Kampener Leuchtturm wurde zum Wahrzeichen der Insel Sylt (Verfasser)

Von Sylt aus erfolgte der Angriff gegen Kapitänleutnant Hammer. In der Zeit vom 14. zum 16. Juli herrschte stürmische See, so dass eine von Hörnum aus geplante Landung auf Föhr nicht durchgeführt werden konnte. Hammer, der die Vorbereitungen bemerkt hatte, nahm Hörnum unter Feuer. Darauf wurden drei „Vierpfünder", Schiffskanonen, die in Näs-Odde stationiert waren, nach Hörnum verlegt und Hammers Kanonenjollen zerstört oder vertrieben. Am 17. Juli traf Admiral Wüllerstorff mit seinem Geschwader von Cuxhaven kommend vor List ein, nahm Jäger an Bord und segelte nach Föhr. Am 18. Juli ergab sich Kapitänleutnant Hammer der Übermacht und übergab an Bord der „Blitz" preußischen Seeoffizieren seinen Degen. Sein Mut und seine Tapferkeit wurden auch von seinen Gegnern bewundernd anerkannt, auch wenn er den Hass der Sylter herausgefordert hatte.
Der Kampf um die nordfriesischen Inseln war beendet.
Am 9. August kehrten die sieben Sylter aus einem Kopenhagener Gefängnis zurück und wurden jubelnd begrüßt. Fregattenkapitän von Lindner, Oberstleutnant Schidlach, Hauptmann Kaluschke und Oberleutnant Comerlotti wurden als Befreier zu Ehrenbürgern der Insel Sylt erklärt, die zu der Zeit etwa 2.900 Einwohner hatte.
Nach dem Krieg war zunächst nur die Loslösung der Herzogtümer und damit auch Sylts einschließlich List von Dänemark erreicht. Ungewiss aber blieb die Frage nach dem endgültigen Schicksal des befreiten Landes. Österreich wollte einen 40. Bundesstaat mit einem Herzog an der Spitze aus Schleswig-Holstein machen, Preußen verlangte das Ende der Kleinstaaterei und die Einverleibung – einen Teil nach Österreich, den anderen Teil nach Preußen. Was aber sollte Österreich mit einem 1.000 Kilometer entfernten Landfetzen? In Wien erkannte man, dass in Berlin Otto von Bismarck es auf eine Machtprobe anlegte.
Die öffentliche Meinung in den Herzogtümern war entschieden für den österreichischen Plan. Auch auf Sylt dürfte die gleiche Tendenz bestanden haben.
Zunächst wurde das Problem so gelöst, dass Holstein von einem österreichischen, Schleswig dagegen von einem preußischen Statthalter regiert wurde. Damit kam auch Sylt unter preußische Verwaltung. Als Bismarck sich mit Napoleon III., den Neffen des Welteroberers, verbündete, reagierte Österreich, wie vom preußischen Ministerpräsidenten vorausgesehen. Es zog vor den Deutschen Bundestag und klagte Preußen wegen der unbefriedigenden Verhältnisse in Schleswig-Holstein an. Es machte, vor allem an die süddeutschen Länder, Versprechungen, die billigsten politischen Schachzüge. Bismarck machte keine Versprechungen. Er fragte Moltke, ob militärisch alles bereit sei.
Dann machte Österreich einen Fehler. Es rief vertragswidrig die holsteinische Ständeversammlung ein. Das war für Bismarck der willkommene Kriegsgrund. Sofort rückten die Preußen in Holstein ein. Die Österreicher mitsamt dem Augustenburger räumten protestierend, aber kampflos das Feld. Als der deutsche Bundestag daraufhin die Intervention auf Antrag Österreichs mehrheitlich verurteilte, erklärte Preußen den Deutschen Bund für aufgelöst.
Drei preußische Armeen unter dem Kommando von Generalfeldmarschall Moltke rückten in Böhmen ein. Holstein war bereits von Preußen besetzt, Hannover und Kurhessen waren 24 Stunden später annektiert und weitere neun Tage später, am 3. Juli 1866 wurde der Krieg in der für Preußen siegreichen Schlacht von Königgrätz bereits

beendet. Blitzkrieg nannte man so etwas in späteren Jahren. Österreich musste auf alle Ansprüche in Schleswig-Holstein verzichten und die von Preußen initiierte Gründung des „Norddeutschen Bundes“ akzeptieren. Am 24. Dezember 1866 wurde Schleswig-Holstein durch Beschluss des preußischen Abgeordnetenhauses zur preußischen Provinz.
Österreich wurde von Bismarck wie ein Gentleman behandelt. Den süddeutschen Ländern, die auf Wiens Seite gestanden waren und nun zitterten, wurde kein Haar gekrümmt. Sie waren sprachlos. So war noch kein Verlierer behandelt worden und sie schlossen mit Bismarck ein geheimes Schutzbündnis. Der preußische König war begeistert.
Der französische Kaiser Napoleon III. verlangte für sein wohlwollendes Stillhalten die deutsche Pfalz, Hessen, Belgien und Luxemburg. Bismarck ließ sich das schriftlich geben. Als er es hatte, zeigte er den Brief jedem, der ihn lesen wollte. Der Zorn über die Raublust der Franzosen war gewaltig. Zwanzig nord- und mitteldeutsche Staaten baten um Aufnahme in Bismarcks „Norddeutschen Bund“.
Bismarck handelte. Er ordnete für alle Länder des Norddeutschen Bundes allgemeine und direkte Wahlen an. Das machte einen guten Eindruck. Alle Zoll, Militär-, Post- und Telegraphieschranken fielen. Die Welt staunte. So einfach war das? Innerhalb von Tagen traten die Abgeordneten zusammen, innerhalb von Stunden war die vorgeschlagene Bundesverfassung akzeptiert, die gesamte militärische Führung an Preußen übergeben, Bismarck zum Kanzler des Bundes ernannt. Napoleon III. bohrte sich noch in der Nase und dachte angestrengt nach, da war schon alles passiert.
Später sagte Bismarck zu Freunden: „Der König wollte mir, als ich Fürst wurde, Elsass und Lothringen ins Wappen geben. Ich hätte aber lieber Schleswig-Holstein drin gehabt, denn das ist die diplomatische Kampagne, auf die ich am stolzesten bin.“
Am 12. Januar 1867 gelobte Wilhelm I. den Schleswig-Holsteinern, ihnen ihre alten Gesetze und Einrichtungen zu lassen, soweit diese Ausdruck berechtigter „Eigentümlichkeiten“ seien und Einheit und Interessen des Staates nicht einschränkten. Allerdings wurde bald deutlich, dass die Zusagen des preußischen Königs nicht eingehalten wurden. Die Preußen modernisierten zwar die Herzogtümer in vielen Belangen, aber viele ererbte, liebgewonnene Verhältnisse wurden schlicht beseitigt. Das schneidige Auftreten preußischer Beamter stellte nahezu einen Kulturschock dar. Vor allem die Einführung einer dreijährigen Wehrpflicht wurde von den dänisch gesinnten Nordschleswigern, den Bewohnern der nordfriesischen Inseln und den Dithmarschern als ein besonders harter Schlag empfunden. Vor allem die beiden letzten waren über Jahrhunderte nie wehrpflichtig gewesen, eine große Auswanderungswelle begann. Zwischen 1868 und 1914 sind etwa 130.000 Schleswig-Holsteiner nach Amerika ausgewandert. Einer, Sönke Nissen aus Nordfriesland, wanderte nach Namibia aus und wurde der größte Diamantenschürfer seiner Zeit.
Das neue, viergliedrige Steuersystem mit Einkommens-, Gewerbe-, Gebäude- und Grundsteuer weckte Angst vor Ausplünderung durch den Fiskus.
Deutschland wurde immer mehr Weltmacht. Um diesem weltpolitischen Zustand mehr Nachdruck zu verleihen, wurde das wiedererstandene Reich zusehends Seemacht. Während Helgoland als Abwehr gegen das Drohpotential England zu einer Seefestung ausgebaut wurde, wurde Sylt als Sicherung der rechten Flanke ebenfalls befestigt.

Nach dem Ende der „Harden" wurde die Insel Sylt dem Kreis Tondern zugeteilt, man behielt also hier eine jahrhundertealte geschichtliche Bindung bei. Innerhalb des Kreises Tondern bildete die Landschaft Sylt mit dem bis dahin dänischen List den Amtsbezirk Sylt. Der bisherige Landvogt waltete seines Amtes noch bis zum Jahr 1872, dann wurde er unter gleichzeitiger Trennung von Justiz und Verwaltung von einem preußischen Amtsvorsteher abgelöst. Gleichzeitig erhielt die Insel ein Amtsgericht. Bereits fünf Jahre zuvor hatte der altehrwürdige Sylter Rat seine Tätigkeit als Gerichtshof eingestellt.
Das altgermanische Nordstrander Landrecht konnte sich als letztes Relikt alter Rechtsgewohnheiten noch bis 1900 halten, dann wurde es vom Bürgerlichen Gesetzbuch abgelöst.
Der einst blühende Herings- und Schellfischfang spielte keine Rolle mehr. Durch die Anbindung Sylts an das größere Deutsche Reich stieg von Jahr zu Jahr der Zustrom an Gästen. Aus dem ehemaligen Volk von Seefahrern wurde ein Volk von Vermietern und Gastronomen.
Nur noch wenige Sylter standen im Dienst Hamburger Dampferlinien und die sylteigene Dampfschifffahrtsgesellschaft, die für den Fährverkehr im Wattenmeer zuständig war, hatte fünf Schiffe.
Am 15. und 16. Oktober 1881 gerieten vier Schiffe in die Sylter Brandung. Eines davon war die Stettiner Brigg „Else", die vor Westerland gegen die Holzpromenade geworfen wurde. Sie trieb wieder zurück und schlug auf eine Steinbuhne auf, wobei der Kiel brach. Das Schiff legte sich soweit auf die Seite, dass die Masten platt auf dem Wasser lagen.
Die achtköpfige Besatzung hatte sich auf dem Vorderteil des Schiffes festgeklammert und kämpfte um ihr Leben. Zwei Mann nutzten die Chance und ergriffen ein Wrackteil, um damit ans Ufer zu schwimmen. Die Brandung war aber so stark, dass sie unter das Wasser gerissen wurden und verschwanden.
Die auf den Stranddünen versammelten Sylter mussten hilflos mitansehen, wie die Seeleute zugrunde gingen. Sie sahen den kleinen Schiffsjungen hilflos in der Takelage hängen und hörten ihn durch das Heulen des Sturms nach seiner Mutter rufen. Da griff Paul Nikkelsen nach einer Leine, band sie sich um den Leib und versuchte, schwimmend das Wrack zu erreichen. Er verlor jedoch das Bewusstsein und musste unverrichteter Dinge wieder an Land zurückgezogen werden.
Endlich erschien die Rettungsmannschaft, die sich zuvor um andere Strandungsfälle kümmern musste. Sie transportierten den Raketenapparat, mit dem sie Leinen zu dem Havaristen hinüberschossen. Diese konnten von den Schiffbrüchigen jedoch nicht ergriffen werden, da sie ihre Hände benötigten, um sich am Schiffsrumpf festzuklammern. Durch zwei haushohe, aufeinander folgende Wellen wurde das Wrack endgültig zertrümmert. Die Mannschaft verschwand in der wilden See. Einer kam noch einmal zum Vorschein, aber die nachfolgende Welle riss auch ihn auf Nimmerwiedersehen in die Tiefe.
Die Seehundjagd wurde im großen und ganzen eine sportliche Betätigung für Badegäste. Sylter begannen zur Wende des 20. Jahrhunderts, die Austernfischerei zu kultivieren. 1910 wurden in List die staatlichen Austernanlagen erbaut und von der „Königlich Preußischen Austernfischereipachtungsgesellschaft" in Betrieb genommen.

Die nach holländischem Vorbild angelegten Vogelkojen, in denen Krickenten, Stock- oder Wildenten, Spieß- und Pfeifenenten angelockt und gefangen wurden, brachten in früheren Jahren gute Fangergebnisse. Das änderte sich aber bald. 1841 wurden 25.244 Stück, 1887 nur noch 6.200 Stück gefangen.
Durch das Sammeln der Eier von Möwen, Bergenten, Seeschwalben, Austernfischern und Tauchern – es handelte sich um keinen Erwerbszweig, sondern um eine Liebhaberei – trat ein gewichtiges Umweltproblem auf. Der Fortbestand dieser Vogelarten war ernsthaft in Frage gestellt.
Der Badeverkehr hatte hauptsächlich Westerland zum Ziel. Im Jahr 1885 hatte die mittlerweile bedeutende Ortschaft 899 Einwohner, 1901 waren es 1.960 und 1902 bereits 2.090.
Im Jahr 1905 erhielt Westerland mit 2.292 Einwohnern die Stadtrechte. Mit 22.151 Gästen hatte es sich zum Weltbad entwickelt.
Der Aufschwung zum Bad mit Weltgeltung hatte eine Steigerung des Wohlstandes der gesamten Inselbevölkerung zur Folge. Als Westerland begann, „aus den Nähten zu platzen", entwickelte sich auch Wenningstedt zum Badeort. Außerdem bildete sich zu Beginn des 20. Jahrhunderts in wesentlich bescheidenerem Maße und in einfacheren Formen in Kampen, List, Hörnum und etwas später auch in Rantum Badebetrieb.
Die Post- und Personenbeförderung von Sylt zum Festland wurde bis zum Jahr 1866 von Segelschiffen wahrgenommen, von 1884 ausschließlich von Dampfschiffen. Von Mai bis Mitte Oktober verkehrten sie zweimal täglich, vom 16.10. bis 30.4. einmal täglich.
Die Vereisung des Wattenmeeres bei Frost unterbrach häufig in den Wintermonaten die regelmäßige Verbindung zwischen Munkmarsch und Hoyerschleuse. In diesen Fällen waren Notmaßnahmen nötig: die Eisbootfahrten. Wagemutige Männer brachten auf Eisbooten unter ungeheuren Schwierigkeiten, zuweilen unter Einsatz ihres Lebens, Briefe und kleine Pakete nach Hoyerschleuse in Nordschleswig. Die größere Paketpost und das Frachtgut beförderte bei Eisgang im Wattenmeer ab 1902 die Hamburger Reederei „Hapag" von Hörnum über Helgoland nach Hamburg.
Im Jahr 1888 wurde eine Kleinbahn von Munkmarsch nach Westerland gebaut. Im Jahr 1903 folgte der Bau der Kleinbahnlinie von Westerland über Wenningstedt nach Kampen, die 1907 nach List weitergeführt wurde. Im Jahr 1902 erschlossen die Sylter die Südhälfte der Insel, dadurch wurde der Frachtverkehr mit der „Hapag" von Hörnum aus möglich.
Ab 1916 unterlag der Eisenbahnbau auf der Insel strategischen Gesichtspunkten, sodass eine rasche Personen- und Güterbeförderung von List bis Hörnum gewährleistet war.
Auf Veranlassung der „Hamburg-Amerika-Linie", die eine direkte Schiffsverbindung von Hamburg über Helgoland nach Hörnum betrieb, errichtete man in den Jahren 1906 und 1907 den Leuchtturm auf Hörnum-Odde
Durch die Gründung der Westerländer Luftverkehrsgesellschaft im Jahre 1925 erlangte Sylt den Anschluss an das Luftnetz.

22. „Ich führe Euch Herrlichen Zeiten entgegen!“

Am späten Abend des 31. Dezember 1899 sprang ein junger Mann in Westerland von der langsam ausfahrenden Sylter Kleinbahn, bevor sie an der Bahnstation endgültig anhielt. An sich kein großes Wagnis, allerdings war man zur damaligen Zeit körperlich noch nicht so trainiert und behende wie heutzutage. Der junge Mann hielt mit seiner Rechten die steife Melone auf seinem Kopf fest und sah sich vor, nicht zu fallen, denn die nasse Straße war mit leichtem Frost überzogen.
Er ging zu einem villenartigen Gebäude in der Friedrichstraße. Die schweren Plüschvorhänge waren nicht vorgezogen, alle Fenster waren hell erleuchtet. Man sah von außen Zimmer mit imposanten, kathedralähnlichen, gedrechselten Möbeln, neben- und übereinander hängende Ölgemälde, gewundene Säulen mit Palmentöpfen und Lüster mit vielen Gasglühlampen.
An den großen Fenstern des Wintergartens sah man einige Damen mit hocheleganten Silhouetten stehen, die von Herren mit hochgezwirbelten Schnurrbärten umkreist wurden. Es war die Silvesternacht des Jahres 1899, die letzte Nacht des alten Jahrhunderts. Ein großer Augenblick. Das zwanzigste Jahrhundert sollte beginnen.
Als der junge Mann die Gesellschaftsräume betrat, war gerade ein dreifaches Hoch auf Kaiser Wilhelm verklungen. In der Mitte des Kreises von Menschen stand ein älterer Herr im Gehrock, der Leiter der sechsklassigen Westerländer Schule mit knapp 400 Kindern. Er hielt noch das Glas in den Händen und schien das Hoch ausgebracht zu haben.
„Hier stehen wir nun, ein paar Menschen aus der Schar der Überlebenden der Jahrtausende,“ begann er seine Rede. „Immer, meine Freunde, waren wir es, wir Deutschen (die Augen der Sylter Friesen glänzten), die mit der Kraft unserer Gedanken, unserem Können und unseren Gefühlen die Welt bewegten, aber fast nie haben wir etwas anderes geerntet als Hass und Neid.
Aber nun liebe Freunde, hat sich alles gewendet! Ich glaube, dass unser geliebter Herrscher, Seine Majestät, der Kaiser, Wilhelm II., recht hatte, wenn er sagt: Ich führe euch herrlichen Zeiten entgegen! Ja, meine Freunde, wir leben in einer herrlichen Zeit. Mein Professor war damals ein junger Leutnant der Reserve und stand mit im Spiegelsaal von Versailles, als der verewigte Fürst Bismarck das Reich proklamierte. Das war kein flüchtiger Augenblick, sagte er, glauben Sie mir. Wenn man die Erkenntnisse aus Tausenden von Jahren sein eigen nennt, dann trügt einen das Gefühl nicht, dann weiß man es: Dies war für die Ewigkeit. Wir haben keine Feinde mehr, das ist vorbei. Wir haben Beispiele von Großmut und Friedensliebe gegeben und können künftig ohne Furcht sein. Unser geliebter Kaiser hat das intuitiv gefühlt und hat recht daran getan, den „Rückversicherungvertrag“ mit Russland nicht mehr zu erneuern.
Ach, es ist wunderbar, wie alles gekommen ist, meine lieben Freunde. Denken Sie nur an eines, was ich Ihnen hier vielleicht sagen darf: Vor 40 Jahren förderte Deutschland nur den fünften Teil der Steinkohle, die England hervorbrachte. Heute fördern wir bereits über die Hälfte. Vor 20 Jahren produzierte England dreimal soviel Stahl wie wir. Heute produzieren wir anderthalbmal soviel wie England. Und genauso ist es mit Maschinen, mit Bewaffnung und mit Schiffstonnage. Erinnern Sie sich nur, dass wir

vor fünf Jahren das „Blaue Band der Ozeane“ gewonnen haben, das heisst, das schnellste und beste Schiff der Welt gebaut hatten.
Liebe Freunde, man hat mich für würdig befunden, die blühende deutsche Jugend zu lehren, und das mag mir das Recht geben, Ihnen, meine Freunde, auf der Schwelle des neuen Jahrhunderts zu prophezeien: Wir haben nichts umsonst geopfert. Unsere Kinder und Enkel werden es noch besser haben als wir. Das zwanzigste Jahrhundert kann kommen, wir fürchten uns nicht!“
Anfang des Jahres 1905 wollte der Landmann Peter Brodersen hinter seinem Hause in Westerland, nahe dem alten Friesenhafen von Wenningstedt gelegen, einen Pferdekadaver verscharren, als er etwa 80 cm unter der Erdoberfläche Reste einer gedrehten Holzdose fand. In dieser Dose waren 115 Münzen mit einem Gewicht von nur 139 Gramm verborgen, die aber wissenschaftlich einen sensationellen Wert hatten. So waren Münzen darunter aus der Zeit Otto des Großen und des letzten Staufers Konrad (1027 – 1039).
Die Sturmflut am 5. November 1911 führte zu erheblichen Abbrüchen an den Stranddünen von Sylt, deren Schutz bisher vernachlässigt worden war. Durch die Seebadgründungen waren diese Dünen mit Kur- und Badeanlagen, mit Promenaden oder gar Hotels bebaut worden. In Westerland wirkte sich die Sturmflut verheerend auf diese Anlagen aus. Am Strand zerstörte die Brandung einige der großen Restaurationshallen, Teile der hölzernen Wandelbahn, den Musikpavillon, ein Holzbollwerk und die Steinmauer vor dem Hotel „Miramar“.
Anschließend an diese Sturmflut wurden in Westerland die heute noch vorhandenen Strandmauern errichtet.
Am 28. Juni 1914 fielen der österreichische Thronfolger Franz Ferdinand und seine Gemahlin in Sarajewo serbischen Attentätern zum Opfer. In Westerland traf die Botschaft noch am selben Tage ein, während tausende Gäste den Klängen der Kurkapelle lauschten.
Auf den öffentlichen Gebäuden wurden die Fahnen auf Halbmast gesetzt und die Kurkapelle brach augenblicklich ihr fröhliches Unterhaltungsprogramm ab. Sie intonierte einen Trauermarsch und die österreichische Hymne.
In den nächsten Wochen nahm der Fremdenverkehr zum größten deutsche Seebad zu. Durch den schönen Sommer in diesem Jahr bedingt zählte Westerland alleine am 21. Juli 9.266 Badegäste. Am 23. Juli überreichte Österreich sein Ultimatum an Serbien und die österreichischen Gäste, allen voran die Wehrfähigen, verließen Sylt.
Am 1. August 1914 begann der 1. Weltkrieg, der bis dahin größte Krieg.
Österreichs Kriegserklärung an Serbien löste die russische Mobilmachung aus, diese wiederum hatte die französische und deutsche zur Folge, da Kaiser Wilhelm einige Jahre zuvor den von Bismarck mit dem Zarenreich geschlossenen Rückversicherungsvertrag als überflüssig ansah. England trat in die Kriegshandlungen ein, da Deutschland die Neutralität Belgiens verletzte.
Die Gefahr, die durch die englischen Seestreitkräfte drohte, erforderte höchste militärische Konzentration. Dabei bildete die Felsenfestung Helgoland den Rückhalt für die 7. Torpedobootflottille und die kleinen Kreuzer „Mainz“ und „Straßburg“, die die Linie Wangerooge-Helgoland-Eider zu kontrollieren hatten. Die Sicherung der Küsten machte die Bereitstellung der zum Schutz der Inseln Borkum, Pellworm und Sylt vor-

gesehenen Teile des Landheers notwendig.
Der Eintritt Deutschlands in den Krieg wurde auf Sylt ohne geräuschvolle Kundgebungen vollzogen. Ohne Proteste und ohne Widerstand verließen die wehrpflichtigen Männer die Insel, um ihre Truppenteile aufzusuchen, sofern sie nicht der Sylter Inselwache, die aus Syltern und Föhringern bestand, zugeteilt waren. Die Inselwache wurde vom Inselkommandanten außer mit der Waffe zunächst nur mit Feldmütze und Armbinde ausgestattet. Gleichzeitig erschienen aber die regulären Truppen in der Zeit vom 1. – 7. August im Hafen Munkmarsch, wo sie mit den abreisenden Badegästen zusammentrafen. Da das Eisenbahn- und Dampferpersonal dieser neuartigen Aufgabe nur schwerlich Herr werden konnte, vermeldete das Kriegstagebuch, dass die Aktion „nicht ohne Störung der Ordnung“ abging.
Die Post bekam im Fernsprechverkehr durch die Umstellung auf Kriegsbetrieb Probleme, für die schlechtausgerüstete Inselwache fehlten zusätzlich noch Decken. Von den 3.420 erforderlichen konnten nur 1.500 Decken auf der Insel aufgetrieben werden. Außerdem fehlte das notwendige Holz für die Artillerie.
Am 3. August trat der Militärfahrplan in Kraft und der normale Personen- und Güterverkehr wurde nach Abreise des letzten Feriengastes eingestellt. Am 5. August erklärte die Badeverwaltung das Westerländer Seebad für geschlossen.
Die politischen Gremien hatten es unverständlicherweise unterlassen, für den Kriegsfall einen Wirtschaftsplan aufzustellen. Dieser Mangel wurde auf der Insel besonders spürbar. Dringend notwendig wäre die Bevorratung von Konservendosen, Holz, Kohle, Petroleum, Öl und mehr gewesen. Da das nicht geschehen war, war der Mangel in kurzer Zeit erheblich. Die Lebensmittelpreise stiegen gewaltig an. Beim Kauf ging man von dem früher allgemein gültigen „Borgsystem“ ab und verlangte nur noch Barzahlung. Schon nach kurzer Zeit sah sich der Inselkommandant gezwungen, Höchstpreise für Lebensmittel festzusetzen.
Für die Sicherstellung der Lebensmittelversorgung mussten die Gemeinden eintreten. So stellte die Stadt Westerland auf Beschluss der Stadtverordnetenversammlung 50.000 Mark für Nahrungsmittel zu Verfügung. Außerdem wurde ein Kredit von 200.000 Mark bewilligt. Es galt, die Erwerbslosigkeit zu verhindern und Brennstoffvorräte heranzuschaffen. In der kalten Jahreszeit hätte sich das durch Vereisung zu einem unmöglichen Unterfangen entwickelt.
Die Inselkommandantur gewährte für diese „Zivilangelegenheiten“ eine Sondererlaubnis. Schließlich waren große Teile der Truppe in Privatquartieren untergebracht, die zudem auch nur sehr niedrige Quartiergeldsätze erhielten.
Einer der beliebtesten Bäderdampfer der Hamburg-Amerika-Linie, der vor dem Krieg zwischen Hamburg und Sylt (Hörnum) verkehrte, war die „Königin Luise“. Er wurde von der Flottenleitung zu einem Hilfsstreuminendampfer umgerüstet und war dafür vorgesehen, mit einem überraschenden Minenangriff auf die Themsemündung die Feindseligkeiten mit England zu beginnen. Am 4. August erging der Befehl aus Wilhelmshaven, „sofort mit höchster Fahrt auslaufen in Richtung Themse. Minen möglichst nahe an englische Küste bringen.“
Kurz vor Erreichen der Themsemündung wurde die „Königin Luise“ von einem englischen Dampfer entdeckt, der sie sofort über Funk meldete. Der Hilfsdampfer setzte seine Fahrt fort und erreichte die Mündung des Flusses im Schutze einer Regenboe. Als

der Niederschlag sich gelegt hatte, wurde das deutsche Schiff von der englischen Zerstörerflottille gesichtet und verfolgt. Der „Königin Luise“ gelang es dennoch mit höchster Fahrt themseaufwärts, die Minen zu werfen.
Sofort im Anschluss daran versuchte sie, sich der Verfolgung zu entziehen. Der überlegene Feind kam jedoch immer näher und zwang die Deutschen, einen aussichtslosen Kampf aufzunehmen. Nach kurzem Feuergefecht mit dem stärker armierten Feind gab Korvettenkapitän Biermann den Befehl, das Schiff zu versenken. Die Überlebenden verließen das sinkende Fahrzeug und wurden von den Engländern gerettet.
Bei der Ausfahrt aus der Themse lief der englische Zerstörer „Amphion“ auf eine der gelegten Minen und versank in wenigen Minuten. Neben 150 britischen Seeleuten starben auch 18 gerettete deutsche.
Der Seekrieg des Jahres 1864 hatte gezeigt, wie wichtig der Besitz der nordfriesischen Inseln und besonders Sylts für einen seekriegführenden Gegner sein kann. Daher trafen sofort nach Kriegsausbruch die bereits erwähnten zwei Blt. des Ldw.-Inf.-Rgts. 85 und die dazugehörige Artillerie auf der Insel ein. Zusammen mit den vier Kompanien der Inselwache mussten vor allem die beiden Häfen List und Hörnum geschützt werden. Daher wurde am 3. August vor dem Lister Tief eine Minensperre ausgelegt, die ein Überrumpeln Lists durch leichte Streitkräfte unmöglich machte. Ebenfalls erschwerte das Löschen der Leuchtfeuer dem Feind die Annäherung. Landungsversuche des Gegners an der Westküste der Insel wären schwierig geworden, da die ungünstigen Wasserverhältnisse und die Sandbänke den Feind zu frühzeitiger Ausbootung veranlasst hätten.
Am 28. August 1914 wurden die beiden kleinen Kreuzer „Mainz“ und „Köln“ von englischen Panzerkreuzern versenkt. Wenige Tage später trieben 17 Tote der beiden deutschen Schiffe am Weststrand der Insel an und wurden auf dem Westerländer Soldatenfriedhof beerdigt.
Die Sylter entwickelten im ersten Kriegsjahr „vaterländische“ Bewegungen. Sie äußerten sich im Kampf gegen Fremdwörter und „fremdländisches Wesen“, sowie in der Bildung einer Jugendwehr, die sehr schnell 77 Mitglieder hatte. Junge Frauen meldeten sich als Krankenpflegerinnen und die Gewerkschaften verzichteten auf 10 % ihres Lohnes zur Unterstützung der Arbeitslosen.
Im Oktober forderten die Gewerkschaften zur Eindämmung der wachsenden Arbeitslosigkeit die Inangriffnahme des Dammbaus und des neuen Westerländer Bahnhofsgebäudes, sowie Straßen- und Wegebauten nach Wenningstedt.
Im Jahr 1915 erhielt List eine Flugzeugstation, da sich von hier aus die Aufklärung über der Nordsee leichter durchführen ließ als von Helgoland. Im Laufe des Jahres erhielt List eine ganze Fliegerstaffel.

Infanterieabteilung im Sylter Dünenvorland (Sylt Archiv)

Angeschwemmte englische Treibmine (Sylt Archiv)

Reichspräsident von Hindenburg vor dem Westerländer Bahnhof (Sylt Archiv)

Die Sylter Ringreiter wehrten sich erfolgreich gegen die NS-Vereinnahmung

Zur gleichen Zeit wurde List Stützpunkt für Minenleger. Die „Nautilus“ legte eine Minensperre vor Amrum, die gleichzeitig Hörnum schützte. Die Engländer antworteten mit einer vorgelagerten Minenkette vor Amrum-Bank und der Auslegung von Treibminen zwischen List und Amrum, um dadurch die Ausfahrt aus den Sylter Häfen und den westlich von Sylt und Amrum verlaufenden Schiffsweg in die deutsche Bucht zu gefährden. Diese Treibminen gefährdeten aber gleichzeitig den gesamten Sylter Strand. Am 9. 8. 1915 wurden nachmittags vor Sylt fünf englische Panzerkreuzer mit östlichem Kurs gesichtet. Der Inselkommandant setzte Sylt sofort in Alarmbereitschaft. Es erschienen aber am späten Nachmittag sieben deutsche Torpedoboote und 2 Luftschiffe. Der Zeppelin L 7 wurde von den englischen Schiffen ohne Erfolg unter Feuer genommen. Ein Angriff auf Sylt blieb aus.
Im Sommer des Jahres erhielt Gerhart Hauptmann eine Sondergenehmigung zum Besuch der Insel. Er wanderte über die Lister Wanderdünen und schrieb später: „Es ist hier wie auf den Gletschern eines Hochgebirges. Aber diese Einheit von Schneebergen und weitem Meer schafft einen Anblick von solch erhabenem Geiste, dass mir ist, als habe ich in der Natur nie ähnliches gesehen.“
Die Lebensmittelversorgung wurde immer schwieriger. Die ständige Alarmbereitschaft und das verschiedentliche Erscheinen von feindlichen Flotteneinheiten oder Fliegerstaffeln machten Sicherungsmaßnahmen notwendig, die den Verkehr zwischen Insel und Festland immer komplizierter gestalteten. Daher wurde zunächst die Brotkarte eingeführt. Westerland ging dazu über, dem Kartoffelanbau mehr Aufmerksamkeit zu schenken. Außerdem ermöglichte die Stadt den Bürgern den preisgünstigen Einkauf von Fisch und Fleisch, indem sie eine städtische Verkaufsstelle einrichtete. Westerland hatte seine Planwirtschaft. Auch die „Bewirtschaftung“ von Obst und Kohle übernahm die städtische Verwaltung. Die Butterration setzte man im Herbst 1915 auf 600 Gramm pro Kopf und Monat fest. Verhältnismäßig günstig lag mit 22 Pfg. der Milchpreis pro Liter. Die Petroleumabgabe musste am 17. September auf 1 1/2 Liter pro Woche und Haushalt beschränkt werden.
Damit die Bevölkerung die Trostlosigkeit des Alltags nicht zu sehr zu spüren bekam, wurde im Sommer mit Zustimmung des Inselkommandanten das Schwimmbad in Westerland wieder geöffnet.
Am 25. März 1916 erfolgte der erste englische Angriff auf die Westküste Schleswigs. Der Vorstoß galt der Zeppelinhalle in Tondern und wurde mit Torpedobooten und Flugzeugen durchgeführt. Vormittags um 9.45 Uhr griffen 10 englische Torpedoboote bei diesigem Wetter zwei deutsche Vorpostenboote an und konnten sie nach kurzem Feuergefecht versenken. Von zwei Schiffen, die vor Röm kreuzten, stiegen fünf Flugzeuge auf, um die Halle in Tondern anzugreifen. Wegen eines heftigen Schneesturms, der plötzlich einsetzte, konnten die Piloten die Halle jedoch nicht finden und wurden zur Umkehr gezwungen. Der Sturm wurde so heftig, dass nur zwei Flugzeuge der Angreifer wieder zurückkehrten, die drei anderen blieben verschollen. Eine der Maschinen wurde etwas später auf dem Wasser treibend bei Hörnum gefunden und geborgen. Die Besatzung, bestehend aus zwei Offizieren und einem Bordschützen hatte überlebt und wanderte nach kurzem Verhör in Westerland in Gefangenschaft. Eine zweite Flugzeugbesatzung nahmen Lister Flieger auf der kleinen Insel Jordsand bei List, auf die sich die Engländer retten konnten, gefangen. Die dritte

Besatzung blieb verschollen. Die Zeppelinhalle in Tondern erlitt keinen Schaden.
Ende April 1916 lief das deutsche Torpedoboot „S 123“ bei List auf die eigene Minensperre und sank. Von den 59 Mann Besatzung konnten nur 32 gerettet werden.
Der englische Fliegerangriff auf Tondern hatte gezeigt, dass der Luftschutz über Sylt nicht ausreichte. Daher wurden im Juni 1916 weitere Flakbatterien in List, bei Heidetal, in Hörnum-Odde und am Rantumer Strand in Stellung gebracht, außerdem 72 weitere Artilleriegeschütze. Damit nahm Sylt mehr und mehr den Charakter einer Festung an.
Durch die knappen Finanzmittel im öffentlichen Budget wurde die Versorgungslage so schwierig, dass der Staat Darlehen in Höhe von 660.000 Mark und Kreis und Provinz Hypotheken im Wert von 250.000 Mark einräumen mussten. Es mussten „fleischlose“ Tage eingeführt werden. Die Einrichtung einer gemeinsamen Kriegsküche sollte die größte Not lindern.
Der Mangel an Metall, unentbehrlich für die Produktion von Kriegsgerät, führte auch auf Sylt zur Beschlagnahme aller Kupfer- Messing- und Nickelgerätschaften. Dadurch wanderte antikes und wertvolles Familiengut in den Schmelztiegel.
Da im Jahr 1917 die Verteidigungsstellungen auf der Insel beschleunigt weiter ausgebaut werden mussten und die vorhandenen Arbeitskräfte den geforderten Zeitrahmen nicht einhalten konnten, war die Inselkommandantur gezwungen, weitere Arbeitskräfte anzufordern. Zeitgleich wurde die infanteristische Feuerkraft stark erweitert, was die Versorgungslage der Insel nicht gerade verbesserte. Am 3. April waren in List 29 Wasserflugzeuge stationiert. Den Lister Hafen nahmen Minenräum-, Torpedoboots- und U-Bootsdivisionen in erhöhtem Maße als Stützpunkt in Anspruch. Nicht selten trafen „Prisen“ (Seebeute) im Lister Hafen ein, sodass sich zunehmend die Minensperre im Lister Tief als Hindernis erwies.
Im April konnte ein englischer Angriff auf die Minensperren im Lister Tief erfolgreich abgeschlagen werden.
Die Kriegslage und der hohe Verlust an Menschen und Material machten es notwendig, dass vier Flakbatterien nach Süddeutschland verlegt werden mussten, während gleichzeitig die Operationen gegen Italien, bei denen der spätere Generalfeldmarschall Rommel seine ersten „Meriten“ als junger Leutnant erntete, eine Verringerung der Pioniereinheiten auf Sylt notwendig machten.
Kurze Zeit später drohte ein entscheidender englischer Schlag gegen Sylt. Die deutsche Flotte war durch die Unternehmen gegen Oesel und die Aalandsinseln in der Ostsee gebunden. Russland bat in Bedrängnis durch die deutschen Truppen die Engländer, mit ihrem Flotteneinsatz in der Nordsee die russische Nordfront zu entlasten. Das britische Oberkommando beschloss den Angriff auf die Insel Sylt und die jütländische Westküste, um unter anderem endlich die „lästige Bedrohung“ durch den U-Bootstützpunkt List zu beseitigen. Der Angriff sollte zusätzlich dazu dienen, die deutsche Flotte aus der Ostsee zu locken, um sie in der Weite der Nordsee vernichten zu können. Die englische Admiralität sah sich dann aber doch gezwungen, auf diese Angriffspläne zu verzichten, weil sich die eigenen Minengürtel vor der nordfriesischen Inselwelt für diesen großangelegten Angriff als unüberwindliches Hindernis erwiesen.
Was tat sich an der Westfront? Nach der Arrasschlacht und der Doppelschlacht von Aisne und Champagne stand Deutschland nach drei Jahren entsetzlicher Opfer kurz vor

dem Sieg. In Paris ging es drunter und drüber. Die Truppen meuterten, die Bevölkerung verlangte Frieden. Da hatte der Habsburger Kaiser Karl von Österreich, Nachfolger des Sissi-Kaisers Franz-Josef, eine wahnwitzige Idee, für die er im Jahr 2004 von der katholischen Kirche selig gesprochen wurde. Er schrieb hinter dem Rücken Deutschlands und seiner eigenen Regierung einen Brief an die Franzosen, in dem er ihnen Frieden anbot. Den Alliierten fiel es wie Schuppen von den Augen. Mit diesem Brief in der Hand überzeugten sie den amerikanischen Präsidenten Wilson, dass Deutschland und Österreich am Ende seien und nur noch des Gnadenstoßes bedurften. Am 6. April 1917 traten die Amerikaner in den Krieg ein. Sie kamen, wie sie seitdem immer zu kommen pflegen, gleich wohin: frisch, fromm, fröhlich, frei, von keiner Kenntnis getrübt und immer in hellster Empörung. Das Sterben ging noch anderthalb Jahre weiter.

Das Einerlei des Stellungsdienstes auf Sylt zeigte erste Folgen. Die Moral der Truppe und der Zivilbevölkerung sank. Schafsdiebstähle im Umfeld von List wurden dem Militär zugeschrieben. Die Bevölkerung betätigte sich zusehends in Schleichhandel, Wucher- und Schiebertum. Nach dem schrecklichsten Steckrübenwinter wurde das Kommissbrot immer kleiner und teurer, die Fleisch-, Butter- und Kartoffelrationen mussten auf ein Mindestmaß beschränkt werden. Es gab noch 400 Gramm Fleisch pro Kopf für zwei Wochen, 90 Gramm Butter pro Kopf pro eine Woche, fünf Pfund Kartoffeln pro Kopf pro eine Woche. Das Vieh wurde mit Seetang gefüttert. Kirchen, Schulen und das Kino konnten nicht mehr beheizt werden.

Die Schüler hatten keine Lehrer mehr, da sie an der Front im Einsatz waren. Sie wurden daher während der Schulzeit dazu abgestellt, Obstkerne, Kaffeegrund, Korke, Gummi, Papier und Frauenhaar zu sammeln. Das Einsammeln von metallenen Gegenständen wurde erneut angeordnet. Dieser Abgabe fielen 1917 auch die Kirchenglocken und die Orgelpfeifen zum Opfer.

Im Jahr 1918 blieb es, abgesehen von einigen wenigen Fliegerangriffen, auf Sylt ruhig. Nicht so über Tondern.

Am 19. Juli des Jahres starteten sieben „Radflugzeuge“ vom Typ „Sopwith Camel“ vom englischen Flugzeugmutterschiff „Furious“ per Katapult und flogen in den frühen Morgenstunden bei „unsichtigem“ Wetter in Richtung Zeppelinhallen in Tondern. Da die Lister Flugzeugstaffel bei dieser Wetterlage keine Aufklärung fliegen konnte, war sie völlig überrascht, als um 5.32 Uhr die Meldung kam, dass die Engländer angegriffen und der Halle „Toska“ Bombentreffer gesetzt hätten. Die beiden Luftschiffe L 54 und L 60 seien zerstört.

Die sofortige Mobilmachung der Lister Jagd- und Bomberflugzeuggeschwader brachte keinen Erfolg, da die „Furious“ mit Begleitschiffen sich längst abgesetzt hatte und schon außer Reichweite der deutschen Kampfflugzeuge war. Die englischen Flieger hatten aber ebenso das Nachsehen. Sie mussten auf neutralem dänischen Boden landen, da die Schiffe auch für sie bereits zu weit waren. Wie später gemeldet wurde, sei ihnen die „Flucht“ aus dem Internierungslager gelungen. Der dänische Posten soll zur „Strafe“ dafür einen Monat Stubenarrest erhalten haben.

Am 4. 9. wurden acht dänische Fischerfahrzeuge als Prisen in den Lister Hafen gebracht. 46.000 Pfund Schellfisch, die an Bord waren, wurden von der Bevölkerung

und den Soldaten jubelnd „begrüßt".
Trotzdem wurde die Moral der Truppe und der Bevölkerung nicht besser. Einbruchsdiebstähle, vor dem Krieg auf der Insel völlig unbekannt, waren plötzlich an der Tagesordnung.
Am 5.11.1918 meuterten die Matrosen in Kiel. Die Nachricht wurde auf Sylt sofort bekannt. Da außerdem angeblich ein englischer Angriff drohte, veranlasste die Inselkommandantur erhöhte Bereitschaft und Urlaubssperre.
Am 6.11. war die Besatzung der Minensuchboote in List in Aufruhr und einen Tag später mussten in Hörnum aufrührerische Matrosen von den Landsoldaten wieder an Bord getrieben werden. Daraufhin wurde Sylt durch U-Boote vom Festland abgesperrt. Aber damit war die Unruhe nicht zu unterbinden. In List bildete sich bereits am 8.11. ein Soldatenrat. Einen Tag später hissten die Marinenachrichtenstellen Ellenbogen, Hörnum und Groß-Blie die rote Fahne. In Westerland trat ein neunköpfiger Soldatenrat zusammen, dem später ein Arbeiterrat angegliedert wurde. Der Soldatenrat besetzte am 9.11. die Kommandantur und übernahm den Befehl. Als aber abends das Herannahen einer starken englischen Flotte gemeldet wurde, übergab der Soldatenrat schnellstens das Kommando wieder dem Inselkommandanten und seinen Offizieren unter Belassung ihrer Rangabzeichen, Waffen und Orden.
Am 11. November wurde der Waffenstillstand geschlossen. Sylt wurde zunächst von einem Arbeiter- und Soldatenrat regiert. Er wandte sich scharf gegen Plünderungen. Da sich die Zahl der Diebstähle mehrte, wurde eine besondere Polizeitruppe aufgestellt. Gerüchte über „gegenrevolutionäre Putschabsichten" veranlassten den Soldatenrat, am 23.12.1918 das Standrecht mit verkürzten Schnellgerichtsverfahren über die Insel zu verhängen. Das galt bis Januar 1919.
161 Sylter fanden auf den Kriegsschauplätzen des ersten Weltkriegs den Tod. Das Wirtschaftsleben der Insel lag darnieder und erholte sich nur langsam.
Aber Frieden wollte nicht recht einkehren. Seit der Zugehörigkeit Schleswig-Holsteins zu Preußen und anschließend zum Deutschen Reich kam es im nördlichen Teil des Landes immer wieder zu Spannungen zwischen den Deutsch- und Dänischgesinnten. Nachdem der amerikanische Präsident Wilson in einer Rede ein „Selbstbestimmungsrecht" der Völker vorgeschlagen hatte, war der endgültige Weg zur Bereinigung dieser Frage vorgegeben.
Abgestimmt wurde in zwei Zonen. In der nördlichen Zone Schleswigs entschieden sich 75% der Stimmberechtigten für Dänemark, während sich umgekehrt im südlichen Teil 80% der Abstimmenden für Deutschland entschieden.
Überwacht wurde die Entscheidung auf Sylt von einem englischen Truppenkontingent, das aus einem Offizier und 25 Soldaten bestand. Sie wurden von „vielen Neugierigen mit Schweigen empfangen". Die „Dänenfreunde" hingegen, so die Sylter Zeitung, hätten die Soldaten nicht nur herzlich bewirtet, sondern auch mit Sträußen dekoriert, die mit den dänischen Farben verziert worden seien.
450 stimmberechtigte Sylter, die auswärts wohnten, wurden unter großem Jubel mit Musikkapelle, Fahnen und Spalier stehenden Schulkindern empfangen.
Auf Sylt, das zur zweiten, der südlichen Zone gehörte, stimmten trotz großer dänischer Anstrengungen 2.715 Insulaner für Deutschland (88,4%), aber nur 356 für Dänemark. Sylt blieb also deutsch. In einem Sylter Buch, das 1927 geschrieben wurde, wird das

Ergebnis der Befragung folgendermaßen dargestellt: „Der Verlust der ersten Zone machte Sylt zum nördlichsten Außenposten des Deutschtums, und als solcher hat es die Grenzwacht zu halten. Das ist die große geschichtliche Aufgabe, die unser Eiland in der nächsten Zukunft zu erfüllen hat. Trotz aller dänischen Machenschaften werden die Syltringer dem deutschen Volke, mit dem sie sich schicksalhaft verbunden fühlen, die Treue halten. Niemals wird die Umkehrung des alten Wahlspruches „Lewer duad üs Slav" zu einem Sylter Lebensgrundsatz werden!"

23. Sieg Heil

Bei den ersten Kommunalwahlen nach dem Krieg im Jahr 1919 erhielt die SPD mit 719 Stimmen die absolute Mehrheit in Westerland. Die Bürgerlichen, die 613 Stimmen erzielten, waren als Block ohne parteiliche Ausrichtung angetreten.
Bei den nächsten Wahlen am 4. Mai 1924 standen der SPD Gruppierungen mit Bezeichnungen wie etwa „Gemeinwohl", „Dammbau" oder „Unser Bad" gegenüber. Die SPD verlor die absolute Mehrheit, blieb aber stärkste Fraktion.
Für die Reichtagswahlen ist das Abstimmungsverhalten der Sylter nur schwer zu ermitteln, da die Feriengäste, die sich allmählich wieder einfanden, mitwählen durften. Es gab noch keine Briefwahl, sondern die gleichen Urnen wie für die einheimische Bevölkerung. Auf Sylt kandidierte eine rechtsextreme Partei mit dem Namen „Deutschvölkische Freiheitspartei", die aber nur in den Orten einige wenige Stimmen bekam, die vom Fremdenverkehr besonders frequentiert waren. Außerdem ist keine Wahlwerbung dieser Gruppierung auf der Insel bekannt geworden, sodass davon ausgegangen werden darf, dass dieses Ergebnis vor allem von Fremden bestimmt wurde. Auch der Stimmenanteil für die Kommunisten war nur sehr gering. Die Friesen neigten nicht zur politischen Radikalisierung.
Da in der „Weimarer Zeit" die Regierungen häufig gestürzt wurden oder zurücktraten, rief man die Wähler auch häufiger zur Wahlurne. So fand im Dezember 1924 erneut eine Reichstagswahl statt. Da die Insel fast frei von Kurgästen war, erhielten weder die Rechtsextremen noch die Kommunisten zählbare Stimmenanteile.
Bei der Wahl am 29. März 1925, bei der es um den Reichspräsidenten ging, erzielte der Kandidat der Nationalsozialisten Ludendorff 19 Stimmen, der Kandidat der Kommunisten Thälmann 87 Stimmen, aber der Kandidat der bürgerlichen Rechten, der Duisburger Oberbürgermeister Jarres die absolute Mehrheit mit 1.128 von insgesamt 2.225 gültigen Stimmen. 44 Stimmen für Thälmann kamen allein aus dem bäuerlichen Morsum. Der Grund dafür dürfte in dem bereits begonnen Bau des Eisenbahndamms zu suchen sein, da die Arbeiter zum großen Teil in Morsum wahlberechtigt waren.
Da am 26. April 1925 eine zweite Reichpräsidenten-Wahl notwendig wurde, kandidierte für die vereinigte Rechte NSDAP, DNVP, DVP und Bayrische Volkspartei der zwar greise, aber beim Volk nach wie vor beliebte ehemalige Generalfeldmarschall Paul von Beneckendorff und von Hindenburg, allgemein nur unter dem Namen von Hindenburg bekannt.

Das Ergebnis auf Sylt brachte 1.466 Stimmen (53 %) für von Hindenburg, 1.169 für Dr. Karl Marx vom „Zentrum“ und 129 für Ernst Thälmann.

Bei den Kreistagswahlen am 29. November 1925 konnten die Bürgerlichen unter dem Namen „Stadt und Land“ mit 885 Stimmen gegen die SPD mit 639 aller Sylter Wähler den Sieg erringen. Die dänische Minderheit hatte sich ausgerechnet unter der Bezeichnung „Friesischer Wählerverein“ zur Wahl gestellt, da tatsächlich einige anti-preußisch eingestellte Friesen auf ihrer Seite standen. Dafür stellten einige Gastwirte auf Sylt dem friesischen Wählerverein keine Gasträume für Versammlungen zur Verfügung, „ein braves , mannhaftes Verhalten“, wie die Sylter Zeitung kommentierte. Der „Friesische Wählerverein“ konnte auch nur 56 Stimmen auf sich vereinen.

Als Nann Peter Mungard, ein Sylter Friese aus Keitum, sich zu dieser politischen Bewegung bekannte und einen Leserbrief mit „alter friesischer Privatier, früher Master of British Mercantile Marine“ unterzeichnete, wurde er als Spion und Hochverräter beschimpft und es stand für viele fest, „daß englisches Geld dahinterstecke, daß er in englischem Solde stehe und sein Vermögen dadurch erworben habe“.

Prodänische Schriften, die der Kapitän der Hoyer-Munkmarsch-Linie in einigen Paketen vermutete, setzten ihn so in Zorn, dass er sie über Bord werfen wollte. Er konnte nur mühsam davon abgehalten werden.

Kurze Zeit später machte ein kleiner ertappter Holzdieb gegenüber der Polizei die Bemerkung: „Gott sei Dank, dass wir bald dänisch sind.“ Die Sylter Zeitung wollte daraus ersehen, „was für Elemente die dänische Agitation für sich gewonnen habe“, wie überhaupt nach Ansicht der Zeitung nur „schwache und bösartige Elemente zum Verrat an ihrem Vaterland verführt“ werden konnten.

1927 wurde der Eisenbahndamm, eine weitere das Meer bezwingende technische Großleistung in Nordfriesland fertiggestellt. Er entstand in mühevoller und gefährlicher Arbeit und erhielt den Namen Hindenburgdamm. Er trennte Sylt vom inzwischen dänischen Hafen Hoyer, den die Gäste seit der Volksabstimmung ab Grenze nur noch in verplombten Waggons erreichen konnten, und damit endgültig von Dänemark. Der Mann, der dem Damm Pate stand und der zur Einweihung nach Westerland mit Zwischenstopp in Morsum reiste, war der Reichspräsident von Hindenburg.

Am 17. November 1929 erreichte bei der Provinziallandtagswahl eine Listenverbindung namens „Heimat und Wirtschaft“ 1.393 Stimmen und siegte, die SPD erhielt 637 Stimmen, die KPD, durch die schlechte wirtschaftliche Lage aufstrebend, 150 Stimmen, die Wirtschaftspartei 138 und die NSDAP fand auf ganz Sylt 46 Wähler.

Nach der Inbetriebnahme des Hindenburgdammes stieg zwar das Fremdenverkehrsaufkommen an, aber das Angebot an Betten übertraf deutlich die Nachfrage. Publikumslieblinge wie Richard Tauber, Albert Bassermann, Willy Fritsch und Marlene Dietrich konnten zwar kurzfristigen Glanz auf die Insel bringen, aber eine wirtschaftliche Besserung ergab sich dadurch nicht. Der ruinöse Preiswettbewerb brachte Umsatzeinbußen von 30 bis 40 Prozent.

Wie im gesamten Deutschen Reich gewannen die radikalen Parteien auch auf Sylt immer mehr Anhänger. Die wirtschaftliche Notlage dieser Zeit war ein guter Nährboden für die NS-Propaganda. Das zeigte sich auch, als die Nationalsozialisten in

Westerland eine Steuerberatungsstelle einrichteten, da „der hilflose Kleinbürger und die Kreise, von denen man den geringsten Widerstand erwartet...bis zum Weißbluten ausgepresst werden“. Während bei den folgenden Wahlen die Versammlungen der demokratischen Parteien vor fast leerem Hause stattfanden, füllten die Nationalsozialisten die Säle, weit mehr als die Kommunisten. Kennzeichnend war vor allem, dass die NSDAP und ebenso die Kommunisten laufend Veranstaltungen und Demonstrationen durchführten, die demokratischen Parteien dagegen kaum präsent waren.

Die Redner der NSDAP stammten ausschließlich vom Festland. Die „Sylter Zeitung“ bescheinigte ihnen durchweg glänzende rethorische Qualifikation. So hieß es zum Beispiel: „In dem Redner lernte man einen Sprecher kennen, der überall einen nachhaltigen Eindruck hinterließ... Die von glühender Liebe zu seinem Volk und Vaterland und dem heißen Bekenntnis zur Idee des Nationalsozialismus durchpulsten Ausführungen fesselten jeden Zuhörer...“

Ein Redner, der General a.D. Litzmann betonte auf einer Versammlung im September 1931, dass er gerade bei den Sylter Friesen, die sich seit jeher als freiheitsliebend gezeigt hätten, Verständnis für seine Gedankengänge zu finden hoffe, die sich gegen das heutige System auflehnten und für ein „sauberes neues Drittes Reich“ kämpften. Die freiheitsliebenden Friesen erkannten dieses Mal nicht die Gefahr. Sie waren sicherlich auch stolz darauf, das die NSDAP ausschließlich bewährte und namhafte Redner nach Sylt schickte: Reichtagsabgeordneter Meyer-Quaade, Gauleiter Lohse, Prinz August Wilhelm von Preußen, Pastor Peperkorn und andere bekannte Namen.

Ein Sylter Gastronom eröffnete in Westerland ein Lokal und sicherte den „Braunhemden“ Ehrenplätze zu. Er lud die „weltanschaulich noch Fernstehenden ohne Trinkzwang“ ein, bei ihm die Führerreden zu hören.

Im Dezember 1930 flogen die ersten Ziegelsteine auf Sylt und zertrümmerten zahllose Fensterscheiben. Es waren allerdings keine jüdischen Ziele. Vielmehr war aus einem Leserbrief zu erfahren, dass die Nationalsozialisten hofften, dass nicht nur NS-angehörige Glaser dadurch zu unverhoffter Arbeit kämen. Es handelte sich also um eine neue Form der Arbeitsbeschaffung.

Das Vermieter- und Hotelgewerbe fürchtete durch die Radikalisierung eine Schädigung der wirtschaftlichen Interessen. In einem Leserbrief in der „Sylter Zeitung“ war im Februar 1931 zu lesen: „ Wir betreiben eine lächerliche Politik und befehden uns gegenseitig, deren Folgen immer extremer werden. Im Sommer ist jeder froh, wenn seine Zimmer besetzt sind und fragt nicht nach Rassen. Es ist dabei gleichgültig, wer mietet, ob Jude, Heide oder Christ aller Nationen, die Hauptsache ist und bleibt, er hat das Geld und bezahlt die bescheiden präsentierte Rechnung! Wir wollen nicht rufen: „Heil Hitler“ oder „Rot Front“, sondern „Heil Westerland, hie Wirtschaftsfront“!

Diesen Standpunkt machten sich die Sylter zu eigen. In der folgenden Saison verliefen alle politischen Veranstaltungen ohne besondere Zwischenfälle. Die Badeverwaltung verfügte, dass am Strand keine Flaggen politischer Gruppierungen gezeigt werden durften.

Während der Saison herrschte Ruhe. Da die Nationalsozialisten viele Mitglieder aus Wirtschaftskreisen hatten, mussten sogar die obligatorischen monatlichen Mitgliederversammlungen ausfallen. Und da die Kommunisten keinen Prügelgegner

auf der Straße fanden, herrschte Ruhe. Am Ende der Saison aber änderte sich das Bild. So kam es z. B. am 30. September 1931 in den Straßen Westerlands zu größeren Auseinandersetzungen, als Kommunisten und Nationalsozialisten mit Knüppeln und Zaunlatten aufeinander losgingen. Am nächsten Abend wurde die „Schlacht" mit weiteren Mitgliedern auf beiden Seiten fortgesetzt.
Ende 1930 hatte die NSDAP auf Sylt etwa 60 Mitglieder. In den ersten beiden Monaten des folgenden Jahres traten 8 weitere der Partei bei. Dann begann eine längere Phase der Stagnation, da die NSDAP Finanzprobleme hatte und keine öffentlichen Aktionen mehr durchführen konnte. Erst 1932 gelingt der entscheidende Durchbruch. Durch weitere Verschärfung der schlechten wirtschaftlichen Verhältnisse und zunehmender Unzufriedenheit mit den Demokraten in Berlin konnte die Partei 73 weitere Mitglieder gewinnen. Damit stieg die Zahl Anfang des Jahres auf 141.
Im weiteren Verlauf des Jahres entstehen SA und Spielmannszug. Im Juni 1932 stieg die Mannschaftsstärke auf 160 Mann und es entstand die Reiter – SA, die in die Sylter Ringreiter-Formationen eindringen wollte. Die wehrten sich aber erfolgreich.
Die Patenschaft des Reichspräsidenten über den Eisenbahndamm konnte es nicht verhindern, dass Adolf Hitler bereits bei den Reichspräsidentenwahlen im Jahr 1932 auf Sylt mit 49,6 % der Stimmen vor von Hindenburg und Ernst Thälmann das beste Ergebnis erzielte, während im Reich von Hindenburg die absolute Mehrheit errang. Es war vor allem ein Ausdruck der wirtschaftlichen Lage auf der Insel, die auch die ansonsten politisch recht schwerfälligen Friesen allmählich radikalisierte. Noch eindeutiger fielen die Ergebnisse zugunsten Hitlers auf Föhr und auf Amrum aus.
Was wäre wohl eine deutsche Geschichte ohne Adolf Hitler? Er war schließlich der Führer des einzigen deutschen Zeitraums, der auf Hollywood Eindruck macht.
Er wurde am 30. Januar 1933 vom Reichspräsidenten von Hindenburg zum Reichskanzler ernannt. Man kannte ihn von Tausenden von „Kampfversammlungen", wo er, in braunem Hemd und Stiefelhose, mit tiefer, gutturaler und eifernder Stimme seine faszinierenden Reden hielt. Er wirkte überzeugend auf die Menschen in seinem fanatischen Glauben an sein Sendungsbewusstsein. Nach 14 Jahren, in denen er mit großartiger Unkompliziertheit sein Glaubensbekenntnis verbreiten konnte, umgab ihn plötzlich ein mystischer Ruf, der Menschen veranlasste, statt wie bisher den Hut zu lüften nun den rechten Arm steif in die Höhe recken ließ, um „Sieg Heil" zu rufen. Millionen Menschen, Beamte, Kaufleute, Verkäufer, Buchhalter, Apotheker, Rechtsanwälte, Richter, Gas- und Stromableser, Schornsteinfeger, Zahnärzte, Ärzte, Landwirte, Studienräte, Unternehmer und andere mehr nannten ihn „Mein Führer". Es war, wie eine Religionsgründung. Große Religionen lehren es: Urgemeinde, Verfolgung, der „Marsch auf...", das Buch der Bücher, die Unfehlbarkeit, blinder Gehorsam, die Verfolgung der Ketzer, die Debatten- und Kritiklosigkeit der Masse, Verbrennung von Schriften und die Ausbreitung des Glaubens mit Feuer und Schwert.
Auf Sylt treten zum ersten Mal am 31. Januar 1933 bei einem Fackelzug nationalsozialistische Jugendliche auf. Nach kurzer Zeit zählen Hitler-Jugend und Jungvolk etwa 200 Mitglieder und der Bund deutscher Mädchen 80. Das Westerländer Jungvolk wurde nach dem bekannten Sylter Grönlandfahrer Lorenz de Hahn benannt, während die Hitler-Jugend den Name des Hörnumer Fischers „Pidder Lüng" erhielt.
Am 1. April 1933 traten die sechs nationalsozialistischen Stadtvertreter zur konstituie-

renden Sitzung des Westerländer Stadtparlaments in ihren Braunhemden an. Sie hatten nicht die absolute Mehrheit und waren auf die Stimmen ihrer Koalitionspartner „Wirtschaftliche Vereinigung“ und „Beamtenliste“ angewiesen. Erst als die Mandatsträger der „Beamtenliste“ und ein Abgeordneter der „Wirtschaftlichen Vereinigung“ der NSDAP beitraten, besaßen sie die Mehrheit.
Die SPD in Westerland, in weiser Vorausahnung, tat am 1. April 1933 kund, dass sie „in Zukunft nicht mehr als Beauftragte einer politischen Partei, sondern nur noch als Arbeitervertreter“ ihr Mandat ausüben wollten. Aber dieser taktische Schachzug nutzte nichts. Im Mai des Jahres wurde die SPD im Reich verboten und damit mussten auch ihre Vertreter im Westerländer Stadtparlament und den übrigen Sylter Dorfparlamenten die Arbeit einstellen.
Die Polizei führte im selben Monat noch bei einigen Funktionären Hausdurchsuchungen durch, fand aber nichts Belastendes, oder wollte vielleicht auch nichts finden. Allerdings wurde ein Mitglied in „Schutzhaft“ genommen, aus der man es nach kurzer Zeit wieder entließ.
Im Dezember wurde das „Vereinshaus“ der der SPD nahestehenden Arbeiter-Wohlfahrt Hamburg im Osten Westerlands von den Nationalsozialisten enteignet. Die Räumlichkeiten wurden von einem linientreuen Gastwirt übernommen, der „altsylter Gastlichkeit mit dem Geiste des neuen Deutschlands vereinen“ wollte.
Die Kommunisten durften erst gar nicht an der konstituierenden Sitzung teilnehmen. Ihren drei Mandatsträgern auf Sylt wurde mitgeteilt, gegen ihre Partei im Reich bestehe der Verdacht auf Hochverrat. Sie wurden deshalb in „Schutzhaft“ genommen, von der Insel abtransportiert und in ein Sammellager auf dem Festland gebracht. Hier verlor sich ihre Spur.
Am 1. Januar 1934 trat die neue Gemeindeverfassung in Kraft. Es übertrug das „Führerprinzip“ auch auf die Gemeinde. Danach besaß der Bürgermeister oder Gemeindevorsteher die ausschließliche Verantwortung für alle Entscheidungen. Ihnen zur Seite standen zwar Beigeordnete oder Schöffen, die vom Staat auf 12 Jahre berufen wurden. Die Gemeindevertreter hatten nur noch eine beratende Funktion (falls sie Mitglied der NSDAP waren), ansonsten waren sie entmachtet.
Sylt wurde bereits zu Beginn der Diktatur von einer Verhaftungswelle vor allem aus politischen Gründen heimgesucht. Über den Umfang gibt uns ein Schreiben des Westerländer Bürgermeisters an den Landrat in Niebüll einen Eindruck: „....bitte ich, Anordnung zu treffen, dass die Häftlinge umgehend abtransportiert werden, da hier nicht genügend Platz vorhanden ist. Die Häftlinge sind zum Teil im Polizeigefängnis und zum Teil im Amtsgericht untergebracht, und es ist kein Platz mehr vorhanden, wenn plötzlich weitere Gefangene eingeliefert werden.“ Dabei wurden häufig nicht nur die politisch aktiven Männer eingesperrt, sondern auch ihre Frauen.
Die dem Regime loyal ergebenen Strandvögte blieben im Amt. Der Westerländer dagegen wurde im Jahr 1935 „aus dienstlichen Gründen“, wie es hieß, aus dem Amt entfernt. Aus einem Schreiben des Landrats an den Strandhauptmann wurde der politische Hintergrund deutlich. Er teilte diesem mit, dass die Entlassung des Strandvogts notwendig wäre, „weil (er)...nach seiner ganzen Haltung, insbesondere durch seine ostentative Weigerung, zum Winterhilfswerk zu spenden, bewiesen hat, daß er unwürdig ist, im heutigen Staat ein öffentliches Amt zu bekleiden.“

Insgesamt wurden die Friesen von den Machthabern des „Dritten Reichs“ sehr umworben. Einerseits wurden sie zu „Super-Germanen“ stilisiert und ihr Brauchtum und ihre Sprache entsprechend ausgebeutet, andererseits standen sie im Verdacht, dass sie heimliche Sympathien zu Dänemark pflegen mochten und stille Verbindungen nach Amerika hatten. Zunächst durften noch regionale Funktionäre über Grenz- und Sprachfragen entscheiden, bald aber übernahm auch hier Berlin die Führung.
Erleichternd für Sylt ergab sich der Umstand, dass die Insel zwar viele jüdische Feriengäste hatte, aber selbst nur sieben Einwohner jüdischen Glaubens. Viele deutsche Juden wählten bereits 1933 aus politischen Gründen lieber die dänische Nachbarinsel Röm als Erholungsort, sehr zum Unwillen der Sylter, die die Juden in der Vergangenheit zu ihren besten Gästen zählten. Aber gegen die Rassenfanatiker und ihre Verleumdungskampagnen kamen die Friesen nicht an. Bereits 1934 wurde vom Westerländer Bürgermeister Dr. Schuldt, der zugleich Kurdirektor war, den Juden verboten, das Bad zu besuchen. Ein Jude musste die Insel verlassen, da ihm vorgeworfen wurde, mit einem „deutschen christlichen Mädchen“ Kontakt gehabt zu haben. Im Jahr 1935 erfolgte in Westerland ein Aufenthaltsverbot für Juden. Der Ortsgruppenleiter erklärte im August des Jahres, „das den Juden in Zukunft der Aufenthalt in Westerland verleidet“ werden soll.
Die übrigen Sylter Kurorte erließen erst im August 1938, inmitten der Saison, ein Aufenthaltsverbot für jüdische Gäste.
Als die Scheibe des Zeitungsaushängekastens des „Stürmer“ 1935 in Braderup eingeschlagen wurde, setzte eine Hetzkampagne gegen „Juden und Judenknechte“ ein. Parolen wie „Deutschen Volksgenossen gehört der Strand“ und „Juda soll in Palästina baden“ ertönten auf der Insel. Von Gewaltmaßnahmen gegen Juden wurde nichts bekannt, aber da der Hitler-Faschismus bereits die vierte Diktatur in Europa war, zeichnete sich eine bedrohliche, unkontrollierbare Entwicklung für „gezeichnete“ Minderheiten ab.
So ging auch die „Reichskristallnacht“ nicht spurlos an Sylt vorüber. Die wenigen in jüdischer Hand befindlichen Geschäfte und Pensionen in Westerland und in Kampen wurden demoliert, um „von den Parasiten auf der Nordseeinsel künftig verschont zu bleiben.“ Das jüdische Eigentum wurde wie im gesamten Reich durch Verkauf, Zwangsversteigerung oder gerichtliche Zwangslöschung „arisiert“.
Die wirtschaftliche Entwicklung der Insel lief in den ersten Jahren der Nazi-Diktatur hinter der Entwicklung des Reichs hinterher. Die Anzahl der Feriengäste war zurückgegangen und erholte sich kaum. Die NS-Organisation „Kraft durch Freude“ berücksichtigte Sylt erst in späteren Jahren.
Wenn sich die Lage ab 1935 etwas besserte, so lag es an der militärischen Konzeption der Nationalsozialisten. So entstand zwischen Tinnum und Westerland ein Militärflugplatz mit zahlreichen Start- und Landebahnen und umfangreichen Flugzeughallen und Kasernenbauten. Besonders die Wasserflugzeuge fanden auf Sylt eine besonders ausgeprägte Heimatbasis. So wurde List für die Seeflugzeuge erheblich erweitert und in Hörnum und vor allem in Rantum entstanden Operationsflächen für diese Militärmaschinen. In Rantum wurde eigens eine große geschützte Wasserfläche als Start- und Landeplatz durch Eindeichung geschaffen, das „Rantumer Becken“. List und Hörnum, bisher nur von wenigen Menschen bewohnt, wuchsen sozusagen über

Nacht zu bedeutenden Orten, deren Einwohner sich aus uniformierten und zivilen Militärangehörigen zusammensetzten.
Es entstanden neben architektonisch anspruchslosen Wohnunterkünften Kasernen und Flugzeughallen. Im Norden Westerlands wurde ein Lazarett erbaut und verteilt über die gesamte Insel Bunker, Geschützstellungen und andere Befestigungsanlagen. Sylt spielte in der militärische Konzeption der Nationalsozialisten ähnlich wie im 1. Weltkrieg eine wichtige Rolle.
Am 1. Juli 1936 wurde mit Hilfe des Arbeitsdienstes mit dem Bau des Nösse-Deichs begonnen. Weitere Deichplanungen wurden jedoch nicht mehr realisiert.
Ein häufiger Kurgast in Kampen war Reichsminister, Reichskommissar für die deutsche Luftfahrt, Preußischer Minister des Innern und Präsident des Deutschen Reichstags Hermann Göring. Bereits im August 1933 verlieh ihm die Kampener Gemeindevertretung die Ehrenbürgerwürde, die ihm in Berlin vom Gemeindevorsteher überreicht wurde.
Als Göring von den Eindeichungsplänen auf Sylt erfuhr, war er so Feuer und Flamme, das er aus dem Stegreif vorschlug, Sylt und Föhr miteinander zu verbinden, „so daß dem Meere das verschlungene Land wieder abgerungen wird und ein weites, fruchtbares Marschgebiet vielen Deutschen Platz, Brot und Arbeit gibt. Das ist geplant und ich setze mich dafür ein, daß das Projekt zur Ausführung kommt."
Er hat sich tatsächlich für dieses Projekt stark gemacht, es scheiterte jedoch an der Undurchführbarkeit. Trotzdem blieb er der Insel treu und baute sich in Wenningstedt ein Sommerhaus.Einen Vorteil brachten die Nationalsozialisten: zum ersten Mal war es den Syltern erlaubt, zumindest 12,5 Kg Strandholz für den Eigenbedarf ohne Anmeldung beim Strandvogt zu behalten. Brennholz unterlag einem Zollsatz von 0,40 RM je 100 kg. Da aber Zollbeträge von 0,05 RM pro kg nicht erhoben wurden, konnte diese Entscheidung gefällt werden, ohne in Konflikt mit der Zollbehörde zu kommen.Die Tatsache, dass die Friesen trotz ihres vielbeschworenen traditionellen Freiheitsbewusstseins – Lewer duad üs Slaav!" (Lieber tot als Sklave) – der nationalsozialistischen Diktatur keinen entscheidenden Widerstand entgegensetzten, findet sich einerseits in der Einverleibung Sylts durch Preußen, in der entsprechend stringenten Verwaltung und der Militärpflicht, andererseits aber vor allem in der deutlichen Überfremdung. Die Friesen gerieten auf ihrer Insel zu Beginn des „Dritten Reichs" politisch recht bald in die Minderheit. Hatte Sylt noch 1925 ohne Wehrmacht und ohne Reichsarbeitsdienst 6.819 Einwohner, so waren es 1939 bereits 13.787.
Hitler marschierte in die Tschechoslowakei ein und besetzte sie. Das deutsche Volk zitterte und hatte Angst, es könne Krieg geben. Wie lange machten die „anderen" das noch mit? Als sich das Ausland aber erneut beschwichtigen ließ, wischten sich die Deutschen den Schweiß von der Stirn und schüttelten den Kopf. Unglaublich – dieser Mensch – der Führer – hatte wieder einmal Recht bekommen. Wieder kuschten alle.
Am 1. September 1939 marschierten die deutschen Truppen in Polen ein. Auf Sylt begann fieberhaftes militärisches Getriebe. Es galt, die Insel sowohl gegen See- als auch gegen Luftangriffe abzusichern, da am 3. September Konteradmiral Ernst Schumacher im damaligen NSV-Kinderheim "Bethesda" (heute „Hotel Dorint") in Westerland sein Oberkommando für den gesamten Küstenbereich der Deutschen Bucht einrichtete.

Über die Insel verteilt entstanden mehrere Flakabteilungen und im Dünenbereich wurden mehrere Artilleriebatterien ausgebaut. So entstanden die Batterie Ostellenbogen, Kaliber 10,5 cm; Sperr- und Seezielbatterie Zenker, 15 cm, 2 Doppeltürme (Anton und Bruno) mit je 2 Geschützen (um ein freies Schussfeld zu bekommen, wurde eine Düne abgetragen); Batterie Westellenbogen, Kaliber 10,5 cm; Batterie Sandberg, Marinebezeichnung „Samoa“, Kaliber 8,8 cm; Seeziel- und Sperrbatterie Scheer, 4 Geschütze, Kaliber 38 cm, westlich des Lagers „Mövenberg“ im Listlandgebiet mit einer „Bestreichungsmöglichkeit“ von 360 °; Batterie Blidsel , 8,8 bzw. 10,5 cm; Batterie Wenningstedt, Kaliber 10,5 cm; Batterie Rantum-Mitte, Kaliber 8,8 bzw. 10,5 cm; Batterie Puan Klent, 8,8 bzw. 10,5 cm; Batterie Wittdün im Bereich Hörnumer-Odde, Kaliber 8,8 bzw. 10,5 cm; Spezialbatterie Behnke, Kaliber 17 cm, an der Südspitze der Hörnumer-Odde.
Im Klappholtal wurde die bereits in Friedenszeiten als Ausbildungsbatterie dienende Seezielbatterie Skagerrak mit ihren drei 24 cm/SKL 40 Geschützen kriegsmäßig aufgerüstet.
Zusätzlich erhielten diese Marinebatterien zur Abwehr von feindlichen Tieffliegern ein oder zwei leichte Flakgeschütze vom Kaliber 2 oder 3,7 cm.
Die Luftwaffenflak konzentrierte sich planmäßig auf die Verteidigung der vier Fliegerhorste der Insel, während die Marinebatterien sowohl der Luft- als auch der Seezielbekämpfung dienten. Der Landfliegerhorst Tinnum/Westerland, dem heutigen Flughafen entsprechend, war besonderer Schutz zuerkannt, da ihm bei der geplanten Landung deutscher Truppen in England eine besondere Rolle zuerkannt war. Zu diesem Zweck wurde auch eine Batterie in Kampen ausgebaut, aus deren Erdbunkern sich nach dem Krieg die bekannte „Kupferkanne“ entwickelte.
Die Insel war wieder Festung und für Nichtinsulaner, sofern sie nicht dem Militär angehörten, Sperrgebiet. Wie im 1. Weltkrieg wurden auch jetzt wieder Hotels, Pensionen und Erholungsheime von der Armee belegt, die Badeanlagen waren dem Zahn der Zeit überlassen und die Schutzfunktion der Dünen wurde durch Bunker und sonstige Verteidigungsstellungen der Wehrmacht zerstört.
Zeitweise waren 13.000 Soldaten auf Sylt stationiert. Um den Transport nach List zu beschleunigen, die Kapazitäten der Sylter Kleinbahn und der schmale Heide- und Dünenpfad reichten nicht aus, wurde 1939 mit Hilfe des Reichsarbeitsdienstes eine Betonstraße in der gleichen Art wie die Autobahnen vom Nordausgang Kampens nach List gebaut.
Der Winter 1940 war für Sylt ungewöhnlich hart. Die Eisdecke im Rantumer Becken erreichte am 16. Januar 10 cm Dicke, am 7. Febr. bereits 20 cm und am 16. Febr. sogar 30 cm Stärke. Statt für den Festungsbau zu arbeiten, waren sowohl Pioniere als auch zivile Bautrupps damit beschäftigt, Straßen, Wege, Gleise und sonstiges von Schnee und Eis zu befreien. Außerdem mussten die in ihren Stellungen liegenden Einheiten zu Fuß mit Lebensmitteln und Brennmaterial im Rucksack versorgt werden. Darüberhinaus mussten im Dauereinsatz die Start- und Landebahnen der Flugfelder freigehalten werden. Nur das Rantumer Becken war für Wasserflugzeuge nicht einsatzfähig.
Im Gegensatz zum 1. Weltkrieg war die Lebensmittelversorgung auf Sylt ausreichend,

Reichsmarschall Hermann Göring als Robbenjäger (Sylt Archiv)

Abgestürzter englischer Langstreckenbomber (Sylt Archiv)

da rechtzeitig für entsprechende Bevorratung gesorgt worden war. Außerdem gab es keine Arbeitslosigkeit. Es kamen zwar keine Feriengäste mehr, aber die freien Plätze wurden vom Militär beansprucht, das zwar niedrigere Preise zahlte, aber die Wirtschaft der Insel in Gang hielt.
„22.3.1941, Wind: WNW 7-8, 5.45 Uhr werden von mehreren Kampfmitteln rotweiße Sternsignale westlich Puan Klent gesichtet. Scheinwerfer 171, 172 und 173 leuchteten daraufhin die See ab und fassten den mit Schlagseite treibenden sich in Seenot befindlichen 1.200 to großen deutschen Frachtdampfer ‚Hinrich Peters' auf. O7.44 Uhr treibt der Dampfer bei Buhne 29 auf den Strand. Maßnahmen zur Bergung des Dampfers sind eingeleitet. 12 köpfige Besatzung befindet sich an Bord." (Aus dem Kriegstagebuch des Sylter Abschnittskommandanten, der in diesen Jahren anstelle des Strandvogts auch für Strandungsfälle zuständig war.) Am 31. März 1941 kam das Schiff beim Abendhochwasser „unter Mithilfe der Kriegsmarine und der Luftwaffe" wieder frei.
Wie im ersten Weltkrieg war auch dieses Mal die nordfriesische Küste durch einen Minengürtel abgesichert. Um aber den Handelsverkehr mit neutralen Staaten abzusichern, mussten von List aus Lotsen hauptsächlich dänische, schwedische und norwegische Schiffe durch die Minenfelder lotsen. Dabei kam es darauf an, dass die ausländischen Schiffsführer aus Spionagegründen nicht erkannten, welche Routen minenfrei waren. Es mussten daher Scheinrouten von Sylt bis Cuxhaven, Wesermündung oder Borkum gefahren werden.
Der Handelsschiffsverkehr war erheblich. Während im Januar 1940 572 Handelsschiffe die Deutsche Bucht in beiden Richtungen passierten, waren es im Mai 1.540. Das erregte die Aufmerksamkeit der Engländer. Sie griffen zunehmend die Vorpostenboote der Deutschen an, die meist aus Fischkuttern bestanden und per Funk ihre Beobachtungen an das Befehlszentrum weitergaben. Sie waren gezwungen, zwar regelmäßig, aber in unbestimmten Abständen ihre Position zu verändern.
Eine Gefahr ging von den englischen U-Booten aus. Sie liefen „in der Nähe von List südlich in die Deutsche Bucht ein und hielten sich so weit von der Insel Sylt ab, daß sie die Küste gerade noch erkennen konnten." Meldungen der Decodierungsfunkabteilung auf Sylt lösten häufiger Alarm bei den in List stationierten U-Boot-Jägern der Luftwaffe aus.
Die Bedeutung der Sylter Häfen sank, nachdem Dänemark und Norwegen von deutschen Truppen besetzt worden waren. Sowohl die Funk-Horch-Station als auch alle für den Lister Hafen tätigen Marinedienststellen zogen nach Esbjerg um, da dieser Standort günstiger war.
Die Seeflieger in List, Hörnum und Rantum waren vor allem zuständig für die Aufklärung. Von List aus beobachteten die Flieger den näheren Nordseeraum und bekämpften feindliche U-Boote, während die Maschinen in Hörnum und Rantum der Fernaufklärung dienten. Die dafür eingesetzten Flugzeuge waren die DO 18 D und G. Dieses Luftfahrzeug konnte bei einem Wasserstart eine durchschnittliche Flugstrecke von 1.400 km zurücklegen. Das reichte jedoch nicht für die Orkney- oder Shetlandinseln. Die Maschinen mussten demzufolge zusätzlich betankt werden, um eine Reichweite von 3.200 km zu erzielen. Dadurch wurde das Flugzeug jedoch zu schwer. Um zusätzliche Starthilfe leisten zu können, wurden vier „Katapultschiffe" vor

Hörnum auf Reede gelegt. Damit war das Startproblem gelöst, begegneten die Maschinen jedoch feindlichen Jagdmaschinen, machten sich Manövrierfähigkeit, Geschwindigkeit und Bewaffnung als unzureichend bemerkbar. Es half nur noch die Flucht in die Wolken. Das einzig Positive am Flieger waren seine Schwimmeigenschaften, für die die Mannschaften vor allem nach einem Abschuss dankbar waren.
Die eigentliche Kampfstaffel, die 1. Staffel des Jagdgeschwaders 101, war auf dem Flughafen Tinnum/Westerland stationiert. Sie flogen mit der He 111 und der Ju 88 Einsätze gegen feindliche Flugzeugträger, Schlachtschiffe, Kreuzer und gegen die englischen Flottenstützpunkte bei Scapa Flow.
Am 19./20. März 1940 erfolgte ein englischer Gegenschlag. Von 50 gestarteten Bombern erreichten 46 ihr Ziel Hörnum und belegten Ort und Südspitze der Insel in einzelnen Wellen in der Zeit von 19.52 Uhr bis 03.03 Uhr in den frühen Morgenstunden mit 124 Sprengbomben mit je 20 to Sprengkraft und 1.260 Brandbomben.
Verluste (aus dem Kriegstagebuch des Küstenbefehlshabers Nordfriesland):
Ein Schwerverletzter, später gestorben, zwei Leichtverletzte.
Material: Kampfmittel: unbedeutende Störungen, sofort beseitigt. Feindeinwirkung auf Kampfmittel bedeutungslos. Übrige Sachschäden gering. Die meisten Bomben landeten in der Nordsee.
Abwehr: Zwei Abschüsse lt Zeugenaussage, 4 weitere Abschüsse mit 90 % Wahrscheinlichkeit. Etwa 20 weitere Flugzeuge beschossen, davon mehrere beschädigt.
Am 2. Juni 1940 trieb die Leiche des Pilot Officers E.O. Fennel am Sylter Strand an. Er war Kanadier und gehörte zur Besatzung einer „Whitley", die am Angriff auf Hörnum teilgenommen und über dem Lister Königshafen abgeschossen worden war. Er wurde auf dem Westerländer Friedhof mit militärischen Ehren beigesetzt. Später bettete man ihn auf den englischen Militärfriedhof in Kiel um.
Die größte Einsatzdichte hatten die Sylter Flugverbände während des Einmarschs deutscher Truppen nach Dänemark und Norwegen zu bewältigen. Gleichzeitig war der Flughafen Tinnum/Westerland Zwischenstation für weitere Einheiten. Nach Vollzug der Invasion sank auch die Bedeutung der Sylter Flugbasen. Es wurden Einheiten nach Dänemark und Norwegen verlegt, da die Operationsmöglichkeiten vor dort aus besser waren.
Am 1. April 1941 wurden in List die Seeaufklärer „Dornier" gegen die Ju 88 A 5 ausgetauscht.
Die Feindeinsätze für die verbliebene Fliegerstaffel in Westerland waren 1942 sehr verlustreich. Zusätzliche Opfer waren zu beklagen, da die Ausbildung junger Piloten immer schneller und kurzfristiger erfolgen musste. So stürzten im April und Mai 1942 allein fünf Ju 88 in der näheren Umgebung Sylts ab.
Am 23./24. April Angriff von 15 Vickers-Wellington und Handley-Page-Hampden auf den „Aerodrome Westerland". Dauer des Gefechts: 22.45 Uhr – 01.38 Uhr.
„Eigene Verluste und Beschädigungen: Tote keine, Verletzte 1 Fliegerleutnant durch Zeitzünderbombe, Materialverluste: eine abgebrannte W 34, Materialbeschädigungen 4 Flugzeuge in Westerland, Beschädigungen durch Bombensplitter, Lichtleitung zer-

stört bei Batterie Rantum Nord, Zeugamt und Wenningstedt. Splitterwirkung erheblich. Gegnerverluste: 1 Abschuss durch Luftflak über Wattenmeer, 1 Abschuss von Marine (brennendes Flugzeug) nordwestl. Sylt auf See beobachtet, 1 wahrscheinlicher Abschuss Marineflak (90 % Wahscheinlichkeit, starke Rauchentwicklung, starker Höhenverlust). 1 Flugzeug auf See niedergegangen und verbrannt bei der Insel Manö."
Vom 12.12.1939 – 22.4.1945 wurden insgesamt 115 Angriffe auf Sylt geflogen. Dabei wurden 66 feindliche Maschinen abgeschossen und 19 englische Fliegerleichen im Gesamtabschnitt geborgen. Außerdem wurden 6 Gefangene gemacht.
Trotz 761 Überflügen und Bombardierungen nur ein Toter und drei Verletzte. Unwesentlicher militärischer und ziviler Schaden.
Dieses Ergebnis verdeutlichte die massive Abwehrkonzentration auf Sylt.
Im Verlauf des Krieges war die Marine wegen zunehmenden Personalmangels immer weniger in der Lage, bei „Minenverdacht" die Küstengewässer sorgfältig abzusuchen. So lief das aus Hörnum kommende Frachtschiff „Dorothea" am 4. Juni 1942 auf eine Mine und sank. Nur ein Matrose konnte sich retten.
Den Tonnenleger „Wyk" aus Tönning ereilte in den Abendstunden des 22. Februar 1944 während des Verlegens eines Seezeichens in dem Lister Tief das gleiche Schicksal. Er sank nach Minenberührung etwa 10 km nordwestlich des Ellenbogens und riss 11 Besatzungsmitglieder in die Tiefe. Nur ein Seemann konnte gerettet werden.
In der Nacht zum 3. Juni 1944 sank nach Minentreffer der Schlepper „Rüstersiel". 23 Seeleute konnten sich retten, 10 blieben vermisst.
Am 28. September 1944 gingen das Vorpostenboot Vp 1214 westlich von List und am 25. Oktober das Peilboot „Süderoog" südlich von Sylt verloren. Die starke Verminung der ansonsten nicht so stark befahrenen Seeroute war von den Engländern deshalb vorgenommen worden, da sie ständig den Nord-Ostsee-Kanal und vor allem die Schleusen in Holtenau und Brunsbüttel bombardierten und hofften, die Schiffe würden auf den „Elbe-Esbjerg"-Weg ausweichen. Die deutsche Marineleitung konnte jedoch durch massiven Reparatureinsatz und konzentrierte Abwehr verhindern, dass der Kanal über einen längeren Zeitraum ausfiel.
Durch die Minen gingen in den nordfriesischen Gewässern noch bis 1947 einige Schiffe zugrunde. Deshalb waren bis zu diesem Zeitpunkt deutsche Minensuchverbände, die in List und Hörnum stationiert waren, im Einsatz.
Ab Herbst 1944 war im Fliegerhorst List das Ausbildungszentrum für Kampfschwimmer untergebracht. Auch diese Kampfschwimmer-Einheit war nach 1945 damit beschäftigt, die vor der Sylter Westküste sowohl von den Deutschen als auch von den Engländern versenkten Küstenminen aufzuspüren und zu sprengen. Ca. 200 m vom Strand an der Westküste Sylts wurden 1.148 Küstenminen verlegt. Dazu kamen nach Unterlagen der Festungspioniere allein auf Sylt insgesamt 11.800 Minen unterschiedlicher Konstruktion vor allem im küstennahen Bereich.
Im Winter 1944/45 wurden etwa 10 % der Seeminen durch Eisgang zur Explosion gebracht.
Im Frühjahr 1964 fand ein Wenningstedter Einwohner bei einer Tiefstebbe noch fünf unter dem Sand vergrabene Seeminen.

Am 9. Mai 1945 meldete sich ein Bootsmannsmaat mit Namen Franz Lang in Rantum zum Dienst. Keiner wusste und ahnte, dass es sich bei diesem Mann um den vormaligen KZ-Kommandanten von Auschwitz und SS-Obersturmbannführer Rudolf Höß handelte. Er hatte von der Flensburger Dienststelle des SS- Reichsführers Himmler eine neue Identität erhalten und sollte auf Sylt untertauchen. Und er tauchte. Er wurde nach der Kapitulation in Schleswig-Holstein am 9. Mai 1945 – 2 Tage nach der Kapitulation von Großadmiral und Hitlernachfolger Dönitz - von den Engländern in ein Kriegsgefangenenlager auf das Festland transportiert, weil sie wegen der günstigen Überwachungsmöglichkeiten etwa 2.000 gefangene SS-Leute in den Kasernen in Rantum unterbringen wollten. Als am 23. Juni 1945 die Briten die SS-Leute in eine „zu arrestierende Kategorie" und eine „nicht zu arrestierende" einteilten, war Rudolf Höß bereits als landwirtschaftliche Arbeitskraft vorzeitig aus der Kriegsgefangenschaft entlassen worden.
Deutschland war ein Ruinenfeld. Es machte den Eindruck eines Niemandslands. Jeder Sieger hatte das Recht, sich mit Plänen und Konzepten bezüglich der Zukunft Deutschlands auszutoben. So hatte ein Theodor Kaufmann, Sohn ausgewanderter Deutscher nach USA, den Plan, die Deutschen zu sterilisieren. Ein anderer Plan kam von der Harvard-Universität. Danach sollten alle Deutschen als lebenslängliche Zwangsarbeiter auf die Nachbarvölker verteilt werden, um sich biologisch mit ihnen zu verschmelzen. Dann gab es neben vielen anderen noch Henry Morgenthau, der von allen Planern der humanste war und dessen Plan dem amerikanischen Präsidenten Roosevelt sehr gefiel. Er wollte aus den Deutschen ein Ackerbauernvolk machen und, wie er sich ausdrückte, auf dem niedrigsten Stand halten. Nach dem Plan hätten Theodor Heuss und Konrad Adenauer keine erfolgreiche Politik in Deutschland gemacht, sondern am Rantumer Becken gesessen und Fische geangelt.
Es gab keinen Wiener Kongress, zu dem auch die Verlierer geladen wurden, wie die Franzosen nach den verlorenen napoleonischen Kriegen. Im Gegenteil! Es wurden Ländereien entvölkert, Städte offiziell ausgeplündert, Industrien abgebaut, verpackt und nach Hause versandt, alle Erfindungen und Patente nebst den dazugehörigen Wissenschaftlern requiriert und hinterher geschickt, Millionen Männer hinter Stacheldraht gesperrt und ihre Frauen und Kinder mit nichts als dem nacktem Leben kampierten auf der Straße.
Und dann kamen endlich die Retter: Coca Cola, General Motors und andere Konsumterroristen. Sie lehrten die Siegermächte mit Ausnahme Russlands, die es nicht wissen wollten, dass ein toter Kunde kein guter Kunde mehr ist. Und das hatte profitables Gewicht.
Es war 1948 und endlich konnten wir wieder als gewinnmaximierende Konsumenten anfangen.

24. Ende gut, alles gut

Es begann die Zeit, in der sich die Sylter erneut um Feriengäste bemühten. Es ging nicht sehr schnell, es mussten noch harte Zeiten durchlaufen werden. Aber irgendwann waren sie da, die Promis, die dem Normalsterblichen ein Leben vorführten, wie es sich jeder wünschte. Und siehe da, die Deutschen waren noch nicht neidisch. Damals hielt es noch jeder für möglich, selbst einmal auf dieser Stufe zu stehen, Sylt wurde ein begehrliches und erstrebenswertes Ferienparadies.

Und dann kamen die Nackten. Sylt hatte glücklicherweise hohe Preise, sodass der Zulauf an Spannern und Voyeuren in Grenzen gehalten werden konnte. Interessant war nur, dass etwas mehr als 2.000 Jahre zuvor die Frauen der Kimbern und Teutonen mit ihren nackten Brüsten die Männer zum Kampf anfeuerten. In Kampen auf Sylt feuerten in den 60er Jahren des 20. Jahrhunderts die Frauen mit ihren nackten Brüsten ihre Männer an, am beginnenden Wirtschaftwunder erfolgreich teilzunehmen.

Heute laufen viele Frauen nackt an den Sylter Stränden entlang, es ist nichts besonderes mehr. Heute sind wir weit entfernt vom Wirtschaftswunder.

Das Jahr 1962 begann mit schweren Stürmen. Am 16. Februar strahlte bei wolkenfreiem Nachthimmel der Vollmond auf die Küstenlandschaft und die Inseln.

Kurz nach 21.30 Uhr fiel der Strom aus. Radio und Fernsehen waren nicht mehr zu empfangen und somit auch keine Unwetterwarnungen. Da es aber bereits seit Tagen stürmte, gingen die Menschen frühzeitig und unbesorgt ins Bett. Kurz vor Mitternacht gab es ein unsanftes Erwachen.

Auf Sylt stand die Brandung hoch gegen das Kliff und die Dünenkanten. Sie führte zu Unterspülungen und damit zum Abrutschen der Überhänge. Das Meer riss die lose gewordenen Sandmassen mit sich fort und fraß sich weiter in den zunehmend un gedeckten Küstensaum hinein. Am Ellenbogen wurde vor dem Königshafen eine Schutzdüne weggerissen, sodass das Wasser auf etwa 50 m Breite durchbrechen konnte. Nördlich von Westerland stürzten einige noch rechtzeitig geräumte Häuser von den Dünen auf den „Strandfuß". In Westerland selber erlitt die Kurverwaltung erhebliche Schäden. Das Spritzwasser der Brandung überschüttete noch das Zentrum der Stadt.

In Hörnum wurde das Strandcafé „Wassermann" völlig vernichtet, obwohl es bereits kurze Zeit zuvor aus Sicherheitsgründen abgebrochen und zurückversetzt worden war. Gleichzeitig riss die Flut hohe Stranddünen weg, sodass das Wasser meterhoch im Zentrum von Hörnum stand. Auch der Hindenburgdamm blieb nicht verschont.

Berühmt geworden ist das Bild, auf dem das Restaurant „Kliffkieker" über die Kante des Roten Kliffs in Wenningstedt etwa zur Hälfte hinausragt. Fast die gesamte Außenterrasse ging verloren, das Haus selbst konnte noch gerettet werden. Die Hotels an der Kante dagegen wurden gesprengt und weggeräumt.

Ertrunken ist auf Sylt bei dieser größten Sturmflut des letzten Jahrhunderts niemand, in Hamburg dagegen 315 Menschen.

Der Seenotrettungskreuzer im Lister Hafen ist nicht nur zur Stelle, wenn Schiffe in Seenot sind, wie im Falle der „Pallas" Ende Oktober 1998, er leistet auch Hilfe bei Maschinenschäden, übernimmt Krankentransporte, dient als Eisbrecher in strengen Wintern und ist vor allem gefordert durch leichtsinnige Wassersportler und

Wattwanderer, die allzu oft aus Lebensgefahr befreit werden müssen.
In unseren Tagen beginnt ein neues Kapitel Sylter Geschichte. Nach Jahrhunderten der Streitsucht auf ihrer Insel haben sich etliche Sylter zusammengefunden, die durch Auflösung der einzelnen selbständigen Gemeinden und durch Schaffung einer insularen „Einheit" – sprich: Stadt Sylt – endlich kommunalen Frieden durch gemeinsame Beschlussfindung herbeiführen wollen. Das entspricht, wie die Geschichte gezeigt hat, nicht der friesischen Mentalität. Die Friesen wollen, wie wir erfahren haben, befehlen, nicht gehorchen. Aber die Friesen sind auf ihrer stolzen Insel schon lange in der Minderheit. Alle sind sie da, die Chauken, die Cherusker, die Chatten und die Sugambrer, die Ubier, die Gentes, die Vindelicorums, die Licates, die Rucinates und ...pardon, das war einmal, heute sind es die Hamburger, die Münsterländer, die Rheinländer, Hessen, Schwaben, Thüringer, Sachsen, Bayern, Pommern und mehr. Die Friesen haben sie gerufen und müssen nun teilen. Aber gehorchen? Sich unterordnen? „Lewer duad üs Slaw". Es wird eine spannende Geschichte, die „Einheit Sylt". Freiheit ist ohne Streit, wie ihn die Sylter Friesen jahrhundertelang pflegten, kaum denkbar. Und das ist gut so!

25. Literaturhinweise

Geschichte Schleswig-Holsteins, Hsg. Ulrich Lange, Wachholtz Verlag Neumünster
Schleswig-Holstein eine Landesgeschichte, Christian Degn, 2. Auflage, Wachholtz Verlag, Neumünster
Hochatlantische Besiedlung in Schleswig-Holstein, Sönke Hartz (1991)
Der Sylter Friese, C.P. Hansen 1860, Dr. Martin Sändig oHG, Walluf
Geschlechter kommen und gehen, Richard Stöpel, Band II. 1927, Inselverlag Carl Meyer, Westerland auf Sylt
Zwischen gestern und heute, Fritz Brehmer, Hattingen 1954
Die Entstehung des Lebens auf der Erde, A.I. Oparin, Volk und Wissen Berlin
Eisenzeitliche Fluren in den festländischen Nordseegebieten, Michael Müller-Wille (1965)
Der Sylter Weg ins Dritte Reich, Harald Voigt, Hansen & Hansen, Münsterdorf
Drusus und Germanicus, Karl Christ, Ferdinand Schöningh, Paderborn 1956
Sylt-Memoiren einer Insel, Peter Schmidt-Eppendorf, Husumer Druck- und Verlagsgesellschaft, Husum
Nordsee-Mordsee, Georg Quedens, Breklumer Verlag 1999
Die Festung Sylt, Geschichte und Entwicklung der Insel Sylt unter militärischem Einfluss von 1894-1945, Harald Voigt
Nordfriisk Instituut, Bredstedt
Religionen der Vorzeit, E.O. James, M. DuMont Schauberg, Köln, 1957
Megalithgräber in Schleswig-Holstein, Jutta Roß (1992)
Die Kolonialreiche, David K. Fieldhouse, Fischer Weltgeschichte, Frankfurt/M.
Der ferne Spiegel, Barbara Tuchman, Claassen, Düsseldorf, 1980
Caesar lässt grüßen, Die Geschichte der Römer, Joachim Fernau, Wilhelm Goldmann Verlag 1980
Deutschland, Deutschland über alles..., Joachim Fernau, Herbig Verlagsbuchhandlung, München 1972
Der Aufstieg des Hauses Habsburg, Gerhard Herm, Econ Verlag, Düsseldorf 1988
Die Abenteuer des Simplizissimus, Chr. von Grimmelshausen, Arena Verlag, Würzburg 1989
Die Wikinger-Zeitung, Rachel Wright, Walker Books, London
Kleine Weltgeschichte der Philosophie, Hans Joachim Störig, Fischer Verlag, Frankfurt/M:
Der Teutsche Krieg, Günter Barudio, Siedler Taschenbuch, Fischer Verlag, Frankfurt/M.
Die nichtchristlichen Religionen, Prof. Dr. Helmuth von Glasenapp, Fischer Bücherei, Frankfurt/M. 1968
Preußen – Mythos und Realität, E.J. FeuchtwangerWilhelm Heyne Verlag, München
Zeitschrift der Gesellschaft für Schleswig-Holsteinische Geschichte, Sonderdruck Dr. Erich Voß, „Auf der Suche nach Bildnissen Uwe Jens Lornsens, Wachholtz Verlag, Neumünster
Die „Eroberung“ der nordfriesischen Inseln 1864, Gerd Stolz, Nordfriesischer Verein für Heimatkunde, Langenhorn